Mujer de empresa

Estrategias para triunfar en el mundo de los negocios

Norma Carr-Ruffino

TRADUCCIÓN:
Javier Enriquez B.
Maestro en Ingeniería
Universidad Nacional Autónoma de México

Pearson
Educación

MÉXICO • ARGENTINA • BRASIL • COLOMBIA • COSTA RICA • CHILE
ESPAÑA • GUATEMALA • PERÚ • PUERTO RICO • VENEZUELA

Datos de catalogación bibliográfica

CARR-RUFFINO, NORMA
MUJER DE EMPRESA
PEARSON EDUCACIÓN, México, 2001

ISBN: 968-444-458-3

Materia: Negocios

Formato: 17 × 23   Páginas: 328

EDICIÓN EN ESPAÑOL

Editor de División Negocios: Francisco de Hoyos Parra
Editor de Desarrollo: José López Andrade
Supervisor de Producción: Luz Angélica Gutiérrez Rojo

MUJER DE EMPRESA: ESTRATEGIAS PARA TRIUNFAR EN EL MUNDO DE LOS NEGOCIOS

Versión en español de la obra titulada: *The Promotable Woman*, de Norma Carr-Ruffino, publicada originalmente en inglés por Career Press, 3 Tice Road. P.O. Box 687 Franklin Lakes, NJ 07417.

Esta edición en español es la única autorizada.

Primera edición 2001

D.R. ©   2001 por Pearson Educación de México, S.A. de C.V.
          Calle 4 No. 25-2do. piso
          Fracc. Industrial Alce Blanco
          53370 Naucalpan de Juárez, Edo. de México

Cámara Nacional de la Industria Editorial Mexicana, Registro No. 1031

ISBN: 968-444-458-3

ISBN del inglés 1-56414-323-6

Impreso en México. *Printed in Mexico*

1 2 3 4 5 6 7 8 9 0   03 02 01 00

Pearson
Educación

Contenido

Prefacio

Cómo cambiará su vida
este libro

Esta obra puede cambiar su vida en forma muy radical, si está preparada a reconocer la forma en que sus capacidades para triunfar se adaptan a las nuevas oportunidades profesionales, y si es capaz de identificar los obstáculos presentes en su camino al éxito profesional y a superarlos.

Detección de nuevas oportunidades para las mujeres. Cuando era pequeña, probablemente la recompensaban cuando renunciaba al ego y las preocupaciones sobre el *status* y se enfocaba en establecer relaciones personales estrechas, y aceptaba los diferentes modos de ser de las personas, poniéndose en sintonía con ellas y reuniéndolas en esfuerzos cooperativos. Mientras tanto, los muchachos que conocía eran premiados por competir con eficacia, mientras construían *status* y credibilidad entre otros jóvenes y conservaban el *status* que lograban. *Competencia* y *status* era el nombre del juego en las organizaciones tradicionales del pasado, de modo la socialización de los varones era una ventaja profesional.

Durante los *globales años noventa*, muchos líderes de negocios comenzaron a darse cuenta de que un lugar de trabajo con tecnología cada vez más avanzada reclamaba un estilo de liderazgo interpersonal en alto grado, estilo que tiende a ser natural en la mayoría de las mujeres. Conforme nos adentramos en el nuevo milenio, este estilo de liderazgo es exactamente lo que la mayor parte de las empresas necesitan inspirar y motivar en sus empleados, que están bien educados y tienen un amplio conocimiento técnico. Este estilo que facilita la tarea es lo que requieren los equipos eficaces conforme se manejan por sí mismos y se vuelven más innovadores. Si se provee de aptitudes de alta tecnología y se basa en ellas, además de combinarlas con un estilo de liderazgo centrado en las personas, ofrecerá una combinación insuperable para cualquier empresa con pensamiento futurista. Ésa es su ventaja como mujer, y en este libro aprenderá a aprovecharla al máximo.

Superación de obstáculos. Las mujeres profesionales eran raras antes de los años setenta, y las creencias culturales que las mantenían en el hogar o en trabajos de nivel intermedio todavía existen, obstaculizando su éxito profesional. Los mayores obstáculos son los antiguos prejuicios en cuanto a la aptitud de las mujeres para el mundo de los negocios, su nivel de capacidad profesional, estabilidad emocional, su capacidad para lograr aceptación en posiciones de alto nivel y, en general, para tomar decisiones, su credibilidad como líderes eficaces y profesionales.

Es muy negativo que la gente con la que trata en el trabajo tenga estos prejuicios, pero es peor si es usted quien los tiene. Y cuando no está consciente de ello, es desastroso.

Este libro cambiará su vida si está dispuesta a reconocer las creencias que la limitan y a reemplazarlas con otras que la impulsen, y si está dispuesta a obtener poder y credibilidad en las culturas corporativas del nuevo milenio. En este libro aprenderá cómo hacerlo, y también cómo crear su propio éxito con la identificación del tipo de vida y carrera que desea, por medio de la aplicación de estrategias y técnicas poderosas para lograrlo. Dominará estrategias para sortear los conflictos entre sus diferentes papeles y las pesadas cargas que lleva por ser esposa o madre que labora, al mismo tiempo que aprende a manejar varias prioridades y a controlar la tensión. Aprenderá a canalizar su fuerza emocional de modo de que el hecho de estar en contacto con sus emociones sea una fortaleza, no una debilidad. Y dominará estrategias para comunicarse con decisión en un mundo masculino mientras conserva lo mejor de su estilo femenino de liderazgo.

Creación de un mundo mejor. Este libro se escribió para ayudarla a crecer personal y profesionalmente. Cuando se forme la reputación de líder efectivo y persona profesional, también tendrá la reputación de mujer profesional en general. La invito a compartir con otras mujeres el conocimiento y la conciencia que obtenga a través de este emocionante proceso de crecimiento y desarrollo. Cuando ayudamos a otros, no sólo nos ayudamos a nosotros mismos, también incrementamos el nivel de aceptación de las mujeres en papeles de liderazgo; abrimos un poco más las puertas de la oportunidad a todo tipo de personas que en el pasado se consideraban no aptas para esos papeles. Este apoyo mutuo y esfuerzo propio ayudan a construir una sociedad democrática más fuerte y crear un mundo mejor para las mujeres y hombres en todos lados. Como dice Harry Palmer en *Living Deliberately*, "los individuos que comparten creencias comunes, forman una conciencia colectiva que define y moldea el mundo".

Agradecimientos. Estoy muy agradecida con todas las personas que ayudaron a definir y dar forma a este libro, entre las que se incluyen:

> Los editores y revisores que cuestionaron y sugirieron, como Sherron Kenton de Emory University, y los numerosos revisores de los Seminarios Nacionales.
>
> Las participantes que escucharon mis seminarios en todo Estados Unidos y mis cursos en San Francisco State University, quienes me dijeron qué necesitaban agregar y qué tenía que quitar.
>
> Los asistentes de investigación graduados, quienes hurgaron en pilas de libros y navegaron en Internet para actualizar mi información.

Muchas de estas mujeres compartieron conmigo la manera en que este material cambió su vida. Nuestra meta es crear un libro que la ayude a cambiar la suya.

Finalmente, deseo agradecer a mi familia y dedicar este libro a

Fredo

y a las damas de mi familia:

Andrea, Bobbie, Elisha, Lauren, Meghan, Natalie, y Vickie Smith,

Erica y Frances Carr, y a Linda Ruffino Benvenuto

—Norma Carr-Ruffino, Doctora en Filosofía

Capítulo 1

La ventaja de las mujeres: enfoque humano en un mundo de alta tecnología

Las mujeres y las jóvenes convertimos dinero, educación y recursos en oportunidades, libertad y poder. Juntas reinventamos el mundo.
—Willa Seldon, de Aurora Venture Partners

En todas partes, miles de equipos de ejecutivos que administran industrias que van desde la banca a editoriales, de las ventas detallistas a la fabricación, enfrentan los asuntos emergentes de las nuevas tecnologías y la competencia global; cambios que llevan la promesa y desafío de rehacer cada industria. Este cambio tan radical rompe el dominio masculino y abre las puertas a cualquiera que sepa aprovechar las oportunidades y superar los retos. Ofrece oportunidades emocionantes a las mujeres que aprendan a crecer en el cambio y a manejar las nuevas tecnologías en un mercado global.

Para ser un superviviente y *triunfar*, no se requiere ser un *sabelotodo* o un tecnólogo. Hay que empezar por ser un usuario observador y alerta, entrar a Internet y a Web, por ejemplo. Luego, integrar lo aprendido con el liderazgo, la iniciativa, la administración y las aptitudes personales para encontrar nichos profesionales en los nuevos paradigmas.

Antes de sondear algunas maneras específicas en las que las mujeres se ajustan a este cambiante escenario profesional, veamos cómo lo hacen sus creencias.

¿Cuáles son sus creencias sobre las mujeres en un mundo de alta tecnología?

1. ¿Percibe la gente a las mujeres cómo más dependientes y honestas que los hombres en los asuntos de negocios?
2. ¿Los empleados bien educados e independientes trabajan mejor con estilos de liderazgo propios de mujeres o de hombres?
3. ¿Los requerimientos que originan las nuevas tecnologías se cubren mejor con las características y el estilo propios de las mujeres o de los hombres?

Los acelerados cambios tecnológicos ofrecen las mejores oportunidades si aprende a dirigir de manera exitosa anticipando los cambios de paradigmas culturales, de mercado y tecnológicos. El cambio también le da la oportunidad de emprender acciones como la formación de equipos creativos e innovadores que construyen escenarios visionarios y proyectan las oportunidades que éstos ofrecen a las compañías. El cambio brinda oportunidades para que llegue a ser emprendedora e innovadora, además de emprender iniciativas de negocios que satisfagan las necesidades de los consumidores.

Las mujeres líderes de hoy deben confiar en sus percepciones intuitivas, en su conocimiento de las tendencias y sus aptitudes para estudiar, visualizar y motivar a la gente. Esto significa que su manera natural y femenina de dirigir puede detonar sus oportunidades de éxito profesional. También significa que usted, como mujer, tiene grandes oportunidades profesionales como nunca antes. Las empresas buscan la combinación adecuada de aptitudes personales y de alta tecnología. Si tiene aptitudes de negocios para producir los resultados que se buscan —y desea ponerlas en práctica— puede ser muy exitosa en el mercado actual. No sólo eso, sino que ser mujer ahora se convierte en una ventaja laboral por razones como las siguientes:

- Como recién llegadas a las salas del poder empresarial, las mujeres aportan una perspectiva fresca que ayuda a las compañías a identificar paradigmas cambiantes y ajustar sus prioridades en forma correspondiente.
- Las maneras de liderazgo participativo y de apoyo son las que se necesitan en un ambiente laboral de empleados técnicos y profesionales bien educados.
- La apertura de las mujeres a la creatividad interna y a visualizaciones intuitivas que les permiten ser prolíficas en la resolución creativa de problemas es muy importante para crear y aprovechar cambios en los paradigmas.
- Conforme los consumidores, proveedores, empleados y otros participantes en la operación de la compañía se diversifican, los líderes corporativos también deben diversificarse a fin de entenderlos por completo y satisfacer sus necesidades y deseos. Las mujeres no sólo entienden los asuntos, necesidades y expectativas femeninas, sino también es más fácil que comprendan temas variados y establezcan empatía con todo tipo de gente.

Es posible adoptar varias estrategias importantes para maximizar sus ventajas como mujer en estos nuevos escenarios.

- Primero, comprenda cómo los métodos de liderazgo de las mujeres difieren de aquellos de los hombres y en qué radica su ventaja.
- Segundo, aprenda a reconocer patrones de paradigmas. Esto incrementará sus oportunidades de emprender el camino hacia los nuevos modelos, y manejarlos de modo que impulsen aquellos que siguen vigentes.
- Tercero, comprenda los cambios culturales y paradigmáticos que más la afectan como mujer.
- Cuarto, trabaje con base en las maneras de dirigir que resulten más naturales para usted como mujer.
- Quinto, entienda los importantes cambios que ocurren en los paradigmas tecnológicos.
- Sexto, adopte un papel de liderazgo en el cambio tecnológico.

═══ Escaparate ═══

Caitlin Curtin, directora general de Luminare

Caitlin Curtin es de las mujeres típicas que comienzan sus carreras en grandes empresas y más tarde ven el camino empresarial como su mejor opción. Caitlin comenzó su carrera en la década de 1980, cuando obtuvo su grado de maestría en educación en la *San Francisco State University*. En vez de buscar ser maestra de escuela pública, entró a trabajar al departamento de capacitación de un gran banco.

Caitlin vio en el horizonte los enormes cambios resultantes de la reingeniería de procesos, con personal enlazado por redes de computadoras personales como la base de los nuevos procesos. Se dio cuenta que casi todos los empleados que permanecen después de la reingeniería (que llegó significar reducción de personal) necesitan capacitación para los nuevos procesos de trabajo. Ya que casi todos los empleados tienen una computadora personal en el escritorio, la manera más eficaz en cuanto a costo (y aprendizaje) de capacitar a muchos de ellos parece ser un proceso interactivo de aprendizaje basado en computadoras. Caitlin comenzó a trabajar en capacitación por medio de CD-ROM.

Como trabajadora empedernida de la red, Caitlin tenía contactos con otra gran institución financiera, la oficina regional de la Federal Deposit Insurance Corporation (FDIC). (La FDIC asegura los depósitos bancarios hasta por 100,000 dólares.) Caitlin ganó un concurso con la FDIC para crear material de capacitación por computadora para sus empleados. Hacía esto al salir de su trabajo, mientras conservaba su empleo formal en el banco. Durante el primer año, 1986, su pequeño negocio facturó 40,000 dólares.

Con ese proyecto inicial, Caitlin consiguió especializarse en ayudar a bancos, compañías de seguros y otros negocios que capacitan a sus empleados para nuevas tareas mediante la computadora. El gran salto lo dio en 1991, cuando ganó un concurso de 750,000 dólares con la Asociación de Automovilistas del Estado de California para hacer programas de capacitación en CD-ROM y reorganizar la manera en que la asociación manejaba las llamadas de los clientes. Ese año, contrató dos altos funcionarios. En 1995, tenía diez empleados de tiempo completo y de 40 a 50 trabajadores eventuales que iban y venían según el tamaño de los proyectos.

Las ventas de Luminare aumentaron a seis millones de dólares en 1995. Este crecimiento espectacular fue el resultado de las acciones de Caitlin: estudiar el ambiente para ver qué había de nuevo, reconocer las oportunidades que ofrecía el cambio, visualizar cómo satisfacer las necesidades resultantes de los negocios con la solución de problemas nuevos, detectar un nuevo nicho de mercado y llenarlo. Caitlin entendió la necesidad que tenían las corporaciones de enfrentar la competencia global volviendo más compactos sus operaciones y procesos de trabajo. Esto dio lugar a la corriente de la reingeniería, enfoque que automatiza procesos rutinarios y, por lo general, da como resultado la reorganización y disminución de la fuerza de trabajo. A su vez, los empleados necesitan capacitación para trabajar en los nuevos procesos. Caitlin identificó la oportunidad y dio soluciones de capacitación en el lugar y el momento adecuados.

Caitlin ha seguido la tendencia de crear una cultura corporativa fuerte que da reconocimiento y premia a la gente que hace suyos los valores empresariales y contribuye al éxito de la empresa. A pesar de dirigir un negocio pequeño, ofrece a los empleados que forman el núcleo prestaciones similares a las que brindan las grandes compañías.

En 1995, a los 34 años de edad, Caitlin recibió el Premio al Empresario del Año del Norte de California, otorgado por la Asociación Nacional de Mujeres Propietarias de Negocios (NAWBO, sus siglas en inglés).

✓ Estrategia número 1:
Entienda el perfil de liderazgo de las mujeres

Judith Rosener, Sally Helgesen y otras investigadoras identificaron los patrones típicos de las mujeres líderes. Éstos incluyen un uso más delicado del poder y un interés mayor en fortalecer a otros, un enfoque más democrático con más participación y compartimento, más información y comunicación en general, un mayor enfoque en los resultados a largo plazo y mayor preocupación e interés en los individuos que dirigen.

Poder y transferencia del poder. Las mujeres son mucho más propensas que los hombres a imponer el liderazgo basado en el carisma, el historial de trabajo y las relaciones, en lugar del poder que da el cargo en la empresa. Rara vez usan la coerción, a diferencia del uso del poder que hacen los hombres, que tiende a ser más coercitivo. Las mujeres están más interesadas en fortalecer a otros.

Participación e igualdad. Las mujeres son más capaces de compartir información con los empleados y de tratarlos como iguales. Tienen un estilo más incluyente (introducen a todos en el *círculo interior*) factor clave para satisfacer las necesidades y los deseos de diversos empleados. Las mujeres rara vez o nunca dan órdenes; en vez de eso, prefieren motivar la participación de los empleados en la toma de decisiones. Las mujeres no ven su posición en la empresa como una plataforma de influencia. En cambio, operan desde su base personal de influencia, sus relaciones con los empleados y su experiencia en el trabajo.

Participación del empleado, liderazgo basado en el equipo. Las mujeres logran un alto grado de participación del empleado que resulta en un estilo de liderazgo basado en el equipo. Se enfocan más en la participación y el compromiso del empleado como base para la dirección de equipos. La calidad de las relaciones interpersonales que construyen está basada en la confianza y el respeto mutuos, y refuerzan la confianza y el respeto recíproco entre los empleados. Sus relaciones no son adversas por naturaleza ni del tipo de las que existen entre un superior y sus subordinados, de manera que para ellas es natural evolucionar en equipos autónomos. Para ellas es importante compartir metas comunes y crecer juntos.

Mucha comunicación. Las mujeres líderes tienden a ser comunicadoras más efectivas que sus colegas hombres. Consideran muy importante la buena comunicación con los empleados. Esto incluye ser abiertas, estar dispuestas a hablar de todo y a analizar situaciones que necesitan aclararse.

Visión empresarial. Las mujeres líderes tienden a tener una visión del futuro a largo plazo y animan a sus empleados a compartirla. El estilo de liderazgo de las mujeres surge como la fuerza motivadora para alcanzar la misión de la empresa.

Enfoque en la gente. El estudio de Sally Helgesen sobre los estilos de trabajo de las mujeres indica que éstas ponen más atención a la gente y sus relaciones que sus colegas masculinos, como explica en su libro *The female advantage*. El estudio de las actividades de los líderes masculinos que llevó a cabo Henry Mintzberg, autor de *The nature of managerial work*, se utiliza como comparación en la Instantánea número 1.

Instantánea número 1: Comparación de directivos masculinos y femeninos

Estudio de Mintzberg de los directores	Estudio de Helgesen de las directoras
Los hombres trabajan a un ritmo implacable, sin interrupciones en las actividades del día.	Las mujeres trabajaron a un ritmo pausado, con breves interrupciones.
Los días de los hombres se caracterizaron por interrupciones, falta de continuidad y fragmentación.	Las mujeres tomaron las tareas y encuentros no programados como una oportunidad para estar accesibles para los integrantes del equipo, de participar, ser responsables, cuidadosas y útiles.
Los hombres destinaron poco tiempo a actividades no relacionadas directamente con su trabajo.	Las mujeres dispusieron de tiempo para actividades no relacionadas con el trabajo; por ejemplo, daban gran prioridad a la vida familiar.
Los hombres mostraron preferencia por los encuentros en vivo.	Las mujeres prefirieron encuentros en vivo, pero destinaron tiempo para atender el correo.
Los hombres carecieron de tiempo para la reflexión.	Las mujeres se enfocaron en la ecología del liderazgo, se dieron tiempo para la reflexión, mantuvieron a la vista el largo plazo, relacionaron las decisiones con sus principales efectos sobre la familia, la educación, el medio ambiente e incluso la paz mundial.
Los hombres mantuvieron una red de relaciones complicada con gente ajena a la empresa.	Las mujeres mantuvieron una red de relaciones complicada con gente ajena a la empresa.
Los hombres se identificaban con sus empleos.	Las mujeres se identificaban como complejas y polifacéticas.
Los hombres tuvieron dificultad para compartir información.	Las mujeres programaron tiempo para compartir información.

✓ Estrategia número 2: Reconozca patrones de paradigmas

¿Cómo cubre *su* estilo de liderazgo el perfil de la mujer típica? Una vez que reconozca las características y aptitudes que tiene para ofrecer, podrá ajustarlos a las necesidades de las nuevas culturas y estructuras empresariales que surgen. Una importante cualidad en este ambiente de negocios en constante cambio es la de reconocer patrones de paradigmas y ciclos. Esta cualidad le ayuda a ajustar su perfil a las oportunidades que se presentan. Este conocimiento es el que le permite sobrevivir y triunfar durante los cambios de paradigmas.

Aprenda a identificar los paradigmas

Un paradigma es un modelo mental de cómo opera algo. Según Joel Barker, autor de *Future edge*, para considerarse un paradigma el modelo debe incluir tres factores:

1. **Un grupo de reglas** que
2. **establecen o definen los límites del modelo** y
3. **dicen cómo comportarse dentro de esos límites para tener éxito.**

La gente que adopta un paradigma particular mide el éxito por la capacidad de resolver problemas en éste.

Piense en una cultura, sociedad, visión del mundo, empresa o negocio como si fueran un bosque. Cada paradigma es un árbol en el bosque. Por ejemplo, una empresa tendrá paradigmas de administración, paradigmas de ventas, paradigmas de recursos humanos, paradigmas de reclutamiento de personal. Definimos un paradigma como un modelo mental, pero también lo consideramos una teoría, ideología, concepción, marco de referencia, método, protocolo, sentido común, realidad consensual o sabiduría convencional. Un paradigma es también un conjunto de creencias, principios, estándares, rutinas, suposiciones, convenciones, patrones, hábitos, tradiciones, costumbres, prejuicios o rituales. Los numerosos paradigmas que encontramos en una empresa, cultura o visión del mundo son interdependientes, de manera que nunca encontrará un paradigma único. Cuando cambia uno, afecta a todos los demás, y también cambian en algún grado, desde un nivel mínimo hasta en forma radical.

Reconocimiento de ciclos de paradigmas y cambios

La transformación de un paradigma es un cambio del modelo actual a otro nuevo, con un conjunto de reglas y límites diferentes. Es un juego nuevo que requiere un comportamiento diferente para triunfar. Por ejemplo, cuando las mujeres comenzaron a ocupar puestos importantes hace 20 o 30 años, hubo un cambio mayor de paradigma que afectó los negocios, el matrimonio, la familia, el cuidado de los niños, la educación, las leyes y quizás la mayor parte de los árboles en nuestro bosque cultural. El modelo mental de lo que significaba ser una buena esposa, madre, marido, padre, todo comenzó a cambiar. La gente todavía trata de establecer las reglas y los límites nuevos.

Para identificar dónde es probable que ocurra un cambio de paradigma, hay que observar las áreas en que la gente trata de cambiar las reglas; ése es el signo más temprano de posibilidades de cambio significativo. Cuando cambian las reglas, cambia el mundo entero.

¿Cuándo cambian las reglas, cuándo aparecen los nuevos paradigmas? En general, cuando alguien establece cómo resolver uno o varios grandes problemas que fue imposible resolver con las reglas y límites del antiguo paradigma. En efecto, alguien se imagina cómo hacer mejor algo, algo importante que necesita mejorar, y mucha gente emprende las acciones necesarias para hacer que el cambio ocurra; con frecuencia, es entonces que alguien resuelve un problema de una nueva manera, sin aplicar las antiguas reglas. Esos exploradores a menudo piensan que ese nuevo método podría ser un modelo para resolver gran variedad de problemas similares. Veamos las fases típicas de un nuevo paradigma.

Fase 1: Comienzo del nuevo paradigma. El progreso en la solución de problemas múltiples con el nuevo paradigma es lento. El descubrimiento de los límites y reglas de un nuevo paradigma casi siempre es un proceso lento y engañoso.

Fase 2: Establecimiento. Los límites y reglas llegan a estar bien establecidos. El índice de resolución de problemas se incrementa con rapidez. Ésta es la fase en la que hay más oportunidades de ganar dinero, y en la que surgen industrias nuevas.

Fase 3: Establecimiento decisivo. El índice de resolución de problemas disminuye porque los más sencillos ya se solucionaron y sólo quedan los más difíciles, cuya solución tal vez requiera un nuevo paradigma. Los participantes no se dan por enterados, con la intención de regresar a ellos tarde o temprano, casi siempre por la falta de alguna tecnología o herramienta, o debido a la incapacidad de utilizar el paradigma en forma avanzada. Más adelante, los participantes adquieren mayores capacidades y resuelven algunos de los problemas más difíciles, pero en general un grupo reducido de problemas queda sin resolver. Se necesita un cambio de paradigma para resolverlos. Tarde o temprano, cada paradigma comienza a dar lugar a un conjunto muy especial de problemas que todos los expertos en ese campo quieren resolver y nadie sabe cómo empezar.

Llegue al proceso continuo de cambio de paradigma

Durante la fase 1, el nuevo paradigma por lo regular compite con otros que se crean para resolver el problema. El paradigma que sobrevive hasta el inicio de la fase 2 casi siempre gana, aun cuando exista la posibilidad de que otros paradigmas sean mejores a largo plazo. Si los exploradores de paradigmas enfrentan barreras artificiales (como reglamentos gubernamentales, un mercado distorsionado o grandes compañías que superan con mucho a la competencia) es posible que los paradigmas competidores no lleguen hasta la fase 3. Sin embargo, es más probable que aparezca alguno y se acepte en la fase 2 porque habrá numerosos problemas no resueltos para motivar la búsqueda. Se siente la necesidad. Aquí describimos el proceso usual con más detalle.

Fase 3 de un paradigma antiguo:

- ✤ El paradigma establecido comienza a ser menos efectivo.
- ✤ Las personas que operan en el ramo se ven afectadas y empiezan a perder la confianza en las antiguas reglas.
- ✤ La turbulencia y una sensación de crisis aumentan, al tiempo que la confianza disminuye.

Fase 1 de un nuevo paradigma:

- ✤ Los visionarios y exploradores proponen sus soluciones, que podrían ser viejas ideas cuyo momento ha llegado.
- ✤ La turbulencia y crisis se incrementan aún más conforme el conflicto de paradigmas se vuelve obvio.

♻ La gente en el campo está incómoda y exige soluciones claras.

♻ La gente comienza a creer que alguno de los nuevos paradigmas propuestos puede resolver un pequeño grupo de problemas significativos que el viejo paradigma no resolvió.

♻ Los pioneros toman la iniciativa de aceptar el nuevo paradigma con base en la intuición de que funcionará.

Fase 2 de un nuevo paradigma:

♻ Conforme el apoyo y los recursos económicos aumentan, el nuevo paradigma se vuelve más popular.

♻ La turbulencia y la crisis disminuyen conforme el nuevo paradigma comienza a resolver problemas; la gente en el campo tiene una manera nueva y más exitosa de lidiar con el mundo.

♻ Usted tendrá una ventaja competitiva significativa si se anticipa a los cambios y es uno de los primeros en adoptar un nuevo paradigma que le permita dirigir a la gente fuera de la turbulencia y la crisis que esos cambios provocan. Puede tomar la iniciativa al hacer de su compañía una pionera, dándole ventaja competitiva.

✓ Estrategia número 3: Comprensión de los cambios del paradigma cultural que afectan a las mujeres

Los cambios importantes en el mercado global y la tecnología de la computación dan nuevas oportunidades a *los de afuera*, y éstos son dos de los cambios de paradigmas de mercado y culturales que afectan más sus oportunidades como mujer. Un tercer cambio mayor es el de las nuevas culturas empresariales resultantes, con empleados cada vez más diversificados y fortalecidos, que trabajan mejor con el estilo de liderazgo que es más natural en la mayoría de las mujeres. Un cuarto cambio se presenta en las estructuras corporativas más flexibles que reflejan la clásica visión femenina del mundo, una telaraña de relaciones personales.

Cambio de paradigma cultural número 1: Nuevas oportunidades en el mercado global

El cambio más radical en los últimos años es la omnipresencia de un mercado global que ha creado una intensa competencia entre todas las empresas y oportunidades sin precedente para las mujeres.

♻ La mayor parte de las compañías tienen negocios en otros países.

♻ Todas las compañías compiten para proporcionar productos cada vez de más alta calidad y precios con costos cada vez más reducidos.

- ✤ Como resultado, las compañías contratan más trabajo de fuentes externas, con lo que crean oportunidades para los proveedores, distribuidores, negociadores, consultores y profesionales.
- ✤ El mayor crecimiento de las compañías y trabajos radica en los mercados de alta tecnología y en los servicios, no en la fabricación.
- ✤ La gente, las compañías y sociedades completas aumentan su conocimiento técnico y psicológico.
- ✤ Existen cada vez menos barreras tradicionales para que las mujeres y las minorías se conviertan en participantes plenos. Los cambios afectan el estado de cosas y crean aperturas.

Nuevas oportunidades para *los de afuera*. En la actualidad, casi todas las grandes empresas son multinacionales, al igual que muchas medianas y pequeñas. Las compañías deben ser cada vez más hábiles para identificar nichos de mercado, adoptar innovaciones y ofrecer productos y servicios de máxima calidad. Estas transformaciones importantes de la situación actual siempre abren nuevas oportunidades a los recién llegados, entre ellos a las mujeres inteligentes.

Las puertas se abren en las áreas donde la gente está cansada de los acuerdos sin ética y el dinero sucio por parte de los ejecutivos masculinos. Para la mayoría de la gente, las mujeres representan *rostros frescos* sin las relaciones escondidas ni los años de negociaciones que los hombres ejecutivos llevan a cuestas. Por ejemplo, la gente se preocupa porque el poder creciente y la negación de las responsabilidades por parte de las corporaciones multinacionales se traduce en un nuevo respeto por los tomadores de decisiones éticos. Muchos estudios recientes indican que la gente cree que las mujeres tienen talentos especiales para manejar y evitar escándalos ocasionados por la corrupción y la manipulación. La gente tiende a confiar en los estándares éticos de las mujeres y en su nivel de honestidad, tanto en los negocios como en la política.

Nuevas oportunidades para las mujeres líderes. Las corporaciones inteligentes compiten por la gente que produce y tiene un buen desempeño en mercados que cambian con rapidez y son muy competidos. En los años ochenta, las mujeres talentosas progresaban más en las compañías de alta tecnología que crecían con rapidez que en las empresas tradicionales, y esta tendencia continuó en los años noventa.

Estados Unidos tomó el liderazgo en la economía global, y el liderazgo de las mujeres marca la diferencia clave. Las mujeres establecen dos veces más pequeñas empresas que los hombres y poseen una tercera parte de las compañías estadounidenses. Muchas mujeres empresarias (al igual que las que trabajan para grandes corporaciones) hacen negocios con otros países. Esas mujeres se desempeñan bien en el comercio mundial, incluso en aquellos países donde rara vez se permite a las mujeres adoptar papeles de liderazgo en los negocios, como en Asia. La investigación de Nancy Adler indica que, aun cuando una cultura desapruebe que sus mujeres participen en los negocios, es frecuente que las extranjeras sean vistas de manera diferente.

Como mujer, usted tiene una ventaja única al trabajar con los nuevos empleados que se incorporan al mercado, hablaremos de esto más adelante. Puede crear en la gente habilidades para ejercer el liderazgo en las nuevas culturas corporativas que surgen como respuesta a la competencia global y las nuevas expectativas de los empleados. Tenga en mente estas sugerencias:

- No se detenga. Pregunte. Escuche. Aprenda. Haga que su mente aprenda toda la vida. El éxito en el trabajo requiere un crecimiento enorme, incluso después de que pague sus deudas, a fin de aprender nuevos enfoques, aptitudes y técnicas. Un ambiente turbulento ofrece muchas oportunidades *si* está dispuesta a aceptar algunos riesgos y a actuar con honestidad en sus experiencias.
- Sepa cómo atraer dinero. Sea empresaria; ya sea en la compañía para la que trabaja o al comenzar su propio negocio pequeño. Cada vez más el éxito llega a los pequeños con iniciativa y no a los grandes y burocráticos.
- Forme sus aptitudes de liderazgo, así como aquellas de administración y empresariales. El éxito en las empresas de hoy requiere cada vez más las tres, aun en las etapas iniciales.
- Sea poco convencional. Explore el horizonte en busca de enfoques innovadores y aproveche las oportunidades disponibles en este ambiente de negocios dinámico y competitivo, al mismo tiempo que se mantiene alerta a los peligros que siempre trae el cambio.
- Sea una competidora capaz. Establezca estándares altos para lo que produce y en la manera que lo produce. Cambie a una trayectoria profesional y a un trabajo donde pueda fijar metas que sean importantes para usted, metas que anhele alcanzar.
- Ingrese a empresas y equipos que tengan sentido de la competencia y valoren los estándares elevados y el aprendizaje continuo, lugares donde pueda desarrollarse y ganar confianza en sí misma en situaciones de competencia.
- Busque una trayectoria profesional no lineal, de modo que aprenda más, con puestos que le exijan, jefes que estimulen su crecimiento y ambientes que le permitan experimentar e innovar.
- Si quiere empezar un negocio propio, considere la posibilidad de abastecer a las nuevas grandes corporaciones, con materiales, productos, servicios de asesoría u otros servicios, o distribuir los productos de las compañías grandes.

Ya conoció a Caitlin Curtin, la del Escaparate. Exploró el horizonte en busca de problemas y necesidades que crean los cambios en los mercados y las empresas. Vio la necesidad de un nuevo tipo de capacitación personalizada y barata y la cubrió. Los visionarios que exploran el horizonte son buscadores de tendencias. Cambios pequeños e incipientes surgen todos los días, pero 99 por ciento de los analistas de negocios no los ven. Los líderes astutos leen continuamente artículos, libros y reseñas escritas por gente que no hace sino identificar y evaluar tendencias, autores como John Naisbitt y Faith Popcorn.

Cambio de paradigma cultural número 2: Nuevas culturas corporativas que necesitan la forma de liderazgo femenino

Un cambio cultural que empezó en los años ochenta y continuó en los noventa: las compañías descentralizaron la autoridad y la toma de decisiones, y la desplazaron hacia abajo, incluso en los niveles operativos. Esto condujo a otros cambios que ocasionan que las culturas corporativas cambien radical y velozmente en alguna de las formas siguientes:

- ♭ Equipos de trabajo autónomos que cada vez con mayor frecuencia toman las decisiones que tienen que ver con su actividad. Interactúan a menudo con otros equipos, personas y gente externa para efectuar su trabajo.
- ♭ Empleados creativos y fuertes. Quedaron relegados los empleados con habilidades limitadas y escasas que trabajaban a la antigua, y hacían lo que se les decía.
- ♭ Mayor cantidad de mujeres con educación, experimentadas y con visión profesional que están dispuestas a aceptar los desafíos y requerimientos de las nuevas responsabilidades.
- ♭ Líderes eficaces que saben cómo motivar a los miembros de los equipos y abandonan los estilos de dirección tradicionales y orientados hacia el control.

Una imagen de este cambio se muestra en la Instantánea número 2, que compara las antiguas fuerzas de trabajo con las nuevas, el enfoque de la compañía y las estructuras.

Instantánea número 2: Culturas corporativas: antiguas y nuevas

	Empresa tradicional	Empresa nueva
Fuerza laboral o mano de obra	♭ Prescindible. ♭ Requiere pocas aptitudes. ♭ Definición estrecha del trabajo.	♭ Recurso por perfeccionar. ♭ Requiere muchas aptitudes. ♭ Trabajos con visión flexible; estimulado para adquirir más conocimientos.
Enfoque	♭ Relación nosotros-ellos. ♭ Homogéneo. ♭ Especialización. ♭ Determinado por la tecnología. ♭ El cambio es la excepción.	♭ Asociación. ♭ Heterogéneo. ♭ Aplicación de conocimientos especializados a problemas mayores. ♭ Determinado por las necesidades de los consumidores. ♭ El cambio es la regla.
Estructura	♭ Jerárquica. ♭ Los equipos se forman según se requiere.	♭ Estructura más horizontal. ♭ Los equipos son inherentes a la empresa; se usan para crear sinergia y para realizar algunos o todos los trabajos del gerente.

Los nuevos perfiles de los empleados reclaman el estilo de liderazgo femenino. La gente en el lugar de trabajo está cambiando. En la actualidad, aquellos que ingresan a una empresa suelen tener ciertas características y expectativas con las que las mujeres están familiarizadas y pueden encauzar para crear equipos de trabajo dinámicos, innovadores y autónomos. Es más probable que los empleados en su compañía:

꙳ Piensen de modo crítico, planeen estratégicamente y se adapten al cambio. Estén mejor educados, especializados y sean más creativos que en el pasado.

꙳ Entiendan que ni el gobierno ni la corporación son responsables de hacerse cargo de ellos y que su seguridad depende de las aptitudes y atributos que lleven a sus próximos trabajos.

꙳ Sean móviles. Probablemente cambien de carrera tres veces, según el Departamento del Trabajo de Estados Unidos; cinco veces, según la mayoría de los asesores laborales. Y dentro de cada carrera un individuo puede cambiar de empresa varias veces.

꙳ Insistan en equilibrar las prioridades entre la carrera, la familia y los intereses personales. En los ochenta, eran las mujeres las que manejaban esos valores. En los noventa, ambos sexos de la nueva generación tienden a insistir en prioridades equilibradas.

꙳ Realicen trabajos mentales. Se les paga más por sus conocimientos que por su trabajo manual. Cada vez con mayor frecuencia, el trabajo es lo que los trabajadores tienen en mente. Es la forma en que se comunican, lo que escriben, y lo que dicen en las juntas. No puede supervisarse del mismo modo que los trabajos manuales.

꙳ Funcionen mejor en equipos de trabajo autónomos en lugar de hacerlo con una administración de arriba hacia abajo orientada hacia el control. Buscan alejarse de las culturas jerárquicas.

꙳ Sean más mujeres y miembros de una minoría, que en el pasado.

Los estilos de liderazgo femenino se ajustan a este perfil de empleado.

Los empleados diversificados requieren estilos de liderazgo femenino. Un cambio que afecta en gran medida a todos en el lugar de trabajo es la creciente diversidad de empleados que llegan a puestos técnicos, profesionales y administrativos. Con frecuencia, se ve gente de otras culturas y estilos de vida; así como también cada vez más mujeres en puestos de poder e influencia. Estas tendencias llaman nuestra atención porque todavía se piensa en la cultura empresarial estadounidense como predominantemente euroestadounidense (caucásica) y masculina. Y es así porque en 1996:

꙳ 95 por ciento de los altos directivos eran hombres euroestadounidenses.

꙳ 70 por ciento de los miembros del Congreso de Estados Unidos, quienes hacían las leyes que regían las empresas, eran hombres euroestadounidenses.

Al mismo tiempo, según la Oficina del Censo de Estados Unidos, en 1990:

꙳ 60 por ciento de la fuerza laboral estaba formada por mujeres y minorías (35 por ciento mujeres euroestadounidenses y 25 por ciento hombres y mujeres pertenecientes a minorías).

꙳ 40 por ciento de la fuerza laboral era de hombres euroestadounidenses, y 25 por ciento de ellos pertenecían a alguna de las siguientes categorías: mayor de 65 años, homosexual, incapacitado u obeso.

꙳ Por tanto, 30 por ciento de la fuerza laboral consistía en hombres euroestadounidenses que *no* pertenecían a ninguna de estas categorías de diversidad.

La diversidad va en aumento. Durante la década de 1990:

- 15 por ciento de los nuevos empleados que ingresaban a la fuerza de trabajo eran hombres euroestadounidenses.
- 85 por ciento eran mujeres y minorías.

Como mujer, al trabajar con empleados de diversos grupos, usted tiene ventaja porque:

- Tiene experiencia directa en tratar con estereotipos y creencias autolimitantes enraizadas en el proceso de socialización.
- Es probable que sepa lo que se siente ser excluido y cómo incluir a las personas.
- Tal vez hará un estudio rápido acerca del desarrollo de diversas aptitudes.

El segmento más numeroso de nuevos empleados en los años noventa es el de madres que trabajan. Como mujer, y quizá como madre, usted está en posición de entender y establecer empatía con las necesidades y deseos de las madres que laboran. A pesar del enorme incremento en la cantidad de madres trabajadoras, en 1990 sólo 10 por ciento de las empresas con diez o más empleados ofrecían prestaciones directas para el cuidado de los niños, como guarderías o ayuda financiera. La mayor parte ofrecía permisos de maternidad inadecuados.

Estilos de liderazgo que funcionan. Si observamos lo que las compañías requieren de sus líderes en estos días, apreciamos que el estilo de las mujeres se ajusta mucho mejor a esas necesidades. Las empresas requieren líderes que:

- Utilicen estilos más flexibles de visión e identificación de talento gerencial.
- Intercambien información a un ritmo rápido.
- Posean una visión amplia y un conjunto diversificado de habilidades.
- Piensen en forma creativa y contribuyan a la innovación que se necesita.
- Tengan una mentalidad ecológica, que acentúe la interrelación de todas las cosas.
- Reconcilien la preocupación por los resultados en el nivel operativo con la preocupación por la gente; líderes que enfoquen tanto los fines como los medios.
- Sean hábiles tanto en la planeación como en la solución de problemas.
- Tengan buenas aptitudes personales, entre ellas comunicación, trabajo en equipo, capacidad de negociación y resolución de conflictos.

Este perfil se ajusta al estilo de liderazgo de las mujeres y les abre más puertas.

Cambio de paradigma cultural número 3: Nuevas estructuras corporativas que reflejan los estilos de las mujeres

La estructura de las compañías cambia para reflejar cómo interactúa la gente de la empresa y los participantes externos. La nueva estructura se asemeja a una telaraña, con diversas líneas de comunicación entre numerosos participantes, con poca jerarquía y menos baja. La profesora de lingüística Deborah Tannens de *Georgetown University*, que investiga los patrones de comunicación y visión del mundo de hombres y mujeres, indica que las mujeres se relacionan de maneras que se simbolizan mejor con una telaraña. Por el contrario, los hombres se relacionan de modos más jerárquicos, simbolizados por la pirámide típica de las organizaciones de ayer. La estructura de telaraña actual refleja el modo más femenino en que se relaciona la gente.

Como resultado de los cambios en la estructura, las compañías necesitan líderes que funcionen bien con menos cadena de mando, más sistemas y estructuras democráticos; telarañas, no pirámides. Este estilo les va mejor a la mayoría de las mujeres.

✓ Estrategia número 4:
Básese en su estilo de liderazgo de mujer

¿Cómo participa usted en estos cambios de paradigmas culturales y de mercado para crear una carrera triunfadora? Empiece por entender que en una cultura tradicional de negocios basada en el modelo militar, con sus valores autoritarios y jerarquía rígida, los estilos tradicionales de los hombres para administrar funcionan mejor. Pero conforme más y más organizaciones se salen de ese modelo hacia uno más abierto, informal y democrático, las mujeres son capaces de inspirar devoción y obtener lo mejor de la gente. En efecto, según John Naisbitt, autor de *Megatrends*, ser hombre ya no representa una ventaja. Las mujeres, que no necesitan olvidar el anterior comportamiento autoritario, en verdad tienen una ventaja en cuanto a las capacidades humanas. Necesita estar alerta de sus propias fortalezas y debilidades y combinarlas con las oportunidades disponibles. Si tiene en mente que todos tenemos características tanto femeninas como masculinas podrá trabajar con sus fortalezas femeninas ya existentes y desarrollar las masculinas para equilibrar aquéllas.

Conforme construya su estilo de liderazgo de mujer, céntrese en especial en sus tendencias a fortalecer a la gente, a usar su estilo facilitador de liderazgo, a tratar a la gente con empatía y sensibilidad, y a confirmar la creencia de la gente en la integridad de las mujeres actuando en forma consistente de modo que infunda confianza.

Fortalezca al personal

Trabaje con base en su deseo de fortalecer al personal. Éste es tal vez el paso más importante para acoplarse a las culturas empresariales de hoy, porque uno de los temas subyacentes en todos los cambios de paradigma es el individuo. Aunque las personas trabajan juntas de manera más dinámica, el poder empresarial viene cada vez más del poder de los individuos que trabajan en equipos. La mayoría de las mujeres socializan para lograr el compromiso de la gente, en lugar de dar órdenes autocráticas y aplicar controles. Las mujeres tienden a adaptarse mejor al papel de maestro/facilitador/entrenador que al de director/supervisor. La historia muestra que la mayoría de las mujeres reciben educación para subordinar el éxito propio y enfocarse en otros, como los maridos e hijos, para triunfar. Les parece natural enfocarse más en el equipo que en la gloria personal.

Recuerde que está bien dar más importancia a compartir el poder con todos los miembros de la organización que en mantenerlo para usted sola. Al compartir el poder, fortalece a otros para alcanzar las visiones compartidas. Sus tendencias a cuidar de otros, a desear conectarse personalmente, comunicarse y compartir información con ellos, le ayudan en sus esfuerzos por fortalecer a la gente.

Adopte un estilo de líder facilitador

Por fin las empresas estadounidenses han aprendido que la gente apoya lo que ayudan a crear, y que las decisiones operativas cotidianas se toman mejor en los niveles en los que se ejecutan. Sin embargo, el liderazgo y la comunicación de arriba abajo todavía son la regla en muchas compañías de Estados Unidos. Los directivos modernos quizá motiven a sus empleados a preguntar, opinar y compartir información; pero rara vez les piden hacer planes, resolver problemas, tomar decisiones, crear nuevos procedimientos o encontrar qué fue lo que estuvo mal. Debido a que muchas compañías se ven obligadas por la competencia global a nivelar sus jerarquías, la gerencia intermedia ha perdido importancia y los equipos están a cargo de muchas responsabilidades administrativas. Los gerentes han pasado de un estilo directivo tradicional a otro actualizado más consultivo y, en fechas más recientes a uno de líder facilitador de equipo, como se muestra en la Instantánea número 3.

Instantánea número 3: Evolución de los estilos de liderazgo

Gerente tradicional *Directivo*	Gerente actualizado *Consultivo*	Líder de equipo *Facilitador*
Establece metas.	Consulta para establecer metas.	Comparte el establecimiento de metas.
Resuelve problemas.	Es eficiente para resolver problemas.	Ayuda a los equipos a resolver problemas.
Decide.	Consulta, luego decide.	Comparte la toma de decisiones.
Dice.	Convence.	Pregunta, escucha.
Dirige a otros.	Delega.	Dirige el proceso del equipo.
Usa la autoridad para que se hagan las cosas.	Motiva a otros para que se hagan las cosas.	Fortalece a otros para que se hagan las cosas.
Es autoritario, amenaza.	Asesora, enseña.	Integra el equipo, inspira.
Estructurado.	Más abierto, amigable.	Flexible.
Mensaje a los empleados: *No piensen, guarden silencio, denme.*	*Acepto sus ideas.*	*Ustedes lo hacen, yo los ayudo.*
Favoritismo, protegidos.	Ambiente más participativo.	Modelo de lo que se espera, apoya, respalda.
Poca o ninguna retroalimentación.	Evaluaciones de rendimiento.	Retroalimentación frecuente y eficiente.
Poco hábil en el trabajo.	Ayuda cuando se necesita.	Obtiene recursos para los esfuerzos del equipo.
No aconseja.	Asesoría adecuada.	Apoya al equipo, le ayuda en sus dificultades.

continúa

Gerente tradicional *Directivo*	Gerente actualizado *Consultivo*	Líder de equipo *Facilitador*
Habilidad para comunicarse: Unidireccional, de arriba a abajo, comunicación deficiente.	Comunicación bidireccional.	Comunicación inteligente.
Poca habilidad personal.	Más capacidad personal.	Estimula al equipo al alto rendimiento.
Conoce todas las respuestas.	Motiva a la gente a compartir ideas.	Se apoya en la experiencia de otros.
Control estricto, orientado hacia la tarea.	Control estricto, orientado a la gente.	Controla el equipo, orientado hacia el trabajo en equipo.
Poco contacto con otros departamentos y funciones.	Mayor contacto con otros departamentos.	Obtiene los recursos que necesita el equipo.
Goza de privilegios especiales.	Avanza al conocer a la gente.	Igualitario.
Cantidad más que calidad.	Más consciente de la calidad.	Practica la Administración de la Calidad Total (TQM, por sus siglas en inglés).
Enfoque: Expectativas del jefe.	Jefe/empleado.	Necesidades del equipo en el contexto de las necesidades de la empresa.
Grupos homogéneos.	Los demás se adaptan al grupo.	Adaptación bidireccional, cultura flexible de equipo.
Se adjudica el crédito por el trabajo.	Comparte el crédito.	Da crédito al equipo.
Estrategia de solución: Ganar/perder.	Compromiso.	Beneficio mutuo, consenso.

Las compañías que crecen y sobreviven en la competencia global se estructuran para hacer un manejo óptimo de los equipos de desarrollo de negocios. Estos equipos buscan y encuentran nuevas oportunidades para agregar valor y averiguar las necesidades y preferencias del consumidor. Pueden improvisar e innovar para cubrir esas necesidades, e implantar sus planes a fin de distribuir puntualmente productos o servicios a precios competitivos. Estos avances exigen una mejor autoadministración con equipos de trabajo y líderes que faciliten la búsqueda de oportunidades, la toma de decisiones, el establecimiento de metas y el perfeccionamiento de procedimientos del trabajo que realizan esos equipos. De modo que descanse y confíe en sus aptitudes personales uno a uno más que en cualquier posición de poder que ocupe en la jerarquía.

Acceda a su empatía y sensibilidad

Quizá ya ha enfrentado el problema de equilibrar su profesión, su familia y sus intereses personales, o se imagina en esa situación. Esto le da una perspectiva personal de los modos en que la empresa debe ser bastante flexible para atraer y retener a mujeres y minorías calificadas. A continuación, le presentamos una revisión de cómo debe aprovechar sus fortalezas femeninas a fin de aumentar su éxito profesional:

Sea democrática. Trate de ser una facilitadora democrática pero exigente del cambio, en vez de una figura paternal. Apóyese en su tendencia a respetar a la gente y a estimular los equipos autónomos, y unidades empresariales como equipos creadores de negocios. Inspire el compromiso de los miembros de su equipo basándose en forma consistente en principios justos y honestos y creando un ambiente que incluya a todos y donde cada uno tenga la oportunidad de destacar y crecer. Las mujeres suelen preferir la informalidad en el trabajo, por tanto, utilice procesos informales para alcanzar metas que cambian con rapidez.

Ofrezca retroalimentación, apoyo y reto. Tome en cuenta que su papel más importante consiste en ayudar a la gente a triunfar, aprender y progresar. Desafíe constantemente a su gente a que adquiera nuevas aptitudes, y apóyela al hacerlo. Estimule a los empleados actuales, que tienen amplios conocimientos, a tomar más iniciativas empresariales, a ser más autónomos y permanecer orientados hacia un aprendizaje que dure toda la vida. Enfóquese en ayudar a la gente a aprender tareas variadas (capacitación general) y a combinar las metas de rendimiento, en constante cambio, tanto con sus fortalezas e intereses individuales como con las necesidades de la empresa. Esta estrategia es más poderosa que el antiguo enfoque en los títulos y descripciones formales de puestos.

Apoye las necesidades de las madres trabajadoras. Como es mujer, seguramente entiende las necesidades más importantes de las madres que trabajan, que giran alrededor de la flexibilidad que requieren para atender sus responsabilidades domésticas y laborales. Utilice su influencia para brindar acuerdos flexibles de trabajo, como horario flexible, medio tiempo, trabajo compartido, trabajo por contrato y trabajo desde casa.

Busque prestaciones flexibles, como guarderías para los hijos, incapacidades por maternidad y atención médica familiar. Por lo regular, las mujeres tienen mayores responsabilidades en el cuidado de los ancianos de la familia. Usted puede apoyar a las trabajadoras en esos esfuerzos cruciales.

Fomente empleados diversificados. Aproveche el hecho de comprender lo que es ser estereotipada por otros, considerada ciudadana de segunda clase, tratada como extraña en la fuerza de negocios, para establecer empatía con los empleados diversificados, llenar sus necesidades y ayudarlos a contribuir.

Establezca confianza al confirmar las creencias en la honestidad e integridad de las mujeres

De acuerdo con las investigaciones de John Naisbitt, la mayoría de la gente está cansada de líderes codiciosos y deshonestos, y suele confiar más en las mujeres líderes que en los hombres. Las mujeres dan validez a esta confianza poniéndose a la altura de las circunstancias.

Permita que sus decisiones demuestren su integridad. Primero identifique sus valores y principios, dónde traza la línea en varios asuntos. Luego, asegúrese de que sus decisiones corresponden a esos valores y principios. La gente comenzará a notarlo y usted se volverá un modelo de actuación positiva. Siga estrategias exitosas para tomar decisiones de ética difíciles.

👕 Aprenda a detectar un dilema ético.

👕 Reconozca que hay un dilema.

👕 Distinga las elecciones posibles, el rango de opciones responsables.

👕 Piense en el futuro y practique sus respuestas.

Responda las preguntas de ética difíciles. Establezca y permanezca en contacto con sus principios y límites éticos; sepa dónde trazar la línea. En un mundo volátil, es fácil perder el contacto con sus límites morales, sobre todo cuando está en juego mucho dinero. Comience por observar los asuntos de ética que enfrentan otros, en su oficina, historias en periódicos y en libros. Hágase estas preguntas cuando enfrente una situación difícil:

👕 ¿Es legal? ¿Se violará alguna política, una serie de reglamentos o regla? ¿La acción propuesta es consistente con prácticas pasadas?

👕 ¿La situación requiere que yo mienta sobre el proceso o los resultados?

👕 ¿Considero ésta una situación no habitual que demanda una respuesta no habitual?

👕 ¿Actúo con justicia? ¿Me gustaría que me trataran de este modo?

👕 ¿Tendré que esconder o mantener en secreto mis acciones? ¿Me ha advertido alguien que no descubra mis acciones a otra persona?

👕 ¿Sería capaz de analizar la situación propuesta con mi superior inmediato? ¿Con el presidente de la compañía? ¿Con mi familia? ¿Con los clientes de la compañía?

👕 ¿Cómo me sentiría si los detalles de esta situación aparecieran en los medios de comunicación?

👕 ¿Si un amigo cercano tomara este curso de acción, cómo me sentiría?

👕 ¿Cómo me siento en relación con lo sucedido? ¿Me siento muy aprensiva? ¿Temerosa? ¿Me incomoda mi conciencia?

Con la práctica, la toma de decisiones éticas se vuelve más fácil y consistente.

Inspire lealtad. Inspirar lealtad es más difícil en estos días de recortes de personal, pero los mejores líderes ganan lealtad si actúan en formas que la inspiren. Si usted es como muchas mujeres, ha ganado respeto y lealtad a cada paso en su carrera. Por tanto, entiende esta regla no escrita. Prepárese para aplicarla cumpliendo sus promesas, siempre, y aplicar los otros principios éticos que forman su límite inferior de acción.

✓ Estrategia número 5: Comprenda los cambios tecnológicos

Si comprende la importancia de los recientes cambios en el paradigma tecnológico, como Internet y Web, tendrá una guía que ayude a su equipo a sobrevivir y florecer en el nuevo mercado global que crean estos cambios. Según Don Tapscott, autor de *The Digital Economy*, los cambios más importantes son hacia la tecnología digital y los microprocesadores; Internet y Web; los dispositivos de información inteligentes y aplicaciones multimedia; los buscadores de información conocidos como agentes, vínculos de acceso directo y mecanismos de búsqueda; el software orientado hacia los objetos que es posible armar por piezas; y ambientes amigables y virtuales en el ciberespacio.

Cambio número 1 de paradigma tecnológico: Tecnología digital y de microprocesadores

Cualquier dispositivo que incluya chips de computadora utiliza la tecnología digital, que se refiere a productos basados en dos dígitos: 1 y 0. Un microprocesador es una computadora en un chip, que reemplaza a las grandes computadoras con terminales. Los microprocesadores permiten que casi todos los empleados tengan en su escritorio aplicaciones multimedia que integran datos, texto, voz, imagen y video. Los microprocesadores permiten a las empresas transferir inteligencia hacia fuera de la organización, donde está la acción: en el punto de venta o de servicios al cliente, el laboratorio de investigación y desarrollo y el departamento de ventas.

Cambio número 2 de paradigma tecnológico: Internet y Web

Ahora podemos interactuar a través de redes, en las que cada computadora de escritorio es poderosa y funciona como cliente y servidor (receptor y transmisor). Estas redes nos permiten acceder a gran variedad de información, aplicaciones y recursos de computación sin preocuparnos por dónde se encuentran o cómo están conectadas. Permiten a las organizaciones trabajar con estructuras planas en vez de altas, en forma de red y no de pirámide. Nos permiten tener una organización más centrada en el cliente porque fortalecemos a los miembros de los equipos con las herramientas y el conocimiento a fin de ir más allá de las expectativas de los consumidores, para agregar nuevo valor. Las redes permiten a los miembros de los equipos manipular procesos completos de trabajo, en lugar de piezas pequeñas, y distribuir mejor los servicios a los clientes, en forma más económica y rápida.

En la actualidad, casi todas las redes están conectadas por delgados alambres telefónicos de cobre. A la larga, la columna vertebral de Internet y el sistema World Wide Web serán cables subterráneos de fibra óptica que irán de por todas partes. En lugar de trasmitir a una velocidad de dos páginas por segundo, la supercarretera de la información transmitirá a la velocidad de una gran biblioteca pública por segundo. Con el tiempo, el ancho de banda se transformará en un bien, un servicio público. El valor real para los clientes vendrá del amplio rango de servicios e información (el contenido) disponible a través de Internet.

Los sistemas abiertos basados en los estándares de la industria y en Internet vienen dando forma a los productos especiales y a las configuraciones, con lo que se facilita el uso del software de manera intercambiable, además de que las redes sean compatibles unas con otras.

Cambio número 3 de paradigma tecnológico: Aplicaciones multimedia y dispositivos inteligentes

Los dispositivos inteligentes más importantes que se usan para entrar a Internet y Web son la computadora personal, la televisión interactiva y el dispositivo de telefonía celular portátil. En el pasado, los datos cuantitativos, texto, audio y video se manejaban con tecnologías separadas. Ahora, todos se encuentran agrupados en sistemas multimedia que funcionan como la gente. Los segmentos más importantes de nuestra economía que prosperarán con la supercarretera de la información son los negocios, la educación, el entretenimiento, las compras desde el hogar y las videoconferencias. ¿Quién sabe qué otros más?

Cambio número 4 de paradigma tecnológico: Buscadores de información

Para navegar en Internet día y noche, es posible utilizar agentes inteligentes de software y mecanismos de búsqueda integrados. Los agentes están al tanto de las noticias, buscan la información que solicite, organizan su correo electrónico, personalizan su periódico de cada día, se comunican por usted y ejecutan otros trabajos en Internet. Son los que buscan, pero usted es el director. Por ejemplo, suponga que desea encontrar una nueva raqueta de tenis. Usted establece los criterios, como estilo, medidas, materiales y color. El mecanismo de búsqueda navega en Internet y encuentra el mejor precio. Si varias fuentes cumplen con otros criterios, la elección se lleva a cabo de acuerdo con las existencias y el mejor precio.

Entre más la conozca su agente, más cosas útiles hará por usted. Algún día, su agente contará con inteligencia artificial, de manera que le servirá como lo haría un ser humano.

Por tanto, permita que su agente navegue por Internet. ¿Encontró algo que le gusta? Haga clic en una palabra de vínculo de acceso directo y la llevará a otras computadoras con información sobre el tema. Un vínculo también puede ser una fotografía, fragmento de video, sonido o documento compuesto que la enlazará con otro documento similar. Los vínculos de acceso directo la ayudan a que sea *usted* quien determine qué información es importante, y no un diseñador de software. Es posible enviar esa información, con vínculos y todo, a otras personas en Internet, por lo que la telaraña de vínculos crece de manera exponencial.

Cambio número 5 de paradigma tecnológico: Objetos, Software que se arma por piezas

En la actualidad, los creadores de software utilizan y reutilizan piezas de software estandarizadas que funcionan juntas. Podemos considerarlas módulos, piezas o partes de software; los programadores usan el término *objetos*. En este sentido, la industria del software se convierte en una industria de partes; en la que los programadores crean nuevas partes que se acoplan a otras para formar algo nuevo. Internet dio un gran impulso a los objetos.

Java es un lenguaje de programación ideal para acoplar objetos, llamados *applets* (o *pequeñas aplicaciones)* en el lenguaje Java, para Web. Los applets de Java sirven en cualquier computadora que tenga un navegador instalado. En vez de aplicaciones enormes y complejas, el software se arma con pequeñas aplicaciones que viajan por Internet cuando usted necesita de sus servicios. Éstas le permiten crear escenarios del futuro en lugar de limitarse a elaborar informes del pasado. Es posible volar en forma virtual a través de la compañía visualizando y simulando varios eventos basados en diferentes escenarios de decisión. El propósito es permitir que los equipos tengan resultados positivos. Los negocios pueden modelarse como objetos. Conforme una compañía cambia su modelo de negocios, puede cambiar con rapidez el software correspondiente.

Cambio de paradigma número 6: Ambientes virtuales amigables

Los nuevos ambientes amigables en el ciberespacio son posibles gracias a nuevas tecnologías llamadas MUIs, GUIs, VRs, MUDs y MOOs.

MUIs o interfaces de usuario multimedia. El ambiente de su computadora cambia de iconos y símbolos, a imágenes directas y dinámicas de objetos familiares vivientes y a la interacción con éstos. Los MUIs aprenden de usted y proporcionan un ambiente de aprender y actuar. El reconocimiento de voz empieza a aprovecharse al máximo.

GUIs o interfaces de usuario gráficas. La computadora la reconoce, aprende acerca de su persona y lo que usted le enseña, así como a trabajar a su modo, en forma intuitiva.

VRs o realidades virtuales. El descubrimiento inmediato más importante en la computación tridimensional es la realidad virtual. Hasta el ratón será tridimensional, con botones adicionales. Los investigadores navegarán a través de una célula, un gene, una ruina arqueológica y casi cualquier objeto o ambiente. Con el tiempo, la tercera dimensión estará no sólo en la pantalla sino en el aire, a través de hologramas. Verá un juego de tenis con sólo encender el televisor y dejar que jugadores de veinte centímetros corran por toda la sala. Podrá seleccionar *repetición* para ver cómo un jugador realiza un tiro particular y volver a ejecutar el programa de realidad virtual para tomar una lección de tenis.

MUDs o dominios de usuarios múltiples. En un principio, éstos eran lugares de Internet donde se creaban aventuras espectaculares propias en tiempo real. Era posible entrar en prisiones virtuales, tabernas, salones de baile y otros lugares conforme se hacían los libretos. Ahora los MUDs se han convertido en lugares de reunión virtuales en los que la gente se puede reunir y charlar sin dejar la mesa de la computadora. Evolucionan en lugares de reunión virtuales en Internet. Es posible crear una imagen de uno mismo (un avatar) para hacer los encuentros más realistas. Un avatar también puede ser un agente u otro proceso que se crea para parecer una persona, animal, caricatura u otro símbolo.

MOOs=MUDs orientados hacia objetos. Al combinar un dominio de usuarios múltiples con conceptos de programación orientados hacia objetos, obtiene un MOO (calabozo multiusuario orientado a objetos). Se trata de una serie de herramientas de programación para crear objetos, personajes y lugares que son parte de realidades virtuales. Por ejemplo, se puede crear un ambiente donde los miembros del equipo, dispersos en el edificio, la ciudad o el mundo, se encuentren para compartir información y resolver una crisis. En un MOO de multimedia, se hace clic en el objeto que representa una persona o lugar y aparece el flujo de video de esa persona o lugar.

Internet y Web. Hemos llegado al mercado orientado hacia Internet, donde cada empleado es un usuario de computadora que tiene la capacidad de interactuar con todos y cada uno de los otros usuarios de computadoras en el planeta. Este es un cambio en el paradigma actual de empleados que trabajan en computadoras individuales conectadas a otros empleados de la empresa mediante intranets, y representa incrementos sorprendentes en la productividad. Las reglas y límites apenas empiezan a establecerse. Las oportunidades para los pioneros son asombrosas: dos estudiantes estadounidenses de bachillerato invirtieron 2,500 dólares cada uno en un año para vender libros en Internet, y al año siguiente obtuvieron cinco millones de dólares.

Administración de la Calidad Total, mejora continua, individualización del cliente. En la fabricación, empezamos a medir el desempeño de acuerdo con la calidad de los bienes y servicios que se producen, si se entregan a tiempo, si el proceso fue suficientemente flexible para cubrir las necesidades y expectativas de los clientes y la experiencia completa de las interacciones del cliente con la compañía.

Si, en la actualidad, su compañía provee el mismo producto y servicio que ayer, se rezaga en la competencia global. La Administración de la Calidad Total requiere del mejoramiento continuo. Los grandes avances en creatividad son impresionantes, pero incluso las pequeñas innovaciones cotidianas contribuyen al mejoramiento a final de año. Los empleados ahora tienen permiso de mejorar sus productos o servicios, lo que hace que en verdad se interesen en lo que hacen. Sus propios valores los motivan a dar lo mejor de sí mismos. Las aplicaciones de computadora orientadas hacia la red permiten a los equipos crear productos personalizados para cada cliente, y lo hacen a un precio accesible.

Autoadministración e innovación. La administración de la calidad total trae consigo una actitud de innovación constante. Cuando se les pide a los empleados que innoven constantemente, resulta obvio que lo hacen con mayor facilidad que su jefe. Los equipos proveen la interacción de ideas, así como la colaboración que se requiere para tornar una visión en realidad. Internet proporciona a los equipos mayor flexibilidad para la comunicación, las lluvias de ideas, la colaboración, la creación de diseños y planes, así como para llevar a cabo cualesquiera funciones del equipo de trabajo.

Vuelta a la motivación. Si dice a la gente: *No pienses, sólo haz lo que se te dice*, eso elimina su motivación. Si le permite producir con estándares mediocres también la desmotivará. Al solicitarle seguir los principios de la TQM (Administración de la Calidad Total) que establece que las cosas se deben hacer bien desde la primera vez y se deberán hacer mejor mañana que hoy, inspira a la gente hacia la excelencia. Las necesidades de los clientes se satisfacen mejor, los productos funcionan mejor y duran más, desaparece el desperdicio del sistema, los empleados se sienten orgullosos de esos logros y comienzan a amar su trabajo.

✓ Estrategia número 6: Adopte un papel de liderazgo en el cambio tecnológico

A fin de adoptar un papel de liderazgo en la plenitud de estos cambios tecnológicos, comience por aplicar su conocimiento de los paradigmas para impulsar el éxito de su carrera, aprendiendo a identificar oportunidades y barreras de modo de estar un paso adelante del cambio de paradigmas. Reconozca lo que mueve la nueva economía y los negocios orientados hacia Internet que crea la nueva tecnología. Adopte un estilo de liderazgo orientado hacia Internet para integrar a la gente en equipos y redes, guíe la innovación en tiempo real y enfóquese en el aprendizaje y el conocimiento de por vida, asegúrese de incluir a los integrantes de grupos diversos.

Aplique el conocimiento de los paradigmas para impulsar el liderazgo exitoso

Reconocer los paradigmas le ayuda a saber cuando es el momento de enfocarse en sus habilidades gerenciales, empresariales y de liderazgo.

Administre mejor. Usted administra con base en un paradigma con la aplicación de la misión, las estrategias, tácticas, técnicas, metas, sistemas, procedimientos y principios que lo guían, lo que conocemos como reglas. El trabajo de un administrador consiste en mejorar los paradigmas, adoptar las reglas y mejorarlas. Esto es a lo que la mayoría de los ejecutivos y gerentes de casi todas las corporaciones dedican el 90 por ciento de su jornada laboral.

Dirija mejor. Usted dirige cuando corre el riesgo de abandonar un paradigma que todavía es funcional para adoptar otro que aún no se ha probado. Aplica su juicio intuitivo, acepta el riesgo y, si decide que es tiempo de cambiar, transmite a los empleados su visión del nuevo paradigma. Los inspira a seguirla y ponerla en práctica. Eso es lo que los buenos líderes y empresarios hacen con el otro diez por ciento de su tiempo en el trabajo. Y éste tiende a ser el modo de liderazgo de las mujeres. Debido a la velocidad a la que se presentan los cambios de paradigmas, necesita ser tan eficiente en esa área como en la mejora de paradigmas para triunfar en el mercado y en las empresas actuales.

El antiguo estilo de liderazgo consistía en crear una visión y convencer de ella a otros con el uso de un enfoque inteligente, impulsivo y rápido. Este estilo no funcionará nunca más. La nueva empresa ve al líder como una fuerza laboral virtual, colectiva, que trabaja en red y tiene el poder para crear una visión conjunta y compartida. Es preferible incorporar el liderazgo no en una persona sino en un equipo. La visión se alcanza y transmite en forma colectiva.

La tecnología de la información crea en la organización redes completas de inteligencia humana y poder del conocimiento mientras la gente trabaja para transformar tanto a la empresa como a sí misma. Eso es liderazgo colectivo. El liderazgo orientado hacia las redes se inicia en los equipos a través de la acción colectiva de gente que trabaja para crear nuevas visiones. Por supuesto, todavía debe existir un director general. Si éste motiva el liderazgo orientado hacia redes, los equipos que trabajan en red participan en el proceso de transformación y eliminan la obsolescencia, y se recrean a sí mismos.

Cada vez con mayor frecuencia, el liderazgo se logra de manera virtual en las redes de computadoras. La inteligencia humana se conecta en red, y esta red tiene mucha más capacidad de visión convincente y acción colectiva que la que tiene el líder solitario en la cúspide. Conforme la gente en línea comparta sus ideas verbales y expresiones faciales, lenguaje corporal, dibujos, notas, ilustraciones y herramientas, el potencial para el pensamiento y acción colectivos se extenderá por toda la compañía y más allá. Lo más importante: ¡entre en Internet!

Hay una relación del huevo y la gallina entre estar informado y participar en el mundo. Según John Seely Brown, participante en la conferencia de 1993 en el Aspen Institute sobre política de telecomunicaciones, no se puede estar realmente informado a menos que se participe, y no es posible participar en forma significativa a menos que se esté informado. Su misión es estarlo, y la tecnología de la información es la herramienta fundamental. Si lo desea, puede ser líder de la transformación.

Planee el futuro. Para adoptar el liderazgo es preciso romper con el pasado, con el legado de la antigua tecnología. ¿Cómo? Con su equipo, genere un modelo del futuro y de cómo debe ser su empresa para triunfar en ese futuro. Elabore un mapa de la tecnología con la que cuenta en la actualidad. Analice el camino que lo llevará del lugar dónde está al lugar donde necesita ir. Cree un conjunto de escenarios de migración y planes para llegar ahí, de modo que su equipo invierta su tiempo y energía en moverse hacia el nuevo modelo de empresa. Cada vez en mayor medida, las herramientas necesarias para hacer esto estarán disponibles en Internet y su compañía no tendrá que crearlas internamente.

Dirija la transformación. Estos paradigmas en rápido cambio requieren gente que adopte el liderazgo para transformar la organización. Transformación no significa sólo adaptar aquí y allá, significa llegar a ser una organización completamente nueva una y otra vez conforme cambian los tiempos. Esta nueva clase de líder es el que:

- ✍ Tiene la curiosidad y confianza para conducir a la gente hacia nuevos paradigmas.
- ✍ Equilibra la necesidad de crecimiento y utilidades del negocio con las necesidades de los empleados, sus clientes y la sociedad, de privacidad, justicia y una participación de las ganancias obtenidas.
- ✍ Tiene la visión para pensar en forma colectiva, el valor para actuar y la fortaleza para guiar a su gente por encima y alrededor de los obstáculos.

Recompense la conducta de cambio de paradigmas. Si no está dispuesta a escuchar con seriedad las ideas de los empleados acerca de cómo hacer algo mejor, enviará el mensaje de que la gente debe permanecer con el paradigma prevaleciente. Invite a la gente a salir de los límites y a encontrar nuevas maneras de resolver viejos problemas. Entre más activamente busque nuevos paradigmas (y hable de esa búsqueda) es más probable que los miembros de su equipo compartan esa búsqueda y la hagan por usted. Cuando salga de los límites del paradigma actual, es probable que ocurran dos situaciones básicas.

- ✍ Que encuentre modos de aplicar las reglas del paradigma prevaleciente en un área nueva no establecida; hace lo que su compañía sabe hacer, pero en un área nueva.
- ✍ Que encuentre un dominio nuevo que requiera de un nuevo paradigma para resolver los problemas en él.

En el primer caso, debe utilizar el antiguo paradigma pero salir de los límites. Por ejemplo, encuentra un nuevo tipo de cliente con problemas que pueden resolverse con el paradigma actual, traspasando la línea acostumbrada. En el segundo caso, enfrenta los problemas que no pueden resolverse con el paradigma existente. Quizás sus clientes actuales tienen ese tipo de problemas. Ellos están abiertos a permitir que su compañía los resuelva, pero es preciso encontrar un nuevo paradigma para hacerlo.

Permita y recompense las conversaciones entre la gente de diferentes departamentos o divisiones. Necesitan entender los problemas del otro. La gente comenzará a relacionar en la mente acerca de cómo usar alguna regla o herramienta en su propio paradigma para ayudar a sus semejantes de otra división a resolver un problema. Relacionarán lo que un colega haya explicado con una solución posible a su propio problema. Mantenga abierta la mente y esté alerta ante la posibilidad de hilar dos, tres o más ideas.

Reduzca los riesgos de cambiar de paradigma. Anime a la gente a encontrar soluciones nuevas e innovadoras a los problemas, reduciendo los riesgos que enfrentarán al proponer nuevos límites, reglas y paradigmas. Por ejemplo, funde un "comité de innovación" que, en forma periódica, conduzca "sesiones de exploración de nuevas ideas". Si el comité considera que las ideas pueden funcionar, éste y el que las propone las presentarán a la dirección. Si no, la idea permanecerá en el anonimato en un depósito donde las ideas se revisarán en forma periódica en busca de posibles conexiones y combinaciones. El acuerdo que el comité toma es nunca ridiculizar a una persona o idea equivocada, y siempre valorar y apreciar el esfuerzo del que propone. La idea es infundir confianza, motivar la creatividad y reducir el riesgo de equivocarse.

Identifique las oportunidades y los obstáculos al cambiar de paradigmas

¿Cómo identificar problemas de su campo que requieren un nuevo paradigma? Pregúntese a sí misma: *¿Cuáles son los problemas que todos mis semejantes quieren resolver y no tienen la menor idea de cómo hacerlo?* Escríbalo. Luego, pregúntese *¿En qué fase estoy? ¿Quiénes apoyarán o se opondrán a mis ideas de cambio?*

- ✍ ¿Explora? Si empieza a generar un nuevo modo de resolver problemas, ¿se encuentra en la fase 1? ¿O trata con problemas sutiles, avanzados, costosos e intensivos (en la fase 3) que van hacia una nueva fase 1?
- ✍ ¿Es una pionera, una líder o una emprendedora, dispuesta a aprovechar la oportunidad en un paradigma nuevo que desarrolla un explorador, en los inicios de la fase 2?
- ✍ ¿Es una fundadora, una gerente que resuelve problemas con eficiencia y eficacia en las últimas etapas de la fase 2?
- ✍ O, el cielo no lo permita: ¿es una persona que se resiste a un cambio importante que sacaría a la gente de la fase con la que usted está cómoda?

Las exploradoras comienzan con los problemas que no se solucionan en la fase 3 y notan que deben resolverse fuera del paradigma en curso, lo que los lleva a la fase 1 de un nuevo paradigma. ¿De dónde proviene esta exploradora? Por lo general es alguien de afuera, que realmente no entiende todas las sutilezas del paradigma prevaleciente, o ninguna en absoluto. Quizá alguien nuevo en el campo que no se apega a sus creencias aceptadas. Tal vez es una solitaria que trabaja en el campo y lo sabe pero no está encajonada por las reglas. Puede ser una operadora que llega ahí voluntariamente a trabajar en un problema que se presenta.

Las pioneras concuerdan con el pensamiento de las exploradoras. Contribuyen con la fuerza mental, la fuerza muscular, el tiempo, el esfuerzo y el dinero que se requieren para crear la base crítica que lleva al nuevo paradigma a la fase 2. Tanto las exploradoras como las pioneras siguen su intuición, su corazón, sus sentimientos y corren el riesgo de apoyar un paradigma nuevo.

Las fundadoras ingresan en las últimas etapas de la fase 2 y por ello corren mucho menos riesgos.

Las defensoras defienden el estado actual de cosas porque les funcionó y no desean correr los riesgos de hacer los cambios necesarios para triunfar en el paradigma nuevo. Cuando cambia un paradigma, todas las que estaban dentro comienzan desde cero. La experiencia en resolver los problemas antiguos con las reglas antiguas no es de mucha utilidad excepto por las capacidades básicas que se puedan transferir, como resolver problemas básicos, toma de decisiones, aptitudes personales, etc. Por ejemplo, los gerentes directivos, los que dicen a la gente qué hacer y cuándo, se descubren a sí mismos como irrelevantes al reorganizarse los trabajadores en equipos autónomos. Cuando a una persona se le pide que cambie su paradigma, se le pide renunciar a su inversión en la situación y a las recompensas que ésta le brinda. Quienes se resisten son casi siempre las personas del corporativo que tienen mucho que perder en un cambio mayor, pero las personas externas a la corporación no han invertido nada y tienen todo por ganar.

Éstas son las fuerzas típicas que obstaculizan e impulsan los cambios de paradigma.

Cambios de paradigma y la mejora continua

Las empresas estadounidenses en general toman el liderazgo en la exploración y descubrimiento de nuevos paradigmas, pasan de una fase 3 antigua a una nueva fase 1. Pero las compañías japonesas con frecuencia son líderes pioneras, llegan a las primeras etapas de la fase 2 y establecen el rumbo, ya sea que se trate de chips de computadora, videograbadoras o TQM. La mejora continua es parte de la TQM, un paradigma descubierto en Estados Unidos pero perfeccionado en Japón. La meta de la mejora continua es encontrar un modo de lograr una mejora de sólo una décima del uno por ciento en lo que se fabrica o hace. En un año de trabajo de 240 días, eso representa el 24 por ciento de mejora. Si se aplica la mejora continua al inicio de la fase 2, se resolverán más problemas del paradigma con mayor rapidez. Lo anterior representa una enorme ventaja competitiva sobre cualquiera que cambie al paradigma después de usted. Por ejemplo, el Walkman de Sony agregó la reversa automática, bajos y altos, audífonos especiales más pequeños, resistencia contra golpes y agua, sintonía electrónica de radio, menor tamaño, baterías recargables, tamaño aún más pequeño, sonido Dolby y reloj despertador.

Los pioneros del paradigma que practican la mejora continua no dan ninguna oportunidad a los fundadores que llegan más tarde a la fase 2. Los pioneros siempre están un paso adelante para hacer su producto más irresistible ante el público comprador. Y por cada día que un fundador cotidiano se retrasa en entrar al mercado, se reduce la parte de éste que le queda y le cuesta más entrar y competir con sus predecesores. Para los pioneros no se trata que el primero en entrar corra un riesgo más alto, sino que tenga una gran ventaja potencial.

Ceguera paradigmática

Nuestros paradigmas determinan en gran medida lo que percibimos. Lo que es perfectamente visible y obvio para algunas personas con un paradigma puede ser invisible para otras con un paradigma distinto. En otras palabras, es posible que usted no sea capaz de ver datos enfrente de sus ojos si no concuerdan con su paradigma. En efecto, todos los sentidos tienen filtros paradigmáticos, de modo que se puede oír, pero no escuchar; tocar, pero no sentir, y olfatear, pero no oler. Se ve mejor lo que se supone ver o se espera ver. Se ven mal, o no se ven, los datos que no se ajustan al paradigma.

La mayoría de nosotros ha escuchado la historia de los exploradores europeos del siglo XVII, que anclaron sus barcos en puertos del Nuevo Mundo y costearon hasta encontrar a los nativos. Cuando los exploradores enfilaron las naves hacia los nativos, éstos no las vieron (enormes para sus estándares) a lo lejos en el horizonte. Esto fue porque no formaban parte de sus vivencias ni forma de pensar. No pudieron distinguirlas del resplandor, de las olas, las nubes ni del resto del ambiente.

Los paradigmas definen qué es importante y qué no lo es. Ignoramos o eliminamos la información que es innecesaria o la alteramos para ajustarla a las expectativas. Asimismo, inventamos datos que requerimos y que en realidad no existen y creemos sinceramente que son reales. Para ver el futuro con mayor claridad, hay que hacer a un lado la incertidumbre de los paradigmas y examinar los perfiles de la gente que cambia las reglas y los límites.

Permanezca un paso adelante de los paradigmas cambiantes

En su papel de liderazgo puede identificar la posibilidad de un cambio de paradigma en su campo si se pregunta:

- ✎ ¿Qué es lo que en realidad debe hacerse y es imposible, pero que si se lograra cambiaría mi campo de manera fundamental?
- ✎ ¿Qué problema realmente necesita resolverse, nadie ha sido capaz de hacerlo, y si lo lograra cambiaría el campo en forma significativa?

Haga estas preguntas con frecuencia, a todos, y escuche las respuestas. Esto lo mantendrá en contacto ese espacio extraño que se encuentra del otro lado de los límites más allá de los cuales usted sería puesto en ceros. Su mejor seguro de trabajo es saber cuál es su paradigma prevaleciente y cómo podría cambiar. No detendrá el proceso, pero sí puede aprender a resolver los problemas de los que se ocupa el paradigma. Si detecta a tiempo las señales de cambio (hay que saber cuáles son los cambios) podría tomar parte en el cambio de paradigma, incluso ser un pionero. Esto le ayudaría a tener la certeza de que será parte de él.

Para ayudar a entender el concepto de paradigma y cambios de paradigma, se revisarán los ejemplos siguientes de cambios recientes de paradigmas. Piense cómo han cambiado, o cambiarán, las reglas del juego en su lugar de trabajo; así como los límites de acción y comportamientos que necesita la gente para triunfar.

Entienda la nueva economía y negocios orientados a Internet

La Red provee la manera de que todas las computadoras del mundo se comuniquen entre sí. Las redes globales de inteligencia distribuida permiten compartir información, conectarse y comunicarse como una comunidad global; cambiando el modo en que se hacen los negocios y los requisitos para triunfar. Esto conduce obviamente a mejores soluciones de los problemas (a más velocidad que antes) y a avanzar hacia problemas no resueltos cuyas soluciones exigen nuevos paradigmas. En la creación de una nueva economía orientada a Internet convergen tres sectores:

- ✍ El sector de hardware y software para computadoras.
- ✍ El sector de las comunicaciones, televisión, radio y teléfono.
- ✍ El sector de la edición de contenido y el entretenimiento.

Estos sectores convergen para proporcionarnos multimedia interactivos. En lugar de la forma de comunicación unidireccional que brindan las transmisiones, los periódicos y los libros, evolucionamos hacia las comunicaciones interactivas en las que tanto enviamos como recibimos. En lugar de uno o dos medios (texto, audio y video) vamos hacia la combinación de los tres. Y para la realidad virtual, se ha agregado un cuarto medio, la *cinestesia*.

La productividad se incrementa con mayor rapidez en el sector de la computación, pero los empleos lo hacen en el sector de la edición y el entretenimiento. Las utilidades se desplazan al contenido porque es donde los clientes crean el valor. Las computadoras, el software y las líneas de transmisión se transforman en productos y bienes públicos. En la mayor parte de los casos, el aumento de las oportunidades de empleo no ocurre en las grandes compañías, sino en las pequeñas y en aquellas que apenas empiezan. La supercarretera de la información es el motor de los nuevos empleos y la mayoría no son trabajos que requieran de baja capacitación, sino que ofrecen valor y salario elevados.

Los nuevos medios de comunicación cambian la manera en que se realiza la investigación científica, en que se imparte educación y se lleva a cabo el proceso artístico: casi todas las actividades productivas en nuestra sociedad. Cambian las organizaciones tal como las conocemos y la manera en que hacemos negocios, trabajamos, vivimos y pensamos.

El conocimiento no tiene fronteras, no se limita a una región o país. Se convierte en el recurso clave y, por tanto, nos movemos hacia una economía mundial. Ahora, para triunfar son vitales las alianzas *ad hoc*, las asociaciones estratégicas y la tecnología de la información. La colaboración va más allá de las antiguas fronteras entre dos compañías a grupos de compañías que se reúnen para propósitos comunes. "El planeta entero está unido en un mercado electrónico único que se mueve a la velocidad de la luz", dice Walter Wriston, consejero fundador de Citicorp. La tecnología permite la globalización, y a su vez, la globalización conduce a la expansión de la tecnología.

Reunión de equipos, proveedores y clientes. Las nuevas empresas son una red de equipos que funcionan en todas las áreas y que con frecuencia se extienden hasta los clientes, proveedores y otros. El próximo cambio importante quizá sea la capacidad de las compañías para integrar sus servicios internos de información con otros externos, por medio de Internet.

Por ejemplo, el uso extendido del Intercambio Electrónico de Datos (IED) se realizará por completo a través de servicios simplificados y disponibles en Internet. El IED enlaza sistemas de computadoras entre los proveedores y sus clientes para cubrir pedidos, facturas, pagos y mantenimiento de expedientes, lo que permite a ambos, comprador y vendedor, reducir de manera radical el tiempo y costo de manejar un pedido. Es el comienzo de un auge en el comercio electrónico que cambiará el ritmo de los negocios a tiempo real y la forma en que las compañías se relacionan y hacen negocios.

La empresa como la conocemos se está transformando. Las personas que trabajan en estructuras de equipos de alto rendimiento se convierten en redes de organizaciones integradas de clientes y servidores que se extienden a los compradores, proveedores y otros. Se mueven hacia Internet pública cambiando la forma en que los productos y servicios se producen, venden y distribuyen. Esto significa paradigmas nuevos en la manera de hacer dinero.

Anticipación de los cambios de paradigma. Los competidores surgen de lugares inesperados. La Internet y Web son comodines que afectan todo. Por ejemplo, las ventas y sistemas de distribución de muchos tipos de productos y servicios dependerán cada vez más de páginas Web. Los competidores podrían ser nuevos principiantes que crearan sus propias páginas Web, o compañías establecidas de computación, como Microsoft e Intel. Por ejemplo, Microsoft emprende acciones para controlar la industria bancaria mediante las computadoras personales y la banca desde casa como sus principales vehículos.

Las compañías que sobrevivan y triunfen deberán tener un margen de liderazgo apropiado para introducir productos tecnológicamente avanzados, porque los primeros en ofrecerlos podrían acaparar mercados lucrativos. Lo más importante es llegar temprano. Si un competidor logra el cambio tecnológico, puede ser difícil o hasta imposible permanecer en el juego. Por otro lado, los equipos ejecutivos deben ser muy precavidos al invertir cantidades enormes en una tecnología determinada, a menos que estén seguros de lo que hará por ellos. La tecnología evoluciona tan rápido que la experiencia de una compañía podría ser obsoleta en el plazo de adquisición. Como dijo un ejecutivo: "Podrías estar trabajando el mercado indebido."

Uso del IED para comprar y vender insumos. A pesar de que gigantes de la manufactura, como General Motors, se han servido del IED para pedir partes a sus proveedores en forma automática desde principios de los años setenta, la mayor parte de las ventas negocio a negocio todavía se hacen con formatos de papel, y tienen un costo promedio de 150 dólares por pedido, sin importar si son compras de 10 o de 10,000 dólares. El comercio electrónico podría reducir esos costos hasta un promedio de 25 dólares (*Business Week*, 1996). Cada vez más compañías reducen el número de proveedores, de manera que puedan negociar descuentos por volumen en sus compras con unos cuantos proveedores favorecidos.

El equipo de negocios de una gran universidad descubrió que la escuela hacía negocios anuales con aproximadamente 20,000 vendedores de productos de oficina y laboratorio. Cerca de 87 por ciento de los pedidos eran por menos de 500 dólares. Desarrollaron su experiencia con las computadoras y crearon una intranet como base para un nuevo y avanzado sistema de compras. El equipo podía ordenar clips o cajas de Petri con sólo un clic en un catálogo establecido en Web, lo que garantizaba que nadie gastara más allá de su límite autorizado. Los pagos se hacían con tarjetas de compra de Visa. Los 20,000 vendedores se redujeron a dos proveedores principales (uno para equipos de oficina y otro para laboratorios) que entregaban la mayoría de los pedidos en uno o dos días hasta el escritorio del usuario.

Compra y venta por medio de comercio electrónico. Un ejemplo del comercio electrónico global es International Business Exchange (IBEX). Un consorcio de proveedores de mercancías creó el boletín electrónico IBEX, en el que las compañías de cualquier país pueden incluir los bienes que desean comprar o vender y negociar en forma anónima. Si cierran un trato, el sistema los ayuda a iniciar revisiones del historial de crédito, obtener financiamiento y recabar la papelería legal y comercial de empresas locales.

En 1996, más de 4,000 fabricantes de todo tipo de equipos industriales ofrecían sus productos y servicios en un gran catálogo electrónico, pagando una tarifa. Su meta era procesar órdenes de esos equipos y transferir los pagos, a cambio de una tarifa reducida por cada transacción, que se pagaba a la compañía del catálogo. El proceso es:

- Los clientes navegan por un catálogo electrónico, marcan los productos que desean adquirir y la computadora envía los pedidos directamente a la unidad del comerciante.
- La computadora del comerciante verifica el crédito del cliente y determina si los bienes que pidió están disponibles.
- Se notifica al almacén y el departamento de envíos del comerciante y se preparan los bienes para su envío.
- El departamento de contabilidad del comerciante hace la cuenta del cliente electrónicamente.
- El cliente paga su cuenta electrónicamente.

El tiempo que esto toma depende sobre todo del sistema de distribución: transportar la mercancía del almacén al consumidor. El tiempo total podría ser tan corto como 24 horas. Otros acuerdos de comercio electrónico surgen casi diario.

Incremento de los servicios de intermediación para sobrevivir y triunfar. Toda clase de mercados especializados en vender productos y servicios surgen en Web. Aun cuando todavía no se extiende en forma consistente por todo el sector minorista, se sabe que a largo plazo los compradores usarán los mercados más convenientes y económicos para ellos. La mayoría de los expertos piensan que los mercados electrónicos serán cada vez más comunes. Si están en lo correcto, la mayor parte de las transacciones de compraventa tendrán lugar en mercados virtuales que permitan a compradores y vendedores encontrarse electrónicamente y comerciar bienes y servicios sin el costo adicional de los agentes e intermediarios tradicionales.

Los viajeros pueden hacer sus propias reservaciones de avión y hotel en Internet. Los productores de comida aceptan pedidos de los clientes en Internet y los entregan en los hogares sin mayoristas ni supermercados. Artistas como músicos, pintores, actores y escritores, y sus productores, venden sus producciones en Internet con poca o ninguna necesidad de agentes, compañías de grabación o edición, tiendas detallistas o programadores. Ropa, bicicletas y automóviles se fabrican sobre pedido para ajustarse a las medidas y solicitudes individuales, y enviarse del fabricante al usuario. Los empleados tienen acceso a la información y toman decisiones que antes tomaban los gerentes intermedios.

Los intermediarios, como agentes, mayoristas, distribuidores, detallistas, negociadores y otros que trabajan entre los productores y los usuarios (así como los gerentes intermedios) deberán proveer valor adicional si quieren sobrevivir en la nueva economía. La gente que se encuentra en la mitad de la cadena productiva debe hacer algo más que pasar el producto o servicio. Si no pueden agregar algún valor, no serán necesarios ni sobrevivirán. Triunfarán los innovadores que encuentren nuevos nichos.

Cambie el enfoque de lo masivo a lo individual. La nueva organización se basa en el individuo como la unidad más pequeña, una unidad de negocios de uno, que atienden trabajadores motivados, que aprenden por sí solos y son emprendedores, que usan las nuevas herramientas de Internet para colaborar; además de aplicar su conocimiento y creatividad para generar valor, y que con frecuencia se agrupan en equipos. La nueva infoestructura incrementa en gran medida su capacidad para establecer nuevas relaciones. La compañía provee la estructura básica para su actividad, que se ve más como telaraña que como pirámide.

Los medios masivos se fragmentan en millones de canales, potencialmente uno por persona que interactúa en Internet. Por ejemplo, los pantalones de mezclilla personalizados, que se manejan por Internet y se producen con procesos computarizados de fabricación, convierten la producción masiva en la producción de un solo par. Los mercados masivos se transforman en segmentados o individualizados, conforme los mercadólogos identifican grupos específicos de consumidores o de gente que recibe información sobre las ventas.

Integre a la gente en equipos y redes

La organización orientada hacia la red es una gran telaraña de relaciones de todos los niveles y funciones de negocios. Las fronteras internas y externas cambian en forma continua y son fáciles de penetrar. Las compañías pequeñas pueden trabajar juntas para actuar como una grande, con lo que logran el poder masivo de las grandes empresas para comprar y tener acceso al dinero y otros recursos. Las compañías grandes se fragmentan en pequeños conglomerados a fin de adquirir las ventajas de las pequeñas: agilidad, autonomía y flexibilidad. Pueden retener los recursos de sus grandes corporaciones de origen sin verse entorpecidas por burocracias añejas y declinantes. Integrar a la gente en equipos que actúan en red con otros es una manera de crear riqueza.

La corporación virtual es una empresa en la que gran parte del trabajo, las juntas y la comunicación ocurren en pantallas de computadoras, aparatos de fax, teléfonos móviles, correo de voz y videoconferencias. Los equipos de trabajo incluyen especialistas de la compañía, contratistas independientes, proveedores, clientes e inversionistas. Es posible que estén dispersos por el mundo, cambien de un mes a otro y nunca se conozcan, o pueden ser equipos autónomos que se reúnen a diario, que trabajan juntos para poner en práctica sus planes, establecer estándares, identificar y resolver problemas, tomar decisiones y proveer productos y servicios. En cualquier caso, el grado de éxito o fracaso depende en gran medida de las relaciones de una persona con otra.

La empresa orientada hacia Internet, según Don Tapscott, será una extensión de largo alcance de la corporación virtual porque tendrá acceso a socios de negocios externos y reconfigurará en forma constante sus relaciones comerciales, quizá con un gran incremento del *outsourcing*. Actuará como Internet, de manera participativa y con sinergia. La economía en general actuará del mismo modo. Desde este momento, se derrumban los muros entre fabricantes, proveedores, clientes e incluso competidores. Observamos que los sectores de negocios, gubernamental, educativo y salud, entre otros, están orientados hacia Internet. El servicio público más importante del siglo XXI es la infraestructura de la información: la banda ancha de fibra óptica.

Los clientes como miembros del equipo serán comunes. Los televidentes o usuarios de Internet, por ejemplo, pueden volverse productores del bien o servicio que obtienen. Por ejemplo, podrían seleccionar los 10 principales temas que les interesan y especificar las fuentes noticiosas, los programas de entrevistas y los estilos gráficos que prefieren incluir en su noticiero personalizado. Los consumidores se vuelven coproductores al crear y enviar mensajes a sus colegas, al contribuir en grupos de discusión con boletines informativos, seleccionar el final de una película, caminar por casas virtuales o manejar automóviles virtuales.

Con las nuevas capacidades de las computadoras, las organizaciones hacen algo más que consumir información y tecnología. Pueden comenzar a producir tecnología de la información. Por ejemplo, los fabricantes de automóviles pueden hacer algo más que ensamblar autos. Pueden producir en Internet *infomerciales*, herramientas de navegación para automovilistas y otros servicios que los clientes necesitan o desean.

Dirigir la innovación, en tiempo real

La nueva economía se basa en la innovación. Las compañías líderes saben que son ellas las que deben volver obsoletos sus productos antes de que otro los vuelva. Las empresas más grandes de Estados Unidos lanzan más de un producto nuevo cada día. En 1995, Sony introdujo 5,000 nuevos productos. El ejecutivo de Microsoft, Kim Drew dice: "No importa qué tan bueno sea tu producto; se encuentra tan sólo a 18 meses de fracasar." Los productos van y vienen con rapidez todo el tiempo. El periodo promedio para crear y fabricar un producto ha disminuido de 2,500 días persona por producto a tres horas. Cerca de 90 por ciento de las utilidades de cerveza Miller provienen de cervezas que no existían 24 meses antes.

Las compañías deben hacer obsoleto su propio negocio, con la creación de otros tipos de negocios con nuevas relaciones, antes de que un competidor lo haga. La teoría de Toyota es reinventar la compañía de manera proactiva a fin de sortear la ola del cambio.

Hacerlo ahora, y luego, de inmediato, hacerlo mejor. Ésta es una clave conductora y variable en la actividad económica y el éxito comercial de la nueva organización. En el pasado, inventos como cámaras y fotocopiadoras proporcionaban utilidades por décadas. Los productos electrónicos de consumo tienen una vida útil típica de dos meses. El *justo a tiempo* se aplica a todo desde que se reciben los materiales del proveedor hasta que los productos se envían a los consumidores.

La imaginación humana es la principal fuente de valor en este mundo de alta tecnología. El mayor desafío de la empresa es crear un clima (por lo general, de empresa chica) en el que se valore, estimule y recompense la innovación.

Con el ritmo rápido de cambio y la complejidad de los mercados, los consumidores no siempre saben lo que es posible y cómo pedirlo. Los líderes de negocios deben innovar más allá de la imaginación de sus clientes. Deben entender las necesidades de éstos. Deben comprender lo que es posible con la nueva tecnología emergente, luego proveer productos y servicios que sorprendan y deleiten a sus clientes. Para lograrlo, los líderes deben establecer un clima de organización donde correr riesgos se recompense y la creatividad florezca.

Enfocarse en el conocimiento y aprendizaje de por vida

La clave para que triunfe una organización en la nueva economía radica en el conocimiento y el ingenio creativo de los estrategas, creadores y comercializadores del producto. Lo que cuenta es la habilidad de una compañía para atraer, retener y ampliar continuamente las capacidades de los trabajadores, y proporcionarles el ambiente para la innovación y la creación. El aprendizaje de por vida se convierte en la única ventaja competitiva que una compañía puede crear.

Si una imagen es mejor que mil palabras, el documento multimedia correcto al que se tiene acceso en el momento oportuno es mejor que mil imágenes. El correo electrónico es sólo el comienzo de una colaboración humana completamente nueva. Los encargados de la planeación del producto que trabajan en equipo pueden estar en lugares muy diferentes: casa, hotel y oficina.

Los costos de la información y coordinación bajan en forma continua. Más que nunca, somos capaces de crear riqueza al agregar conocimiento a todos los productos en cada paso. En teoría, lo único que una persona necesita para triunfar en la economía de hoy es inteligencia, un teléfono, un módem y una computadora personal. Pero en la práctica, la mayoría de trabajadores del conocimiento también requieren imaginación y relaciones de equipo confiables para ser efectivos. Los trabajadores del conocimiento son los poseedores de los nuevos medios de producción, y están mejor posicionados que cualquier otro grupo en la historia para compartir la riqueza.

Los líderes eficaces en las organizaciones de negocios comprenden mejor lo que hacen los trabajadores del conocimiento y cómo mantenerlos motivados en la empresa orientada hacia Internet. Para comenzar, las empresas deben dar más aprendizaje y depender menos de las escuelas. Dos razones son que trabajar y aprender se convierten en la misma actividad para la mayoría de la gente, y que el conocimiento es una parte muy importante de la producción. Los productos y servicios diseñados para ayudar a la gente a aprender no están bien aprovechados, y hay vastas y crecientes oportunidades para quienes puedan proporcionarlos. El aprendizaje interactivo a un ritmo propio distribuido en discos de computadora es sólo una de las nuevas tecnologías que satisfacen las necesidades de los empleados para una educación continua.

Por otro lado, cada uno de los empleados debe responsabilizarse también del aprendizaje de por vida. El proceso empresarial crea el ambiente en el que la gente toma la iniciativa y le da la estructura necesaria para hacerlo. Los líderes son responsables de construir organizaciones en las que la gente amplíe en forma continua sus capacidades para comprender la complejidad, aclarar su visión y mejorar sus modelos mentales compartidos: organizaciones donde la gente se responsabilice de sus acciones.

Cómo cubrir el vacío de capacitación de alta tecnología para incluir diversos grupos

La alta tecnología brinda enormes ventajas y oportunidades. ¿Pero qué hay de las desventajas? Incluyen posible invasión de la privacidad con Internet, problemas de seguridad y asuntos de confidencialidad. Estamos en proceso de resolver la mayoría de estos problemas.

El problema más difícil es la creciente brecha socioeconómica. Compare los tipos de gente que poseen computadoras por grupo étnico y edad, según Don Tapscott:

- ✎ Asiaticoestadounidenses: 36%.
- ✎ Euroestadounidenses (caucásicos): 29%.
- ✎ Latinoamericanos: 12%.
- ✎ Afroestadounidenses: 9.5%.
- ✎ Gente mayor de 55 y menor de 25 años: es la categoría que es menos probable que posea computadoras, el grupo de más edad porque no las usa, el más joven porque no las pueden adquirir o usan las de sus padres.

Aquellos que no tienen la base educativa, la habilidad para ampliar continuamente su conocimiento básico a fin de adaptarlo a la economía orientada hacia Internet, retrocederán más y más.

La brecha entre *los que tienen* y *los que no tienen* se extiende. Se debe encontrar un modo de impartir la educación que permita a esta gente incorporarse a la empresa orientada hacia Internet. Usted puede usar su influencia para apoyar dicha educación y capacitación.

Como mujer, en medio de estos cambios de paradigma, usted se enfrenta a oportunidades y desafíos que las mujeres nunca antes habían encontrado en el mundo laboral. Tiene la oportunidad de tomar el liderazgo en la creación del mundo del mañana. Sabemos que los buenos líderes no solo esperan que el futuro ocurra, ayudan a crearlo. Juntos, los valores de la gente, sus aspiraciones y expectativas de crecimiento moldearán y conducirán la transformación de nuestras empresas y nuestro mundo. Y con la conexión en intranets y a Internet podemos hacerlo en forma consciente. El liderazgo en la nueva organización es su oportunidad y responsabilidad personal para dar a las mujeres modos de dirigir en el mundo de los negocios. Es su oportunidad para forjar una carrera que haga la contribución positiva que usted desea. Puede tener el control de su destino y ayudar a crear el de la humanidad.

Promotores de aptitudes

Promotor de aptitudes número 1: ¿Qué paradigmas definen el éxito?

Propósito: Fomentar la aptitud de reconocer paradigmas y los cambios de éstos.

1. En su área de experiencia, ¿qué necesita hacerse diferente pero no se puede, y si se hiciera cambiaría de manera fundamental el modo en que la gente participa y hace su trabajo?
2. ¿Qué problemas de su área o campo necesitan resolverse pero no lo han sido, y si lo fueran cambiarían en lo básico el juego?
3. ¿Cómo describiría el(los) paradigma(s) no cubierto(s) en las respuestas de las preguntas 1 y 2?
4. ¿Cuáles son las reglas del juego?
5. ¿Cuáles son las fronteras o límites del juego?
6. ¿Cuáles son las conductas exitosas que definen?
7. ¿Qué podría hacer para mejorar el paradigma vigente? ¿Cuáles son sus ideas para resolver un problema o hacer algo de modo tan diferente que crearía nuevas reglas y límites?

Promotor de aptitudes número 2: Supere el temor al éxito

Propósito: Identificar los temores que pueden bloquear o limitar su capacidad para alcanzar las metas, sean conscientes o inconscientes.

¿Es posible que tenga reservas escondidas acerca de lograr una carrera exitosa? ¿Podría ser que temiera a algunos aspectos del éxito? Tales temores pueden desembocar en el autosabotaje de las metas profesionales. El mejor modo de superarlas es descubrirlas y luego establecer nuevas creencias sobre el éxito. Los enunciados 1 a 4 de este promotor de aptitudes están diseñados para ayudar a identificar los temores al éxito y sus orígenes. Los enunciados 5 a 7 están diseñados para ayudar a establecer nuevas creencias sobre el éxito.

Paso 1: Para cada uno de los siguiente enunciados, comience con el 1 y siga en secuencia, haga lo siguiente:

- ✍ Lea los enunciados.
- ✍ Cierre los ojos, respire profundamente y relájese.
- ✍ Enfóquese en el enunciado; no lo analice ni trate de imaginar cuál debería ser la *mejor respuesta*.
- ✍ Observe lo que viene, lo que se le ocurra espontáneamente.
- ✍ Abra los ojos y termine el enunciado escribiendo las respuestas en la secuencia aproximada en las que se le ocurrieron.

Enunciados:

1. Quiero alcanzar mis metas profesionales, pero...
2. Para alcanzar mis metas profesionales, yo tendría que renunciar a...

3. Tal vez yo no quiera triunfar en realidad porque...
4. Algunas advertencias no deseadas o de alerta que me dieron mis padres u otros son...
5. Puedo manejar mucho éxito porque...
6. Mis primeras tres prioridades son...
7. Deseo mucho éxito porque...

Paso 2: Sintetice sus respuestas a los enunciados 5, 6 y 7. Escríbalos en una tarjeta por separado. Cada semana seleccione una tarjeta y colóquela donde la pueda ver varias veces al día. Sea usted mismo su mejor ayudante. Repita una de las afirmaciones positivas por lo menos una vez al día.

Promotor de aptitudes número 3: Aprenda a manejar el temor

Propósito: Nombrar sus temores y miedos ocultos, para llegar a sus *raíces*.

Paso 1: Nombre sus temores. Mencione todos y cada uno de los temores que le vengan a la mente.

Paso 2: Encuentre los temores más grandes. Asigne prioridades a los temores que mencionó según la intensidad que piense tienen en el bloqueo para definir y alcanzar sus metas.

Paso 3: Encuentre las raíces de los miedos. En relación con el temor más frecuente o intenso pregúntese: *¿Por qué experimento temor en esta clase de situación? ¿Qué es lo que en realidad temo que suceda?* Escriba su respuesta enseguida del enunciado del temor. Después pregunte de nuevo por qué y escriba la respuesta. Pregunte por qué hasta que sienta que ha descubierto el origen del temor, la consecuencia última que usted realmente teme.

Paso 4: Enfrente lo peor que podría ocurrir. Enfrente de manera directa las últimas consecuencias que descubrió en el paso 3.

✤ Pregúntese: *¿Cuáles son las peores cosas que podrían ocurrir en esta situación?* Imagine todas las consecuencias. Menciónelas.

✤ Cierre los ojos y deje correr la imaginación; experimente el miedo y cualquier otra emoción que le llegue conforme imagina que esas consecuencias *desagradables* ocurren.

✤ Cuando las emociones hayan seguido su curso, déjelas ir, respire profundamente, relájese y continúe. Dése cuenta que usted está dejando ir la necesidad desesperada de evitar esas consecuencias terribles.

✤ Imagínese a usted manejándolas con comodidad. (Es probable que tengan que pasar varios días o tal vez semanas para llegar al punto de poder decir honestamente: *Puedo manejar esas consecuencias; no sería el fin del mundo. Puedo continuar adelante desde ahí.*)

Paso 5: Cuidado con el autosabotaje. Pregúntese: *¿Qué metas me impedía alcanzar este miedo?* Menciónelas. A continuación, visualícese mientras avanza hacia cada meta con la tranquila intención de lograrla. Siempre que piense en ella, relájese y concéntrese en alcanzarla, libre de temor. Si el miedo o temores relacionados vuelven, repita los pasos 3 y 4.

Paso 6: Maneje los temores uno a la vez. Repita los pasos 3 a 5 para los otros temores grandes, uno a la vez.

Capítulo 2

Fomente la credibilidad y el poder en las nuevas culturas empresariales

*El lugar de una mujer es la casa... la Cámara y el Senado,
la suite ejecutiva y la sala de juntas.*
—Eleanor Smeal, presidenta fundadora de
Organización Estadounidense en pro de las Mujeres

En el camino hacia el poder en las nuevas culturas empresariales, es probable que tenga que derribar algunas barreras externas y otras internas, como las creencias que nos limitan. Debe entender el poder y cómo usarlo, al igual que las maneras de obtener credibilidad y poder en las empresas de hoy. Antes de ahondar en los fundamentos del poder corporativo, reflexione en algunas de sus creencias actuales al respecto. ¿Cómo contestaría las siguientes preguntas?

1. ¿El mayor obstáculo de la mujer para alcanzar el poder en las empresas es la clásica cultura masculina de negocios de la compañía o las propias creencias que la limitan?
2. ¿Se basan las culturas empresariales sobre todo en los valores y creencias de los líderes o en las reglas y procedimientos para que se hagan las cosas?
3. En la nueva empresa, ¿las culturas empresariales fuertes son más eficaces que las débiles?
4. ¿Hay más poder en los puestos ejecutivos que en los de línea?

Piense en el caso de Carol Bartz, quien ha tenido mucho éxito en obtener credibilidad y poder en las empresas. Pero primero, conozca su propio perfil con la siguiente Actividad de autoconciencia.

Actividad de autoconciencia número 1: ¿Cuál es su perfil de poder?

Para aumentar el conocimiento que tiene sobre sus percepciones del poder, siga las instrucciones siguientes:

Paso 1: Complete los cinco enunciados que siguen con los primeros pensamientos y emociones que se le ocurran. No trate de analizar cuál *debería* ser la respuesta correcta. La primera reacción es la más importante en este ejercicio.

1. *Poder.* Cuando pienso en el poder, pienso en...
2. *Falta de poder.* Las ocasiones en que me he sentido impotente son...
3. *Poderosa.* Las situaciones en que me he sentido poderosa son...
4. *Pérdidas de poder.* Los comportamientos comunes que perjudican la imagen del poder profesional (la hacen parecer menos poderosa) de una mujer son...
5. *Impulsores de poder.* Los comportamientos comunes que impulsan la imagen del poder profesional (la hacen parecer más poderosa) de una mujer son...

Paso 2: Compare las respuestas que dio al enunciado número 2 con las del número 3. ¿Cómo eliminar o minimizar las situaciones en que siente impotencia? ¿Cómo aumentar aquellas en que se siente poderosa?

Paso 3: Compare las respuestas a los enunciados 4 y 5. ¿Cómo eliminar o minimizar las pérdidas de poder? ¿Cómo extender o incrementar los impulsores de poder?

Muchas mujeres asocian emociones y pensamientos negativos con el concepto de poder y se sienten incómodas con la idea de tenerlo o ejercerlo. Esta actitud contrasta con la típica actitud masculina. En su mayoría, los hombres dan por hecho que se espera de ellos ejercer poder en muchas situaciones de su vida y tienden a sentirse bien con esa idea. Pero ¿qué es el poder?

> 📖 *Poder es la capacidad de hacer que las cosas sucedan, de influir en las personas y los hechos.*

En esta definición está implícita la capacidad de influir en usted misma, es decir, dirigir la vida propia y gobernar las cualidades interiores. Los líderes eficaces se sienten bien cuando ejercen el poder. Piense en que el poder no es bueno ni malo en sí mismo. Lo importante es cómo se ejerce y qué efecto tiene su uso en otras personas. Si se siente incómoda con la idea de ejercer el poder, podría ayudarla el siguiente pensamiento: donde sea que haya grupos de gente, habrá líderes, gente que tiene y ejerce el poder. Si tiene dotes de liderazgo, la líder bien podría ser usted. Por tanto, debe ser capaz de ejercer el poder de un modo más positivo.

✓ Estrategia número 1: Supere los obstáculos que la limitan

La mayoría de los obstáculos que limitan las opciones profesionales de las mujeres vienen de tradiciones del pasado. Dichas tradiciones afectan su carrera de dos modos principales:

1. **Imagen de usted misma**: cómo se percibe a sí misma y por tanto los papeles y comportamientos con los que se siente bien.

2. Estereotipos de otros: lo que otros esperan de usted; las ideas preconcebidas que tienen de la capacidad, características, fortalezas y debilidades de las mujeres, así como las creencias y expectativas resultantes que tienen acerca de los comportamientos y papeles adecuados.

Escaparate

Carol Bartz, directora general de Autodesk, Inc.

Carol Bartz es directora general de Autodesk, Inc. de Sausalito, California, una compañía de software para computadoras con más de 1,600 empleados e ingresos de 285 millones de dólares.

Carol cree que mantiene el control de su vida y que eso es lo más poderoso que podría tener. Ha oído toda clase de excusas de personas que opinan que es imposible tener el control. Se lamentan de los recortes de personal que hay en la empresa, de tener un pésimo jefe, de sostener una relación terrible. Carol dice: "He trabajado para directivos muy malos y excelentes, compañías grandes y pequeñas, y he tenido relaciones buenas y malas, y nada de eso importa. Lo que importa es que dirigirme a mí misma (gobernarme a mí misma) a través de esas variables es mi trabajo." Su primer principio estratégico es: *observar todo lo que ocurre alrededor y extraer conclusiones que se lleven a la práctica.*

Ha aprendido más de la adversidad. Por ejemplo, cuando se dio cuenta que tenía un gerente mediocre, reflexionó en qué era lo que lo hacía tan inadecuado y lo que ella haría de otro modo si fuera gerente. Observó cuán diferente manejaba las situaciones y aprendió cómo y cuándo funcionan o no determinados estilos de trabajo. Con el tiempo, practicó esos comportamientos y conforme confiaba más en ellos se convirtieron en su *estructura personal.* También aprendió que no hay una situación tan mala que no se pueda tomar sin alguna diversión.

Según Carol, el lugar de una mujer está en la alta tecnología. En los inicios de su carrera se propuso que para triunfar debería trabajar fuera de los estereotipos de género comunes. Veía las actitudes sexistas como un reto. Al afrontar ese reto agregó otro principio a la estrategia de manejo de su vida. *Escoja con cuidado su montaña, porque hay muchas que demandan de usted mucha energía.*

Carol opina que al estar frente a una montaña, a veces lo mejor es rodearla, y que si se decide por esto último no es necesario hacerlo en silencio. Carol rodeó una montaña (un jefe que tenía) cambiando de compañía, pero primero le dijo exactamente la razón por la que se iba. El cambio fue un riesgo, pero le permitió ganar experiencia. Es posible que cambiar de trabajo represente un descenso temporal en el salario y la necesidad de comenzar desde el principio, pero hacerlo algunas veces representa obtener conocimientos sólidos y los medios para dominar una nueva actividad con rapidez.

Una vez que esté consciente de las creencias que la limitan, estará preparada para reemplazarlas por otras que la fortalezcan. Conforme adquiera poder, se dará cuenta de cómo debe crear sus papeles al funcionar fuera de las creencias y estereotipos limitantes de otros, y perfeccionando sus fortalezas tanto femeninas como masculinas.

Técnica número 1: Reemplace las creencias que la limitan

Durante los últimos 20 años, las mujeres han ocupado las dos terceras partes de los nuevos empleos en Estados Unidos, y continuarán ocupándolos conforme avanza el siglo. Las mujeres dominan la sociedad de la información como empleadas, profesionales y empresarias. Si usted tiene 35 años o más, tal vez estableció las metas de su carrera en los días en que las mujeres constituían una minoría en la fuerza laboral, por lo que quizá se fijó objetivos inferiores que la retrasan.

Las creencias estereotipadas pueden conducir a comportamientos y acciones femeninos que son muy adecuados en algunas situaciones, pero que suelen ser contraproducentes en el ámbito de los negocios. ¿Tiene usted algunas de las creencias autolimitantes típicas de las mujeres en nuestra cultura? Si es así, es probable que, en algún momento, representen una barrera profesional. Averígüelo realizando la Actividad de autoconciencia número 2.

Actividad de autoconciencia número 2: ¿Tiene creencias autolimitantes?

Propósito: Identificar las posibles creencias autolimitantes que son frecuentes en las mujeres en nuestra cultura; indique si está de acuerdo o no con las siguientes afirmaciones, escribiendo el número correspondiente a la izquierda, con la siguiente clave:

> 5 = Sí, casi siempre   4 = En general o con frecuencia   3 = A veces
> 2 = No muy seguido   1 = Rara vez o nunca

1._____Cuando estoy en el trabajo no hablo sobre mis aspiraciones y metas profesionales.
2._____No me alabo a mí misma. Dejo que otros noten mis aptitudes y logros, en lugar de hablar yo misma de ellos.
3._____Me siento incómoda al ser el centro de atención. Funciono mejor "lejos de los reflectores".
4._____No soy muy buena con los números.
5._____No pienso en mí como una persona que soluciona problemas.
6._____Me es difícil tomar decisiones.
7._____Tal vez algún día aprenda a usar la computadora.
8._____La política en el trabajo es sucia.
9._____El poder corrompe, y el poder absoluto corrompe en forma absoluta.
10._____Sólo me centro en mi trabajo y mis asuntos. No me meto en asuntos fuera de la empresa, o en los internos que no me afecten en forma directa.
11._____Cuando un colega quiere tener el control, prefiero retirarme para no hacer una escena.
12._____Si el gerente se fija en un trabajo que yo realicé, en general siento que no le simpatizo porque no hice lo que él esperaba.
13._____Iniciar un negocio propio es demasiado arriesgado.

14._____En la actualidad, para triunfar en el mundo de los negocios, hay que fomentar las capacidades empresariales personales.

15._____A los hombres no les agradan las mujeres muy inteligentes o con mucho éxito.

Diagnóstico de la autoconciencia: Para conocer su resultado, vea las respuestas en la página 78; luego lea las siguientes seis creencias autolimitantes típicas de las mujeres, identifique las suyas y reformúlelas como creencias que la motiven.

Las creencias autolimitantes son obstáculos internos para alcanzar el éxito profesional deseado, y están determinadas por lo aprendido acerca de cómo deben ser las mujeres dentro de una cultura determinada. Veamos algunas de esas creencias específicas implícitas en las preguntas contestadas en la Actividad de autoconciencia número 2.

1. Tendencia a suprimir u ocultar aspiraciones y metas, a hablar sólo en respuesta a una pregunta, a esperar que los superiores noten y den reconocimiento por el potencial y logros y a dirigir el propio avance en la carrera. Esto se relaciona con callarse las aptitudes y realizaciones de uno, aun en una empresa con personal que necesita conocerlos. También tiene que ver con huir de los reflectores o iniciar acciones que implicarían ser más visible en la compañía.

2. Falta de confianza en la capacidad para dominar asuntos financieros, proyectos que requieran conocimientos técnicos o matemáticos, situaciones que obliguen a dar soluciones audaces a los problemas y capacidad de tomar decisiones.

3. Deseo de evitar la política en la empresa, o de obtener y ejercer el poder con eficacia. Esto se relaciona con la creencia tradicional de que las mujeres no deben participar demasiado en el papel de la empresa dentro del ramo, en los asuntos internos, fuentes de poder y trayectorias profesionales.

4. Tendencia a someterse con facilidad a los requerimientos de otros, en especial de los hombres, cuando intentan dominar, lo que significa falta de asertividad.

5. Tendencia a tomar en forma personal las acciones, críticas y mensajes de otros, a reaccionar con emoción y a dramatizar estas reacciones. Esto conduce más a centrarse en la superación personal que en trabajar como parte de un equipo para alcanzar los objetivos de la empresa (y, durante el proceso, algunos propios) y a construir una base de poder en la empresa.

6. Propensión a reaccionar con enojo ante situaciones de riesgo, concentrándose sólo en las pérdidas potenciales o el peligro inherente, más que en evaluar con sensatez las pérdidas y ganancias probables. Esto se relaciona (en forma consciente o inconsciente) con el temor al éxito en el mundo de los negocios.

Ahora, es posible identificar las creencias autolimitantes propias y reformularlas como impulsoras.

Técnica número 2: Resuelva las creencias conflictivas

El conflicto entre los diferentes papeles que desempeñan es un problema frecuente de las mujeres profesionales. Los Promotores de aptitudes números 1 y 2 del capítulo 1 permitieron detectar las creencias subyacentes al conflicto de papeles. ¿Qué aprendió sobre usted? Tanto hombres como mujeres experimentan en ocasiones el miedo al fracaso: miedo de que la gente los humille y tal vez los rechace si fracasan en alcanzar algo que desean e intentan conquistar. El miedo al éxito en general es un problema de las mujeres, y tiene sus bases en la suposición de que no serían deseables si alcanzan el éxito profesional. La profesora Matina Horner, de la Universidad de Michigan, ha investigado el miedo al éxito e indagó que hasta 65 por ciento de las mujeres lo experimentan, en comparación con un escaso 10 por ciento de los hombres.

La intensidad de las reacciones de las mujeres debidas al miedo va de la turbación al terror. El anhelo de las mujeres por tener relaciones muy fervientes es casi siempre más imperioso que en los hombres y, por tradición, atraer y conservar a un compañero siempre ha sido muy importante para la mayoría de ellas. Al ser la carrera de la mujer parte importante de su vida sobreviene el conflicto, porque en otros tiempos no se esperaba ni aprobaba que la tuvieran. Si experimenta miedo al éxito por objetivos y papeles conflictivos, es probable que sea sobre todo en el inconsciente y adopte diferentes formas, como:

- ✍ **Parálisis, de leve a severa.** La carrera permanece estancada entre dos necesidades en conflicto: triunfar o atraer y conservar una pareja.
- ✍ **Autosabotaje.** De algún modo, se las arregla para tomar medidas y decisiones que afectan sus metas profesionales.
- ✍ **Despilfarro de energía.** Aplica mucha energía emocional al tratar de reprimir partes de la personalidad que en forma inconsciente no acepta; o amenaza y riñe con los hombres, lo que le hace desperdiciar energía que necesita para cumplir los objetivos.

Reconozca el complejo de Cenicienta. La investigadora Colette Dowling llama así al miedo al éxito. Cenicienta sabotea su carrera porque teme ser tan independiente, tal vez hasta agresiva, que no resulte atractiva para el Príncipe Azul cuando la encuentre. Sus expectativas, temores y el autosabotaje resultante están en el subconsciente y la conducen como sonámbula al desastre. En el fondo, Cenicienta desea con fervor que el príncipe venga, la tome en sus brazos y vivan muy felices para siempre. La creencia es: *no soy capaz de forjar mi propia vida y ser feliz, ni como soltera autónoma ni como pareja estable del hombre idóneo.*

¿Hay algo de Cenicienta en su interior? ¿Una parte de usted espera que el Príncipe Azul venga y la haga feliz para siempre? Es necesario identificar esas fantasías y decidir si se reemplazan por otros fines más realistas que le permitan ser autónoma. Después de todo, Cenicienta es una víctima que debe rescatarse, un papel difícil de combinar con el de una mujer exitosa.

Olvídese de los antiguos modelos. ¿Desea llevar una vida propia y satisfactoria? ¿Quiere tener una pareja con gran confianza en su competencia y masculinidad, alguien que prefiera relacionarse con una mujer sobre una base de igualdad? Los hombres que funcionan en esa forma no se resentirán por sus logros ni tratarán de dominarla. Este enfoque de las relaciones amorosas ayuda a crecer, avanzar y llegar a la meta con apoyo en vez de sabotaje; y le permitirá estar abierta y confiar en sus cualidades y logros cuando se relacione con los hombres. A la vez, en lugar de llenar su vida con relaciones destructivas podrá dejar pasar a aquellos que se sientan amenazados por su capacidad.

Muchas mujeres llegan a la edad adulta con multitud de creencias autolimitantes y los temores que adquirieron de la familia y la gente de su comunidad. Esas creencias también provienen de la cultura aprendida en libros y periódicos, así como en los programas de televisión, y se basan en la percepción de lo que se espera de unos y otros y de cómo deben comportarse. A muchas mujeres les genera problemas el hecho de que sus ideas y actitudes femeninas estén en conflicto con la que otros creen que es la conducta apropiada de los líderes.

✓ Estrategia número 2:
Olvide las creencias y estereotipos ajenos

Las mujeres de todas las razas y costumbres deben enfrentar estereotipos culturales acerca de sus características típicas. Según un estudio que la *Glass Ceiling Comission* realizó en 1995, las creencias estereotipadas acerca de las mujeres que trabajan y que representan los obstáculos más grandes son las siguientes:

- ✎ Las mujeres no quieren trabajar.
- ✎ Las mujeres no se entregan a su profesión tanto como los hombres.
- ✎ Las mujeres no están capacitadas para cubrir ciertos puestos.
- ✎ Las mujeres no pueden o no quieren trabajar fuera del horario habitual ni cambiar de residencia.
- ✎ Las mujeres no pueden o no quieren tomar decisiones difíciles.
- ✎ Las mujeres son demasiado emotivas.
- ✎ Las mujeres son demasiado pasivas, muy agresivas, no tienen la suficiente ambición.
- ✎ Las mujeres no saben manejar números.

No permita que las expectativas estereotipadas de otros la hagan ser tal como esperan que usted sea, si eso significa que deje de actuar de manera natural. Salga de la prisión de las expectativas a fin de forjarse modos alternativos de ser, así como las aptitudes y estrategias que usted decida que son las más eficaces para triunfar en su carrera.

El mejor modo de romper con los estereotipos de género es crear la imagen de una persona que no corresponde a los moldes habituales; usted cuenta con muchas de las fortalezas que casi siempre se atribuyen a las mujeres, así como muchas de las que se adjudican a los hombres. Es posible superar los estereotipos generales acerca de los papeles y aptitudes de las mujeres, así como aquellos sobre *la jefa*, con sólo ser una persona auténtica. También es posible desafiar el mito según el cual las mujeres no están tan bien capacitadas como los hombres para desempeñar papeles de liderazgo.

Técnica número 1: Adopte fortalezas femeninas y masculinas

Conforme usted crecía, las expectativas estereotipadas de otros ejercían gran influencia en su vida. Este proceso de socialización forjó gran parte de su conducta infantil porque obtenía recompensas (admiración y aprobación, entre otras) por actuar del modo esperado. Ahora, seguramente ya olvidó cómo se dio ese proceso y asimiló como suyas muchas de aquellas expectativas acerca de la conducta correcta. Llegó el momento de tomar conciencia de ellas, volver a analizarlas y decidir cuáles conservar y cuáles desechar.

Quizá las creencias de la comunidad, la familia o personales sobre el comportamiento correcto de las mujeres difieran de aquellas de la cultura en la que vive, de modo que es probable que tenga menos creencias autolimitantes que la mayoría de mujeres. Aun así, seguir sus propias reglas puede ser difícil debido a que sus colegas y superiores estén atrapados en las expectativas culturales clásicas que estudiamos en la Instantánea número 1 del capítulo 1.

Instantánea número 1: Características tradicionales del género, de acuerdo con gerentes hombres y mujeres

Masculino	Género neutro	Femenino
decisivo	adaptable	amable, protectora
independiente	diplomático	comprensiva
analítico	sincero	compasiva
competitivo	dedicado	sensitiva
dominante	innovador	emocional
autocrático	inspirado	sentimental
agresivo	confiable	sumisa
severo	sistemático	dependiente
	efectivo	excitable

Alice Sargent, autora de *Androgynous Manager*, averiguó por medio de una encuesta reciente que los ejecutivos triunfadores, hombres y mujeres, se describían a sí mismos como poseedores de una combinación equilibrada de características femeninas y masculinas. ¿Necesita mejorar fortalezas que pasó por alto porque se consideraban impropias de las mujeres en su comunidad? Revise la Instantánea número 2, identifique algunas de las fortalezas masculinas clásicas que le gustaría adquirir y enciérrelas en un círculo.

Observe que las características masculinas también son las que tradicionalmente se espera tengan los líderes triunfadores en nuestra cultura. Pero las nuevas culturas corporativas, que se adaptan a nuevos tipos de empleados, también valoran los rasgos femeninos. Los más valiosos son comprensión, compasión, sensibilidad y protección, en el sentido de apoyar el crecimiento y la superación de los trabajadores. Estas cualidades dan gran ventaja a las mujeres cuando se traducen en buenas relaciones con los compañeros y otras personas, así como en el establecimiento de una comunicación efectiva en ambas direcciones.

Si trabaja en una comunidad o empresa con una visión tradicional de la conducta femenina, seguramente le es muy difícil triunfar. Es necesario proyectar la imagen profesional asociada con los rasgos masculinos y al mismo tiempo conservar los mejores aspectos de su feminidad. Esto requiere habilidad, pero una gran cantidad de mujeres lo han logrado y triunfado sobre la gente que necesitan como base donde apoyarse para triunfar. Lo han conseguido aprovechando las fortalezas que poseen, adaptándolas a los valores de la empresa y adquiriendo algunas de las cualidades masculinas frecuentes en los directivos masculinos eficaces.

¿Cuáles de las características y aptitudes en la lista de la Instantánea número 2 tiene en su repertorio? Como casi todas las cualidades y aptitudes, pueden ser una fortaleza o una debilidad, dependiendo de la situación y de cómo se empleen. ¿Cómo aprovechar estas aptitudes especiales en su papel de liderazgo? ¿Cómo adaptarlas a las reglas del juego en la empresa de manera que creen oportunidades en lugar de obstáculos?

Instantánea número 2: Fortalezas tradicionales masculinas y femeninas

Fortalezas masculinas típicas que pueden adquirir las mujeres	Fortalezas femeninas típicas que pueden fomentar las mujeres
✎ Fuerza y franqueza. ✎ Capacidad para emprender. ✎ Relacionarse con otros en forma directa y visible, en lugar de actuar tras bambalinas. ✎ Buscar la satisfacción de las necesidades personales y rechazar la idea de retroceder. ✎ Centrarse en una tarea y darle por lo menos tanta importancia como a las relaciones con la gente encargada de hacerla. ✎ Construir sistemas de apoyo con otras mujeres y compartir las capacidades, más que competir con ellas. ✎ Ayudar a otras mujeres a triunfar, trabajar en equipo. ✎ Racionalizar y generalizar a partir de la experiencia. ✎ Portarse a veces de manera *im*personal. ✎ No interiorizar la ira, el sentimiento de culpa, ni el dolor. ✎ Superar los sentimientos de dolor y de ser víctima, aceptando responsabilidades. ✎ Ser invulnerable a la retroalimentación destructiva. ✎ Responder a los resentimientos y al enojo en forma directa más que con resistencia pasiva y fastidio. ✎ Responder directamente con afirmaciones tipo *yo* en lugar de culpabilidades tipo *tú*. ✎ Actuar en forma eficaz en la solución de problemas siendo analítica, sistemática y directa. ✎ Arriesgar (calcular probabilidades y hacer los ajustes adecuados).	✎ Reconocer, aceptar y expresar los sentimientos. ✎ Tener los sentimientos como parte fundamental de la vida, como guías hacia la eficacia y autenticidad, en vez de barreras para el logro. ✎ Trabajar para lograr la autorrealización, además del dinero. ✎ Valorar los papeles extralaborales tanto como la identidad laboral. ✎ Fallar en una tarea y ser capaz de no sentir que fracasó como persona. ✎ Expresar la necesidad de ser consolada (protegida) a veces. ✎ Tener contacto y cercanía sin connotación sexual con hombres y mujeres. ✎ Escuchar con empatía, experimentar activamente la realidad de otros sin sentirse responsable de resolver sus problemas. ✎ Compartir los sentimientos como lo más significativo en el trato con otros y aceptar el riesgo y vulnerabilidad que ello implica. ✎ Construir sistemas de apoyo con otras mujeres, compartir las capacidades sin competir y compartir los sentimientos y necesidades con sinceridad. ✎ Tratar con la gente y los hechos en un plano personal en lugar de suponer que el único acercamiento válido a la vida y a las relaciones interpersonales es abstracto, racional o estrictamente objetivo. ✎ Aceptar lo emocional, espontáneo e irracional como parte de uno mismo.

Técnica número 2: Supere los estereotipos y trampas clásicas femeninas

Cuando toma conciencia de los papeles estereotipados y las actividades que en nuestra cultura se asignan a las mujeres, puede evitar las trampas comunes que tienden esos prejuicios.

Papeles estereotipados

Quizá el problema más serio que enfrentan las mujeres se deriva de la formación de estereotipos relacionados con el *rol* que desempeña cada género. Los hombres con quienes trate seguramente intentarán clasificarla en alguna de las categorías con las que están familiarizados, por lo regular una de las cuatro siguientes:

Mamá. Los hombres la verán como la figura materna que brinda protección. Si acepta el papel de protectora a veces dará consuelo y otras hará críticas, ambas conductas cumplen con el papel de madre pero el de crítica en general ocasiona problemas. Casi todos los varones recuerdan con exactitud cómo los mandaba mamá y no están dispuestos a permitir que otra mujer lo haga.

Hija o hermanita. Es la relación hombre-mujer más frecuente, con el varón como papá y la mujer como hija. Si acepta el papel infantil obtendrá la recompensa de la protección pero pagará el precio de que no la tomen en serio y de estar sobreprotegida. Si permite que sea su jefa quien adopte el papel de hermana mayor o madre, tenga en cuenta que sus cuidados se convertirán en celos si llega a verla como rival en su trabajo.

Objeto sexual. Despertará el interés de muchos varones que la buscarán para coquetear y experimentar algunas emociones, en forma velada o abierta, pero si cae en ese juego pagará el precio de perder credibilidad. (Habrá hombres que intenten aprovecharse de usted y la hagan a un lado si les permite llegar demasiado lejos.)

Mujer liberada. Si no acepta desempeñar ninguno de los tres papeles anteriores, ciertos hombres querrán encasillarla en la categoría de las mujeres liberadas. Su insistencia en valerse por sí misma podría interpretarse como rebelión u obstinación. Los varones la dejarán sola, en particular cuando más requiera de ayuda y cooperación. Por tanto, quizá debe enviar señales inequívocas de que si bien es decidida y competente, también sabe trabajar en equipo y tiene sus propias convicciones.

Estudie sus creencias para saber si no tiene estereotipos conflictivos acerca de los papeles que desempeña. Tenga en mente que no puede presentar conductas contradictorias al mismo tiempo; por ejemplo, no puede ser una pobre hermanita indefensa y una líder confiable. Céntrese en la imagen que desea trasmitir y actúe en consecuencia.

Deberes estereotipados

Los papeles estereotipados que mencionamos se relacionan con remanentes de la antigua forma de pensar acerca del *trabajo de las mujeres*, entre los que se incluyen escribir a máquina, archivar, tomar recados, preparar el café, ordenar comidas, planear recepciones, tareas para recaudar fondos típicas de las esposas, madres, empleadas, secretarias, meseras, recepcionistas y trabajadoras voluntarias de organizaciones de caridad. Si todos los hombres que están en el mismo nivel que usted llevan a cabo alguna de estas actividades, entonces es obvio que no se trata de un trabajo estereotipado, al igual que si se comparten entre hombres y mujeres. Pero si se espera que sólo por el hecho de ser mujer los haga usted, sugiera que se hagan de manera compartida, manifieste que carece de la habilidad para ejecutarlos, o encuentre otro remedio. Lo importante es que no quede atrapada en un estereotipo.

La trampa de condescender. La primera celada consiste en actuar de acuerdo con los papeles estereotipados en lugar de basarse en las propias convicciones. Si bien parece un camino fácil, a largo plazo, la condescendencia limitará el rango de comportamiento, incluidas algunas de las conductas apropiadas para avanzar con eficacia en la carrera. Envía un mensaje sobre usted que puede limitar su crecimiento profesional. A fin de no caer en este estereotipo, hay que establecer claramente la posición en ciertos asuntos. Es más fácil y benéfico para su imagen que, desde un principio, evite desempeñar papeles estereotipados.

La trampa de la pose. Consiste en vigilar en forma constante su conducta e intentar eliminar actitudes que pudieran reforzar los estereotipos, lo que lleva a tener una conducta poco natural o egocéntrica. Aunque la vigilancia siempre es necesaria al principio para establecer la imagen profesional, no hay que perder de vista la importancia que la actitud relajada tiene en una persona de negocios. Supere los estereotipos, primero con la identificación certera de sus metas, prioridades e imagen profesional, luego únalos con los de la empresa y el equipo, y comuníquese con otras personas en términos del cumplimiento de objetivos.

Técnica número 3: Refute los prejuicios de sus superiores

Las mujeres dirigentes afirman que los hombres en la alta gerencia mantienen prejuicios sobre las desventajas de las mujeres, entre las más comunes y devastadoras están las siguientes:

- La gente no aceptará mujeres en los puestos de alta gerencia.
- Las mujeres no tienen la dedicación que hace falta para llegar a la cúspide.
- La capacidad de las mujeres para tomar decisiones es inadecuada.
- Las mujeres son demasiado emocionales.

La gente acepta cada vez más que las mujeres ocupen puestos en la alta gerencia. De acuerdo con las encuestas de *Harvard Business Review*, en 1985, dos terceras partes de mujeres y hombres estaban de acuerdo en trabajar bajo las órdenes de una mujer, en cambio en 1965, sólo un tercio lo aceptaba. Utilice las siguientes tácticas con quienes aún se resisten a tolerar a una mujer en un papel de liderazgo:

- Siga dando la idea y la imagen de que su equipo, sus colegas, los socios externos de negocios de la compañía como clientes y proveedores, y otros colegas profesionales aceptan su liderazgo.
- Analice sus metas profesionales con sus superiores y manifieste su dedicación a ellas. Si es apropiado, comente si tendrá hijos y cuándo, y cómo manejará esa fase de su carrera.

✤ Lleve registros que comprueben su capacidad para tomar decisiones, así como su capacidad para facilitar las decisiones en equipo. Relacionados con el mito de la toma de decisiones, encontramos otros acerca de su capacidad para las matemáticas, manejar la computadora y los aspectos financieros de su puesto; también demuestre sus conocimientos matemáticos, financieros y tecnológicos. Encuentre la forma de recordar a la alta gerencia que esté al pendiente de su expediente.

✤ Controle sus emociones de manera que los altos directivos de la empresa se sientan tranquilos.

Tratándose de las expectativas prejuiciadas sobre las mujeres en el trabajo, los directivos tienden a agruparse en tres tipos:

✤ **El dinosaurio** es el patriarca tradicional, que toda la vida ha creído que las esposas y las madres deben estar en el hogar, y que no son capaces de ser líderes en un mundo de hombres. Este tipo es fácil de reconocer.

✤ **El monstruo de dos cabezas** es el gerente que tiene un doble juego: una de sus cabezas profesa simpatía por los asuntos femeninos y apoya a las mujeres en el logro de sus objetivos profesionales; la otra piensa más como el líder dinosaurio, ya sea de manera consciente o inconsciente. Es probable que éste sea el tipo más común y el más difícil de reconocer y tratar.

✤ **El hombre ilustrado** en realidad está libre de las expectativas estereotipadas sobre las mujeres que trabajan. Cada vez es más fácil encontrarlo y es muy agradable trabajar con él. Con él, puede tratar con franqueza de cualquier asunto.

Es particularmente difícil adaptarse a las ideas estereotipadas de los jefes, en especial porque ellos suelen tener demasiada influencia sobre su carrera profesional. La mejor manera de tratarlos es mantenerlos al tanto de que usted no es el tipo de mujer que ellos piensan. Hágalo de manera que usted conserve su feminidad, aunque esto le tome recurrir a toda su inteligencia y a su intuición.

Técnica número 4: Contrarreste los prejuicios de sus colegas varones

Los prejuicios típicos de los colegas masculinos acerca de las mujeres que tienen responsabilidades de liderazgo incluyen: *Ella es una amenaza, no es de los nuestros* o *a los extraños (mujeres) se les aplican reglas diferentes.*

Demuestre que no es una amenaza. Los colegas masculinos podrían sentirse amenazados o resentidos por su capacidad, poder o autoridad, en especial si no están seguros en sus empleos. En consecuencia, tal vez no obtenga de ellos información, ayuda o consejos, y quizá descubra que sus compañeros se sientan a esperar que fracase. Tome la iniciativa de entablar relaciones de cooperación con sus compañeros. Aproveche la estrategia de "te rasco la espalda si me rascas la mía". Aprenda el *caló* de su pandilla y utilícelo. Imítelos una y otra vez, mande mensajes en clave, regrese favores y establezca relaciones de confianza.

Haga que la acepten como una integrante más del grupo. Quizá uno de los problemas más comunes es que sus colegas la pasen por alto, y esto se deriva del hecho de que, por tradición, las mujeres no se incluyen en los canales de comunicación informales. Por ejemplo, tal vez se le excluya de toda la información valiosa que se comparte en el baño de hombres, el guardarropa, el campo de golf y el bar de la esquina. Si es posible, déjese ver y forme parte de estas reuniones informales, pues obtendrá información que *sólo* es posible obtener a través de canales informales.

A veces, es fácil ignorar el significado de una invitación por parte de un colega. Por ejemplo, si él dice "Voy (vamos) a comer", quizá sea la oportunidad de responder: "Perfecto, te (los) alcanzo en seguida." Otras ocasiones, la única posibilidad es tomar la iniciativa. Por ejemplo, si ve que los hombres se van a comer, únaseles; si es posible, sin invitación especial, con una actitud espontánea y confiada. Si se encaminan rumbo al bar, proponga uníserles. Esto, por supuesto, representa algunos riesgos de los que hay modos de escapar. En función de su capacidad, tome sólo bebidas sin alcohol o consuma sólo una o dos copas. Insista con suavidad en pagar sus tragos o en devolver la cortesía con el pago de otra ronda algún día. Al menos las primeras ocasiones retírese con el grupo, después relájese y pásela bien; si usted es una persona agradable, el grupo querrá tenerla cerca. El objetivo es que los colegas no se sientan incómodos en su presencia y que la vean como parte de la pandilla, sin perder su insustituible identidad femenina.

Espere un trato justo. No acepte la regla no escrita de que es correcto tratar a las mujeres en forma diferente. Al evaluar su posición con sus colegas, el objetivo fundamental es que le den un trato justo, con igual carga de trabajo, responsabilidades y recompensas, y que le permitan participar en los hechos y decisiones que afectan su trabajo.

Es más probable que obtenga un trato justo si espera recibirlo. Si no lo consigue, manifieste su desacuerdo en términos de justicia y bienestar para la empresa.

Técnica número 5: Supere los prejuicios de los hombres subalternos

Según las encuestas de opinión de *Harvard Business Review*, muchos varones aún desconfían al trabajar con mujeres ejecutivas. Entre las principales reservas que tienen los hombres están las siguientes:

- Creen que las mujeres no son confiables como líderes.
- Temen que una jefa carezca de verdadero poder.
- Suponen que las mujeres no saben participar en el juego de los negocios.
- Muchos piensan que, como jefas, las mujeres tienen mano dura y dan un mal trato.
- Los hombres se ponen en guardia ante una jefa y no saben cómo tratarla.
- Muchos sienten vergüenza cuando están subordinados a una mujer. Esto pasa sobre todo en hombres mayores de 50 años.
- Sienten que pagan el precio de tener que trabajar para un directivo inepto, si perciben que la mujer llegó sólo para efectos de demostración positiva.

Los hombres que le reportan a una mujer pueden ser muy difíciles de satisfacer: si usted sigue un enfoque objetivo, de negocios, la etiquetan de muy severa, hasta como una mujer castrante. Por otro lado, si se muestra cálida y preocupada en lo personal por los empleados masculinos dirán que es una persona fácil de dominar y de inmediato intentarán aprovecharse de su debilidad. La línea que separa la dureza de la suavidad es muy tenue, pero las mujeres que llegan a la cúspide la encuentran y recorren, por lo que usted debe ser capaz de hallar la estrategia adecuada para su situación en particular.

Técnica número 6: Entienda los prejuicios que tienen otras mujeres

Dependiendo del lugar del que provienen, las otras mujeres pueden ser de gran ayuda o ser sus enemigas. Las colegas y superiores de alto rango tienden a pertenecer a una categoría de un continuo que va de la abeja reina no cooperativa a la mujer liberada que colabora. Por otro lado, las mujeres subalternas tenderán a situarla entre alguien que *es grandiosa* y alguien que *es repugnante.*

La abeja reina tal vez quiera encasillarla como una persona soberbia que trata de avanzar demasiado pronto. En general se trata de una gerente de edad madura o mayor que intentó y labró su camino con todo en su contra, tal vez sacrificó gran parte de su vida personal y algo de femineidad, y hasta su belleza, tratando de facilitar las cosas. No ve con buenos ojos la competencia por los créditos que traen las jóvenes frescas y bellas porque ha gozado el placer de ser una rareza en la compañía. El mejor modo de tratar con ella es darle el reconocimiento que se ha ganado, hacerle saber que usted admira sus logros y pedirle consejos e información. No le comente sus problemas pasados o presentes, su vida personal ni nada que no le gustaría que se supiera en la empresa. Recuerde que ella es una rival y no dudará en usar en su contra todo lo que diga, cuando llegue el momento apropiado. Sobre todo, no se convierta nunca en una abeja reina.

La mujer liberada tal vez desee hacer de usted su alma gemela y se incline a su favor en forma automática, cree que las mujeres profesionales deben ayudarse unas a otras y da por hecho que usted piensa lo mismo. Para guardar las distancias deberá convencerla de que usted es su enemiga, y todo lo que necesita hacer es devolverle el apoyo que ella le ofrece y ser una buena colega. Cada vez más mujeres profesionales adoptan esta postura.

Las trabajadoras subalternas pueden tener sentimientos intensos por usted. Suelen pensar que usted es una de las mejores o una de las peores. Lo que la mayoría dice que les gusta de la mujer como superiora es:

- Sabe qué significa ser una mujer que trabaja. Por ejemplo, sabe que si llego tarde debo recibir una llamada de atención.
- Comprende mis problemas. ¿Cómo podría entenderlos un hombre? La mayoría de ellos tiene a la esposa en casa para hacerse cargo de los detalles.
- Ella entiende mejor que un hombre las motivaciones de la gente.
- Se toma su tiempo para explicar qué desea.
- Cuando haga un buen trabajo me lo dirá, y no sólo cuando cometa un error.
- Deja en claro que le interesa la gente como tal, no sólo como máquinas que rinden. Tiene un método para obtener lo mejor de la gente.

La otra cara de la moneda es lo que no les agrada a las mujeres de tener a otra como su superior, entre otras cosas están:

- Es muy caprichosa y poco profesional.
- Habla de mí a mis espaldas, cuando no puedo defenderme. No baja a mi nivel para decirme lo que piensa.
- No ayuda a otras mujeres. No la puedo satisfacer con un buen trabajo porque me vería como una amenaza potencial.

El objetivo es controlar las emociones, centrarse en la consistencia y justicia, ser lo más sincera y honesta posible, evitar los chismes hirientes y proveer retos que amplíen las aptitudes de las mujeres, así como ayuda para que los resuelvan.

Técnica número 7: Desafíe el mito de la mujer no preparada

Las investigaciones acerca de las aptitudes y capacidades reales de las mujeres en nuevos papeles laborales aumentan cada día. Esto proporciona una base experimental para rechazar algunas de las ideas prejuiciadas más dañinas, y para impulsar la credibilidad de usted, tanto como la de las demás mujeres. Por ejemplo, desde 1922, la *Johnson O'Connor Research Foundation* ha hecho pruebas con las aptitudes de hombres y mujeres, que incluyen mediciones de 16 aptitudes laborales fundamentales y conocimientos de vocabulario en inglés; para empezar, las mujeres obtienen mejores resultados en la parte lingüística, y en 10 de las 16 aptitudes laborales medidas no existen diferencias significativas por género, y de las seis restantes, las mujeres desempeñan mejor cinco, lo que quiere decir que los hombres tienen ventaja sólo en una: visión en perspectiva, dibujar volúmenes en tres dimensiones vistos desde varios ángulos. El análisis causal indica que incluso en esta materia, los resultados más bajos de las mujeres indican su mayor aptitud para la dirección y el liderazgo.

Además, las estadísticas del Departamento del Trabajo y la Oficina del Censo de Estados Unidos, indican que para obtener un salario equivalente al de los hombres por hacer el mismo trabajo, las mujeres deben estar mejor capacitadas. Es decir, las mujeres egresadas de la universidad ganan en promedio igual que un hombre con el bachillerato terminado; y en la actualidad, hay más mujeres que hombres con título universitario.

✓ Estrategia número 3: Maneje los aspectos sexuales y el acoso

En ningún otro lado se da de manera más clara el cortejo sexual que en el mundo empresarial. Conforme ascienda en la jerarquía, deberá ser más cuidadosa y diplomática que nunca porque será una *presa* cada vez más codiciada. Es necesario que identifique los juegos sexuales de la oficina como juegos de conquista en los que en general las mujeres son las perdedoras. La mayor parte de los problemas se evitan con decir *no* de manera consistente, firme y con gracia. Para evitar y manejar el acoso sexual, aprenda todo al respecto.

Técnica número 1: Evite los juegos sexuales en el trabajo

Seguramente perderá si participa en los juegos sexuales en el trabajo porque es mujer, ya que se desenvuelve en una cultura masculina que funciona con reglas masculinas.

Aunque casi todas las empresas se declaran en contra de mezclar el sexo con el trabajo, de manera extraoficial, en general se tolera en los varones, mientras mantengan la situación controlada y sean discretos. Este punto de vista liberal de los asuntos sexuales no se aplica a usted, porque *usted* es el objetivo de la conquista y a la larga la víctima, si lo propicia.

Es una conquista masculina y un juego de poder. Lo primero que hay que entender de los juegos sexuales en el trabajo (y del acoso sexual) es que casi siempre son de poder y conquista y que los hombres los practican para impresionar a otros hombres.

En segundo lugar, hay que darse cuenta que los flirteos en la oficina casi nunca se mantienen en secreto; como la conquista sexual de las empleadas es un símbolo de *prestigio* masculino, carece de valor a menos que el hombre se asegure de obtener el crédito. No obstante, el varón perderá *prestigio* entre sus colegas si muestra cualquier sentimiento o hay indicios de que fue la mujer quien comenzó el juego o decide terminarlo. Por tanto, si usted intenta cambiar las reglas del juego espere una verdadera guerra.

¿Es siempre malo el sexo en la oficina? ¿Qué tiene de malo un poco de coqueteo? Casi todos los expertos responderán que no y que nada, si es eso lo que quiere. Es un hecho que el lugar de trabajo es donde se pasa la mayor parte del tiempo y por tanto los enamoramientos, coqueteos y aventuras amorosas ocurrirán allí, y que algunos de esos amores acabarán en matrimonio o en relaciones estables, plenas y fieles, pero serán la excepción y no la regla.

Es un sistema de atadura a dúo. Muchos ejecutivos casados llevan su vida en dos niveles, que podrían denominarse *nivel superior* y *nivel inferior.* El nivel superior está diseñado para dar la apariencia de un buen hombre de familia, ejecutivo responsable y pilar de la comunidad. El nivel inferior tiene como objetivo fortalecer el ego del hombre con conquistas sexuales e impresionar a otros hombres con su aparente vitalidad sexual, además de agregar algo de diversión, variedad y emoción a su vida con encuentros sexuales. Las esposas de la empresa están fuera del alcance como objetivos y, a toda costa, se les ocultan las conquistas sexuales de cualquiera de los ejecutivos, lo que también se aplica en el caso de las esposas de clientes importantes y socios del mismo ramo. Los varones cooperan para ejecutar los malabares que se requieren para mantener separados ambos niveles, de manera que las apariencias tan necesarias en la alta dirección permanezcan sin mancha.

Si usted forma parte del nivel inferior, quizá la perciban como una amenaza para el superior una vez terminada la aventura amorosa, pues sabrá demasiado de la vida en el nivel inferior de su pareja y tal vez también de las de algunos de los colegas de éste; el modo más seguro para los hombres de resolver este problema es sacarla de la escena, con el resultado de que la dama perderá su trabajo. Aun si lograra superar esta etapa con el empleo intacto quedaría excluida de ascensos posteriores porque sería etiquetada como *inferior.* Los caminos a la alta dirección incluyen ser amiga profesional de los hombres y amigable con las esposas, si éstas forman parte de la vida social de la empresa. Al principio, la prioridad y el mensaje que desee enviar será que usted es una profesional con un estilo de vida satisfactorio, con la implicación de que nunca será una competidora por el afecto del marido.

En resumen, la finalidad de los juegos sexuales en el trabajo es aumentar el prestigio del hombre ante otros hombres, que es una de las maneras en que él se convierte en *uno de los que* toman las decisiones sobre ascensos y salarios. Usted podría, por tanto, incrementar el prestigio de cada hombre con el que tuviera relaciones sexuales y al mismo tiempo disminuir el propio. Los clientes y proveedores en general están incluidos en el juego sexual. La mejor estrategia es mantener las relaciones sexuales aparte de los asuntos laborales.

Técnica número 2: Diga *no* con amabilidad pero con firmeza

Ahora que sabe que el sexo en el trabajo es una estrategia perdedora para usted ¿cómo mantenerse ajena al juego? He aquí algunas sugerencias:

Diga *no* a los sobrenombres afectuosos. Piense dos veces en permitir sin una objeción cortés que los hombres utilicen términos cariñosos con usted. Estos términos indican posesión y denotan una relación personal más allá de lo estrictamente laboral. Implican que usted es infantil u objeto sexual. En privado, diga a los varones que las usan que palabras como *muñeca, querida, cariño, linda* y *nena* tienen connotaciones negativas para usted y que está segura de que no desean continuar haciéndola sentir mal con un trato así.

Sepa cuándo hacerse la desentendida. No es que quiera navegar con bandera de tonta, sino que tiene su mente puesta sólo en atender su trabajo. Para trasmitir este mensaje habrá ocasiones en que lo más sensato sea no hacer caso a las alusiones sexuales sutiles, y si se vuelven menos sutiles, cambie el tema a uno relacionado con el trabajo y pórtese más profesional que nunca.

Diga *no* con mensajes tipo *yo*. Si él insiste o se declara, céntrese en mensajes tipo yo, como *yo quiero que seamos amigos y yo quiero trabajar contigo, y ésa es la única relación con la que yo me siento bien.* Sea firme pero evite lastimar su ego, pues una persona con el ego herido tiende a desquitarse tarde o temprano. El objetivo es obtener de él tanto respeto profesional y ayuda como sea posible y aún así decir *no.* Encontrará cientos de maneras de decir *me simpatizas pero no quiero tener relaciones sexuales contigo.* Tenga en mente que siempre habrá más opciones que ceder o insultarlo, por ejemplo aquí tiene algunas respuestas posibles:

- *Me caes bien, pero nunca acepto invitaciones de compañeros de trabajo.*
- *Me gustaría acompañarte, pero mi marido se ofendería si no pudiera compartir la ocasión de estar con él.*

Diga *no* con firmeza, con mensajes claros e inconfundibles. El mensaje subyacente que desea enviar es que él le agrada, pero la respuesta a las proposiciones sexuales es *no* y siempre será *no.* Tenga siempre la misma respuesta básica para todos los hombres del trabajo: *no.* Si un varón que ocupa un puesto elevado comienza a preguntar sobre su vida personal, coméntele de sus aspiraciones y planes profesionales. Dé la impresión de que su carrera (o la carrera y su marido) lo es todo en su vida. Recuerde que la defensa masculina más antigua y frecuente es *ella lo pidió,* así que cerciórese de que todos los aspectos de sus mensajes verbales y no verbales comuniquen en forma inequívoca que la respuesta es *no.* Puede ser amigable sin connotación sexual, y la mejor forma de enviar mensajes claros e inconfundibles es tener muy en claro (desde el primer día) cuál es la imagen profesional que desea proyectar y la reputación que quisiera formarse en su lugar de trabajo. Si proyecta esa imagen de manera consistente en su modo de vestir, actuar y hablar, tendrá pocos o ningún problema con el sexo en el trabajo.

Técnica número 3: Maneje el acoso sexual

Por desgracia, en nuestra cultura a las mujeres no se les enseña a ser firmes al tratar con los hombres ni a evitar las formas en que podrían hostigarlas en el trabajo. El acoso sexual es un problema común, y tanto hombres como mujeres requieren aprender a manejarlo.

Conozca las opciones legales. ¿Cuándo se transforma el juego sexual de oficina en un caso legal de acoso?

- ✤ Cuando no se desea, solicita o corresponde.
- ✤ Cuando la función sexual de una persona prevalece sobre su desempeño laboral.
- ✤ Cuando hay una diferencia significativa de poder entre los dos participantes: recuerde que se trata más de poder que de atracción, respeto o incluso que de sexo.

La diferencia de poder tiene importancia especial porque 95 por ciento de los directivos son hombres y marcan la pauta de las empresas. Podría decirse que los hombres detentan 95 por ciento del poder en las compañías, lo que sitúa a las mujeres en clara desventaja en el juego sexual del poder. Los tribunales han definido dos tipos de acoso sexual: 1) la proposición abierta, *acepta o vete*, y 2) la conducta que crea un ambiente hostil de trabajo. Entonces, el acoso sexual incluye:

- ✤ Contactos físicos como palmear, acariciar, abrazar y besar.
- ✤ Hacer comentarios sobre la ropa, cuerpo o apariencia.
- ✤ Proferir exclamaciones basadas en imágenes sexuales, hacer dibujos sexuales, fotografías, pinturas, inscripciones en las paredes y otras expresiones visuales que sean hostigadoras o degradantes de la condición femenina.
- ✤ Acoso indirecto provocado por la exposición a un ambiente en el que se da acoso sexual aun cuando no sea usted el objetivo.
- ✤ El favoritismo que crea un ambiente hostil para otros empleados.

Un ejemplo de favoritismo es cuando un superior tiene relaciones sexuales con alguna empleada y la recompensa con aumentos salariales, ascensos, o privilegios; los demás empleados, a quienes se niegan premios similares, experimentan un ambiente hostil que se genera por la relación sexual del superior con la empleada.

La Suprema Corte de Justicia establece que:

- ✤ El acoso sexual existe aun si un empleado accede por su voluntad a sostener actividad sexual con un superior. La prueba es si el superior tiene poder coercitivo y si los intentos *no son bien recibidos*. En otras palabras, no hace falta forzar a la empleada para que la coerción se dictamine como acoso sexual.
- ✤ Un patrón puede presentar como evidencia de que no fue recibido con disgusto: la actitud sexualizada provocativa de una empleada, o su vestimenta, expresiones, modo de conducirse y actitudes similares.

- El acoso puede tener intensidad o persistencia suficiente para alterar las condiciones de trabajo de un empleado y crear un ambiente laboral de abuso.
- El acoso sexual puede consistir en un ambiente hostil, nada más; no hace falta que exista pérdida monetaria.
- Se aplicarán los estándares de una mujer razonable (no los de un *hombre razonable*) para dictaminar la conducta ofensiva sexual hacia las mujeres.

En la actualidad, los empleados tienen la posibilidad de entablar juicios y lograr que se apliquen penas al acoso sexual, además del derecho a la reinstalación en el trabajo y el pago retroactivo del salario original.

El acoso sexual está en todos los aspectos de la sociedad actual. Una encuesta que realizó la Asociación Nacional de Mujeres Ejecutivas arrojó que 53 por ciento de sus 1300 miembros había sido víctima. Según un estudio hecho en 1991 por Catherine MacKinnon, en 99 por ciento de los casos denunciados de acoso sexual los acusados eran hombres.

Reconozca las diferencias entre los puntos de vista masculino y femenino

Los hombres y mujeres no sólo consideran de manera muy diferente el acoso sexual, como se ve en la Instantánea número 3, sino que los hombres tienen estereotipos de las mujeres que se quejan formalmente. En 1991, el Senado estadounidense trasmitió por televisión las audiencias de la Suprema Corte relacionadas con el caso de Clarence Thomas. El FBI interrogó a Anita Hill en relación con la conducta de Thomas, quien había sido su jefe, y ella dijo haber sentido acoso sexual de parte de él; la historia se filtró a la prensa y el comité senatorial se sintió obligado a presentar cargos de acoso sexual como parte de las audiencias. Fue por esta razón, la nación tomó conciencia súbita del problema y las mujeres se dieron cuenta de los prejuicios que muchos hombres tienen contra las mujeres que se quejan de acoso sexual, prejuicios que los senadores manifestaron acerca de Hill en la televisión, entre los que se incluyen los siguientes:

- **Seductora:** Ella lo pidió, lo llevó a eso. Éste es el estereotipo más frecuente de las mujeres que denuncian a varones por violación.
- **Mujer diabólica:** Mira esa mujer, es problemática, trata de satanizarlo.
- **Tonta:** Lo usó. No puede obtener por méritos propios ascensos, atenciones ni dinero y tiene que usar otros medios.
- **Despreciada:** Estaba encaprichada y a él no le interesaba, o perdió el interés.
- **Fantasiosa:** Sueña con atenciones masculinas y supone que las tiene.
- **La eterna frustrada:** No logra que los hombres se fijen en ella y los busca con desesperación.
- **Mártir:** Le encanta hacerse la víctima, la mártir.

En todos estos estereotipos el problema es de la mujer y no del violador, además de que el hombre, dominante, es tanto objeto del deseo como víctima inocente.

Instantánea número 3: Reacciones masculinas y femeninas ante el cortejo de un superior a una empleada

Observador masculino	Observadora femenina
Sólo son devaneos.	Es un asunto de poder.
Está bien que deje su papel de jefe para coquetear un poco.	En realidad un jefe no puede dejar de serlo nunca a los ojos de una empleada.
El acoso es raro, sucede sólo si el hombre cruza la línea del cortejo aceptable.	El acoso está en todos lados y demuestra cuán diferente perciben el poder hombres y mujeres.
Los hombres ejercen el poder muchas veces sin darse cuenta.	El poder debe ganarse, las mujeres casi nunca lo obtienen.
¿Cuál es el problema?	Me sentí amenazada e intimidada, fue algo muy delicado.

La mayoría de las mujeres están conscientes de la gran diferencia en los puntos de vista sobre el acoso sexual y las etiquetas estereotipadas que les pondrán si lo denuncian, por tanto, es comprensible que se nieguen a presentar cargos pues creen que sólo harán peores las cosas; presentar una denuncia terminaría de verdad con el problema, pero hay que seguir los pasos correctos.

Conozca el procedimiento a seguir

No puede darse el lujo de permitir que un hombre tenga actitudes de acoso sexual, pues hacerlo sería una señal a otros de que usted lo tolera y un mal ejemplo para el equipo de trabajo en su conjunto; no acepte el papel de víctima. Si usted, o alguna integrante de su equipo, se siente hostigada, emprenda alguna de las siguientes acciones concretas.

Sea amable pero profesional. Haga todo lo posible por proyectar una imagen de una persona profesional que no propicia el acoso sexual y que no cederá ante él. Mande mensajes claros, no ambiguos, de que no sostendrá, ni ahora ni nunca, relaciones sexuales con personas de su trabajo.

Enfrente a su hostigador. Si no capta el mensaje a la primera, suba el tono. Dígale que debe cambiar su conducta de inmediato, enseguida registre por escrito en un memorando lo que le dijo y entrégueselo en presencia de un testigo.

Lleve un registro de los incidentes de acoso sexual. Anote todo lo que diga o haga su hostigador, lo que usted responda, y el lugar y la fecha en que ocurrió el incidente. Indique quien atestiguó el incidente, si alguien lo hizo. Platíquelo con el testigo para reforzar las memorias de ambos y solicítele que escriba lo que pasó, la fecha y el lugar, lo cual le será de utilidad para revisar el historial del caso cuando se presente la denuncia.

Trate con compañeros confiables. Si desea mantener el asunto en secreto mientras intenta poner un alto a ese comportamiento, coméntelo sólo con compañeros dignos de confianza. Pídales que tomen nota de todo cuanto les diga; ellos pueden testificar después que usted estaba preocupada por los incidentes.

Busque un patrón de conducta. Hay muchas probabilidades de que el hombre en cuestión haya hostigado antes a otras mujeres, búsquelas entre quienes hayan trabajado con él. Inicie con discreción conversaciones para comprobar sus sospechas de que han sido hostigadas; si detecta que tiene un patrón claro de acoso su caso será más sencillo. En efecto, los mejores resultados ocurren cuando las mujeres actúan en conjunto y llevan un caso unificado, en cambio si es la palabra de usted contra la de él, es más difícil, en particular si él tiene más poder. Cuando varias mujeres se unen, el hombre está en problemas.

Repórtelo. Algunos incidentes de acoso son tan descarados y ofensivos que deben reportarse a la primera. La mayor parte son sutiles y exploratorios, en cuyo caso casi siempre es mejor decirle que no ve con buenos ojos sus intentos y darle una oportunidad de suspenderlos; si el acoso continúa entérese de los procedimientos de la empresa al respecto y repórtelo a la persona indicada, seguramente el encargado de la oficina de recursos humanos. Si requiere apoyo emocional adicional o algún consejo, busque alguna organización femenina de su localidad que preste esos servicios.

Pondere las consecuencias de tomar una acción mayor. Si no la convencen los métodos con que su empresa maneja la queja, puede ir más allá, o sea, recurrir a los tribunales. Tome en consideración consultar a un abogado especialista en este tipo de casos, las organizaciones femeninas locales y las barras de abogados podrían recomendarle alguno. Evalúe con detenimiento los pros y los contras, pues por desgracia, al tomar acciones legales contra una empresa en general ocasiona que se incluya en la lista negra de la industria de manera no formal, aun cuando esto sea otra acción fuera de la ley, por lo que podría sufrir un retraso en su carrera hasta de siete años. La mejor opción es formar un equipo con otras mujeres que hayan sido hostigadas por el mismo hombre y ganar el caso en el interior, dentro de la compañía.

Sea oportuna. Si decide emprender acciones externas a la empresa, cerciórese de que cumple con los reglamentos locales para denunciar el acoso sexual. En Estados Unidos en la mayor parte de los estados debe presentarse la denuncia dentro de los seis meses posteriores al último hecho.

Tome la iniciativa para terminar con el acoso. Las empresas que no hacen caso del acoso sexual enfrentan graves consecuencias, pues en fechas recientes, a esas compañías se les han aplicado sanciones. Un despacho de abogados hizo caso omiso del acoso sexual descarado de un abogado que llevaba negocios por un millón de dólares anuales, la nueva secretaria a quien hostigaba no representaba nada en esas utilidades hasta que renunció y ganó tres millones en un juicio.

Usted tiene más influencia en su empresa de la que cree en cuanto a las políticas establecidas para prevenir y terminar con el acoso sexual. Como mujer líder, desempeña un papel importante en prevenir, minimizar y eliminar el acoso en su compañía. He aquí algunas medidas que pueden tomarse en la empresa:

- ✤ Que la alta dirección establezca y difunda políticas estrictas que describan en forma específica la clase de comportamientos que constituyen el acoso sexual y las sanciones que deben imponerse a los infractores, y que envíe señales periódicas de que está dispuesta a combatir el acoso.
- ✤ Impartir seminarios de capacitación dirigidos a sensibilizar a los empleados al respecto.
- ✤ Establecer mecanismos para atender quejas de acoso que sean ajenos a los superiores inmediatos, quienes con frecuencia son los ofensores.

La capacitación y los lineamientos que la dirección de la empresa establezca a fin de atender las quejas de acoso sexual deben incluir lo siguiente:

- ✤ Tome las quejas de acoso sexual con tanta seriedad como las de otro tipo e investíguelas hasta el final.

♺ Averigüe qué desea quien presenta la queja, trate de complacerla y asegúrese de mantener el caso en secreto.

♺ Investigue con cuidado. Forme un equipo de investigación, con un hombre y una mujer de preferencia ajenos al caso y objetivos. Busque documentos, testigos, confidentes y observadores.

♺ Si el equipo no puede comprobar que el acoso sexual tuvo lugar (porque ella dice que sí y él que no), diga a la quejosa que la empresa aún no puede tomar medidas definitivas y que reporte nuevas ocurrencias o intentos de represalias. Hable con el acusado, dígale que la empresa tenía la obligación de investigar y que, de momento, está limpio pero si se presenta otra queja tendrá serias consecuencias.

♺ Si el equipo comprueba que el acoso sexual ocurrió, aplique medidas disciplinarias similares a las que se usan en casos de incumplimiento de los deberes laborales. En general, la primera falta requiere sólo una llamada de atención y toma de conciencia; la segunda queja necesita castigarse de alguna forma: pérdida de bonos o ascensos, degradación, descuento, suspensión temporal, etc. La tercera queja amerita el despido.

♺ Asegúrese de que no haya represalias contra la quejosa, sin importar de dónde vengan.

✓ Estrategia número 4:
Supere los obstáculos en la organización

Además de aprovechar las fortalezas y ventajas psicológicas y culturales propias de una mujer, deberá estar pendiente de los obstáculos externos e internos para triunfar que pudiera encontrar en su trayectoria profesional. Hay tres obstáculos principales que siempre enfrentan las mujeres y que son el techo de cristal, la desigualdad salarial y las políticas y culturas corporativas incompatibles con las necesidades familiares. Lo que puede hacer es buscar compañías que estén más conscientes de las necesidades de una mujer y estén dispuestas a cubrirlas.

Técnica número 1: Evite las empresas con techos de cristal

Se llama techo de cristal a los obstáculos que encuentran las mujeres para avanzar en una empresa. Estos obstáculos son invisibles pero sólidos, como el cristal. Pocas mujeres advierten su presencia antes de topar con ellos porque los directivos de la compañía niegan siempre su existencia. Si bien Estados Unidos ocupa el primer lugar entre los países con mujeres en puestos directivos —40 por ciento del total de gerentes—, la cifra es engañosa. Un vistazo a las siguientes estadísticas de 1996 dará una idea más exacta de los papeles directivos de las mujeres.

♺ Las mujeres directivas tienden a agruparse en los niveles gerenciales peor pagados y más bajos, como supervisora de obreros y supervisora operativa.

♺ La mayoría son gerentes de compañías pequeñas, y sólo 17 por ciento está en las grandes.

♺ Sólo cinco por ciento está en la alta dirección debido a que la mayoría choca con el techo de cristal de los cargos más elevados, e incluso de los niveles medios, según la Glass Ceiling Commission (Comisión del Techo de Cristal) del Departamento del Trabajo.

♺ En las mil compañías del grupo *Fortune*, menos de la mitad del uno por ciento de los funcionarios mencionados en los estatutos eran mujeres.

Algunas mujeres gerentes que fueron entrevistadas hace poco mencionaron que el techo de cristal es el problema más importante que deben enfrentar las que desean avanzar en el mundo empresarial. Casi todas las mujeres que no eran directoras generales dijeron que el sexo femenino no contaba con suficientes representantes en los altos niveles de sus empresas, y que la principal razón de esto era la reticencia a incluirlas que mostraban los hombres en la cumbre; citaron los siguientes obstáculos, en orden de importancia, como los más importantes que deben superar las mujeres:

- ✤ La alta dirección tiene estereotipos acerca de las mujeres, en especial de su capacidad para lograr aceptación en los papeles directivos, su nivel de entrega profesional y su aptitud para tomar decisiones.
- ✤ Con frecuencia, se excluye a las mujeres de los encuentros informales clave donde se intercambia información y opiniones y se cierran tratos.
- ✤ Las contribuciones y aptitudes de las mujeres no se toman tan en serio como las de los hombres.
- ✤ Las mujeres tienen mayor dificultad para encontrar mentores.
- ✤ Las mujeres no tienen la misma oportunidad de formar parte de comités relevantes y equipos de trabajo.

Lo que muchas mujeres hacen al chocar con el techo de cristal es comenzar su propia empresa.

Instantánea número 4: Condición de las mujeres en 1996

Proporción de mujeres en la alta gerencia	
Las 500 empresas de *Fortune*	2%
Banca comercial	22%
Compañías editoriales	21%
Servicios financieros diversificados	19%
Empresas de comida	19%
Salarios de las mujeres en proporción con los sueldos de los hombres	
Total de empleados de tiempo completo	71%
Vicepresidentes	71%
Gerentes con bachillerato terminado	71%
Gerentes con licenciatura terminada	71%
Mujeres negras/hombres blancos (total)	61%
Mujeres negras/hombres blancos (con bachillerato terminado)	66%
Ancianas	60%
Comparación de salarios por actividad o profesión	
Ingenieras	88%
Programadoras de computadoras	85%
Empleadas gubernamentales	82%
Medicina, leyes	72%
Recursos humanos, personal	59%

Fuente: Oficina del Censo de los Estados Unidos, "Salarios promedio anuales de empleados de tiempo completo por sexo y nivel educativo", febrero de 1997.

Técnica número 2: Elimine la desigualdad salarial

Como muestra la Instantánea número 4, en muchas ocupaciones las mujeres aún ganan 30 por ciento menos que los hombres, en todos los niveles, a pesar de tener educación y experiencia. Debido a la demanda, la desigualdad salarial es menor en la ingeniería y la computación y mayor en recursos humanos. Cuando las mujeres migran en cantidades importantes a alguna actividad, ésta pierde categoría, los salarios que se pagan disminuyen y los hombres tienden a dejar ese campo; a la inversa, si por cualquier razón, un trabajo baja de categoría y salarios, es más probable que se contraten mujeres para éste. ¿Qué hacer? En primer lugar infórmese del rango de salarios de la actividad, en el área geográfica y, si es posible, en las compañías que la entrevisten; consulte fuentes como el *American Almanac of Jobs and Salaries*; mejore su capacidad de negociación y solicite el sueldo más elevado del rango e incluso un poco más.

Técnica número 3: Negocie acuerdos laborales flexibles

Si desea tener una carrera satisfactoria y no solamente un empleo, busque lo siguiente:

- ✤ Una cultura empresarial que valore la diversidad, incluidos los estilos femeninos de liderazgo.
- ✤ Incapacidad por maternidad con pago adecuado.
- ✤ Actitud cooperativa que posibilite los cuidados con calidad de niños y ancianos.
- ✤ Estructuras flexibles de trabajo, como horario flexible, trabajo compartido, tiempo parcial, acuerdos en ciertos periodos y trabajo en casa.

Ciertas empresas, en lugar de perder a las mujeres competentes que requieren tiempo para dedicarlo a sus hijos, les facilitan lo necesario para su trabajo: fax, computadoras, teléfonos portátiles y les permiten hacer casi todo su trabajo en casa, a veces en tres días y no en cinco. Así, mientras estas madres trabajadoras sientan que sus hijos aún requieren de cuidados, se los brindarán y no desperdiciarán energía en ir de casa a la oficina, pasar un día ahí y regresar a casa.

✓ Estrategia número 5: Aprenda los fundamentos corporativos

Para tener acceso al poder en la cultura corporativa es necesario comprender lo que eso significa, así como la estructura corporativa.

Técnica número 1: Identifique las estructuras antiguas y modernas, rígidas y flexibles

Si entiende los fundamentos de la estructura corporativa estará mejor preparada para comprender lo que sucede en una compañía y cómo aprovecharlo para obtener poder.

Necesita saber cómo diferenciar el espectro total de las estructuras corporativas, de las antiguas y rígidas pirámides, a las telarañas flexibles y las empresas virtuales.

La empresa tradicional. Si dibuja el organigrama de las compañías más tradicionales, parecerá una pirámide con una cadena de mando que va de la alta dirección, a través de los mandos intermedios y superiores, a la masa de trabajadores operativos.

Las empresas muy grandes tienen doce o más niveles administrativos, que en general pueden clasificarse en uno de tres niveles básicos. Sin embargo, el número de niveles ha disminuido con rapidez debido a la reingeniería y a los recortes de personal para poder entrar a la competencia global.

La empresa flexible. Al trazar el organigrama de una de las nuevas empresas flexibles, parecerá la tela de una araña, o una amiba, y a las conexiones internas con frecuencia se les llama red o gráfica, como se indica en la Instantánea número 5. La empresa flexible surgió de las demandas de una economía diversificada, postindustrial, tecnológica y global.

Algunas de estas nuevas estructuras son tan diferentes de las empresas tradicionales que se les llama compañías virtuales. Sabemos que la realidad virtual es una experiencia computacional que parece real pero tiene lugar más en el ciberespacio que en el mundo físico.

Una empresa virtual ejecuta las mismas funciones que una tradicional pero tiene muchas menos instalaciones físicas, la gente de la empresa se encuentra dispersa a lo largo y ancho del mundo y se comunica más que cara a cara por medio del fax, correo electrónico e Internet; en realidad, gran parte del trabajo se realiza en pantallas de computadora, faxes, teléfonos portátiles, correo de voz y videoconferencias.

Los equipos de trabajo están formados por especialistas de la compañía, contratistas independientes, proveedores, clientes e inversionistas que a menudo están distribuidos en todo el mundo, cambian cada mes y nunca están frente a frente con otros miembros del equipo. O tal vez se trate de grupos autónomos que se reúnen a diario y trabajan en conjunto para explorar el ambiente, localizar nichos de oportunidad, visualizar nuevos proyectos, trazar planes de acción, fijar estándares de productos y servicios, identificar y resolver toda clase de problemas, tomar decisiones y proveer los bienes y servicios. Su grado de éxito o fracaso depende mucho y en todo momento de las relaciones que generen los integrantes de los equipos.

Por supuesto, el formato anterior afecta la estructura empresarial. Las antiguas jerarquías burocráticas se convierten en redes fluidas y cambiantes de relaciones entre los empleados, clientes, proveedores y competidores aliados, tal como se vio en la Instantánea número 5. Estas nuevas empresas flexibles se basan en la confianza, colaboración, cooperación y trabajo en equipo, pero también en el logro individual y la capacidad de ser empresarial, y por tanto competitivo, en una perspectiva general. En estas empresas, es más evidente que nunca que el recurso más valioso son las personas, que en función de cómo trabajen juntas se crean energía y motivación o decadencia y desmoralización, que sus interacciones difunden el conocimiento e información que alimentan el crecimiento y éxito de la empresa; la clase de gente que ingresa a este tipo de trabajos es más diversa cada día.

Instantánea número 5: Estructuras corporativas flexible y tradicional

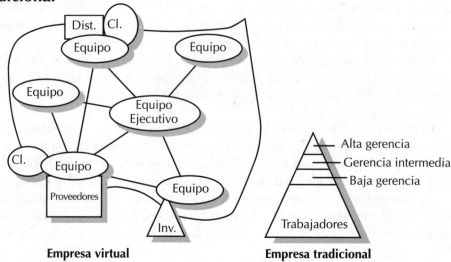

Empresa virtual

Empresa tradicional

Cl.= Clientes
Dist.= Distribuidores
Inv.= Inversionistas

Técnica número 2: Comprensión de las culturas corporativas

Es necesario comprender los componentes clave de las culturas empresariales, así como lo que las fortalece o debilita.

Los componentes

Comprender las partes clave de las culturas corporativas le ayudará a identificarlas en su compañía y a analizar cualquier otra cultura. Las partes clave incluyen creencias y valores, reglas, rituales, símbolos, ídolos, anécdotas y redes.

Creencias y valores. Lo que creemos constituye la base de cómo percibimos la realidad y de la realidad que creamos sin interrupción. Los valores son las creencias más queridas que tenemos; así pues, las creencias y valores constituyen los fundamentos de la cultura corporativa. Con frecuencia, los lemas de las empresas expresan esas creencias, por ejemplo: *El servicio es nuestro producto más importante*, *Mejor vivir con nuestra marca* o *La gente es primero*.

Reglas. Se basan en las creencias más sólidas, y los líderes de la compañía establecen las reglas del juego para todo: contrataciones, aumentos y pagos extraordinarios, ascensos, reconocimientos e informes de gastos.

Rituales. Los rituales corporativos son las acciones rutinarias de cada día que ejecuta la gente, así como las actuaciones y respuestas esperadas. *El modo en que hacemos las cosas aquí* expresa la idea de los rituales que incluyen, por ejemplo, la forma en que saluda la gente, se cumplen deberes y se llevan a cabo las juntas; también son rituales las celebraciones habituales, el reconocimiento de logros y los juegos en grupo. Reflejan las creencias clave, los símbolos y otros componentes culturales como las reglas no escritas de lo que es correcto.

Símbolos. Los símbolos desempeñan una función importante en todas las culturas. Algunos ejemplos de símbolos son: logotipos, fotografías, nombre formal, apodos, lema, himno, forma de hablar, rituales memorables, héroe legendario, mascota, y estandarte o bandera. Los símbolos representan la esencia de los valores, normas y experiencias que unen a la gente en una causa común y que la tocan sus sentimientos más profundos. Un símbolo sirve para desencadenar los pensamientos y sentimientos comunes.

Ídolos. Los héroes, heroínas, campeones, estrellas y otros líderes de la empresa son los modelos a imitar que personifican los valores esenciales y las fortalezas de la corporación. Se convierten en figuras simbólicas cuyas acciones están fuera de lo común pero no son difíciles de alcanzar. La gente llega a identificarse con ellos, se convierten en grandes motivadores, y todos saben que pueden contar con ellos cuando las cosas se pongan difíciles. Tienden a ser intuitivos, a prever el futuro, experimentar y apreciar el valor de las celebraciones y ceremonias.

Los héroes y heroínas con frecuencia son los altos ejecutivos o fundadores que se consideran líderes temerarios o pioneros valerosos. Asimismo, pueden ser los agentes de ventas más exitosos, genios de la computación, investigadores fuera de lo común o cualquiera que se vuelva legendario en un área clave. Los héroes y heroínas refuerzan los valores fundamentales de la cultura porque:

- ꝏ Demuestran que el éxito es alcanzable y humano.
- ꝏ Son motivo de inspiración.
- ꝏ Son el símbolo de la compañía en el mundo exterior.
- ꝏ Preservan lo que hace especial a la compañía.
- ꝏ Establecen un estándar de rendimiento.
- ꝏ Motivan a los empleados.

Historias, mitos y leyendas. Los ídolos con frecuencia son el centro de las anécdotas, mitos y leyendas de una compañía, el símbolo de alguna creencia fundamental o valor sobre el cual está construida la empresa. Pregunte cómo empezó o creció la compañía y con seguridad descubrirá una leyenda importante de la corporación. A su vez, esas historias constituyen la base de varios rituales; a menos que un ritual esté asociado a un mito, será sólo un hábito que da a la gente una falsa sensación de seguridad. Por ejemplo, es probable que el fundador de la compañía crea que su éxito se basa en escuchar con sinceridad a la gente y que ahora los gerentes tengan rituales de escucha, tiempo dedicado a que los empleados digan lo que tienen que decir. Los mitos proporcionan el guión con el que la gente practica las creencias que dan significado a la vida corporativa e introducen orden al caos.

Redes. Las historias y la nueva información viajan a través de medios no formales de comunicación. El rumor es el principal medio de comunicación de una empresa debido a que relaciona todas las partes de ella sin importar el organigrama. No sólo transmite información, también interpreta su significado. En la mayor parte de las empresas tan sólo 10 por ciento del negocio se lleva a cabo en juntas y eventos formales. El verdadero proceso de formación de opiniones, intercambio de apoyos y toma de decisiones ocurre antes o después de las juntas. Por supuesto, las redes formales también son importantes, e incluyen el organigrama formal, los comités, equipos de trabajo, asociaciones profesionales y comerciales, y agrupaciones similares.

Culturas débiles y fuertes

Algunas culturas corporativas son fuertes, otras, débiles. Hasta las culturas más débiles influyen en casi todos los aspectos de la empresa, desde quién logra un ascenso hasta qué decisiones se toman, desde cómo se viste la gente hasta lo que hace en el tiempo fuera del trabajo.

Culturas débiles. En las culturas corporativas débiles, la gente se adhiere en primer lugar a los puntos de vista, normas y valores de su grupo. Las personas tienen más libertad de acción. Sin embargo, una cultura muy débil representa el caos empresarial, pues si una empresa ha de lograr sus objetivos, los integrantes de la compañía deben compartir algunos valores fundamentales; las empresas requieren culturas fuertes para sobrevivir y sobreponerse al tiempo. Los siguientes son algunos signos delatores de una cultura débil:

- No existe un conjunto de creencias para triunfar que establezcan los líderes.
- Los líderes no manifiestan un orden de prioridad de los valores.
- Las diferentes subculturas de la empresa no comparten valores comunes superiores a todas ellas.
- Los modelos no son funcionales para la cultura, pueden ser nocivos o hasta destructivos, o no refuerzan los valores y creencias clave.
- Los rituales de la vida laboral cotidiana son desorganizados y contradictorios. La gente atiende sus asuntos exclusivos o trabaja con objetivos duplicados, con lo que se afectan entre sí.

Culturas fuertes. En las culturas corporativas fuertes, los líderes definen con claridad y fomentan las normas y valores, con lo que dan más dirección a la forma de actuar de la gente, refuerzan más lo que ésta debiera hacer y tal vez penalicen más los incumplimientos. Como resultado, es más probable que la gente perciba una situación del mismo modo, responda parecido y espere resultados similares. En algunas culturas fuertes, la dirección espera que la gente se adapte a normas y valores que rigen la mayor parte de sus actividades. En otras culturas también fuertes, la dirección insiste en aceptar sólo unos cuantos valores y normas fundamentales pero no en los menos importantes. Este tipo de administración es más adecuado para grupos diversificados debido a que permite mayor variedad de comportamientos.

✓ Estrategia número 6:
Obtenga poder en las nuevas culturas corporativas

Aprenda a identificar las líneas de poder y cuáles trayectorias laborales y trabajos específicos tienen el mayor potencial de obtenerlo. Esto significa que debe reconocer las diferencias de poder entre los puestos inferiores y los del grupo ejecutivo, que es una de las claves para identificar los trabajos que con más probabilidad conduzcan a un avance en la carrera. Esta capacidad le permitirá evitar quedar entrampada en trabajos sin proyección, pero si cae en alguno, hay técnicas para salir.

Técnica número 1: Identifique el potencial de poder de un trabajo

Al valorar empresas y cargos, aprenda a reconocer cuáles de éstos son poderosos y cuáles marginales. Use los lineamientos de la Instantánea número 6.

Instantánea número 6: ¿Cuánto poder hay en un puesto?

Puestos con gran poder	Puestos con bajo poder
Pocas reglas.	Muchas reglas.
Puesto de nueva creación o con pocos predecesores.	Muchos predecesores.
Pocas rutinas establecidas.	Muchas rutinas establecidas.
Gran variedad de deberes.	Poca variedad de deberes.
Grandes recompensas para el rendimiento poco usual.	Pocas o ninguna recompensa relacionadas con el rendimiento poco usual.
Gran flexibilidad en el uso de recursos.	Poca flexibilidad en el uso de recursos.
Decisiones no rutinarias que requieren aprobación mínima.	Las decisiones no rutinarias deben someterse a un procedimiento de aprobación.
Están en o cerca de las oficinas principales.	Lejos de las oficinas principales.
Mucha publicidad acerca de las actividades laborales.	Poca publicidad acerca de las actividades laborales.
Funciones muy importantes para las áreas más dinámicas.	Funciones complementarias para las áreas más dinámicas.
El objetivo de las funciones está fuera de la oficina.	El objetivo de las funciones está dentro de la oficina.
Mucho contacto con la alta dirección.	Poco contacto con la alta dirección.
Numerosas oportunidades de participar en programas, conferencias, juntas, equipos de trabajo y comités.	Pocas oportunidades de participar en programas, conferencias, juntas, equipos de trabajo y comités.
Los integrantes del equipo tienen buenas oportunidades de hacer carrera.	Los miembros del equipo tienen muy pocas oportunidades de hacer carrera.
Alta probabilidad de avanzar.	Bajos índices de ascenso.
Poco tiempo transcurrido entre cambios de puestos.	Mucho tiempo transcurrido entre cambios de puestos.
Oportunidad de tener desafíos crecientes.	Deberes relativamente permanentes, nivel estático de habilidad y capacidad.
A la larga, acceso a los trabajos más remunerativos.	Los puestos más remunerativos están fuera de alcance.

Técnica número 2: Distinga entre los puestos de línea y los de apoyo ejecutivo

Aprenda a distinguir entre los puestos de línea y los de apoyo ejecutivo, de modo que pueda identificar dónde se encuentran los trabajos y trayectorias profesionales más susceptibles de que usted los ocupe. Los trabajos de línea comprenden más autoridad para tomar decisiones de importancia que influyen en la compañía entera, mientras que los ejecutivos implican que se puede asesorar a los gerentes de línea acerca de tomar esas decisiones pero no tomarlas de manera directa. Debido a que los trabajos de línea son cruciales para el beneficio y supervivencia de la compañía tienen un potencial mayor de poder y es mucho más probable que se encuentren en una trayectoria de carrera que conduce a la cúspide.

Por tradición, los departamentos de apoyo ejecutivo han estado fuera de la línea de mando, hay que pensar en ellos como pirámides pequeñas con algún tipo de cadena de mando en particular. Su función es apoyar y velar por los departamentos que brindan un servicio tal vez esencial, no proveer en realidad el producto o servicio que es la razón de existir de la compañía. Por lo general, en los departamentos de apoyo ejecutivo es en los primeros en que se recorta el presupuesto cuando la empresa tiene problemas, debido a que sus servicios se consideran menos esenciales que los de los departamentos en línea. Los departamentos de apoyo ejecutivo clásico son recursos humanos, contabilidad, procesamiento de datos, publicidad, relaciones públicas, investigación, facturación, servicio médico, jurídico, y los de especialidades técnicas como ingeniería, ciencias y arquitectura, en el caso en que no provean el servicio principal por el que la compañía está en el negocio. Por ejemplo, un abogado desempeña un trabajo de línea en un despacho de abogados, pero uno de apoyo ejecutivo en cualquier otra clase de empresa.

Los trabajos de línea son aquellos que participan en forma directa en la fabricación de los productos, prestación de los servicios y venta de los bienes y servicios que la empresa fabrica o vende como su razón de ser en los negocios. Los departamentos en línea se consideran centros de utilidades o unidades empresariales que son responsables de generar una parte de las ganancias de la compañía. Por ejemplo, algunos equipos de trabajo operan como pequeñas unidades de desarrollo de negocios y actúan casi como una empresa pequeña dentro de otra mayor. Los gerentes en ese tipo de actividades distinguen con facilidad sus contribuciones en las utilidades de la empresa. En organizaciones no lucrativas o gubernamentales, los trabajos de línea son aquellos que participan de manera directa en la obtención de los fondos que la organización requiere y en proporcionar el servicio cuya misión señala.

Técnica número 3: Céntrese en trabajos que conduzcan a avanzar

Haga preguntas acerca de las carreras de la gente que ocupa puestos que a usted le gustaría desempeñar, a fin de localizar aquellos trabajos que con mayor probabilidad conduzcan a un avance.

Trabajos de línea en empresas. Céntrese en trabajos de línea que influyan de manera directa en las utilidades de la empresa. Dependiendo del negocio de la compañía, este tipo de puestos incluyen comprar, fabricar, traer, vender, o dar servicio a cambio de una utilidad.

Trabajos de línea en instituciones no lucrativas. Busque los trabajos que estén conectados en forma más directa con el servicio principal de la organización. Por ejemplo:

- En organismos de salud, supervisión directa del servicio a pacientes.
- En la educación, supervisar programas de estudio.
- En empresas gubernamentales, supervisar el servicio que la empresa tiene como misión prestar.
- En general, atraer usuarios, clientes y consumidores, y recaudar fondos.

Trabajos que resuelven problemas presentes. Trate de obtener o crear un trabajo desde el cual ayude a la compañía a incursionar en un nuevo campo de oportunidades o resolver un problema crítico, como:

- Identificar nuevos productos o servicios que sitúen a la compañía al frente de los competidores.
- Encontrar formas de hacer a la empresa más competitiva.
- Encontrar oportunidades comerciales en otros mercados o países.
- Dirigir por administración de crisis durante una crisis de la compañía.
- Implantar nuevas aplicaciones de computadora.
- Combinar una fusión crucial o adquisición.
- Defender a la compañía en un juicio con multas potenciales enormes.

Técnica número 4: Evite o deje trabajos de fase terminal

Es obvio que la mayor parte de los trabajos de oficina, secretariales y domésticos en departamentos de apoyo ejecutivo se encuentran en fase terminal, y además, algunos trabajos administrativos presentan la misma tendencia.

Supervisores laborales. En este puesto, debe continuar la ejecución del trabajo de la unidad además de tener la responsabilidad de supervisar a otros trabajadores. Muchas compañías han colocado a mujeres en este tipo de puestos a fin de incrementar las estadísticas en cuanto a la cantidad de mujeres que ocupan puestos directivos.

Supervisores de primera línea de trabajos rutinarios. Esto comprende trabajos de oficina rutinarios, procesamiento de texto o fotocopiado. Al respecto, debe hacer un esfuerzo especial para cambiarse a otra área funcional o quedará bloqueada.

La mayor parte de los puestos de apoyo ejecutivo. Éstos tienen un potencial de avance limitado. El máximo puesto es jefe del departamento de apoyo ejecutivo y éste podría ser su objetivo último. Si quisiera ir más allá, esté consciente de que si pasa cierto tiempo en un departamento de apoyo ejecutivo tal vez deba cambiarse a un puesto de línea con objeto de avanzar.

Siga estas sugerencias para evitar los puestos de fase terminal:

- Hable sobre sus objetivos profesionales con los que toman las decisiones; obtenga su apoyo.
- Investigue acerca de trayectorias alternativas de carrera que se apeguen más a sus objetivos.

♿ Entienda la diferencia entre puestos con gran poder y poco poder, y haga preguntas que la ayuden a determinar qué tipo de trabajo le ofrecen.

♿ Si no está disponible un puesto mejor, trate de aumentar sus responsabilidades de trabajo y consiga que cambie el título; después solicite un aumento de sueldo de acuerdo con sus nuevas responsabilidades.

♿ Aumente su trabajo con la identificación de maneras de tener nuevas responsabilidades, ofreciéndose como voluntario para ciertas labores y luego haciéndose visible con el envío de informes de progreso a gente clave, logrando que participen otras personas y convirtiéndolas en parte de una fuerza laboral y su inclusión como parte de la fuerza de tarea.

♿ Solicite una transferencia lateral si ésta le proporciona experiencia necesaria y la sitúa en mejor posición para ascensos posteriores.

♿ Busque formas de hacerse más visible para quienes toman las decisiones y de impresionarlos de manera favorable con sus aptitudes y potencial.

♿ Pregunte si existen seminarios, cursos o programas de capacitación que la preparen para ascender; investigue si la compañía daría los fondos.

♿ Genere demanda de sus servicios: haga contactos con otras compañías, departamentos o gente que podría interesarse en contratarla. Actualice su *currículum vitae* al menos dos veces al año.

♿ Si no logra una recomendación de su jefe para un ascenso para cierta fecha límite, busque otro trabajo mejor en otras compañías.

♿ Antes de aceptar otro trabajo investigue acerca de su potencial de poder (vea la Instantánea número 6).

♿ Después de que consiga otro trabajo, mantenga la evaluación de su progreso: en general, dos o tres años en un mismo puesto es un plazo suficiente.

Técnica número 5: Identifique a la gente en su camino hacia arriba

Un aspecto de la identificación de líneas de poder en una empresa es observar cómo se siente la gente cuando considera que va hacia arriba, poderosa, en comparación con la que se percibe bloqueada en puestos de avance terminal, sin poder.

Empleados que se sienten poderosos. Observe que los empleados que suelen moverse hacia arriba tienden a mostrar estas características:

♿ Están animados, motivados.
♿ Están más dispuestos a invertir mucho tiempo en su trabajo.
♿ Se preocupan de aprender por sí mismos las cosas que les serán útiles en el futuro.
♿ Desean saber sobre las líneas de poder dentro y fuera de la empresa.
♿ Investigan cómo usar políticas positivas para lograr que se hagan las cosas.

Las oportunidades son atractivas para la mayoría de las personas, y cuando sienten que las puertas están abiertas, sus aspiraciones tienden a elevarse.

Empleados que se sienten sin poder. Según la investigación de la profesora de Harvard, Rosabeth Moss Kanter, los hombres y mujeres que se sienten marginados o dejados fuera —bloqueados en puestos de avance terminal— tienden a responder en forma similar cuando se dan cuenta de que sus trabajos les ofrecen poca o ninguna esperanza de progresar. Por eso, lo que se ve como el estereotipo de las *actitudes de la mujer trabajadora,* es la actitud del empleado sin poder. Las características clave son:

- ✑ Poca dedicación a la compañía y al trabajo.
- ✑ Falta de iniciativa y huida de la responsabilidad.
- ✑ Concentración en el grupo de colegas, con frecuencia en compañeros que muestran una actitud abierta de rechazo y con críticas de los directivos superiores, y a veces con tácticas pasivo-agresivas como chismes, chistes y burlas.
- ✑ Preocupación por el reconocimiento social, por no tener habilidades laborales ni logros.
- ✑ Resistencia al cambio y la innovación.

Lo que se conoce como *síndrome de la secretaria* en realidad es el síndrome del empleado sin poder, como sigue:

- ✑ Especialización y orientación estrecha hacia un jefe y un puesto.
- ✑ Timidez y retraimiento.
- ✑ Adicción al elogio, dependencia excesiva del halago del jefe.
- ✑ Uso de las emociones, actitudes de desamparo y manipulación emocional para obtener lo que desea, aprovechando la incomodidad de los hombres con actitudes emocionales como la ansiedad o el llanto.
- ✑ Rumores, uso del acceso a información privilegiada para alcanzar *prestigio* sobre otros por medio de chismes.

Cuando las mujeres que trabajan tiempo completo están menos motivadas o dedicadas a su carrera profesional, en general es porque están bloqueadas en trabajos de avance terminal. Cuando perciben que tienen las mismas oportunidades que los hombres suelen volverse más ambiciosas, orientarse hacia el objetivo e involucrarse en el trabajo.

Gerentes que se sienten sin poder. Los gerentes masculinos y femeninos que se sienten impotentes tienden a concentrarse en ejercer el poco poder que tienen y a depender de él. Esto significa que son propensos a supervisar de cerca, controlar la conducta, a fijarse mucho en los detalles y reglas, y a proteger con agresividad el que consideran su territorio.

Esos gerentes tienden a seleccionar empleados que se esperan a recibir órdenes, aun cuando los colaboradores sean mediocres, porque los empleados brillantes y creativos les inspiran temor. Se basan en la disciplina y las amenazas para obtener cooperación. Tienden a:

- ✑ Participar en la mayor parte o en todas las decisiones.
- ✑ Realizar una cantidad excesiva de trabajo rutinario.
- ✑ Rechazar que los subordinados los representen en reuniones.
- ✑ Tratar de controlar todas las comunicaciones que llegan o salen de su unidad.
- ✑ Tomar para ellos todo el crédito de lo que realizó el equipo o unidad.

Debido a que los conocimientos técnicos que forman parte del contenido del trabajo constituyen una de las pocas áreas donde se sienten poderosos, los gerentes que se sienten sin poder son propensos a asumir las tareas de los empleados o a supervisar a éstos muy de cerca por medio de:

- ᪥ Ejercer un control excesivo sobre los empleados.
- ᪥ Volcarse demasiado rápido a resolver problemas por ellos.
- ᪥ Señalar pequeñas cosas que ellos harían diferente.
- ᪥ Exagerar en las peticiones de un apego estricto a los procedimientos, lo que impide que los empleados aprendan o se desempeñen con sus estilos propios.

Hacer todo *exactamente* de acuerdo con las reglas es una de las pocas formas que tienen esos gerentes de impresionar a su jefe o asegurar sus puestos. El dominio de las reglas les da un poder agregado. Tienden a suavizar las normas para los empleados que son sumisos y recompensarlos con una aplicación flexible de las reglas, sólo para ejercer su poder. Los gerentes sin poder, en especial los del apoyo ejecutivo, suelen limitar sus intereses a su pequeño y particular territorio o pieza del sistema.

No se necesita mucha imaginación para darse cuenta de que usted querrá evitar a los gerentes sin poder y encontrar un trabajo en el que le reporte a uno que sí lo tenga.

Técnica número 6: Llegue a sus recursos de poder

Si se siente bien al ejercer varios tipos de poder, es más probable que se sienta como en casa en un papel de liderazgo. En cualquier empresa, los poderosos son aquellos que tienen acceso a las herramientas para la acción, de modo que debe imaginarse qué herramientas necesita y cómo tratar de conseguirlas. Para hacer esto de manera eficaz, debe verse a sí misma como una persona que sabe cómo ejercer el poder. Las siguientes son las fuentes de las que obtendrá el poder:

- ᪥ **Puesto**: su posición o papel que le da la autoridad para que las cosas se hagan.
- ᪥ **Recursos**: lo que recibe y da a la gente para ayudarla o recompensarla.
- ᪥ **Información**: lo que la gente necesita y quiere para lograr que el trabajo se haga.
- ᪥ **Habilidades**: sus habilidades personales y experiencia para hacer que el trabajo se haga.
- ᪥ **Recursos interiores**: autoestima, empatía, carisma que la conectan con la gente y la llenan de energía.

Siéntase bien al ejercer el poder directo

¿Cómo usa normalmente el poder que tiene? ¿En forma directa o indirecta? Por tradición, las mujeres dependen de los usos indirectos del poder: primero influyen en sus padres para conseguir lo que desean, luego se casan e influyen en la carrera y logros de su marido, y por último, obtienen lo que quieren por medio de sus maridos.

Al descansar en el poder indirecto usted tiende a vivir en forma indirecta a través de su marido y más tarde a través de sus hijos, con el gozo de la gloria reflejada de sus logros. Si hace esto, siempre fallará en el desarrollo de sus propias fuentes de poder directo y logro. Este síndrome con frecuencia conduce al *síndrome del nido vacío*, cuando los hijos se van de casa. El problema puede convertirse en una tragedia si el marido resuelve la crisis de la edad madura con la unión con otra pareja (en general más joven) y abandona a la esposa que sacrificó su propio crecimiento personal y profesional, en forma de recursos personales y poco poder directo.

El poder directo se basa en sus propios recursos de poder en lugar del de un intermediario. En lugar de influir en un intermediario para que use su poder en las formas que usted piensa que son deseables, desarrolle un poder propio para alcanzar sus metas, o las metas que acepte de común acuerdo en los negocios o relaciones personales. En la actualidad, cada vez más mujeres aplican el poder directo. Para triunfar en un papel de liderazgo, debe sentirse bien al usar el poder directo. Recuerde que en cualquier empresa se necesita que alguien dirija. Y usted debe ser una de esas dirigentes, si cree que podría usar el poder en una forma justa y constructiva.

Aprenda a obtener credibilidad y poder

La credibilidad es poder más competencia, la conocida capacidad de conseguir resultados. Las formas de obtenerla incluyen aprender a:

Conseguir los recursos necesarios e información. Aprender a conseguir lo que necesitan usted y su equipo con objeto de ser exitosos, e *insistir* en conseguirlo. Céntrese en recursos clave e información que traiga de afuera hacia dentro del grupo y que ayudará a los miembros del equipo, y al equipo como un todo, a triunfar.

Motivar al personal a volverse más independiente. Céntrese en motivar a los empleados por medio de ayudarlos a volverse más independientes, con la introducción de mayor seguridad a sus vidas y ayudándolos a resolver problemas actuales.

Pasar al carril de alta velocidad. Conviértase en alguien que se mueve hacia arriba y adelante. Para atraer seguidores, la gente debe percibirla como un líder con poder. La gente quiere aliarse con líderes poderosos por varias razones:

- ✤ Los líderes poderosos proporcionan a sus seguidores recursos y oportunidades.
- ✤ Este tipo de líderes cumplen sus compromisos, hacen los cambios requeridos e incluyen a sus seguidores en proyectos lucrativos.
- ✤ Les gusta tener un estilo de liderazgo que comparta información, brinde capacitación y delegue más autoridad y autonomía.

Manejar los cambios y las crisis con eficacia. Esto demostrará sus aptitudes de liderazgo y la hará más visible, en especial cuando incorpore alguna innovación que resuelva problemas.

Correr riesgos calculados. Aprenda a considerar que correr riesgos es un desafío bienvenido. Calcule las probabilidades e implicaciones tanto de éxito como de fracaso. Los que corren riesgos con éxito demuestran a la compañía que tienen rendimientos en las circunstancias más difíciles, y desarrollan carisma a los ojos de los demás.

Adquirir tareas de mucha visibilidad. Sepa cómo trabajar con otros departamentos o empresas. Esté dispuesta a servir en grupos especiales y comités. Asegúrese de que sus actividades se consideran relevantes para satisfacer las necesidades de la compañía.

Construir una base de poder. Desarrolle una red de apoyo que incluya empleados, colegas, mentores, gerentes superiores y personas externas a la compañía, como contratistas, proveedores y afiliados a sociedades profesionales.

Trabajar para un gerente que la apoye. Encuentre a alguien que sirva bien como un modelo a seguir, que estimule su crecimiento y la ayude a alcanzar sus metas profesionales. A fin de que usted mantenga cualquier cuota de poder y credibilidad, su gerente debe apoyar sus decisiones y acciones, por lo menos hasta donde los demás sepan.

Actuar como si tuviera credibilidad y poder. Observe cómo se ve y actúa la gente poderosa e imite lo que funciona para usted. ¡Actuar como si tuviera poder con frecuencia es la mitad de la batalla! Muchos de los poderosos llegaron ahí porque se rodearon con el *aura* del poder.

Por último, piense sobre estas cuestiones.

- ✍ ¿Cuáles son sus fuentes mayores de poder directo? Revise las cinco fuentes de poder que se describen en la página 76.
- ✍ ¿Qué tipo de poder necesita crear?
- ✍ ¿Qué hará para incrementar su poder?

Clave de respuestas

Actividad de autoconciencia número 2: ¿Tiene creencias autolimitantes?

Si su puntuación es entre 45 y 75, tiene la mayor parte de las creencias autolimitantes que nuestra cultura impone a las mujeres, pero puede adquirir nuevas creencias, paso a paso. Una puntuación de 30 a 45 significa que tiene poco qué cambiar. Si su puntuación es inferior a 30, ha logrado escapar de casi todas esas creencias.

Capítulo 3

Redes a través de la brecha entre los géneros

No piense en términos de lo que quisiera decir, sino de la respuesta que desea generar.
—Charlotte Beers, directora general de Ogilvy and Mather

Como mujer, es probable que tenga una ventaja sobre sus semejantes masculinos tratándose de escuchar y hablar con efectividad. Y ésta es una ventaja que usted puede aprovechar. Sólo necesita centrarse en qué tan bien salva la brecha entre los puntos de vista masculinos y femeninos y los estilos de comunicación. Para ello, es importante la capacidad de traducir las aptitudes verbales en la plática de negocios que comprenden los hombres. En verdad es crucial comprender cómo construir una base de poder, creando una red de relaciones en toda su empresa, ramo o área. Primero, piense en sus creencias actuales en cuanto a las comunicaciones masculina y femenina e integre una red de relaciones con la respuesta a las siguientes preguntas. Después lea acerca de Kavelle Bajaj, quien ha tenido éxito en tender una red de relaciones para salvar la brecha del género.

1. ¿Las mujeres se centran más en reportar información, en tanto que los hombres se centran en establecer relaciones con los demás?
2. ¿Los hombres entienden con frecuencia que las mujeres suelen restar importancia a su experiencia, en especial cuando son muy competentes?
3. ¿La alta dirección es el grupo más importante con el cual debe trabajar en equipo?
4. ¿Le llama la atención y espera que una persona la adopte como maestra?

Las mujeres deben entender la naturaleza competitiva de los hombres y las culturas corporativas que dominan. Para cruzar la brecha, primero debe comprender y respetar las preocupaciones personales de los hombres en cuanto a su prestigio e imagen competitiva. Entender también que es más probable que los hombres permitan que las acciones competitivas se vuelvan agresivas. Tal vez pueda ayudarlos a establecer algunos límites entre la firmeza y la agresividad. Recuérdeles que en los nuevos lugares de trabajo las alianzas cooperativas son tan importantes como la superación de los competidores. Quizá pueda ayudar a sus colegas y empleados masculinos a mejorar sus aptitudes de cooperación, para obtener prestigio y facilitar el éxito de otros, en lugar de dominarlos y controlarlos.

Escaparate

Kavelle Bajaj de I-Net

Kavelle Bajaj dice que su éxito se basa en sus habilidades para escuchar y trabajar en equipo, así como en la creencia de que su experiencia es tan válida como la de un hombre. Ella ha dirigido I-Net a través de un periodo de crecimiento muy notable. La compañía ha duplicado sus ganancias cada año desde 1985. Kavelle, una mujer estadounidense que nació y creció en la India, inició la compañía de redes de computación porque detectó que una revolución muy importante estaba a punto de estallar en la industria. Y en medio del caos de la revolución, detectó graves problemas que los patrones necesitaban resolver. Definió un nicho de mercado a fin de resolver un aspecto clave del problema para un tipo específico de cliente. ¿El resultado? Una compañía que actualmente tiene 250 millones en ganancias y 2300 empleados.

A principios de la década de 1980, en la cúspide de la revolución de la computación personal, la mayoría de los trabajadores estaban conectados a una enorme *mainframe*, pero muchos utilizaban computadoras personales en los escritorios. Un problema importante era la incapacidad de estas computadoras personales para intercomunicarse. Esto se relacionaba con otro problema, también importante: la inundación del mercado con productos de hardware y software, que provocaban la gran cantidad de compañías existentes. La mayor parte de estos productos eran incompatibles entre sí y era casi imposible hacer que varias computadoras se comunicaran entre sí. Los patrones necesitaban ayuda para encontrar soluciones a este problema.

Kavelle estaba consciente de que cuando los cambios mayores modifican las cosas, sobreviene el caos. Al mismo tiempo, aparecen grandes oportunidades para los desconocidos, por ejemplo las mujeres. El campo de sistemas de integración era tan nuevo que no había expertos. Kavelle afirma: "Yo era tan experta como cualquier otro." Su visión fue introducir orden en el caos.

El primer gran problema en el que se centró Kavelle fue la necesidad de que las computadoras personales se conectaran o trabajaran en red. Las compañías como IBM creían que las *mainframes* prevalecerían, y pagaron muy caro esa equivocación. Kavelle siguió su corazonada de que las computadoras personales prevalecerían y ganó. Primero tuvo que decidir exactamente cuál sería su nicho de mercado.

Puesto que se encontraba en la ciudad de Washington D.C., el gobierno federal era un cliente potencial evidente. Ella decidió centrarse en la automatización de oficina y en las redes locales que conectaran computadoras en áreas relativamente pequeñas, como oficinas o departamentos dentro de un mismo edificio. Pero si quería al gobierno como cliente, tendría que aprender acerca de procedimientos de adquisición; todas sus reglas y requerimientos, cómo preparar propuestas y hacer presentaciones y cuáles eran los requerimientos de auditoría. Entonces, comenzó a tocar puertas y a hacer llamadas frías durante meses sin ningún resultado. Un funcionario del gobierno incluso le dijo que los contratos que daba su oficina a pequeñas empresas eran exclusivamente para los servicios de conserjería. Aun así, invirtió mucho tiempo escuchando a empleados de organismos gubernamentales hablar de sus problemas.

Kavelle asegura: "Escuché sobre todo a ayudantes administrativos y secretarias. Yo había trabajado en empleos parecidos; así pues, cuando vieron que comprendía sus problemas y que tenía soluciones que ofrecerles que tenían sentido, gané una parte importante de la batalla."

Después de nueve meses de pedir y escuchar, obtuvo su primer contrato.

✓ Estrategia número 1:
Tienda puentes a través de la brecha del género en la visión del mundo y estilos de comunicación

¿Piensa en ocasiones que los hombres en su lugar de trabajo hablan un *lenguaje diferente*? Si es así, tiene razón. Aun cuando los muchachos con los que creció *parecían* ser su mundo, los investigadores tienen una descripción mejor: *hombres y mujeres crecen y viven en mundos paralelos pero separados, que a veces se traslapan.*

Nuestra manera de relacionarnos unos con otros y las formas en que nos comunicamos, con frecuencia reflejan nuestros mundos separados, pero paralelos.

Las muchachas y las mujeres se centran en:	Los muchachos y los hombres se centran en:
✍ Conexión.	✍ Prestigio.
✍ Pláticas que crean armonía.	✍ Pláticas que reportan información.
✍ Cooperación.	✍ Competencia.
✍ Restan importancia a la experiencia.	✍ Dan mucha importancia a la experiencia.
✍ Acuerdos.	✍ Desacuerdos.
✍ Enfoques tentativos en los temas.	✍ Enfoques firmes en los temas.

Técnica número 1: Tienda puentes a través de la brecha de la relación y el prestigio

Las mujeres viven en el mundo de la intimidad, y los hombres en el mundo de las preocupaciones por el prestigio. En su mundo, las mujeres se centran en relacionarse con otras por medio de redes de apoyo de amigos, según la profesora de lingüística Deborah Tannen de la Universidad de Georgetown. La mayor parte de sus comunicaciones buscan minimizar las diferencias y lograr puntos de vista comunes y acuerdos. Su objetivo final es alcanzar el máximo consenso y funcionar en relaciones donde las personas sean interdependientes. Los hombres por supuesto, tienen sus redes de viejos amigos, pero su mundo de prestigio da mayor prioridad a la independencia, donde el enfoque de más comunicación está en dar o recibir órdenes. El objetivo final de los hombres es alcanzar mayor libertad personal aumentando la percepción que tienen otros de su conocimiento, experiencia, poder, autoridad y prestigio. Como mujer, puede demostrar que es capaz ganar respeto y prestigio tanto como cualquier hombre. Al mismo tiempo, ayudar a los hombres para que vean el valor de establecer vínculos, cooperación y consenso.

Conforme los muchachos se transforman en hombres, su tiempo y actividades ganan respeto y se consideran importantes, en tanto que al tiempo y las actividades de las jóvenes se les da menos importancia. Esta tendencia se relaciona con el hecho de que cuando comenzó la Revolución Industrial los hombres salían a trabajar y obtenían un salario, y las mujeres permanecían en casa y no tenían ningún sueldo. En una sociedad en la que el ingreso se considera indicador de la importancia y el valor de una persona, con frecuencia se espera que las mujeres respeten las responsabilidades del hombre. Conforme los niños se transforman en hombres, se percatan del papel maternal de las mujeres, que funcionan como sus protectoras. Por otro lado, conforme las muchachas se convierten en mujeres, conservan mucho del papel infantil, necesitan que las protejan y toleren, y por eso parecen menos competentes que los hombres. Algunos científicos sociales especulan que el reciente incremento en los actos violentos contra mujeres y jóvenes (secuestro, abuso infantil o conyugal, robo y violencia), puede ser resultado de la confusión, el resentimiento y el miedo que tienen los hombres de la creciente independencia y poder de las mujeres. Cualesquiera que sean las razones, deben reafirmar su poder, respetar sus propias actividades, pues son tan importantes como las de los hombres, y esperar ese mismo respeto de los demás.

Tal vez necesitará demostrar su capacidad con cada nuevo grupo de gente con el que interactúe, por el simple hecho de ser mujer. Muchos estudios demuestran que los hombres se consideran más capaces que las mujeres, por lo menos fuera del hogar. Por ejemplo, Jerry Eisen autor de *Powertalk*, describe un estudio en el que se pedía a la gente evaluar un artículo, se distribuyeron algunas copias con la firma de una mujer y copias idénticas con la firma de un hombre. El artículo con la firma masculina fue calificado como mejor por 98 por ciento de los evaluadores.

Necesita ser decidida para lograr que la gente la tome en cuenta y considere con seriedad sus ideas. En un estudio de conversaciones mezcladas, 97 por ciento de las interrupciones fueron por parte de hombres. Hubo interrupciones frecuentes cuando las mujeres hablaban con mujeres, o cuando los hombres hablaban con hombres. En grupos de estudio mixto, para saber quién hablaba más, los hombres hablaron de 58 a 92 por ciento del tiempo. La mayoría de las mujeres no está consciente de esta clase de dominio y percibía que compartían la plática en 75 por ciento de las situaciones.

Los hombres usan el humor para adoptar el liderazgo. Tienden a recordar y a repetir chistes, y aprovechan la oportunidad para ser el centro de atención y tomar el control. La mayoría de las mujeres tienden a olvidar los chistes y rara vez intentan repetirlos y servirse de ellos como un apoyo para su audiencia, además se ríen de los chistes que cuentan los hombres. Intente dominar el uso del humor para captar atención, relajar la tensión y adoptar un tono casual adecuado.

Utilice la información acerca de las diferencias hombre-mujer para entender por qué los hombres hacen las cosas que hacen. La mayoría de los hombres experimentan una presión de moderada a intensa por obtener, mantener e incrementar su prestigio ante los ojos de otros hombres y mujeres. Debido a que los negocios son sobre todo una cultura masculina, debe comprender las reglas del juego del prestigio. Una vez que pruebe que puede participar en el juego y ha logrado el poder adecuado dentro de su empresa, tendrá más libertad para desplazarse y poner mayor atención en entablar relaciones de ayuda mutua.

Técnica número 2: Tienda un puente en la brecha entre la plática emocional y la plática para informar

Las mujeres suelen participar con más frecuencia en *pláticas emocionales*, el tipo de pláticas para establecer o mantener conexiones con alguien. Esta clase de conversaciones se centra en emociones, pensamientos personales, reacciones a los eventos cotidianos y detalles de la vida propia. Los hombres tienden a centrarse más en *pláticas para informar*, que incluyen información objetiva que piensan que la otra persona necesita saber, información acerca de lo que sucede en el mundo.

Si usted es como la mayoría de las mujeres, tiene un alto nivel de capacidad verbal, que se expresa en primer lugar en la conversación emocional. Lo que tal vez necesite son ideas para traducir éstas capacidades en aptitudes de charla de negocios, que incluye la plática para informar. Vea la Instantánea número 1 para tener algunas ideas acerca de cómo lograr esto sin perder el control.

Instantánea número 1: Traduzca las aptitudes verbales de las mujeres en conversación de negocios

	Barreras típicas para las mujeres: patrones de discurso/estereotipos	Facilitadores en la cultura masculina de negocios: patrones alternativos	Barreras que crea la corrección excesiva de los patrones del discurso femenino
Rumores	Siempre lista para participar; indulgente con los rumores ociosos o maliciosos.	Bien informado, alerta, escucha pero rara vez participa.	Ignora todo rumor.
Contenta	Se centra en trivialidades, chismorreo.	Se centra en temas relevantes (negocios, política, etc.)	Solo platica de negocios.
Cantidad	Divaga demasiado; o guarda silencio en lugar de *crear conflicto.*	En general, habla con un propósito o para dar un consejo; adopta una posición en temas relevantes.	Vigila cada palabra; carece de espontaneidad.
Calidad	Palabras cargadas de emoción (*lo adoro, tan dulce, una enormidad*).	Palabras objetivas y operativas (*apreciable, pensativo, eficaz*).	Nunca expresa sentimientos.
Reacciones	Llora en el hombro, *liberación de la mujer,* reacciones iracundas; o cede con facilidad para evitar el conflicto.	Respuestas firmes, solucionadoras de problemas.	Pasa de la rebelión a la sumisión o viceversa.
Claridad	Vaga (*la reunión más agradable, un súpergrupo).*	Descripciones claras y específicas (*reunión bien organizada, equipo de máximo rendimiento*).	Proporciona detalles y explicaciones demás; tedioso, aburrido.

continúa

	Barreras típicas para las mujeres: patrones de discurso/estereotipos	Facilitadores en la cultura masculina de negocios: patrones alternativos	Barreras que crea la corrección excesiva de los patrones del discurso femenino
Lógica	Conclusiones ilógicas y desconectadas, brinca de una idea a otra.	Coherente, conectado, hace un cierre.	Lógica como de computadora.
Credibilidad	Tentativa, demasiado diplomática, incierta, indecisa (*¿Seremos capaces de hacerlo? Esta venta es un problema ¿o no? Pienso que deberíamos...*)	Confiado, firme, decisivo. (*¡Podemos hacerlo! Parece que es un problema de ventas. Sugiero esperar hasta que llegue el informe de avance.*)	Arrogante, dominante.
Interrupciones	Las evita; piensa que no son diplomáticas; los hombres pueden suponer que no tiene nada que decir.	Toma su turno en forma competitiva; vuelve a la tierra si un colega exagera.	Interrumpe en forma constante, nunca toca tierra.
Irreverencia	Responde con impacto, confusión, da a los hombres una razón para sentirse incómodos al tener a una mujer en sus dominios.	Se comunica en forma normal.	Reniega de los hombres.
Jerga (milicia, negocios)	Insegura del significado de muchas palabras, rara vez las usa.	Usa jerga en forma selectiva para crear una clase de fraternidad.	Se apoya en la jerga para intimidar e impresionar a *los de fuera*, quienes no lo entienden.

Técnica número 3: Tienda un puente en la brecha entre la cooperación y la competencia

La comunicación de las mujeres con frecuencia trata acerca de la comprensión, mientras que la de los hombres, trata más bien de dar consejos. Éstas tendencias quizá se basan en los diferentes modos en que miden el poder los hombres y las mujeres. Las mujeres ven la ayuda, el apoyo y los cuidados como medidas de su poder. Las actividades relacionadas en las que participan son: dar estímulos, hablar frente a frente y entablar conversaciones privadas.

Los hombres perciben en forma diferente las medidas de su poder; por ejemplo, dar información, experiencia y capacidades. Las actividades relacionadas en que participan, comprenden brindar información, hablar más y durante más tiempo, y hablar frente a grupos.

Las mujeres tienden a:	Los hombres tienden a:
✋ Medir el poder con la cantidad de ayuda que son capaces de dar a otros.	✋ Medir el poder con la información, la experiencia y capacidades que pueden ofrecer.
✋ Pensar en las decisiones laborales que deben ser compartidas.	✋ Pensar que pueden tomar sus propias decisiones.
✋ Centrarse en dominar un trabajo y aumentar sus capacidades, incluyendo a otros.	✋ Centrarse en la competencia, el poder, la jerarquía y el prestigio.
✋ Evitar los conflictos para mantener la paz.	✋ Enfrentar el conflicto para despejar la atmósfera.
✋ Que se les considere más amigables.	✋ Que se les considere más intimidantes.
✋ Buscar más aceptación y sacrificarse a sí mismas.	✋ Ser más firmes.
✋ Usar más la intuición y empatía para resolver situaciones difíciles.	✋ Sentirse incómodos con situaciones poco claras, con emociones encontradas.

Para superar los problemas que surgen de estas tendencias, puede adquirir capacidades de firmeza y hábitos de modos que los hombres entiendan y respeten. Entienda que los hombres requieren hechos claros en el proceso de comunicación y proporcióneles los hechos y cifras que necesitan. También puede dar razones lógicas para sus recomendaciones y propuestas, así como su sensibilidad de la situación y los factores de relaciones humanas que están relacionados. Cuando los hombres tienen dificultades para controlar situaciones poco claras o expresar sentimientos encontrados, puede aconsejarlos acerca del proceso emocional que ha aprendido a usar. Puede inspirar a sus colegas masculinos para estar en contacto con sus emociones y acrecentar sus capacidades de intuición. Cuando los hombres entienden el poder de tratar con la ambigüedad y usar la intuición para tomar decisiones complejas de alto nivel, tienden a sentirse cómodos con el desarrollo de esas capacidades.

Técnica número 4: Cruce la brecha entre mostrar experiencia y utilizarla

Una fuente muy importante de poder para los gerentes, profesionales y otros líderes es la experiencia. Hombres y mujeres difieren en los modos en que utilizan su experiencia y en cómo responden a la de otros.

Como mujer, está más propensa a jugar con su propia experiencia y a actuar como si supiera menos de lo que realmente sabe y a operar como una más del grupo o audiencia. En su lugar de trabajo, los hombres están más predispuestos a mostrar su propia experiencia y a actuar como si supieran más acerca del campo que los otros del grupo, se sienten más cómodos siendo el centro de atención. Su objetivo principal es persuadir y, por tanto, establecer con claridad sus opiniones y hechos.

Cuando sus semejantes masculinos se ponen en el papel de expertos, están predispuestos a dominar, a hablar más, interrumpir con frecuencia y a controlar la discusión; ya sea que hablen con hombres o con mujeres. Quieren enfatizar su superioridad y mostrar su experiencia. Sus principales preocupaciones parecen ser: *¿He ganado? ¿Me respetan?*

Cuando usted es la experta y está hablando con los hombres, es probable que su enfoque sea estar de acuerdo, sobrellevar, ayudar y decir *sí.* Probablemente quiere recalcar las semejanzas entre usted y la gente con la que habla y por tanto, no quiere *hacerse notar.* Sus preocupaciones principales parecen ser: *¿He sido de ayuda? ¿Les caigo bien?* Otras mujeres parecen entender esto y aceptarla como una experta en el área en cuestión. La mayoría de los hombres no entenderán este enfoque y tenderán a desafiar su credibilidad. En resumen: aquí están las diferencias entre hombres y mujeres cuando asumen el papel de expertos.

Las mujeres tienden a:	Los hombres tienden a:
✤ Ocultar su experiencia.	✤ Demostrar su experiencia.
✤ Evitar demostrar que saben más que otros.	✤ Demostrar que saben más que otros.
✤ Actuar como una más del grupo.	✤ Actuar como el orador principal.
✤ Centrarse en no ofender.	✤ Centrarse en convencer.

Respuesta a la experiencia de otros. Cuando los hombres la escuchan en su papel de experta, con frecuencia no entienden que su principal preocupación sea no ofender; por lo que concluyen que es indecisa, incompetente, insegura o todo a la vez. Responden manifestando sus propias opiniones e información y estableciendo la agenda ellos mismos: es decir, en forma incorrecta, perciben un vacío de poder y tratan de llenarlo. Esto contrasta con las respuestas clásicas de las mujeres a la experiencia de los hombres, que puede ser estar de acuerdo o en desacuerdo, pero no cuestionar su credibilidad o tratar de desplazarlos.

Malos entendidos en el estilo. Gina, una especialista en recursos humanos, tenía toda la autoridad que le daba el director de recursos humanos para establecer un centro de capacitación de empleados. Tenía el poder de decidir qué seminarios se ofrecerían, contratar a los capacitadores internos de la compañía o contratarlos por fuera y aprobar el contenido de los seminarios y métodos de evaluación. El estilo de Gina era incluir a los capacitadores internos en la planeación de los tipos de seminarios que se ofrecerían, así como su contenido. Sentía que este enfoque participativo generaría mejores ideas y motivaría a la gente a dedicarse más al éxito del centro.

Muchos de los capacitadores masculinos entendieron mal el estilo participativo de Gina, lo malinterpretaron como debilidad e incompetencia. Si ellos hubieran tenido el poder y la autoridad para tomar todas las decisiones, las habrían tomado. Supusieron que Gina necesitaba de sus consejos y aprobación para que el proyecto marchara bien. Esta percepción de los hombres comenzó a provocar que en las juntas no formales masculinas se tomaran decisiones y se llevaran a las juntas formales que presidía Gina. Vieron un vacío de poder y se apresuraron a llenarlo.

¿Cómo pudo Gina haber evitado este desplazamiento del poder? Primero, pudo haber explicado con claridad que tenía toda la autoridad del director para tomar las decisiones por su cuenta, y que tenía ideas claras y específicas acerca de qué debería hacerse. Después, pudo haber explicado con precisión por qué eligió incluir a los capacitadores en el proceso de toma de decisiones y cómo pensaba exactamente que debía conducirse el proceso.

Observación del ritual de prestigio. Tenga en mente que debe demostrar su experiencia cuando trate con la mayoría de los hombres en una cultura masculina. Debe demostrar su poder, prestigio y autoridad de una forma clara para ellos. Una vez que los hombres han aceptado su prestigio y usted ha obtenido su respeto, está en posibilidad de llevar algunos de los rituales de prestigio. Al entender la forma en que es probable que los hombres de la empresa vean sus acciones, se podrá comunicar con ellos en sus términos; y aun así, recurrir a su propio estilo de liderazgo.

Técnica número 5: Llegue a las percepciones de estar de acuerdo y estar en desacuerdo

Como mujer, lo que dice cuando escucha a alguien y cuando le da retroalimentación, tiende a ser muy diferente de las respuestas que dan sus colegas masculinos. Probablemente usted diga mucho más que la mayoría de los hombres y lo que dice es mas positivo. Con frecuencia dice: *mm, uh, huh, sí, sssí,* y sonidos similares que demuestran que está escuchando o que está de acuerdo, y que son un tipo de retroalimentación continua. Tal vez haga preguntas, pida la palabra, preste total atención y quiera la atención completa cuando usted habla. Es probable que esté de acuerdo la mayor parte del tiempo y se ría de los comentarios humorísticos. Parece estar centrada en el "metamensaje" (qué se indica entre líneas y en el panorama general) más que en las palabras reales.

Cuando los hombres que conoce están escuchando, probablemente dicen y hacen menos que usted. Ellos son más callados y escuchan menos. Cuando hablan es más probable que desafíen los postulados del orador y se centren en el mensaje literal: las palabras.

Puesto que usted escucha tan atentamente, pudiera pensar que el silencio de un hombre cuando habla indica concentración en su mensaje total: palabras, sentimientos, la situación, el contexto, cuando él tal vez no esté escuchando en absoluto.

Como mujer, es probable que guarde la calma cuando escucha a otros establecer postulados con los cuales no está de acuerdo. No quiere dar un argumento o estar en desacuerdo. Si un hombre no está de acuerdo con una afirmación, casi siempre lo dice, sobre todo si afecta su trabajo y si al hablar no ofende a su jefe. Si usted no hablara e hiciera lo mismo, los hombres seguramente interpretarían su silencio como consentimiento o aprobación. Cuando se dan cuenta de que no fue así, probablemente la vean como débil, indecisa o cambiante. Esa apreciación en general se transforma en un lema: *en el mundo del hombre, el que calla otorga.*

Tenga cuidado de la forma en que los hombres de su empresa perciben sus acciones o falta de acciones. Sus capacidades de decisión la ayudarán a saber cuándo hablar y cómo hacerlo de manera que respete sus propios derechos tanto como los de los demás. Es probable que la comunicación decidida gane respeto en los círculos masculinos y por tanto ayude a establecer mejores relaciones a largo plazo. Asimismo, cuando un hombre guarda silencio mientras usted habla, aprenda a hacer las preguntas correctas para determinar si escuchó y entendió su mensaje.

Técnica número 6: Cruce la brecha entre la plática tentativa y la decidida

Debido a que la mayoría de la gente en el mundo de los negocios está acostumbrada a una comunicación masculina con enfoque decidido, la credibilidad de las mujeres está limitada por un enfoque tentativo, no muy político, incierto o indeciso, como se dijo en la Instantánea número 1. Varios estudios indican que las mujeres perpetúan el estereotipo de poca credibilidad con los siguientes tipos de conducta:

- ✤ **Las mujeres hacen más preguntas,** casi tres veces más que el promedio.
- ✤ **Las mujeres hacen más postulados en un tono interrogativo,** con una inflexión que asciende hacia el final del enunciado. ¡*Aquí hay una manera de hacerlo*! se transforma en: ¿*Hay una manera de hacerlo*?
- ✤ **Las mujeres usan más preguntas para confirmar,** agregan una pequeña pregunta al final de una oración como: ¿*O qué piensas*?, ¿*Está bien*?, ¿*Sabes*?
- ✤ **Las mujeres abren con una pregunta,** con más frecuencia que los hombres. ¿*Sabes qué*? ¿*Creerías esto*? Los investigadores observan ésta y otras semejanzas parecidas entre las conversaciones de hombres y mujeres y las conversaciones de adultos y niños.
- ✤ **Las mujeres emplean más calificativos y adverbios,** los calificativos o las evasivas son un *tipo de, una clase de, un poquito, tal vez* o *podría ser*. Suavizan un postulado afirmativo, pero también limitan su firmeza. Los adverbios incluyen: *realmente, muy, increíblemente, fantásticamente, maravillosamente*; y, en especial, estas palabras se recalcan. El metamensaje tiende a ser: *porque lo que yo digo no parece convencerte, debo recalcar el doble para asegurarme que entiendas lo que quiero decir.*

Todo esto significa que las mujeres tienden a expresar sus pensamientos en forma más tentativa y a esforzarse más para captar la atención de alguien, lo que en principio demuestra diferencias fundamentales de poder o por lo menos percepciones de diferencias de poder.

Su estilo de conversación más efectivo como líder, en general transmite su sensibilidad y compromiso con sus creencias y afirmaciones. Manténgase atenta a sus patrones de conversación y reduzca al máximo el enfoque tentativo. Trate de grabar sus conversaciones telefónicas a fin de identificar los patrones que necesitan corregirse.

✓ Estrategia número 2: Erija una base de poder

Es probable que tenga una ventaja en la creación de aptitudes para relacionarse y socializar por la sencilla razón de que se ha socializado como mujer. Aproveche esta ventaja aplicándola a construir redes de apoyo que le sirvan como su base de poder. Una buena red de relaciones es valiosísima para conectarse, posicionarse, manejar crisis y ascender hacia la cúspide. Con la construcción de la red, entran en juego sus recursos internos y externos a fin de obtener el éxito. No deje la red al azar. En vez de eso, planee para aprovechar al máximo las oportunidades. Forme la red con empleados, colegas, directivos superiores, mentores y gente de su profesión, campo e industria.

Técnica número 1: Maneje recursos internos y externos

La mayoría de las mujeres que se aventuran en papeles que antes eran masculinos, encuentran que deben ponerse a prueba una y otra vez. Estas mujeres afirman que les afecta más que a los hombres la necesidad de reprimirse y la necesidad de evitar ciertas clases de expresiones y apertura. Muchas de estas mujeres, encuentran difícil participar en los modos habituales de relajarse y liberar la tensión, como las diversas maneras de socializar en los negocios y bromear.

Esto significa, que tal vez necesite utilizar todos los recursos que encuentre a fin de crear confianza en sí misma, así como fuerza personal y en la organización. Dos técnicas muy valiosas son:

1. Integre grupos de apoyo *externos* en los que se relaje y sea auténtica.
2. Controle sus recursos *interiores*. Utilice los procesos de relajamiento y visualización, que describimos en el capítulo 7, para mantenerse en contacto con *usted* y ser usted misma.

Necesita una red de socios, una base de poder. Ésta es una fuente fundamental de poder para usted y para cualquiera que cree una carrera exitosa. Éste es un ejemplo de cómo funcionan las redes de poder de los viejos amigos: cuando se abre un puesto, un contrato se somete a licitación, se realiza una división accionaria, surge una historia, o un rumor se esparce, los viejos amigos se encuentran y el negocio se cierra. Ellos vencerán con facilidad toda resistencia y los problemas, simplemente porque se conocen lo suficiente como para estar en contacto de manera informal.

Su red de poder consiste en las relaciones que haga en cada nivel de la empresa, así como fuera de ella. Las relaciones se basan en la mutua aceptación, confianza y disposición de ayudarse uno al otro. Son las amistades de negocios las que son de apoyo mutuo.

¿Tiende a concentrarse en quedar bien con su superior y poner poca atención en quedar bien con otros? Como líder, la mejor manera de quedar bien es apoyar a su superior, pero al mismo tiempo construir su base de poder y su propio poder. Comience con su equipo de trabajo, continúe con los colegas, mentores, clientes, gente de su asociación profesional o comercial y otros.

Técnica número 2: Siga cinco pasos para crear una red social

Integrar una red social es más que socializar y charlar, si usted y sus contactos desean ganar fuerza mutua con este proceso. Cinco claves para formar una red de poder incluyen planear el futuro, crear impacto, ser directa, aprovechar las oportunidades y continuar en contacto.

Planee el futuro. Antes de asistir a un evento, hágase dos preguntas: *¿Qué tengo que dar? ¿Qué quisiera recibir?* En la lista de lo que quiere *recibir* escriba los problemas que desee resolver y las oportunidades que quiera obtener, cosas acerca de las que quisiera aprender, entender, conectarse o encontrar. En la lista de lo que va a *dar* incluya ideas, referencias, experiencia y entusiasmo, oportunidades y soluciones que quisiera compartir. Planear también comprende seleccionar gente para incluir en su red de apoyo de expansión continua. Antes y después de cada evento, identifique por lo menos dos o tres personas para contactar y establecer relaciones y continuarlas.

Genere impacto. Preséntese con una frase memorable y continúe con información de apoyo. Formule una frase que capture la esencia de lo que tiene para ofrecer. Algunos ejemplos son: *Yo realizo eventos que la gente recuerda, Yo coloco a la gente como expertos en nichos de mercado, Yo traigo el enfoque femenino a la banca comercial.*

Sea directa. No tenga miedo de hablar de lo que desea. Por ejemplo, cuando se dé cuenta que quiere colaborar con alguien, diga: *Tengo una idea, ¿le interesa?*

Aproveche las oportunidades. Cuando alguien pregunte: *¿Qué hay de nuevo?* o *¿Cómo estás?* la respuesta corta con variantes sería: *no mucho* o *bien*; en su lugar tenga una respuesta lista con algo de su lista de cosas que quiere recibir o dar. *Busco un periodista experimentado para hacerlo coautor de un artículo acerca de las redes, ¿conoce a alguien?* o, *Estoy bien y estaré mejor cuando encuentre un asesor en computación, ¿sabe de alguien?*

Realice un seguimiento. Termine las conversaciones de manera que deje abiertas posibilidades para el futuro. Esto puede ser tan sencillo como decirle a una persona que fue valioso o que disfrutó con su presencia. Por ejemplo: *Me gustó mucho saber acerca de su nuevo proyecto.* Puede incluir planes para continuar la relación, por ejemplo: *Le llamaré el próximo miércoles para obtener esa información.*

Técnica número 3: Forme la red con gente externa

Las redes de apoyo externas a la empresa tal vez sean tan importantes como las internas, o quizá más en algunas situaciones de trabajo. Los contactos exteriores incluyen clientes, proveedores, inversionistas, prestamistas, reguladores, miembros de asociaciones profesionales o comerciales, miembros de casi cualquier organización que visite o contacte y amigos personales y conocidos.

¿Por qué tejer una red externa a la empresa? Obtendrá innumerables beneficios al establecer buenas relaciones con la gente fuera de la empresa.

- Mantenerse al tanto de lo que sucede en el mercado.
- Cultivar posibilidades, como gente que podría contratar, gente que podría contratarla, productos y servicios para comprar o vender, gente que la ayude cuando necesite información.
- Consiga contactos a los cuales recurrir en busca de apoyo en época de problemas o crisis.
- Cultivar amistades que sirvan como referencia cuando necesite registrar su experiencia, logros y capacidades.
- Crear la demanda de su conjunto de aptitudes con el cultivo de amistades a quienes le gustaría contratarla o trabajar con usted.

Por supuesto, las buenas relaciones se basan en dar y recibir, lo que significa que debe estar dispuesta a dar a sus asociados de negocios y amigos la misma clase de ayuda que ellos le den.

Haga que la gente desee contratarla. Vamos a analizar la razón que se mencionó al último para establecer relaciones: Cultivar amistades a quienes les gustaría contratarla. Una estrategia importante para crear fuerza en la carrera es actualizar y expandir en forma continua su conjunto de aptitudes que pueden comercializarse. Otra estrategia es: fomentar una demanda continua de su conjunto de aptitudes. Establezca el objetivo de lograr que la gente desee contratarla. Gente con la que ya trabaja en su departamento o de otros departamentos o en empresas para las que nunca ha trabajado. Conforme se relacione con personas de todas estas áreas, tenga cuidado de proyectar la imagen de alguien que sería valioso tener en el departamento o empresa. No necesita alardear, pero sí que la gente conozca sus aptitudes y alcances. Comunique el entusiasmo por su trabajo, vea estas sugerencias:

- ✎ Celebre sus éxitos, y pregunte por y celebre los éxitos de otros.
- ✎ En forma selectiva, pida consejos o recursos para resolver problemas de trabajo.
- ✎ Transmita confianza en su capacidad de éxito al resolver problemas.
- ✎ Ofrezca compartir su experiencia para ayudar a otros a resolver sus problemas de trabajo.

Al crear la demanda de sus aptitudes, incrementa su credibilidad, sus opciones profesionales y su fuerza personal. Va más allá de la dependencia de su trabajo, gerente y compañía actuales. Crea un aura de poder que le facilita negociar asignaciones lucrativas, ascensos y promociones.

Técnica número 4: Forme redes con sus empleados

Los líderes pueden dirigir sólo si tienen el consentimiento de aquellos a quienes dirigen, excepto en situaciones similares a las de una cárcel. El área inmediata y más importante en la que debe construir una red de apoyo es entre su grupo de colaboradores. He aquí algunas sugerencias:

Usted se convierte en el dirigente de sus colegas: Maneje las relaciones. Establecer relaciones profesionales requiere tacto especial cuando algunos de sus compañeros de trabajo se convierten de repente en miembros de su equipo. Debe evitar los peores aspectos de esta situación evitando convertirse en amiga cercana de ellos. A pesar de eso puede ser cordial. Una manera de prevenir problemas potenciales es analizar con ellos el nuevo papel de un modo sincero y amistoso. Puede decirles cuánto valora su amistad. Aunque no haya cambiado como persona, su papel sí lo ha hecho. Por tanto, sus relaciones necesitarán cambiar. Aclare que los otros miembros del departamento pueden hacerles la vida difícil si sienten que hay favoritismos. Intensifique la necesidad de trabajar en equipo, de la justicia y de mantener buenas relaciones laborales.

Usted es la nueva directora: Vele por la cultura, en primer lugar. Cuando usted se convierte en directora, como es natural, desea utilizar su inteligencia y sus capacidades para mejorar la situación. Pero primero, necesita entender la cultura corporativa, tal como la expresan sus compañeros de trabajo, así pues, para mantener los oídos atentos, intente las siguientes acciones.

❧ Determine quién está alineado con quién, quién pertenece a qué grupo, quiénes son los líderes, de quién depende qué, y otros asuntos parecidos relacionados con la gente.

❧ Investigue qué es lo importante para la gente. No cambie los que parecen ser procedimientos menores hasta que entienda por completo su importancia. Entonces dé a cada cual una oportunidad de participar en todas las decisiones.

❧ Construya una base de apoyo de líderes y personas responsables antes de estudiar cualquier cambio importante.

Maneje los rumores: Mantenga las líneas abiertas, pero véalas en perspectiva. Es crucial obtener información acerca de un grupo de trabajo que es nuevo para usted, de modo que escuche los rumores pero no descarte ninguno y siempre evalúe lo que sus colaboradores le dicen. Ya sea que Gina se queje de la actitud nefasta de Jaime, o que se deshaga en alabanzas hacia Carola, solicite que demuestren sus afirmaciones, tanto acerca de Jaime como de los demás, antes de emprender alguna acción verbal o real. Siempre pregúntese: *¿Por qué me dice esto?* Obtenga información y otras opiniones con tacto y discreción, por supuesto.

Sea justa. No demuestre favoritismos; dé a cada cual su oportunidad de destacar. Aplique las políticas y procedimientos de una manera pareja, pero trate a las personas como individuos. Exprese empatía y preocupación por sus asuntos y problemas, pero centre casi toda su conversación alrededor de los temas relacionados con el negocio. Evite comprometerse emocionalmente. Sea amistosa pero profesional. El objetivo es hacer sentir a todos que tienen un superior justo.

Sea confiable. Sea lo más honesta y sincera posible, al mismo tiempo que permanece sensible a las preocupaciones y sentimientos de cada persona. Sea clara y consistente en su visión del grupo y las expectativas de los individuos. Infórmeles cuál es su posición y cuál es la de ellos con usted.

Proporcione retos y apoyo para crecer. Ayude a cada persona a progresar, aprender y crecer dándoles objetivos de trabajo desafiantes que los motiven y tareas que los reten. Sea paciente y profesional al resolver problemas de trabajo, incluso aquellos que parecen triviales para usted, pueden ser importantes para el empleado. Adopte una estrategia de solución a los problemas de rendimiento. Céntrese en analizarlos en forma correcta y aprender cómo prevenirlos, no en buscar culpables. Dé a los trabajadores respeto y autonomía solicitándoles que propongan soluciones potenciales a los problemas para que usted las ponga en práctica. Luego, déles el apoyo que necesitan para terminar sus tareas y objetivos y alcanzar los objetivos de su trabajo. Compartan información con libertad y generosidad a fin de incrementar sus conocimientos, motivación, autoestima y rendimiento. Por último, dé a los empleados un crédito generoso por sus logros. Manifieste su aprecio.

Demuestre respeto. Pocas cosas significan tanto. Por ejemplo; responda con rapidez a las quejas de los trabajadores, memorándums y llamadas telefónicas. Sea respetuosa y atenta con el tiempo de los trabajadores. No los tenga esperando afuera de su oficina o en juntas. Acompañe las solicitudes poco habituales con una explicación.

Técnica número 5: Forme redes con sus colegas

En la mayor parte de las empresas, sus colegas deben aceptarla a fin de crear una base de poder efectiva y mantenerla en aumento. Conforme obtenga poder en la organización, encontrará cada vez más importante obtener la cooperación de sus compañeros con objeto de alcanzar los objetivos del trabajo. Si forma alianzas fuertes con sus colegas, es probable que otros comiencen a verla como la líder. Aclare que es una jugadora del equipo. Todo esto le permitirá construir una red de poder entre sus compañeros de trabajo. He aquí algunas sugerencias:

- Comparta el crédito por sus logros con los colegas que hayan ayudado.
- Busque oportunidades para ofrecer información y opiniones constructivas, y para estar en contacto con sus semejantes.
- Busque oportunidades para hacerles cumplidos.
- Cuando dé alguna recompensa, enfóquese en logros concretos.
- Individualice sus felicitaciones.
- Transmita la recompensa de otra persona.
- Solicite consejos en las áreas que ellos dominen.
- Evite las tácticas políticas engañosas y, en general, parezca mas interesada en el bienestar de la empresa que en lograr sus propios fines.
- Sepa como negociar favores, como la base para una cooperación constructiva.
- Investigue cómo puede ayudar a un colega a cubrir sus necesidades.

Negocie favores. En el mundo de los líderes masculinos, una forma de operar, sobrevivir y avanzar es negociar favores con los colegas. En este sistema, los directivos mantienen un registro mental de las deudas que ellos suponen como favores garantizados, así como aquellos que deben a otros directivos. Tratan de aprovecharlos en forma inteligente para lograr fines de alta prioridad.

He aquí un ejemplo de transformar una situación negativa en positiva con el establecimiento de solidaridad entre semejantes: Jorge, gerente de crédito, se niega cooperar con la gerente de ventas, Martha. Ella necesita que Jorge agilice ciertos envíos para uno de los clientes importantes. Si él no lo hace, ella está en peligro de perder el negocio con ese cliente. Si Martha acude con el director de ventas para quejarse, es probable que fuerce a Jorge a cooperar, pero con toda probabilidad se habrá hecho de un enemigo. Jorge sentirá que ella *le debe una*, en el sentido negativo, y esperará que ella lo necesite, de modo que pueda causarle problemas. En vez de esto, Martha va con Jorge para analizar el problema y le promete que una vez que se resuelva, la situación no irá más allá. Ella mantiene su promesa y más tarde tiene únicamente cosas positivas para decir a otros acerca de la cooperación de Jorge; de esta forma, ella hizo de él un aliado en lugar de un enemigo. Ahora Jorge le debe a ella una, en el sentido positivo en vez del negativo, y es probable mucha más cooperación con Martha en el futuro de la que le habría dado si su jefe le hubiera llamado la atención y obligado a cooperar.

Ayúdelos a cubrir sus necesidades y deseos. Tome la iniciativa e investigue cuáles son las necesidades más importantes de sus colegas, así como sus deseos y los problemas que enfrentan al alcanzar sus objetivos. El paso adicional de ir más allá de la negociación de favores, puede ser una señal de liderazgo de su parte. Pero ¿cómo saber lo que un colega quiere o necesita?

☘ Sea amigable y esté dispuesto a conversar con regularidad.

☘ Gánese la confianza de sus compañeros dándoles apoyo, resolviendo problemas y guardando las confidencias.

☘ Escúchelos bien y haga preguntas que demuestren interés, pero con tacto.

☘ Haga lo que pueda para ayudar a sus semejantes a satisfacer sus necesidades más importantes.

¿Uno de sus compañeros tiene problemas para relacionarse con su jefe? Quizá pueda darle un consejo en el momento oportuno. Si el jefe está presente cuando haga esto, mucho mejor. Si no, de manera casual y con tacto, hágale saber lo que hizo.

¿Una colega quiere obtener un trabajo en otro tipo de empresa? Ayúdela a establecer las relaciones adecuadas, y se convertirá en parte de su red de apoyo exterior.

Ayude a las mujeres. Aunque casi todas las mujeres dirigentes exitosas obtienen la cooperación de sus colegas masculinos, la mayoría de ellas dicen que también necesitan una red de apoyo de mujeres. Por eso, construya esta red dentro de su empresa y fuera de ésta en su área en particular y con otras mujeres que traigan a su vida otros tipos de intereses e ideas. En todas las grandes ciudades existe cierto número de organizaciones de mujeres que tienen la función de proveer una red de apoyo exterior a la compañía. Además, hay muchas organizaciones nacionales de mujeres, así como redes. Para mayores detalles, revise la guía telefónica, lea artículos en periódicos que proporcionen información acerca de estas empresas y revise los temas de revistas dirigidos a mujeres de negocios y profesionales, que con frecuencia incluyen información sobre redes de relación.

Técnica número 6: Establezca redes de relación con los altos directivos

Es obvio que si desea obtener poder en la empresa, debe estar en la red con su superior inmediato, así como con otros directivos, inclusive mentores y la alta gerencia.

Su gerente inmediato

Su gerente inmediato casi siempre es el gerente más importante en su vida laboral. Por eso es crucial establecer y mantener una relación positiva. Si tiene un problema con su gerente, traten de resolverlo solos. Si no pueden, tendrá que recurrir al jefe de su gerente, pero haga esto como último recurso.

Infunda confianza. Sea confiable, actúe y hable de un modo que asegure a su gerente que siempre puede confiar en usted. Solucione problemas. Por otro lado, aprenda cuándo detenerse y consultar a su gerente. Es crucial reconocer aquellas situaciones donde necesita obtener el visto bueno de su gerente antes de continuar adelante por su cuenta. Si tiene duda, pregunte; pero presente su punto de vista sobre la situación y su mejor idea para resolverla.

Si piensa que puede mejorar las políticas, procedimientos o métodos de operación de su gerente, primero gánese la confianza de él o ella centrándose en lo que es bueno para la operación departamental. Comunique su admiración y aprobación. Gánese la confianza de su gerente demostrando que es una jugadora leal del equipo. Una vez que la acepten cómo una más del grupo, puede sugerir una manera para hacer *una mejor operación*, un paso a la vez. Si el cambio es exitoso, dé el crédito a su gerente, pero esté segura de conservar memorándums que documenten el papel que usted tuvo para utilizarlo en negociaciones de promoción o aumentos.

Al dar el crédito por el éxito a su gerente, sienta las bases para la aceptación de sus futuras recomendaciones, en cuanto a cambios.

Haga que su gerente quede bien. Esté alerta de las oportunidades para impulsar la imagen de su gerente, en especial ante el jefe de él. Por ejemplo, busque formas de ayudar a su gerente a alcanzar sus objetivos. Tiene que explorar (con tacto) para obtener una imagen fiel de lo que su gerente trata de alcanzar. Con mucha frecuencia, los gerentes no tienen objetivos claros y específicos. Averiguar cuáles son le beneficiará porque ayudar a su gerente a alcanzar sus objetivos es una de las mejores maneras de obtener apoyo en pago.

Dé apoyo generoso y recompensas. Registre los éxitos de su gerente, así como los suyos. Guarde copias de los documentos o archívelos para utilizarlos en el momento oportuno; busque oportunidades para complementar, apoyar y conmover con sinceridad a su gerente en formas positivas.

Gerentes de alto nivel

Un aspecto fundamental para avanzar en su trayectoria profesional es mantenerse visible y establecer contactos con los directores o gerentes de alto nivel. Será útil crear oportunidades de encuentro, sentirse a gusto con la gente clave, proyectar la imagen correcta ante ellos y aprovechar al máximo las oportunidades de conversación.

Cree oportunidades de encuentro. Llegar a conocer a la gente que está en la cúspide requiere tomar la iniciativa y ser firme de modo positivo. Busque oportunidades para expresar aprobación, admiración y apoyo sincero hacia sus programas y políticas. Si no puede apoyar con sinceridad algo, manténgase en silencio. Si posee conocimiento o información única sobre las razones por las que el programa tendrá problemas, comuníquelo a través de los canales apropiados en una forma que se centre en los beneficios para la administración y la empresa.

Aproveche las oportunidades de hacerse visible para la alta gerencia. Emprenda negocios y afíliese a clubes sociales que provean contactos. Envíe copias de artículos que mencionen los logros del ejecutivo o asuntos que sean de interés para él o ella. Envíe notas de felicitación. Mantenga a la gente apropiada informada de sus actividades y progresos con el envío de copias de memorándums o artículos.

Participe en proyectos y fuerzas especiales, en particular aquellas que incluyen juntas con los altos directivos. Obtenga el máximo provecho de esas juntas preparándose a fondo, haciendo preguntas inteligentes (pero no preguntas que atraigan la atención hacia el alto gerente), proporcionando información crucial en los momentos oportunos y compartiendo el crédito con otros. Sea objetiva, controle sus emociones, manténgase serena bajo presión y permita que sus cualidades de liderazgo brillen por sí solas.

Siéntase cómoda con el poder. Cuando sus esfuerzos rinden beneficios en los contactos que efectúe con los altos directivos, deberá relacionarse sin sentirse incómoda con ellos. ¿Siente tanta admiración por las personas poderosas y exitosas que las evita o no puede hablar en su presencia? Si es así, trabaje con los procesos de basarse en su propio poder, de relajamiento, visualización y dejarse llevar que estudiamos en el capítulo 7. Aproveche esos procesos para sentirse cómoda con gente poderosa, primero, visualizándose en la interacción cómoda y luego en la práctica real. Hacerse visible ante la alta administración le abre toda clase de oportunidades y puede atraer un mentor a su causa.

Proyecte la imagen adecuada. Haga notar que usted quedaría bien en la alta gerencia a través de su forma de vestir, modos de ser y hábitos. Presente el material de lectura apropiado y otros artículos en su oficina. Utilice a los altos ejecutivos como sus modelos a seguir. Cuando tenga una oportunidad de interactuar con gerentes de alto nivel, recuerde que el enfoque más efectivo requiere sensibilidad, juicio y equilibrio. La impresión que desea transmitir es comprometida, dedicada y competente en su trabajo, así como amigable y bien intencionada en sus tratos con los gerentes superiores y otros. Lo que quiere evitar es parecer que presiona y que es una persona que a todo dice que sí o hace halagos manipuladores.

Vaya más allá de la plática trivial. Sus oportunidades de iniciar conversaciones tal vez sean breves en el elevador o en el vestíbulo. Una plática corta, superficial quizá sea necesaria para comenzar, pero cambie con rapidez a asuntos más profundos que involucren o afecten a la compañía. Prepárese para estas breves oportunidades. Formule sus ideas sobre temas de actualidad conforme se presenten y practique expresándolas a sus amigos. Anticípese y prepare temas interesantes cortos, que expresen su pensamiento acerca de los asuntos de la compañía o eventos de actualidad que podrían afectarla.

Técnica número 7: Establezca redes de relación con los mentores

En la mayor parte de las empresas, el ingreso a los puestos de la gerencia intermedia y alta no lo determina sólo la competencia. Depende de la aceptación de aquellos que son más poderosos e influyentes. Ésta es una de las razones por las que casi toda la gente que avanza hasta la cúspide tiene por lo menos un mentor o patrocinador en este grupo poderoso e influyente. Investigadores que estudian la forma en que hombres y mujeres llegan a la cúspide señalan este hecho en forma consistente. He aquí algunas de las preguntas típicas que surgen.

¿Qué es un mentor?

Un mentor es una persona más experimentada en un nivel superior de su empresa que toma como su protegida y bajo su dirección a una persona prometedora. El mentor tiene un interés *personal,* una especie de interés paternal en su protegido en mayor grado y más allá de la relación profesional habitual.

¿Qué hace un mentor?

La mayoría de los mentores son muy útiles en las áreas de la presentación personal, posicionamiento y contactos, los aspectos esenciales de los ascensos que están por encima y más allá de la competencia técnica. Un mentor ayuda de la manera siguiente:

- ⚘ Enseña, aconseja, asesora, capacita, guía y patrocina, manifestando sus puntos de vista acerca del negocio.

- ⚘ Sirve como caja de resonancia para la toma de decisiones, es un crítico constructivo y le ayuda a lograr sus objetivos derribando las barreras burocráticas.

- ⚘ Proporciona la información necesaria para el avance profesional mostrándole cómo moverse con efectividad a través del sistema, enseñándole las *cuerdas políticas* y presentándola con la gente apropiada.

- ⚘ Incrementa su visibilidad, sugiriéndola como una candidata factible cuando lleguen las oportunidades apropiadas, sacándola de la multitud de competidores que la rodea y argumentando a favor de sus virtudes en comparación con las de los demás.

- ⚘ Aboga por usted en juntas o discusiones con sus colegas; en caso de controversia, lucha por usted.

- ⚘ Manda una importante señal a otras personas de que usted cuenta con su apoyo, lo que le ayuda a disponer de un aura de poder y una movilidad ascendente.

Sin importar el sistema de recompensas que utiliza una empresa y los intentos formales y objetivos de recompensar y promover a la gente, los mentores marcan la diferencia.

¿Cómo conseguir un mentor?

Si puede conseguir un mentor que haga por usted algunas de las cosas que se mencionaron, sus probabilidades de triunfar en su carrera se incrementan mucho. Si los mentores son necesarios para el éxito de los hombres en las empresas grandes (como dicen los investigadores que lo son) lo son todavía más para su éxito. Después de todo, las mujeres tienen más obstáculos que vencer, menos acceso a la información interna y menos capacitación desde su niñez en áreas esenciales para el éxito en los negocios.

Recibir la tutela de un mentor puede ser más difícil para una mujer que para un hombre. Los mentores tienden a identificarse con sus protegidos y ven algo de sí mismos en ellos. Esto significa que los hombres suelen adoptar hombres, y la mayoría de las mujeres adopta protegidas; pero las mujeres en la cumbre son pocas y están más alejadas.

Como en cualquier amistad, la relación mentor-protegido no puede forzarse. La química es buena o no. Sin embargo, puede tomar algunas iniciativas para convertirse en una protegida factible. Y recuerde, mientras más mentores tenga mejor; siempre y cuando maneje la situación de modo que no se pongan celosos unos de otros y que no sean enemigos políticos. Es posible conseguir un mentor si proyecta una imagen de liderazgo, tomando la iniciativa para contactar mentores potenciales y solicitando su consejo, y si la química es buena, pidiendo su apoyo en forma directa.

Proyecte imagen de liderazgo. Ponga en primer lugar la dedicación a su carrera, para destruir el estereotipo de que las mujeres en realidad no están dedicadas a su trabajo. Haga saber a sus mentores potenciales que sabe a dónde va y que se dedica a ello. Los buenos mentores quieren estar seguros de que sus esfuerzos no serán en vano. Haga todo lo que pueda para parecer y llegar a ser efectiva como líder. Demuestre que está dispuesta y es capaz de aprender y considérese a sí misma una aprendiz de toda la vida.

Tome la iniciativa. Esté siempre alerta de los mentores potenciales. Identifique a la gente más poderosa, segura y ascendente de la empresa. ¿Quiénes son los candidatos más factibles para mentores? Asegúrese de que gozan de respeto e influencias. Busque varios mentores que la aconsejen en varias áreas de su crecimiento profesional. Encuentre maneras para hacerse visible a los candidatos y presentarse ante a fin de detectar si se establece la armonía.

Solicite el consejo de los mentores potenciales. Haga preguntas inteligentes y profundas; evite actuar como si estuviera indefensa. En lugar de decir: *No sé que hacer con respecto a esto,* diga: *Me gustaría saber qué piensa de estas dos ideas que he considerado.* Dé la impresión de una profesional competente en busca de consejos a fin de tomar decisiones inteligentes.

Sea selectiva. Trate de formar equipo con un ganador; es mejor no tener mentor que tener uno débil o muy controvertido. Si su mentor pierde o cae del poder, es probable que usted también lo haga. Intente darse una idea de sus motivaciones para aconsejarla y asegúrese de sentirse cómoda con la relación.

Solicite apoyo. Si la relación va bien, elija el momento adecuado para pedir apoyo adicional. Aplique una estrategia directa en este punto. Diga a su mentor potencial que apreciaría su ayuda para aprender los detalles, desarrollar su potencial, contribuir con la empresa o alcanzar ciertos objetivos.

¿Cómo establecer relaciones poderosas con el mentor?

Cuando encuentre un mentor, estará preparada para entablar una relación poderosa y de beneficio mutuo. He aquí algunas sugerencias.

Dé y reciba. Asegúrese de que su mentor reciba recompensas de la relación. ¿Que espera ella o él de la relación? ¿La satisfacción de verla crecer? ¿La seguridad de que una persona capaz ocupará un puesto clave? ¿Un apoyo más para su equipo? ¿Un *agradecimiento* sincero y sencillo de vez en cuando? La relación entre un mentor y su protegido debe ser una en la que ambos den y reciban. ¿Está usted preparada, y es capaz de dar a su mentor lo que busca?

Sea discreta. Si el puesto de su mentor es más alto que el del gerente inmediato superior, debe ser cuidadosa al utilizar el poder reflejado. Evite alejarse de su inmediato superior o querer *sacar ventajas demasiado pronto.*

Sea profesional. Si su mentor es hombre, desde un principio, envíe mensajes claros de que la atracción sexual no es la base de su interés en él. Dígale en forma directa y amable que a usted le interesa ser una amiga de negocios y aprender de él acerca de la empresa y el trabajo. Si llegara a relacionarse sexualmente con su mentor, habrá abierto la puerta para graves problemas potenciales; por ejemplo: si está en su cadena directa de mando, los dos van a crear una situación injusta para sus colegas, lo que viola las leyes de hostigamiento sexual.

Algunos mentores potenciales excelentes se mostrarían renuentes a adoptarla como protegida si sintieran que hay una motivación sexual. Ésta es otra buena razón para crearse la reputación en la empresa de ser una profesional que mantiene su vida sexual alejada del lugar de trabajo.

Conserve la autonomía. A menos que su mentor sea su gerente inmediato, usted quiere consejos, no órdenes. Analice con tacto los consejos que le dé su mentor. Úselos como base para discutir un problema. Pero conserve la libertad de tomar sus propias decisiones.

Sepa cuando ir más allá de la relación mentor-protegida. Hay veces que la relación entre un mentor y su protegida necesita cambiar o terminar, esas circunstancias incluyen:

🍃 Su mentor no la ayuda a crecer y avanzar tan lejos como usted cree que debería. Es el momento de buscar a otro que lo haga.

🍃 Eligió el mentor equivocado y éste está inseguro en su trabajo o se siente amenazado por usted. Debe buscar a otro.

🍃 Eligió con sabiduría y encontró un buen mentor, pero pierde la dependencia y se vuelve más autónoma, como debería. Si eso no pasa, la relación bloquea su crecimiento. Después de aprender los detalles, deberá cambiar hacia una relación de colegas con su mentor.

Si ha cultivado relaciones con varios mentores, conforme aprende y crece, será más fácil una transición en esas relaciones. Durante la relación, solicitar consejos en vez de decisiones la ayuda a mantener la autonomía, y puede cambiar el balance en forma gradual de hablar casi siempre, a reportar y compartir. También, en ese momento, estará preparada para convertirse en mentora. Encuentre una mujer joven y prometedora y devuelva el favor.

Técnica número 8: Mantenga cierta distancia en las relaciones de trabajo

Si busca un papel de liderazgo, al mismo tiempo que desea ser reconocida como persona orientada a la gente y accesible, debe ser reconocida como persona profesional y creíble. A menos que dirija un equipo de trabajo totalmente autónomo, en ciertas ocasiones, se verá forzada a tomar decisiones que no a todos agradan. Establecer demasiada cercanía o convertirse en la mejor amiga en busca de popularidad a cualquier costo no es compatible con su papel de liderazgo.

La tendencia a transformar relaciones personales en relaciones de trabajo es un obstáculo que afecta con más frecuencia a las mujeres que a los hombres. Establecer contactos personales y relaciones cercanas ha sido tal vez su primer impulso desde la niñez y una forma de hacer esto es compartir sus pensamientos y sentimientos. Esto representa muchos peligros para su papel en la empresa, de modo que piense en los niveles de intimidad adecuados como se describe a continuación y se muestra en la Instantánea número 2.

Instantánea número 2: Distancias emocionales

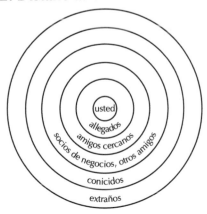

Nivel central: allegados. Es adecuado revelar sus pensamientos íntimos, problemas personales, sentimientos más profundos, creencias contradictorias y otros aspectos personales a sus allegados, los elementos más confiables de su familia y amigos. Estas relaciones de apoyo mutuo son propias de una persona equilibrada y ofrecen un lugar seguro para expresar y compartir los sentimientos y creencias. Este tipo de relaciones es esencial para manejar el estrés en forma efectiva.

Segundo nivel: amigos cercanos. Tal vez tenga algunos amigos que sienta muy cerca, pero con quienes no se siente libre de expresar ninguno de sus sentimientos y problemas más profundos. Les confía la mayor parte de sus asuntos, pero no todos.

Tercer nivel: socios de negocios y amigos casuales. Con estas personas conversa sobre eventos de actualidad y actividades de interés mutuo. Se concentra en actividades y eventos, no necesariamente en sentimientos personales acerca de éstos, evaluaciones de la gente involucrada, problemas personales que ellos le crean, cómo le afectan en sus relaciones íntimas en el hogar y otros temas privados. Tampoco es inteligente compartir creencias personales acerca de los aspectos religiosos o políticos de las situaciones con sus socios de negocios.

¿Por qué tomar distancia en las relaciones de negocios o profesionales? Por una parte, evita involucrarse innecesariamente con gente difícil y problemática. Por la otra, evita proporcionar posibles armas para futuras batallas a gente que aún no ha probado ser confiable. Aunque no quiere volverse paranoica, es realista reconocer que la mayoría de las empresas son campo fértil para conflictos frecuentes de poder, batallas ocasionales y a veces, una guerra abierta. Entonces ¿por qué divulgar en forma innecesaria creencias personales controvertidas o cualquier cosa que podría volverse en su contra? Por último, si desde un principio conserva su distancia en el trabajo, evitará los problemas inherentes al convertirse en la superior de sus amigos. Como puede ver, al reservar sus relaciones cercanas e íntimas para la gente fuera del lugar de trabajo, que pertenece a los primeros dos niveles de intimidad, evitará numerosos problemas políticos.

Cuarto nivel: conocidos. En un nivel más distante, están los conocidos, gente que reconoce, le habla y con quien tal vez sostenga algunas pláticas, pero de quien sabe poco o nada.

Quinto nivel: desconocidos. Si experimenta un deseo incontrolable de hablar y no tiene un allegado cerca, en general, es mejor conversar con un extraño a quien tal vez nunca vuelva a ver, que confiar en un socio de negocios. Los cantineros y pasajeros del transporte público conocen este fenómeno.

Si establece las distancias adecuadas en sus relaciones tal vez no aleje a la gente. Lo único que hará es delimitar un marco para establecer la red de apoyo que necesita a fin de ser eficaz en su trabajo y avanzar en su carrera. Su red de apoyo es su base de poder y el núcleo central es usted. Esto significa que usted es su mejor apoyo si se da crédito en forma continua, reconoce su propio valor y cubre sus necesidades.

Capítulo 4

Cultive su propio éxito

Me gustaría motivar a toda mujer joven a seguir sus corazonadas, a hacer lo que desea hacer, a conocerse bien a sí misma, de modo que sepa lo que le gusta y lo que le disgusta.
—Elaine Chao, directora general fundadora de United Way of America

"Es tan irónico que todos estos adultos, algunos de 40 y 50 años de edad, vengan y digan que todavía no saben qué quieren ser cuando sean grandes", decía un orientador vocacional. Si su definición de éxito incluye realizar un trabajo de importancia y agradable, además de hacer alguna contribución al planeta, entonces será mejor que investigue qué le gusta hacer y qué hace bien. Primero, analice sus creencias actuales acerca de todo esto con la respuesta a estas preguntas. Después, conozca a Ann Iverson, quien ha alcanzado sus objetivos profesionales al formular y alcanzar los objetivos de su empresa.

1. ¿Éxito quiere decir ser rica? ¿Famosa? ¿La directora de una compañía?
2. ¿Relacionarse con gente triunfadora es sólo una forma de ascenso social o un movimiento profesional inteligente?
3. ¿Puede tenerlo todo la mujer profesional de hoy si está dispuesta a trabajar mucho, o tiene que sacrificar tener familia si quiere llegar a la cima?
4. ¿Es mejor callar sus objetivos o dejar que los sepa el mundo?

Es posible forjar el éxito propio. En efecto, quizá su trabajo más importante es decidir lo que usted desea, aclarar objetivos, establecer prioridades y hacer planes de vida y profesionales. Establecer sus objetivos comprende desde decidir lo que quiere hacer en una junta de diez minutos hasta estar en contacto con el propósito de su vida y destino. Las actitudes para establecer sus objetivos son la base para muchas capacidades de liderazgo, desde la organización del tiempo personal hasta la planeación estratégica de la empresa. Tener esas actitudes la señala como la mujer triunfadora que están buscando los negocios (alguien que sabe lo que quiere y hacia donde va, que puede establecer objetivos y planes de acción), y que es capaz de equilibrar los conflictos entre las exigencias del trabajo, las responsabilidades familiares y las necesidades personales.

Escaparate

Ann Iverson, directora general de Laura Ashley

Ann Iverson da el crédito de su éxito en los negocios a su estilo de dirección orientado hacia objetivos y que se basa en la creencia de poder hacer las cosas. Después de un año de haberse unido a Laura Ashley Holdings, empresa que se encontraba en declive, reemplazó a casi todos los integrantes de la alta administración, recortó la nómina, disminuyó costos y reveló un impresionante plan de expansión en Estados Unidos.

El consejo de administración de Ashley la contrató en el momento en que los accionistas empezaban a cansarse. Un año después, los ingresos crecían, los precios de las acciones se habían duplicado y los accionistas aplaudían. El mayor reto de Iverson fue la línea de ropa de Ashley. Sus populares vestidos de mujer con estampados florales, largos y aniñados parecían fuera de moda en los años noventa. Los analistas de la moda decían *Laura Ashley ya no la sigue*. Aun así, Iverson estaba impresionada por las investigaciones que demostraban que la línea podría ser atractiva para más de 19 millones de mujeres de Estados Unidos y el Reino Unido. Contrató a un diseñador famoso para ayudarla a renovar la línea, pero conservó la apariencia floral y romántica. Lo más importante fue que Iverson decidió confiar en los accesorios para el hogar de Laura Ashley como la clave para aumentar las ventas. Los lienzos, cortinas, colchas, papel tapiz y accesorios de Ashley habían probado ser mucho más resistentes a los cambios en la moda que la línea de ropa. Con esto en mente, Iverson anunció planes para aumentar el tamaño de las tiendas de ropa de manera que pudieran agregar accesorios para el hogar. Su meta era incrementar la proporción de ingresos provenientes de los accesorios domésticos de 50 por ciento en 1995 a 65 por ciento para el año 2000. El consejo de administración depositó su confianza en los puntos fuertes de Iverson, que son:

Su conocimiento del comercio al detalle.
Su experiencia en transformar las operaciones destinadas al fracaso.
Su orientación hacia los objetivos.
Su sentido del curso de la moda y proyectar el camino que seguirá.
Su capacidad para establecer las metas a fin de llegar ahí.
Su forma práctica de aplicar planes de acción efectivos para alcanzar metas.

Por el logro de sus objetivos de desempeño en Ashley, el consejo estableció para ella honorarios superiores a 5.2 millones de dólares por tres años de trabajo. Los precios accionarios en ascenso indicaban que los inversionistas confiaban en que Iverson alcanzaría esos objetivos.

✓ Estrategia número 1: Detenga el autosabotaje

Antes de que se sumerja en el proceso de establecer objetivos, tómese algún tiempo para descubrir si está creando obstáculos entre usted y sus sueños. Vea si alberga ciertos miedos: al éxito, al fracaso, a correr riesgos. Analice con mayor detenimiento el concepto que tiene de sí misma (en su mente, ¿quién es usted?) y defina qué sería el éxito para usted.

Actividad de autoconciencia número 1: ¿Qué clase de obstáculos y recompensas crea?

Propósito: Identificar sus retos y facultades creativas personales.

1. *Establezca objetivos y defina estrategias antes de actuar.* ¿Hay resistencia a esta sugerencia? Si es así, mencione sus respuestas negativas o dudosas.
2. *Si yo hubiera...* ¿Esta frase trae a su mente algún resentimiento que haya experimentado? Si es así, mencione los primeros que le vengan a la mente.
3. Estudie las situaciones que mencionó en el número 2. Observe cuán diferentes habrían sido los resultados si hubiera identificado con claridad sus principales objetivos y pensado en algunas actividades clave para alcanzarlos.
4. *¡Lo realicé, lo logré, lo conseguí!* ¿Le recuerdan estas palabras algunos momentos importantes en su vida? Mencione los primeros que le vengan a la mente.
5. Observe las situaciones que mencionó en el número 4. Compárelas con aquellas descritas en el número 2. ¿Estaba más dedicada a alcanzar los resultados que logró en las situaciones en el número 4? ¿Les dedicó más pensamientos y planeación? ¿Cuántos fueron *golpes de suerte*? ¿Cuánto de su dedicación y deseos eran inconscientes y conscientes? ¿Piensa que sus deseos e intenciones inconscientes la ayudaron a crear cualquiera de los golpes de suerte? Explique.
6. ¿Está dispuesta a confiar en los golpes de suerte o deseos inconscientes para determinar la clase de vida que lleve, o quiere ejercer un grado más alto de intención consciente para crear la vida que desea? Comente.
7. ¿Qué recompensas identifica por establecer objetivos, diseñar estrategias y encontrar el centro de la dirección de su vida? Haga referencia a las respuestas de resistencia que mencionó en el número 1 y mencione cualquier defensa que le venga a la mente.

Si sus respuestas a las preguntas de la Actividad de autoconciencia número 1 revelan alguna resistencia interna a establecer objetivos y diseñar un plan profesional, no está sola. Para mucha gente, el primer paso hacia el éxito es superar los obstáculos a la planeación que ella misma levanta. Con suerte, esa actividad la ayudó a identificar sus propios obstáculos de manera que pueda estar más consciente de las recompensas de la planeación. Al final de este capítulo encontrará muchos Promotores de aptitudes. Algunos están diseñados para ayudarla a tratar con obstáculos potenciales para triunfar; otros están diseñados para guiarla en la creación de planes de acción que la llevarán hacia la vida que desea. Es importante identificar sus propios obstáculos a fin de establecer objetivos y planear para superarlos, de modo que no dominen sus pensamientos. Aprenda a centrarse en lo que quiere, no en sus supuestas incapacidades. Entonces, estará abierta a las oportunidades que vengan a su encuentro, será más probable que las vea y las aproveche. Se centrará en lo que *puede hacer*.

Técnica número 1: Defina su propio éxito

En su mayoría, las mujeres reconocidas por su éxito tienen algo en común: han decidido lo que quieren en la vida y se centran en lo que pueden hacer, en lugar de lo que no pueden. Definen lo que es el éxito *para ellas*.

Deje de pensar en la *necesidad* de triunfar y renuncie a pensar en términos de triunfo o fracaso. Mejor aún, hay que darse cuenta que aprender del *fracaso* es el camino al éxito. Céntrese en *intentar, arriesgar, crear, observar, resolver problemas, celebrar* y, en especial, *aprender*.

¿Se siente mal al ejercer el poder? ¿Tiene miedo de establecer objetivos porque podría fracasar? ¿Teme más al éxito que al fracaso? ¿Qué concepto tiene de sí misma? ¿Quién es usted? ¿Se imagina en un papel que simbolice el éxito para usted? ¿Qué es el éxito para usted?

Los tres tipos de miedos que crean obstáculos para triunfar son: el miedo al éxito, el miedo al fracaso y el miedo a correr riesgos.

El primer paso para superar estos temores es estar alerta de ellos en forma consciente y analizarlos. El siguiente paso es decidir qué es el éxito para usted. El éxito tiene un significado diferente para cada persona. He aquí una definición para que la considere al formular la suya.

> *Éxito es la capacidad de visualizar lo que quiere en la vida (lo que quiere aportar, ser, dar y tener) y disfrutar el proceso de emprender acciones hacia esa visión, aprender del proceso, hacer la visión realidad y después crear una nueva visión una y otra vez.*

La respuesta honesta a la pregunta *¿quién es usted?* se relaciona con la formulación de la propia definición de éxito. ¿Qué es lo primero que le viene a la mente? Mucha gente responde a esa pregunta en términos de los papeles que desempeñan o lo que hacen. Pero usted tiene una visión más amplia que ésa. Considere la posibilidad de que usted *no sea* sus sentimientos, su cuerpo o su mente: es usted un centro de conciencia diseñado para cuidar de sí misma.

Técnica número 2: Identifíquese con gente triunfadora

¿Cómo se relaciona con el éxito de otras personas? ¿Con envidia? ¿Resentimiento? ¿Temor? ¿Apreciación? ¿Gozo? ¿Aprobación sincera? Sus respuestas son la clave para saber el concepto que tiene de sí misma y sus miedos. Si sus sentimientos son negativos o comprenden una sensación de temor, se aleja del éxito. Es posible que no quiera que los demás le recuerden que no se arriesga ni logra. Por otro lado, cuando se identifica con el éxito y se ve caminando hacia la visión que tiene de éste, sus sentimientos en relación con el éxito de otros suelen ser positivos.

Técnica número 3: Venza el temor

¿Le ayudaron los Promotores de aptitudes del capítulo 1 a descubrir algún miedo al éxito, al fracaso o al riesgo que guarda en el subconsciente?

Miedo al éxito. Si teme el éxito, deberá eliminar cualquier conflicto de papeles subyacente a ese temor. El mejor modo de sacar de raíz un temor, es ser específica y analizarlo en detalle estudiando preguntas como éstas:

¿Teme que el éxito no vaya bien con la imagen que tiene de sí misma? Tal vez deba trabajar para cambiar eso. En el fondo, ¿se visualiza a sí misma como un ser poco privilegiado? ¿Ligeramente inferior en algún aspecto? ¿Una seguidora y no una líder? ¿Una víctima?

¿Teme usted que el éxito tenga algunas consecuencias no deseadas? Encuéntrelas y enfréntelas. He aquí algunas frecuentes: *No seré muy atractiva para los hombres. No seré capaz de encontrar o conservar a un marido. Representará demasiada responsabilidad. Captaré demasiada atención. Me culparán cuando las cosas vayan mal. No tendré suficiente tiempo libre para mi vida personal. No agradaré a la gente si soy la jefa... una mujer fuerte y agresiva... más exitosa que los demás.*

¿Tiene miedo de la reacción de sus padres a su éxito? ¿Que su mamá no la quiera si es más exitosa de lo que fue ella? ¿De que sus padres en general estén resentidos con la gente exitosa? Por el contrario, ¿tiene miedo de satisfacer los deseos de sus padres? Quizá usted aún resiente sus presiones. O tal vez cuando era niña decidió darles una lección y no darles lo que deseaban de corazón.

¿O sencillamente teme a los aspectos desconocidos del éxito? Adoptar nuevos papeles, en especial los de liderazgo, es arriesgado. No hay mapas para gran parte del territorio.

¿Teme no merecer el éxito? Una vez más, esto se relaciona con la imagen que tiene de sí misma. Si cuando era niña recibió mensajes de gente importante en su vida que interpretó como: *Tú no mereces triunfar,* tal vez ya decidió que *no* lo merece. O quizá su comportamiento no cumple con los estándares que asimiló, de modo que decidió que no lo merecía. Es posible que no recuerde haber tomado esa decisión, pero puede ejercer gran influencia inconsciente sobre sus acciones. En efecto, la investigación psicológica indica que haremos casi cualquier cosa para demostrar que estamos en lo correcto acerca de esas decisiones fundamentales de la vida, hasta sabotearnos a nosotros mismos.

Es posible invertir esos ciclos negativos al tomar conciencia de sus creencias inconscientes y cambiarlas. También la ayudará a tener una visión realista de las alternativas para triunfar; a largo plazo, sin éxito, ¡es mucho más vulnerable y tiene muchas menos opciones en la vida!

Temor al fracaso. La otra cara de la moneda es el temor al fracaso, que incluye el miedo a descubrirse como inadecuada o equivocada. Comprende el hecho de enfocarse en malo contra bueno, en vez de avanzar hacia la vida que desea. Cuando experimente miedo al fracaso, céntrese en este pensamiento: *Todo me beneficiará.* La idea es que la vida es un juego en el cual aprendemos, crecemos y mejoramos en forma constante. Las situaciones en las que no logramos lo que queremos sirven como lecciones y señales valiosas para guiarnos en el futuro si elegimos darles este uso. Pregunte: *¿Qué aprenderé de esta experiencia?* Y luego, póngase en acción.

Temor al riesgo. Tanto el temor al fracaso como el temor al éxito se basan en el temor a correr riesgos. Por definición, un riesgo tiene cierta probabilidad de triunfo y de fracaso. Si sus cálculos informados se inclinan del lado del éxito, céntrese en esa probabilidad y luche por ella. Es fácil olvidar que evitar un riesgo puede ser otro riesgo en sí mismo, el riesgo de no crecer ni ser todo lo que puede ser.

Manejar sus temores le ayuda a enfrentar los riesgos con eficacia y a calcular con mayor objetividad las probabilidades reales de varios eventos. Correr riesgos calculados es fundamental para triunfar en la vida, y una clave para triunfar en los negocios. Una de las reglas es: *El que no arriesga no gana*. ¿Qué riesgos son los que no está dispuesta a correr? ¿De qué manera esta falta de disposición afecta los objetivos que se fijó? La gente pierde oportunidades porque no se arriesga al rechazo. Como dijo un sabio, *si no experimenta el rechazo por lo menos una vez a la semana, sencillamente no hace nada nuevo*. En otras palabras, jugar a lo seguro la hace sentirse mejor por un tiempo; pero para experimentar esa emoción fuerte que se relaciona con un alto nivel de logro, debe perseguir objetivos desafiantes, objetivos que comprendan el riesgo al rechazo o al fracaso.

Técnica número 4: Utilice sus herramientas internas de liderazgo

Usted genera su realidad todo el tiempo, sólo que crea gran parte de ella en el nivel subconsciente. Llegó el momento de traer al nivel consciente su proceso de concebir la realidad. Empiece por visualizar lo que quiere crear. Ha estado visualizado realidades positivas y negativas que podrían ocurrir y las ha creado, a veces en forma consciente y a veces en forma inconsciente. Cuanto más consciente sea ese proceso, tanto más se parecerá su realidad a sus sueños. Una manera de visualizar el proceso de crear la realidad, se muestra en la Instantánea número 1, que refleja una combinación de lo que muchos antropólogos y psicólogos han descubierto acerca de la realidad: la materia prima psicológica a partir de la cual creamos la realidad son aspectos de la mente, como creencias, actitudes, sentimientos, pensamientos, decisiones y elección de cursos de acción.

Las herramientas para cambiar nuestra realidad también son aspectos de nuestra mente, sobre todo la imaginación, los deseos y las expectativas. Por medio de la imaginación, visualizamos, percibimos y soñamos aspectos de la realidad nuevos y diferentes. La imaginación es nuestra herramienta para crear nuevas ideas y adoptar enfoques innovadores. Nuestros deseos disparan nuestra motivación y son la base de nuestros propósitos, intenciones y objetivos. Nuestra esperanza se refiere a la fe o confianza que tenemos de cambiar aspectos de nuestra realidad.

Instantánea número 1: Elementos de la realidad: un mapa mental

Contenido de nuestra realidad:
Creencias
Actitudes
Sentimientos
Pensamiento
Decisiones
Cursos de acción

Herramientas para cambiar nuestra realidad:
Imaginación (creatividad, innovación)
Deseos (misión/propósito, metas)
Esperanzas (confianza en la capacidad de cambio)

✓ Estrategia número 2: Descubra su pasión y su propósito

Una de las claves para triunfar es elegir una carrera en la que haga algo que le interese, algo que dé propósito y pasión a su vida y trabajo. Muchos adultos todavía no saben lo que quieren ser, aun cuando ya crecieron. Y la mayoría evitan el difícil, pero crucial trabajo de averiguarlo. La escritora Edith Highman expresa el significado de este trabajo de autoanálisis de una hermosa manera:

> *A cada cual se le dio mármol para esculpir una pared*
> *Una piedra necesaria para aumentar la belleza de todo*
> *Y sólo tu espíritu tiene la magia para darle la gracia*
> *Y sólo tus manos tienen la fuerza para lograrlo.*
> *Sí, es el trabajo asignado a cada uno, nadie más lo puede hacer.*
> *De modo que la tarea espera; te ha esperado siglos*
> *Y ahora apareces, y los siempre silenciosos vuelven su mirada*
> *Para ver lo que haces con tu tiempo en el paso de los días.*

Para crear la vida y profesión más satisfactoria, primero debe descubrir lo que le gusta y lo que hace bien y cómo estas actitudes e intereses se combinan en tipos específicos de carreras. Luego, debe ponerse en contacto con el propósito de su vida, lo que quiere hacer en este mundo.

Técnica número 1: Descubra sus aptitudes e intereses

Lo que le importa y lo que disfruta está estrechamente relacionado con lo que hace bien. Pero a mucha gente no le queda claro qué cosas hace bien y disfruta de verdad. Considera que hay muchas cosas que podrían hacer o harían si supiera cómo o tuviera una oportunidad de intentar, en particular en el área profesional.

El único modo de identificar sus aptitudes e intereses es comenzar con aquello que sabe ahora; luego, conforme aprenda más acerca de diversos trabajos y profesiones tendrá una base para evaluar qué tan bien se ajustan a sus aptitudes e intereses. Al final de este capítulo encontrará el Promotor de aptitudes número 1, que está diseñado para ayudarla a identificar sus capacidades e intereses. Tal vez obtenga algunas ideas para combinar su experiencia, aptitudes e intereses y encontrar el campo profesional correcto al estudiar las instantáneas números 2 y 3.

Tal vez necesite aprender más acerca de lo que en realidad hace la gente en diferentes carreras y puestos, en lugar de depender de lo que la mayoría de los desconocidos suponen que hacen. Estudie las revistas que incluyan descripciones de puestos, así como las que describan las 25 profesiones más importantes para las mujeres.

Instantánea número 2: Vuelva a combinar sus aptitudes

En todos los casos, estas aptitudes pueden usarse en las áreas administrativas y directivas: en ventas, mercadotecnia, computación, relaciones públicas, finanzas, bienes raíces, seguros, comunicaciones y servicios.

Sus aptitudes clave actuales	Necesidades y aplicaciones de negocios relacionadas
Artísticas/Creativas Escritura, edición, artes gráficas, publicidad.	Aptitudes de comunicación, relaciones públicas, medios, artes escénicas, modelado, entablar/construir relaciones con clientes, supervisión técnica.
Detalle de negocios Trabajos de oficina, teneduría de libros, contabilidad, administración, computación, entrevistas, demandas, análisis estadístico.	Organización, coordinación, procesamiento, seguimiento y control, evaluación, administración de la información, manejo de procedimientos administrativos
Humanismo Cuidado de los niños, asesoría, trabajo religioso o social, enfermería, terapia, servicios de rehabilitación.	Gerencia mediante el consenso, orientación hacia el servicio, contacto directo con los clientes/compradores, aptitudes para la comunicación, motivación, capacitación, supervisión.
Servicios de alojamiento Servicios sociales/recreativos, de alimentación, de salón de belleza/barbería, al cliente, de asistentes, a pasajeros.	Orientación hacia el comprador/cliente, establecimiento y mantenimiento de relaciones de negocios, aptitud para la comunicación/relaciones públicas.
Ventas Ventas al detalle, de bienes raíces y técnicas, publicidad y promoción, trabajo de oficina relacionado con las ventas.	Comunicación convincente, aptitud para las relaciones humanas, establecimiento de relaciones de negocios, orientación hacia el comprador/cliente, orientación hacia los resultados/utilidades.
Desempeño físico Entrenamiento e instrucción deportiva, oficiante.	Toma de decisiones, solución de problemas, capacitación, entrenamiento, dirección de trabajadores, creación de un clima laboral motivador, establecimiento de metas, manejo de logros, productividad.
Plantas/Animales Granjas, bosques, servicios veterinarios, enfermería/cultivo de la tierra, en especial alimentación.	Planeación, organización, coordinación, trabajos técnicos y supervisión, orientación hacia logros/productividad, solución de problemas, toma de decisiones, seguimiento, control.
Liderazgo/Influencia Servicios educativos/bibliotecarios, investigación social, leyes, política, relaciones públicas, servicios de salud y seguridad, finanzas, comunicación.	Administración de la información, manejo de la autoridad, contabilidad, responsabilidad por los resultados y la productividad, trato con el público/medios.
Científicas/Técnicas Ciencias físicas y de la vida, técnico de laboratorio, practicante médico.	Aptitudes para las matemáticas, aplicaciones técnicas/supervisión, diseño y uso de procedimientos racionales, solución de problemas, toma de decisiones.

Su recurso más valioso tal vez sean las mujeres que trabajan en el campo, ramo, compañía o puesto de su interés. Aproveche las aptitudes propias para integrar redes de relación, a fin de localizar a estas mujeres y para concertar algunas entrevistas de información. Haga preguntas como las siguientes:

↳ ¿Hacia dónde cree que irá la industria en los próximos años?

↳ Platíqueme sobre su trayectoria profesional.

↳ ¿Cómo consiguió su empleo?

↳ ¿Qué es lo que más y lo que menos le gusta de su trabajo?

↳ ¿Podría describir un día típico en su trabajo?

↳ ¿Cuál es el salario promedio de este tipo de puesto?

↳ ¿Qué característica mía podría ayudarme a conseguir un trabajo?

↳ ¿Hay alguien más con quien yo pudiera hablar en un trabajo o departamento en particular? ¿En otra compañía?

Instantánea número 3: Descubra el mejor campo para usted

Tolerancia para	Claves para el poder	Individualismo	Estilo	Futuro
Contabilidad	Influencia personal; establecimiento de relaciones con clientes y socios.	Muy poco.	Totalmente americano.	Si los clientes comienzan a buscar notoriedad/originalidad, cambiará el juego interno del poder.
Alta tecnología	Ideas originales en el desarrollo de productos, mercadotecnia, productividad.	Elevada; mucha demanda por los innovadores capaces de trabajar en el sistema.	Estilo gerencial por consenso que elimina los estilos autocráticos anteriores.	El paraíso de quienes aceptan correr riesgos; grandes riesgos, grandes recompensas.
Banca y finanzas	Ideas productivas; análisis técnicos, establecimiento de relaciones.	En aumento.	Pocas claves; centrado en hechos/números; serio, predecible, no muy ambicioso.	Muchos cambios, rediseño de la misión, los servicios, los métodos.
Cuidado de la salud	Influencia con administradores, médicos.	De intermedia a elevada.	Analítico; firme, va al punto; actitud respetuosa hacia los médicos.	En auge, pero el gobierno y las compañías aseguradoras establecen límites.
No lucrativo	Con frecuencia, una ventaja en la organización, manejo de proyectos especiales; aptitudes: administración por consenso, relaciones públicas, obtención de fondos.	Muy elevada.	Proyecta una imagen de idealismo; observa reglas de supervivencia política.	Cambiante, breves momentos de crecimiento y declive.
Espectáculo y medios	Ideas supremas; la productividad por encima de todo; aceptación de riesgos, la audacia es imprescindible.	La más elevada.	Extrovertido; aptitudes para negociar, sabiduría política.	Siempre importante; algunas formas alteradas.

Técnica número 2: Póngase en contacto con su proyecto de vida

¿Por qué está aquí? ¿Por qué vino a este mundo? Si tiene alguna idea de su propósito de vivir, le servirá como marco de referencia para todos sus objetivos a corto y largo plazo en cada área de importancia de su vida. Al operar desde un marco así, el logro de sus objetivos con seguridad será más satisfactorio para usted. De este modo, la línea entre el trabajo y el juego se torna difusa porque aquellas actividades que ve como parte de su vida laboral también las considera importantes, satisfactorias e incluso una fuente de diversión y gozo en su vida. En otras palabras, el trabajo que a usted le gusta hacer, aprende a hacerlo bien, y el trabajo que hace bien, es más probable que le proporcione el dinero que quiere. ¿Acaso no es estimulante que el trabajo que le da gozo es más factible que le dé abundancia?

> 📖 *Su proyecto de vida o establecimiento de misión es una visión a largo plazo de lo que ahora piensa que quiere hacer con su vida. ¿Por qué está aquí y quién es en el esquema general del mundo?*

Estamos aquí para hacer contribuciones al mundo y para aprender lecciones. Resuelva el Promotor de aptitudes número 2 al final de este capítulo para experimentar lo anterior. En el lapso de su vida, este proyecto indudablemente crecerá y cambiará, pero habrá un núcleo consistente. Ese núcleo es lo que marca la diferencia entre sus objetivos, incluso aquellos a largo plazo. Cuando está consciente de su proyecto de vida, puede establecer objetivos alineados e integrados con ese proyecto. Sus actividades cotidianas la pueden llevar en la dirección que parezca correcta. La gente que se las ha arreglado para *obtenerlo todo junto* de este modo dice que sus logros adquieren mayor significado para ella. El trabajo mismo (y los resultados naturales) brindan mayor satisfacción y gozo.

Instantánea número 4: Proyecto de vida, objetivos y actividades de Ashley

---

Proyecto de vida de Ashley: Líder, gerente, maestra
Área profesional: Adquirir experiencia de liderazgo y administrativa en el mundo de los negocios. Aprender en forma continua acerca de los asuntos del mundo y crecer a partir de estas experiencias.
Familia/amigos: Establecer relaciones sanas de varios tipos, familiares, personales y profesionales.
Superación personal: Aprender en forma continua acerca de los aspectos espirituales y filosóficos de la vida.
Integración: Ayudar a otros a aprender de las cosas que he aprendido y aprendo. Combinar mi aprendizaje del negocio y las áreas personales, filosóficas y espirituales de mi vida para enriquecer todas las áreas.

> **Los tres principales objetivos de Ashley en marzo del año en curso:**
> 1. Terminar la maestría en administración de empresas en diciembre.
> 2. Negociar un ascenso a gerente de ventas con base en mi maestría, en diciembre.
> 3. Encontrar e ingresar, o establecer un grupo de crecimiento personal para mujeres en junio.
>
> **Las tres principales actividades que Ashley realizará en esta semana:**
> 1. Terminar el informe acerca de la diversidad de la fuerza laboral para la clase de administración.
> 2. Ponerme en contacto con 12 clientes a fin de alcanzar el objetivo de ventas para este trimestre.
> 3. Asistir al seminario vespertino acerca de los papeles de las mujeres en la creación de la comunidad.

El proyecto de vida, los objetivos y las actividades de Ashley que se muestran en la Instantánea número 4, ayudan a ilustrar la relación entre estos aspectos de la creación de la vida. Los elementos de su proyecto de vida parecen objetivos y en cierto sentido lo son, pero son objetivos vitalicios. Observe la manera en la que su proyecto de vida se traslapa con las tres áreas de su vida y la lleva a la integración de las tres. Tal vez no vea el mismo grado de integración en su proyecto de vida en este momento, pero es común que esas áreas se integren más con el tiempo.

✓ Estrategia número 3: Establezca con claridad sus objetivos

Ahora que ha enfrentado obstáculos potenciales para establecer objetivos con efectividad, y ha analizado su único conjunto de aptitudes e intereses y se ha sintonizado con su proyecto de vida, quizá esté preparada para avanzar hacia el proceso de establecer objetivos que le permitirán tener la abundancia cuando realice una lluvia de ideas acerca de las cosas que desea en la vida, afinando y clasificando sus objetivos, estableciéndolos en forma clara y específica y distinguiéndolos de actividades intercambiables.

Técnica número 1: Permita la abundancia en sus objetivos

¿Aborda los objetivos desde un punto de vista de escasez? ¿Piensa: *Ya que no hay suficientes recursos para que todos tengan lo que necesitan, de manera que, entre más obtenga yo, habrá menos para los demás?* Piense en todas las cosas que se consideran escasas y reúnalas. Si analiza los recursos mundiales (como alimentos, agua potable, vivienda, educación, salud, dinero, tiempo, energía y amor) tal vez se dé cuenta que tendríamos recursos adecuados y hasta abundancia si un grupo crítico de gente se decidiera a manejarlos en forma adecuada. El pensamiento de abundancia refleja las creencias individuales y colectivas acerca de los recursos clave en la vida.

- ✤ Considere el dinero. Nuestra energía creativa se transforma en dinero. Podemos pensar que es energía verde.
- ✤ Tiempo. Hay siempre 24 horas en un día; tenemos tiempo en abundancia para alcanzar nuestros objetivos de alta prioridad, una vez que los establecemos y desechamos aquellos que no son esenciales.
- ✤ Energía. Todo lo que existe en el universo es energía; el único problema es encontrar y establecer la mejor forma de energía para cada propósito.
- ✤ Y amor. Que es lo que existe en nuestras mentes y corazones. Entre más amor nos damos a nosotros mismos y a los demás, más recibimos y más tenemos para volver a dar. Los únicos límites son nuestros temores que nos impiden dar y recibir amor.

Cuando tiene una actitud de abundancia, avanza con más libertad hacia sus objetivos. Al haber mucho para todos, su éxito no necesita basarse en las carencias de otra persona. El que usted tenga más, no significa que alguien tenga menos. Es una actitud de beneficio mutuo: todos ganan.

Céntrese primero en establecer objetivos que vayan de acuerdo con su proyecto de vida y en las contribuciones que desea hacer. Después céntrese con claridad en la clase de abundancia que quiere para sí misma: bienestar material abundante, relaciones abundantes, salud abundante y gozo abundante. Cuando trabaja en *el propósito*, es decir, hace aquello para lo que está aquí, la abundancia se materializa en la mejor forma para usted.

Técnica número 2: Tenga muy claro qué es una meta

El término *meta* se emplea aquí como sinónimo de *objetivo* y es muy diferente de una *actividad,* por lo siguiente:

- ✤ Una meta es el resultado final específico que quiere alcanzar en algún punto del tiempo preestablecido.
- ✤ Las actividades son cosas que *hace* para alcanzar su meta.
- ✤ Es posible *disfrutar* una actividad, pero eso no consigue una meta.
- ✤ Hay gran variedad de actividades factibles y aceptables que la ayudan a alcanzar su meta.

Las actividades son medios para lograr un fin. El fin es su meta. Por esta razón, es muy importante separar las metas de las actividades, de modo que le quede claro lo que quiere en realidad y se sienta libre para considerar alternativas que la lleven ahí.

También es importante tener una imagen clara de sus metas. Descríbalas. El Promotor de aptitudes número 3 le pide mencionar sus cinco metas más importantes. Es mucho más probable que alcance metas escritas que mentales; son más específicas y fáciles de recordar, actualizar, revisar y borrar una vez que se alcanzan. Y al eliminarlas incrementa su sensación de satisfacción y motivación para continuar sus logros.

Técnica número 3: Distinga entre metas específicas y vagas

La mayoría de nosotros tenemos una mezcla confusa de *deseos*. Muchos de ellos son vagos; algunos se consideran actividades en lugar de lo que esperamos obtener *por hacer* esas actividades. Con frecuencia, queremos hacerlos realidad ahora, y fantaseamos con lograrlo algún día. Debemos transformar esos deseos fantasiosos en metas claras y específicas con el objeto de alcanzarlas.

¿Qué tan específicas? De preferencia lo suficiente para que en la fecha que se haya establecido para alcanzar la meta *sepa* con certeza si se ha alcanzado o qué tan cerca llegó y para que cualquiera que esté al tanto también lo sepa. En la Instantánea número 5, encontrará ejemplos de metas vagas y específicas.

Instantánea número 5: Metas vagas y metas específicas

Metas vagas	Metas específicas
Ganar más dinero.	Ganar $30,000 el año próximo.
Ascender en la compañía.	Ser gerente general de una sucursal regional en...
Avanzar en la vida.	Tener un valor neto de $500,000 en...
Regresar a la escuela.	Obtener una maestría en administración de empresas en...
Viajar más.	Hacer un viaje de tres semanas por el Lejano Oriente en...

Técnica número 4: Distinga entre metas y actividades

En muchos casos, *usted* es la única que puede decidir si un deseo es una meta o solo una actividad. Pregúntese: *¿Por qué quiero hacer esto?* Si el acto o proceso de hacer algo es lo que desea, entonces es probable que sea una meta para usted. Si la actividad es sobre todo un *medio* para obtener algo que quiere, entonces no es una meta.

Por ejemplo, *¿por qué* quiere tener más tiempo libre? ¿El propósito es practicar un pasatiempo, adquirir una aptitud, viajar? Si es así, esas actividades son sus metas, y disponer de más tiempo libre es un *medio* para ese fin. Por otro lado, podría querer libertad para hacer cosas en el entusiasmo del momento, o realizar cualquier cosa que encuentre encantadora de cuando en cuando. Si es así, disponer de más tiempo libre todavía es su meta.

He aquí otro ejemplo, *¿por qué* quiere obtener una maestría? ¿Para conseguir un mejor empleo, para ganar más dinero o para experimentar la satisfacción personal de tener el grado sin fijarse en otras ventajas? Supongo que la razón principal por la que desea un grado es aumentar sus ingresos. Tal vez pueda encontrar cierto número de modos alternativos o trayectorias profesionales de estar calificada para una carrera profesional que le tomaría menos dinero, tiempo y energía que conseguir una maestría. Cuando encuentre difícil decidir si un deseo es una meta o sólo una actividad que le gusta, se trata de un medio para lograr un fin, pruebe esto:

- ✍ Póngase cómoda, relájese lo más posible.
- ✍ Cierre los ojos y visualícese después de alcanzar su meta.

🖖 ¿Cómo se siente, está satisfecha con este resultado final en particular? ¿Está satisfecha con la *forma* en que la logró? ¿Le falta algo?

🖖 Si pudiera, ¿qué haría diferente?

Algunas veces, visualizar los resultados finales y cómo se siente con ellos le ayuda a decidir lo que desea en realidad. Por ejemplo, si se visualiza con un trabajo atractivo en particular *sin* haber obtenido el posgrado, tal vez pueda decidir si alcanzarlo es su meta real.

Después de elaborar de forma espontánea una lista al azar de lo que desea en su vida, evalúela. Resuelva los Promotores de aptitudes al final del capítulo para que la ayuden en este proceso. El Promotor de aptitudes número 4 está diseñado como ayuda para avanzar en forma específica en algunas metas establecidas y para reflejar su importancia relativa. Algunas de las partidas son variaciones probables de las metas que mencionó en el Promotor de aptitudes número 3. Si tiene problemas para decidir cuáles son sus metas reales, complete el Promotor de aptitudes número 5.

✓ Estrategia número 4: Planee para equilibrar su vida

Se encuentra en la etapa de crear la vida que desea (una vida de abundancia que la conduce al éxito). Algunas de las metas que ha establecido tienen poco que ver con una profesión, ¿correcto? El siguiente paso es imaginarse cómo crear una vida exitosa que *incluya* una carrera triunfadora.

Técnica número 1: Aprenda a obtener todo por etapas

Sus metas tal vez incluyen varias clases de *deseos*; poca gente tiene una vida simple en la que es importante *sólo* su carrera, *sólo* su crecimiento profesional o *sólo* su familia. Las mujeres tienen que hacer elecciones más difíciles que los hombres cuando se presentan conflictos entre la carrera y la vida privada. En el pasado, las mujeres con alta capacitación renunciaban a sus aspiraciones profesionales cuando se casaban. Ahora, algunas mujeres intentan ser superheroínas y establecen en forma poco realista metas y estándares elevados en todas las áreas de su vida. Esto puede conducir a lo que en la actualidad se conoce como *saturación*, una mezcla de frustración, cansancio y depresión. Otras mujeres no están conscientes de las implicaciones de las elecciones que hacen hasta que los problemas comienzan a aumentar.

Las mujeres que se las han arreglado para *tenerlo todo*, con frecuencia dicen que tienen un matrimonio exitoso porque se casaron con alguien que respeta su profesión y los dos anteponen el matrimonio; los dos establecen objetivos profesionales que no dañan la relación matrimonial. En este contexto, a veces los objetivos profesionales de la mujer tienen prioridad; pero durante la fase de los niños pequeños, los objetivos familiares la tienen. Esas parejas alternan etapas de alta prioridad en las que, cuando la mujer se centra en asuntos profesionales, el hombre lo hace en la vida familiar y viceversa. Durante las etapas más maduras, los objetivos del superación personal tienen una prioridad conforme la mujer se revitaliza y adquiere nuevas armas para una nueva etapa profesional, y en otro momento diferente su pareja hará lo mismo. El punto es que las mujeres que lo tienen todo no intentan hacer de las áreas de su vida una prioridad máxima al mismo tiempo. Respetan sus limitaciones y crean su vida en etapas con un sentido del flujo de ésta.

Técnica número 2: Establezca prioridades entre las áreas de su vida

Para tener una imagen clara de sus objetivos profesionales, necesita analizar su importancia en relación con otras metas de su vida. Encontrará la oportunidad de hacer esto en el Promotor de aptitudes número 7, donde se hacen preguntas acerca de las elecciones que haría en tres áreas de su vida: profesión, vida privada y superación personal. Si vive sola, es probable que tenga algunas metas y consideraciones familiares o sobre su vida privada. Si no es así, se puede concentrar en las otras dos categorías. Base sus respuestas en las circunstancias de su vida actual y no en posibles fases posteriores. Para decidir qué área de su vida es la más importante, véase a usted misma en una situación en la que deba elegir hacer algo importante para un área que entre en conflicto con las prioridades en otra. Estos ejemplos la ayudan a comenzar.

- ✍ **¿Carrera o vida privada?** Tiene la oportunidad de obtener una posición de alto nivel que requerirá que usted se mude en forma temporal a un país extranjero donde siempre ha querido vivir, pero su esposo no puede acompañarla.
- ✍ **¿Carrera o superación personal?** Tiene una oportunidad para acudir a algunas juntas y seminarios que es probable la ayuden a prepararse para un ascenso, pero ir significa que debe renunciar en forma temporal a la mayor parte del tiempo personal que dedica a la lectura o a su deporte favorito.
- ✍ **¿Superación personal o vida privada?** En verdad quiere tomar la clase de escritura creativa en una universidad local, pero esto significa renunciar a los sábados con su familia durante meses.

Después de que haya analizado las áreas de su vida en el Promotor de aptitudes número 7, regrese a las metas que estableció en el Promotor de aptitudes número 4 y decida si cada una es una meta profesional, de vida privada o personal (o una combinación de las tres). ¿Cuáles son tan importantes que a usted le gustaría trabajar en ellas en más de un área de su vida, por ejemplo, tomando un curso con su pareja? ¿Cuáles no la llevarán a ningún logro ni satisfacción en un área, pero tal vez lo hagan en otra? Por ejemplo, tomar alguna capacitación para hacer presentaciones en seminarios patrocinados por su compañía en comparación con unirse a un grupo de maestros de ceremonias en su tiempo personal. Es probable que observe que una meta general se aplica más a un área específica en lugar que a las tres áreas de su vida. Por ejemplo, tal vez desee mayor libertad en su trabajo, pero no sienta una necesidad similar en su vida privada o en su superación personal.

Técnica número 3: Céntrese en un área y proteja las demás

La gente que ha formado carreras exitosas, siempre dice que ha tenido que pagar el precio de anteponer sus profesiones en alguna etapa de su vida. Este sacrificio tiene recompensas reales: algunos estudios indican que la mayoría de los millonarios obtienen sus fortunas a través de su trabajo o profesión y no de una herencia. Sin embargo, si antepone su carrera durante toda su vida adulta, tal vez pierda algunas de sus metas más queridas. Por ejemplo, las parejas más felices reportan que ambos dan prioridad al otro, en el esquema general de las cosas. Así pues, habrá veces en que coloque su carrera en segundo lugar.

Los estudios para determinar qué es lo que contribuye más a la autoestima y el gozo de la vida de las mujeres indican que las mujeres casadas con hijos y profesión son las más felices. Así pues, la buena noticia es que muchas mujeres intentan *tenerlo todo* y que parecen ser las más felices de nuestra sociedad. La mala noticia es que no importa cuán duro trabajen, todavía tienen que hacer la mayor parte del trabajo doméstico y del cuidado de los niños. Una encuesta que el Families and Work Institute realizó en 1995 encontró que casi la mitad de las mujeres casadas que trabajan proveen la mitad o más del ingreso del hogar. Pero en tanto que la mayoría de los esposos dijeron cumplir con la parte que les tocaba en casa, las mujeres afirmaron que no era así. Otra encuesta entre hombres y mujeres encontró que las esposas que trabajan son responsables de 70 a 80 por ciento del cuidado de los niños, las compras, preparar la comida, hacer la limpieza de la casa y lavar la ropa.

Varios estudios indican que, al mismo tiempo que las parejas discuten acerca de la igualdad, subsisten muchas de las tradiciones que dificultan las carreras de las mujeres casadas. Los investigadores reportan que los hombres con esposas exitosas son más felices en sus matrimonios, pero muchos de los maridos no quiere que las esposas adopten el papel de proveedoras. Y parece haber un punto en el cual los hombres se sienten amenazados. Las esposas con el mayor éxito profesional tienen un índice de ruptura más elevado, a menos que sus maridos alcancen un nivel similar de éxito.

Parejas en las que ambos son profesionales: pregunte antes de comprometerse

Todo esto es una indicación adicional de que necesita saber lo que su pareja supone y espera antes de establecer un compromiso a largo plazo. Las discusiones francas acerca de *quien será responsable de qué*, ayudarán a evitar situaciones difíciles. Considere las siguientes preguntas:

- ✎ ¿Quién controlará el dinero?
- ✎ ¿Quién tendrá la responsabilidad principal de cocinar, hacer la limpieza de la casa, encargarse de la lavandería, sacar la basura, arreglar el jardín, realizar el mantenimiento de la casa y llevar a cabo las reparaciones?
- ✎ ¿Quién se quedará en casa cuando se enferme uno de los hijos?

↳ ¿Cómo van a manejar las oportunidades profesionales que requieran viajar o mudarse? ¿Dependerá de la etapa de la carrera en que se encuentren o la decisión se tomará en forma automática a favor de la carrera del hombre?

↳ ¿Cómo se equilibrarán las necesidades profesionales, familiares y de superación personal?

↳ ¿Qué papel tendrán los amigos y la vida social en la relación?

↳ ¿Qué clase de compromiso espera dar y recibir cada uno?

↳ ¿Qué clase de libertad personal espera tener cada uno?

Es importante discutir el estilo de vida, las expectativas, prioridades y técnicas para tomar decisiones conjuntas *antes* de que se comprometan a profundidad y antes de que haya niños. Muchas madres divorciadas dicen que nunca consideraron el hecho de que, una vez que tuvieran un hijo con un hombre, éste último formaría parte de su vida para siempre, debido a la mutua relación con los hijos y más tarde con los nietos.

Analizar las prioridades en el área de la vida con una pareja potencial ayuda a evitar sorpresas desagradables. Algunas personas tienen poca ambición o trabajan el mínimo y viven para su tiempo de recreación. En el otro extremo, existe gente que vive para su trabajo. Mientras que la gente que ama su carrera con pasión en general es feliz, los adictos al trabajo no lo son. Las mujeres profesionistas que se casan con hombres profesionistas deben estar alerta en especial en cuanto a los problemas potenciales que ocurren cuando se juntan dos adictos al trabajo.

¿Cómo puede reconocer a los adictos al trabajo? Por el hecho de que no pueden disfrutar el tiempo libre que no tenga nada que ver con sus carreras. Son adictos al trabajo y por tanto tienen dificultad para disfrutar el tiempo con la familia o recreativo y, tal vez, hasta para su superación personal. Es probable que sus hijos tengan dificultad mayor para satisfacer algunas de sus necesidades básicas, requerimientos de guía de los padres, apoyo y afecto. Los padres adictos al trabajo con frecuencia encuentran difícil convertir el tiempo precioso que pasan con sus hijos en *tiempo de calidad*, porque están preocupados pensando en el trabajo.

Aproveche sus aptitudes administrativas y de liderazgo

Prevenir para las áreas fundamentales de su vida requiere capacidad para ser firme, administrar el tiempo y delegar; temas que estudiamos en capítulos anteriores. Si quiere evitar saturarse debido a que desempeña el papel de una supermujer durante mucho tiempo, debe identificar sus derechos en sus relaciones cercanas, en especial aquellas en las que participan algunos niños. Tal vez necesite ser firme para llegar a acuerdos constructivos en cuanto a la forma en que cada miembro de la familia contribuirá a su mantenimiento. Necesitará aptitudes de administración del tiempo para asegurarse de que se ocupa de sus asuntos de alta prioridad en lugar de desperdiciar gran parte de su precioso tiempo en las prioridades de otras personas. Y necesitará aptitudes para delegar, a fin de asignar tareas a sus hijos y a las trabajadoras domésticas.

✓ Estrategia número 5: Planee sus actividades y establezca prioridades

Es probable que ya tenga idea de cuáles son las metas más importantes en cada área de su vida. El paso siguiente es considerar qué actividades abrirán los mejores caminos para alcanzar esas metas, con la ayuda del Promotor de aptitudes número 8. Para usarlo, necesitará revisar el Promotor de aptitudes número 4; luego, anote las tres metas más importantes de cada categoría del Promotor de aptitudes número 8. Llene los espacios con las prioridades de la vida personal que estableció en el Promotor de aptitudes número 7, en el punto cinco. Entonces tendrá un resumen de lo que desea en la vida en este momento.

En seguida, comience por escribir todas y cada una de las actividades que piense que la ayudarán a alcanzar sus metas, analice una meta a la vez. En este momento no dé prioridades a las actividades. Otra vez, déjese llevar por la fantasía, haga una lluvia de ideas, deje que su parte infantil creativa se haga cargo. Sea atrevida. Si se siente bloqueada o indecisa en una categoría profesional, revise las instantáneas número 3 y 4, resuelva los promotores de aptitudes números 9 y 10 para que le ayuden a empezar y luego regrese al Promotor de aptitudes número 8.

Después de incluir las actividades para todas las áreas de la vida, analice su lado crítico, práctico y razonable, para que la ayude a seleccionar la actividad que sea más factible que contribuya a su primera meta. Clasifique esa actividad en el número 1 de la lista del Promotor de aptitudes número 8. En el número 2, la siguiente actividad que contribuya más, y así sucesivamente hasta la última actividad. Repita esto para cada meta.

¿La intimida su lista de actividades? Si es así, comience por señalar las actividades a las que *está dispuesta a dedicar al menos cinco minutos durante las siguientes semanas*. Ahora, retire de la lista todas las actividades a las que no está dispuesta a dedicar cinco minutos. Estas actividades quizá sean importantes, pero es obvio que no lo suficiente para ocupar su tiempo en este momento, de modo que es probable que nunca las realice.

¿Se quedaron sin actividades algunas de las metas que había anotado? Repase y anote otras actividades, luego asígneles grados y elimine las imprácticas. Haga esto hasta que, para cada meta, tenga una lista de actividades que sean importantes para usted y de las cosas que está dispuesta a comenzar en este momento. Una vez que termine todos los promotores de aptitudes que se incluyen hasta este momento, seguramente estará muy cerca de saber lo que desea, lo que puede alcanzar y lo que hará al respecto en la siguiente semana.

Establezca planes de acción a corto y largo plazos

El Promotor de aptitudes número 11 proporciona el formato para un plan de acción de un mes. Los promotores de aptitudes números 12 y 13 incluyen planes para uno y cinco años. Piense en general al elaborar los planes a largo plazo, centrándose más en las metas que en las actividades. ¿Necesita planear a un plazo más largo? ¿A diez años? Si es así, utilice un formato similar.

Para cumplir al máximo, haga un plan de un mes *cada* mes. Úselo como la base para sus listas semanales y diarias (remítase al capítulo seis). Compare cada mes para ver cómo progresa hacia las metas a largo plazo. Por último, recuerde reevaluar con regularidad sus decisiones para estar segura de que sus metas reflejan lo que desea en la vida y qué actividades son las mejores para llegar ahí.

Recomendaciones para poner en práctica sus planes

He aquí algunas sugerencias generales para que las aplique en su plan.

1. **Visualice y concéntrese.** Utilice la concentración relajada y la visualización como técnicas para controlar sus recursos internos de manera que todas sus acciones tiendan a llevarla en dirección a sus metas, lo que le da un enfoque poderoso.

2. **Actúe.** Comience esta semana, aunque sólo emprenda una actividad de cinco minutos para cada meta.

3. **Comuníquese.** Permita que la gente importante en su vida *sepa* acerca de las metas, de manera que le puedan ayudar con ellas. Por ejemplo, permita que su jefe o mentor conozca sus metas profesionales apropiadas.

4. **Consiga apoyo.** Haga una lista de la gente que podría ayudarla y darle apoyo al trabajar para lograr sus metas. Elija la mejor forma de aprovechar su ayuda. Incluya sistemas de apoyo en su plan.

5. **Disfrute.** Haga que el *proceso* de alcanzar sus metas sea lo más divertido posible. Es importante que mantenga la vista en el resultado final deseado, pero también es importante relajarse y disfrutar a lo largo del camino. En efecto, el hecho de disfrutar una actividad debe ser uno de los criterios para seleccionarla.

6. **Negocie.** Utilice sus metas para que la ayuden a lograr resultados específicos en el trabajo, de modo que le sirvan como la base para negociar ascensos y aumentos salariales posteriores.

7. **Concéntrese.** No se dedique tanto a las *actividades* que le hagan perder de vista la *meta*. Utilice su plan de acción para llevar un registro de las actividades; elimínelas conforme las termina y conforme alcanza la meta. Como se mencionó antes, le ayudará tener a la mano una lista de sus tres o cuatro metas más importantes y consultarla en forma regular. Algunas mujeres triunfadoras colocan sus listas (o dibujos simbólicos de sus metas) donde las vean todos los días en su casa u oficina.

8. **Supere las barreras.** Conviértase en una persona que soluciona problemas que imagine cómo salvar los obstáculos para alcanzar las metas. No deje las cosas para más tarde, las interrupciones y distracciones le impiden alcanzar sus metas.

9. **Reevalúe.** Si tiene muchas dificultades para lograr una meta, pregúntese si esa meta es adecuada para usted. Si lo es, vuelva a evaluar las actividades que haya seleccionado y busque otras, si es necesario.

10. **Mantenga las metas flexibles.** Sus metas no se establecen en concreto. Sólo son parte de un plan que puede cambiar conforme lo hagan las *situaciones*.

11. **Felicítese a sí misma.** Cuando alcance una meta, recuerde darse crédito y premiarse.

12. **Continúe estableciendo metas**. Una vez que haya alcanzado una meta importante, establezca otra que tome su lugar. ¿Opina que se ha ganado un descanso? ¿No quiere iniciar otro proyecto importante durante un tiempo? Entonces, su nueva meta debe ser tener un número específico de horas adicionales no estructuradas cada semana, mes o año, como usted desee. El objetivo es que quede claro lo que desea y lo que hace con su tiempo y su vida, de modo que haga elecciones claras en lugar de dejarse llevar por la corriente.

Promotores de aptitudes

Promotor de aptitudes número 1: ¿Qué le gustaría hacer? ¿Qué hace bien?

Propósito: Saber más acerca sobre usted al identificar sus intereses y aptitudes clave y organizarlos en bloques para construir su carrera.

Instrucciones: examine el *Ejemplo de Ashley* que está después de las actividades favoritas. Haga una tabla con siete columnas para analizar sus actividades favoritas, lo que le gusta hacer. Siga las instrucciones que se dan en las partes A a la D.

Ejemplo de Ashley	2 Sola - con otros +	3 Nivel de intimidad	4 Factor de riesgo	5 Última vez que lo hizo	6 Necesidad satisfecha*	7 Aptitudes- conocimientos utilizados**
Actividades favoritas:						
Diversión	+	I+		6/2	S	Visualizar
Ir a fiestas	+	I		5/13	S-P	Comunicación- intuición
Pasear con amigos cercanos	+	I+		6/18	S	Comunicación- intuición
Tomar fotos	-	-	R	6/2	A	Visualizar-actuar
Viajar	+	I	R	1/5-15	S-A-P	Visualizar-actuar
Escribir cartas, informes, un diario	-	-	R+	6/18	A-P	Comunicar- organizar
Hacer presentaciones	+	-		5/20	A-P	Comunicar- organizar
Comprar objetos coleccionables	+	I		6/15	A-S	Aplicar información

*A= logro alcanzado   P= poder necesitado   S= Necesidad social/de pertenencia

**Ashley se da cuenta que las aptitudes principales que utiliza al ir a fiestas y caminar son las de comunicación, con una dosis adecuada de empatía e intuición. Sus aptitudes para escribir y hacer presentaciones también son aptitudes primarias de comunicación, en este caso, combinadas con la capacidad de visualizar eventos pasados y futuros y organizar sus pensamientos y emociones acerca de ellos. Considera que las aptitudes principales que utiliza en la fotografía y viajes son favorables para visualizar las metas que quiere lograr, seguirlas y alcanzarlas. Al comprar objetos de colección, su aptitud principal es aplicar la información que obtiene por medio del estudio y las experiencias de compra. Detecta un claro patrón de aptitudes para visualizar, comunicar y organizar, junto con una gran necesidad de interacción social y de intimidad, seguido por una necesidad de logro en actividades de poco riesgo.

Ashley repite este proceso en una lista por separado de las cosas que hace bien. Se da cuenta de que la mayor parte de las cosas que hace bien también están en la lista de favoritas. Identifica aquellas actividades que aparecen en ambas listas como sus aptitudes fundamentales, aquellas en las cuales se basa una carrera.

Parte A. Intereses. Actividades que le gustaría hacer

Paso 1: En la primera columna incluya al azar (conforme vengan a la mente) 20 cosas que disfrute al máximo hacer. No intente llenar las otras columnas hasta que haya completado la primera. Esto no deberá tomarle más de 20 minutos.

Paso 2: Analice cada una de las actividades que incluyó en la primera columna respondiendo las otras.

En la columna 2, opuesta a la primera actividad, escriba un guión (-) si le gusta más hacer esto sola; un signo más (+) si disfruta esta actividad con otras personas; o una diagonal (/) en cualquier otro caso (o si no tiene preferencia).

En la columna 3, escriba una I para las actividades en las que usted experimenta intimidad, tal vez I+ para niveles más profundos de intimidad o un menos (-) cuando no haya intimidad.

En la columna 4, anote las actividades que representan un factor de riesgo con una R, o una R+ para aquellas con un factor de riesgo alto.

En la columna 5, escriba la fecha aproximada en que por última vez participó en la actividad.

En la columna 6, identifique la necesidad primaria que cubre al participar en esta actividad; es decir, ¿qué la motiva a realizarla? Una necesidad de logro (A), de ejercer poder (P) o de interacción social (S).

En la columna 7, identifique los tipos de aptitudes o conocimientos que utiliza cuando participa en la actividad.

Vea las instantáneas números 3 y 4 para obtener ideas. Escriba una palabra que simbolice cada aptitud o área de conocimiento que aplique en esta actividad.

Paso 3: Clasifique las actividades por orden del grado de diversión que obtiene en cada una.

Parte B. Aptitudes y conocimientos. Actividades que hace bien

Paso 1: Si es posible, complete esta parte más o menos un día o después de que terminar la parte A. Llene la columna 1 con la lista al azar de 10 cosas que haga bien; no tarde más de 20 minutos.

Paso 2: Complete las columnas 2 a 7 con las instrucciones de la parte A.

Paso 3: Haga una lista de las actividades en orden de importancia para usted y considere también qué tan experta es en cada actividad.

Parte C. Patrones e intuiciones

Paso 1: ¿Qué interrelaciones observa ente diferentes factores, como sola/con otros, intimidad; riesgo, necesidad de autosatisfacción/motivación y otros tipos de actitud y conocimiento? ¿Qué patrones parecen surgir en relación con lo que le gusta (intereses) y lo que hace bien (aptitudes/ conocimiento)? Observe la columna de la fecha. ¿Desarrolla sus talentos más obvios o los relega? ¿En verdad son estos los intereses y aptitudes que disfruta al máximo y que parecen ser los más importantes para usted o le gustaría que fueran o cree que deberían ser? Si es así, ¿dónde se originan estos deseos y creencias? ¿En la familia, los amigos, los maestros? Describa las interrelaciones y patrones por escrito. De esta fuente de recursos internos proviene su pasión por el trabajo y por la vida.

Paso 2: ¿Qué intuiciones surgieron de este ejercicio? Escriba cómo afectan la imagen que tiene de sí misma, lo que quiere en la vida y los talentos y contribuciones que tiene para ofrecer.

Parte D. Bloques constructores de carrera

Observe sus intereses, aptitudes, patrones e intuiciones. Identifique algunos bloques constructores comunes de aptitudes e intereses que podrían formar la cimentación de una carrera. Recurra a las instantáneas números 3 y 4 y a su propio conocimiento sobre profesiones y trabajos. Tome varias hojas de papel; considere que cada página es un bloque. Asigne a cada bloque una etiqueta y en ella mencione los tipos de intereses, aptitudes y conocimientos que correspondan. Juegue con sus bloques moviéndolos en diferentes combinaciones y configuraciones para que se ajusten a varios tipos de trabajos y profesiones.

Promotor de aptitudes número 2: ¿Cuál es el propósito de su vida (que le ayuda a empezar)?

Propósito: Ayudarla a determinar el propósito de su vida.

Proceso: Los tres pasos de este proceso se centran en establecer contacto con aspectos de su niñez y situación familiar. Primero, póngase en contacto con estrategias de control que la bloquearían en el alcance del propósito de su vida. Segundo, identifique qué contribución va a hacer aquí. Tercero, identifique qué lecciones de la vida va a aprender. Todos estamos aquí para contribuir y para aprender lecciones. El propósito de su vida se compone de estos dos aspectos:

Paso 1: Identifique sus estrategias de control. *Tome conciencia de su problema de control en particular y las estrategias resultantes.* ¿Qué hace para manipular en busca de atención, energía y control? Estas manipulaciones y estrategias comienzan en la niñez. Un problema de control son los episodios de telenovela que usted actúa. Son el diálogo, los rumores, las acciones y reacciones que se realizan para captar la atención, la energía y el control. Las estrategias de control son los comportamientos específicos que utiliza en esta obra de teatro.

Identifique las representaciones familiares de su niñez para controlar. Regrese al pasado, a la vida familiar temprana y vea cómo se formaron los hábitos de control. Al observar cómo comenzaron, traerá al nivel consciente su manera de controlar.

Sin duda, los miembros de su familia operaban como si actuaran en una obra de teatro para controlarse a ellos mismos, trataban de inyectarle energía cuando era niña. Ésa es la razón por la que usted tuvo que montar en primera instancia una obra de teatro para controlar. Debe tener una estrategia para obtener una energía en pago. Creamos nuestras obras y estrategias siempre en relación con los miembros de nuestras familias. Pero una vez que reconocemos la dinámica de energía en nuestras familias, podemos regresar al pasado hacia estas estrategias de control y ver lo que en realidad pasó. Algunos ejemplos de estrategias de control:

- Aislarse, mostrar resentimiento impedir la aprobación o el afecto.
- Exigir, dominar, adoptar el papel central.
- Atacar, acusar, culpar, irritarse.
- *Te hice mal, pero está bien porque tengo una conciencia y me siento culpable o porque me preocupas.*
- Castigar y después aislarse.
- Decir *sí* y acceder, pero con resentimiento, en espera de la revancha; o decir *sí* pero sintiendo autocompasión o que se sacrificó por otros.
- Ser incompetente, ingenua, enferma u otra manera de parecer débil y necesitar ayuda.
- Exigir perfección de sí misma, o de otros, o de ambos.
- Hacerse cargo, realizar el trabajo, ser líder, para estar segura de que se hace como yo quiero.

Preguntas clave:

1. ¿Qué hacía su mamá para obtener atención, ser enérgica o controlar? ¿Cuál era su obra de teatro para controlar? ¿Cómo reaccionaba usted a ella?
2. ¿Qué hacía su padre? ¿Cómo reaccionaba usted?
3. ¿Qué hacían sus hermanas y hermanos? ¿Cómo reaccionaba usted?

Paso 2: Identifique qué es con lo que tiene que contribuir. Interprete la experiencia de su familia desde un punto de vista de crecimiento personal y descubra quién es usted en realidad. Una vez que esté consciente de sus estrategias de control, céntrese en la *verdad superior* (o contribución) de los miembros de su familia, el recubrimiento plateado que más allá del conflicto de energía. Esta verdad profunda puede llenar su vida de energía, ya que le ayudará a saber más de sí misma, el camino en el que está y lo que está haciendo aquí. Cuando descubra el propósito de su vida, podrá moverse más allá de sus estrategias de control subconsciente y crear la vida que quiere de manera más consciente.

Para descubrir su verdadero yo, considere la creencia de que su verdadero yo comenzó en una posición entre los propósitos más elevados de su madre y de su padre. Considere la posibilidad de haber nacido por la razón siguiente: tener una perspectiva más amplia de su posición. Su propósito es descubrir una verdad que es una síntesis más extensa de lo que estas dos personas creían. El propósito de su vida es la combinación de los dos puntos de vista de sus padres.

Por ejemplo, Ashley se quedó atónita cuando conectó por primera vez el propósito de su vida (adquirir la maestría en administración de empresas), con el hecho de que su padre era gerente y su madre, maestra.

Preguntas clave: (consejo: primero escriba con libertad todo lo que venga a su mente; en seguida regrese y corrija, cambie y afine hasta que tenga sus respuestas en unas cuantas palabras).

1. *¿Por qué nací en esta familia en particular? ¿Cuál podría haber sido el propósito?* (Cada persona, en forma consciente o no, ilustra con su vida la forma en que piensa que debe vivir un ser humano. Trate de descubrir qué le enseñó cada uno de sus padres, la verdad más profunda, o la contribución de ambos.

2. *¿Quién fue mi padre? ¿Cuál fue su mensaje para mí? ¿Su verdad más profunda o contribución?*

3. *¿Cuál fue el mensaje subyacente de mi madre? ¿Su verdad más profunda o contribución?*

4. *Cuando junto las dos verdades más elevadas, ¿qué obtengo? ¿Cuál es mi verdad más elevada?*

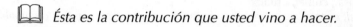 *Ésta es la contribución que usted vino a hacer.*

Ejemplo: la mamá de Ashley abogaba porque todas las personas tuvieran los mismos derechos, sin importar su grupo étnico, género, estilo de vida y otras diferencias. El papá de Ashley era capaz de dar amor incondicional a toda su familia y amigos. Ashley se da cuenta de que la contribución de ella como líder/administradora/maestra es demostrar que el amor incondicional hacia toda clase de personas representa el tipo de remedio que necesita el mundo actual.

Paso 3: Descubra sus lecciones de vida. Al mismo tiempo que sus papás comunicaban sus verdades más elevadas, comunicaban cuestiones con las que necesitaban trabajar.

Preguntas clave:

1. Al ver la vida de su madre, ¿qué hubiera podido hacer mejor? ¿Qué habría cambiado usted de su madre? Ésa es una parte en la que usted misma trabaja.

2. Pregúntese lo mismo sobre la vida de su padre. Ésa es la otra parte en la que usted trabaja.

3. Una las dos partes. Ésta es su lección de vida.

4. Ponga esta lección de vida en la forma de una pregunta: *¿Cómo puedo aprender a...?*

Ésta es la pregunta básica que se hace sobre su vida. Aprenda a hacer preguntas que tengan que ver con esta cuestión básica de vida. Las preguntas del tipo *"qué sigue"* son importantes porque sus respuestas la mantienen dentro del camino.

Ejemplo: La mamá de Ashley era una persona crítica en extremo y tenía un temperamento incontrolable. Cuando se enojaba se convertía en persona negativa hasta el insulto, juzgadora y hostil. Sus acciones hacían sentir a la familia que se había vuelto loca en forma temporal. La lección de vida de la madre de Ashley fue aprender de sus juicios y enojos. El padre de Ashley tenía un problema de autoestima. Era muy inteligente, fuerte y amoroso, pero nunca avanzó por completo hacia su propio poder. Ashley se da cuenta de que las lecciones de vida de su padre se relacionan con los juicios negativos sobre sí misma y sobre otros, y que debe avanzar hacia su propio poder como mujer.

Paso 4: Escriba en una tarjeta el propósito de su vida y su lección de vida.

Promotor de aptitudes número 3: Definición inicial de metas

Propósito: Comenzar el propósito de identificar las metas que son más importantes para usted.

Paso 1: Escriba la definición de su misión personal (propósito de vida) en un enunciado (con base en el Promotor de aptitudes número 2).

Paso 2: Recuerde que una meta es un resultado final específico, mencione sus cinco metas más importantes. Incluya metas relacionadas con su familia, carrera y superación personal.

Promotor de aptitudes número 4: Lista refinada de metas

Propósito: Ayudarla a obtener las actividades de las metas. Hacer sus metas tan específicas como sea necesario, identificar todas las metas que sean importantes para usted y darles prioridad de modo que le quede claro cuáles son las más importantes de alcanzar.

Paso 1: Distinga entre las metas y las actividades. Consulte la lista de metas que hizo en el Promotor de aptitudes número 3. ¿Cuántas son sólo actividades? Elimínelas.

Paso 2: Redefina sus metas para hacerlas más específicas. Seleccione los siguientes asuntos que reflejen sus metas y llene los espacios para hacer específicas sus metas. En este momento, no las clasifique ni evalúe si son prácticas o tienen importancia relativa.

Clasificación:

_____Tener $ _____ en activos para el _____(*fecha*).

_____Ser _____ (*puesto de trabajo*) para el _____ (*fecha*).

_____Tener una relación con _____ (*descripción de persona*) en la cual no-
sotros_____(*sintamos, creamos, hagamos*) _____ para el _____(*fecha*).

_____Pesar_____(*kilos*) para el _____ (*fecha*).

_____Tener una _____ (*grado o certificado*) para el _____(*fecha*).

_____Retirarme con $ _____de ingreso mensual (*o su equivalente*) para el _____(*fecha*).

_____Tener _____ días de tiempo libre al año para el _____ (*fecha*).

_____ Aprender _____ (*aptitudes o conocimientos específicos*) para el _____
(*fecha*).

_____Viajar a _____ el _____ (*fecha*) durante _____ (*lapso de tiempo*).

_____Pasar _____horas al _____ (*día, semana, etc.*) en actividades mutuamente
satisfactorias con _____ (*descripción de la(s) persona(s)*).

Otras metas: _____

Paso 3: Lluvia de ideas. Mencione otras metas que no se ajusten a las categorías anteriores. Sea tan imaginativa como desee. Recurra a la parte infantil, entusiasta y creativa de su personalidad para la lluvia de ideas. Deje a un lado su parte crítica y práctica, hasta más tarde. Haga sus metas tan fantásticas o tan sencillas como guste. ¡Todo vale! (Recuerde recurrir a los promotores de aptitudes números 5 y 6 si se bloquea.)

Paso 4: Evalúe y clasifique. Después de que, con toda libertad e imaginación, escriba las metas que se le ocurran, comience a preguntarse cuál de ellas es la más importante (incluya todas las metas de los pasos números 2 y 3). Escriba el número uno en el espacio a la izquierda de esa meta. Continúe el proceso para la segunda meta más importante, la tercera, y así sucesivamente hasta que todas tengan un grado. ¿Quiere eliminar alguna meta? ¿Algunas de las más fantasiosas podrían modificarse o combinarse para hacerlas mas realistas? ¿Son todas específicas?

Promotor de aptitudes número 5: Aclare sus metas (como ayuda para empezar)

Propósito: Ayudarla a establecer metas claras y específicas que le gustaría alcanzar.

Plazo: Seis meses. Suponga que sólo tiene seis meses de vida. Cierre los ojos y visualice esa situación en la forma más vívida y detallada posible. Suponga que gozará de perfecta salud hasta el día de su muerte y que ya se hicieron todos los arreglos necesarios para su funeral. Mencione las cinco primeras cosas que piense que le gustaría lograr en sus últimos seis meses.

Riqueza súbita: Además del escenario previo, suponga que alguien le regaló cinco millones de pesos libres de impuestos. Cierre sus ojos y visualice la situación con detalles vívidos. Mencione las cinco primeras cosas que le gustaría lograr en los siguientes seis meses. (Recuerde: éstos son sus últimos seis meses.)

Análisis: ¿Qué partidas de esas listas no están conectadas con presiones de tiempo o dinero? ¿Cuáles podría alcanzar ahora, incluso sin un regalo de dinero? ¿Cuáles podría tener en los siguientes seis meses, aún sin la presión del tiempo? ¿Esas partidas se pueden clasificar como metas? ¿Cuántas de ellas podrían convertirse en metas alcanzables con alguna modificación sencilla de su situación actual?

Ahora, vaya al Promotor de aptitudes número 4 y continúe el refinamiento de sus metas.

Promotor de aptitudes número 6: Agregue poder a sus metas (como ayuda para empezar)

Propósito: Ayudarla a incrementar la fuerza y efectividad de sus metas.

Paso 1: Visualice los resultados finales. En un momento tranquilo, relájese profundamente y visualícese viviendo el resultado final de cada meta. (Remítase al capítulo 8 para sugerencias.) Céntrese en lo que hace, en lo que tiene y sobre todo, en lo que *es*; es decir, cómo se siente, cómo se sienten otros, cómo resultan afectadas las relaciones. Observe cualquier emoción o pensamiento conflictivo que tenga, cualquier pensamiento sobre obstáculos para alcanzar la meta o castigos por no alcanzarla.

Paso 2: Revise la fuente de cada meta. ¿Está segura de que ésta es *su* meta? Es muy importante establecer esto. Si trata de lograr una meta porque alguien más piensa que debería alcanzarla, nunca invertirá toda la dedicación, pasión ni entusiasmo que pondrá en las metas que provienen de su interior. Alcanzar las metas de otros podría nunca traerle el gozo y satisfacción que desea y, por tanto, nunca alcanzaría el mismo grado de calidad o éxito que obtendría con sus propias metas. Así pues, analice cada meta importante bajo esta luz. ¿Ha elegido esta meta sólo porque es lo que piensa que alguien (una figura paterna: esposo, amigo influyente, maestro) admiraría, o es en verdad lo que usted desea en su vida?

Paso 3: Aplique el examen de nivel de energía/emocional. Si tiene dificultades en dar prioridad a una meta, o si en cualquier momento al establecer metas o en el proceso de implantarlas se siente atrapada entre dos opciones, intente el análisis que sigue. Primero, asegúrese de haber establecido un fundamento adecuado para tomar la decisión por medio del análisis del propósito de su vida y los deseos más profundos, así como de reunir la información que necesita. Luego, hágase las siguientes preguntas:

- ¿Me siento llena de energía cuando pienso en una elección en particular?
- ¿Experimento una fuga en mi nivel de energía cuando pienso en la elección?
- ¿Qué opción tiene un brillo especial cuando la imagino? ¿Una atracción emocional?

Luego, pregúntese: *si la decisión se basara sólo en la emoción, ¿qué opción elegiría?* Es probable que experimente mayor éxito cuando luche por la alternativa que la llena de energía y le inspira sentimientos positivos, como una sensación de libertad, bienestar, crecimiento/expansión o entusiasmo.

Paso 4: Convierta los viejos bloques en nuevas piedras angulares. Para cada meta importante, examine sus creencias y actitudes actuales y pasadas, pensamientos y emociones, decisiones y elecciones. ¿Considera que cualquiera de ellas va a bloquear su éxito al luchar por la meta? ¿Qué nuevas creencias y actitudes podría adoptar que la ayuden a alcanzar esa meta? ¿Cómo podría cambiar sus pensamientos abandonando los no productivos y centrándose en los positivos, de modo que se incrementaran sus probabilidades de triunfar? ¿Qué decisiones anteriores (acerca de usted y otras personas, o el lugar que ocupan y sus papeles) podrían ser inadecuadas ahora para lo que quiere lograr? ¿Qué acciones (con base en sus creencias, actitudes, pensamientos, emociones y decisiones sobre usted y su vida) ha emprendido en el pasado con objeto de alcanzar su meta? ¿Qué elección de una nueva acción sería mejor?

1. Mencione la meta número uno.
2. Mencione las creencias, actitudes, etc. que en este momento entren en conflicto con la posibilidad de alcanzar su meta.
3. Identifique las nuevas creencias y actitudes que la ayudarían y anótelas.
4. Repita este proceso para cada meta importante.

Promotor de aptitudes número 7: ¿Cuáles son las áreas más importantes de su vida?

Propósito: Ayudarla a decidir al asignar prioridades a sus metas y actividades.

1. Si tuviera que escoger entre metas profesionales y metas de su vida privada en esta etapa de su vida, ¿cuáles elegiría? (si no tiene metas de vida privada, sáltese esta pregunta).
2. Si tuviera que elegir entre alcanzar metas profesionales y metas de superación personal ¿cuáles elegiría? (Quizá sea útil recurrir a la lista de metas del Promotor de aptitudes número 4.)
3. Si tuviera que elegir entre metas de su vida privada y metas de superación personal, ¿cuáles elegiría?
4. Si tuviera que escoger un área de su vida para trabajar en este mes, ¿cual sería?
5. Anote las tres áreas de su vida en orden de importancia para usted.
6. No se preocupe acerca de la complejidad o interrelaciones de las preguntas. Es obvio que será mejor hija, esposa o madre cuando sea mejor persona en general. Por ahora, sólo intente elegir entre las categorías, de modo que pueda establecer prioridades y determinar el área más importante de su vida.

Promotor de aptitudes número 8: Actividades para alcanzar sus metas

Propósito: Generar actividades que la conduzcan a alcanzar sus metas máximas en cada área de su vida.

Paso 1: Mencione su meta profesional número uno. Después, señale por lo menos cuatro actividades que la llevarían a lograr la meta número uno.

Paso 2: Mencione las metas número dos y tres y sus actividades, como lo hizo para la meta número uno.

Paso 3: Repita el proceso para las metas de superación personal y de vida privada. Después de que haya mencionado *todas* las actividades para todas las metas, asigne un grado de importancia a las actividades anotadas para cada meta.

Nota: Consulte la Instantánea número 5 para ver ejemplos de actividades que ayudan a ciertas metas.

Promotor de aptitudes número 9: Convertirse en una persona dispuesta a correr riesgos (como ayuda para empezar)

Propósito: Incrementar su nivel de bienestar con aquellas metas y actividades que le atraen, pero que parecen muy difíciles y arriesgadas. Dar los primeros pasos hacia convertirse en una persona dispuesta a correr riesgos y vencer el miedo de crear la vida que desea.

Paso 1: ¿Cuáles son algunas actividades que generó y que le atraen pero que siente que son demasiado difíciles o arriesgadas de intentar? Anótelas.

Paso 2: ¿Qué otras actividades serían muy difíciles o arriesgadas?, agréguelas a la lista del paso uno.

Paso 3: Escoja la actividad de menos riesgo. ¿Existen modos en que sería posible reducir los factores de riesgo? Anótelos además de la actividad. Repita el proceso para las otras actividades de menos riesgo. Repita para todas las actividades que anotó hasta llegar con la actividad más arriesgada. Por ejemplo:

- ✤ El riesgo de regresar a la escuela para obtener un título podría reducirse si comienza con un curso vespertino.
- ✤ El riesgo de invertir en el mercado de valores podría reducirse si invierte en una sociedad de inversiones con historial de diez años de buen rendimiento.
- ✤ El riesgo de solicitar un aumento salarial podría reducirse si reúne la documentación que muestre sus logros específicos y que se hayan traducido en utilidades más elevadas para la empresa.

Paso 4: ¿Qué metas le atraen, pero considera que son demasiado difíciles o arriesgadas? Repita el paso número 3 para esas metas. Por ejemplo: ¿Qué es lo más arriesgado acerca de la meta de *convertirse en una ejecutiva* (o abogada, doctora, reportera o cualquier otra meta profesional)? ¿*Es ser el blanco de la crítica y los conflictos políticos*? Si es así, ¿cuáles son algunas buenas fuentes de información acerca del manejo de la crítica y la política en la oficina? ¿Incrementaría sus conocimientos políticos y reduciría el factor de riesgo si obtiene información adecuada?

Promotor de aptitudes número 10: Sus actividades profesionales más productivas (como ayuda para empezar)

Propósito: Ayudarla a identificar sus actividades profesionales más productivas.

Parte A. Haga preguntas sobre la carrera

Hasta ahora, debe tener un tipo específico de trabajo en mente como su meta profesional clave. Debe ser capaz de describir su meta profesional más importante, la posición máxima a la que aspira. Para ayudarla a identificar las actividades que con mayor probabilidad la ayudarán a alcanzar esa meta, observe las siguientes preguntas:

1. ¿Qué tipo de compañía tiene en mente? ¿Podría señalar una compañía específica?
2. ¿Qué tipo de grado, curso u otra capacitación necesitará?
3. ¿Qué aptitudes y conocimientos específicos se requerirán y en qué nivel?
4. ¿Qué clase de gente podría decirle más acerca del trabajo o ayudarla enseñándole lo que necesita saber, ayudarla a entrar, ayudarla a obtener una visibilidad favorable dentro de la compañía o presentarla a gente que la ayude?

5. ¿Qué trabajos necesita realizar con objeto de prepararse para su meta profesional *definitiva*? ¿En qué funciones necesita tener experiencia? ¿Cómo se relacionan esas funciones entre sí? (Por ejemplo, ¿cuál es la relación entre la producción y las ventas, las ventas y la mercadotecnia?) ¿Es posible obtener algunas descripciones de puesto reales que la compañía meta haya preparado para esos trabajos? ¿Qué puestos ejecutivos le dan mayor oportunidad de avanzar hacia un trabajo de línea? ¿Qué trabajos de línea brindan la experiencia básica que necesita?

6. Una vez que tenga un plan de carrera, ¿quién le puede dar la evaluación más útil acerca de su efectividad? ¿El plan es funcional, en vista de las otras prioridades máximas de su vida?

Seguimiento: Utilice sus respuestas para que la ayuden a completar el Promotor de aptitudes número 8, en la sección de metas profesionales y los promotores de aptitudes números 11, 12 y 13.

Parte B. Lluvia de ideas con una amiga

Haga una lluvia de ideas con una compañera acerca de las maneras de alcanzar una meta en particular. ¿Qué tipos de actividades podrían funcionar? Si su meta es ir a París, ¿qué necesita para llegar ahí? ¿Cómo podría conseguir el tiempo, dinero y otros recursos que necesita? En seguida, trabaje con las metas de su compañera.

Parte C. Ayuda mutua con una amiga

Analice una meta clave con una amiga. Dígale los detalles de la meta y de las acciones que planea emprender. Explique su dedicación y escríbala, tienda a fortalecerla.

Su amiga debe compartir una de sus metas con usted. Fijen fechas regulares para estudiar qué acciones han emprendido en realidad y cómo han funcionado. Dos autoras conocidas en toda la nación explicaron hace poco cómo funcionó este proceso para ellas cuando escribieron sus primeros libros. Acordaron llamarse por teléfono una a otra cada viernes para analizar sus progresos. Cada una quería ser capaz de decir a la otra cómo había avanzado en su proyecto. Si llegaba el jueves y una de ellas no había escrito toda la semana, se sentía motivada a escribir algo, en lugar de admitir el viernes que su proyecto había sido ignorado.

Parte D. Haga visibles sus metas

Descubra métodos de mantener sus metas presentes, de permanecer centrada en ellas o de hacerlas reales para usted.

1. Escoja tres metas máximas: Escríbalas en una tarjeta de negocios junto con fechas límite. Coloque la tarjeta donde la pueda ver varias veces en el día: Péguela en el espejo de su tocador o del baño, en su cartera, en el calendario de su escritorio o en cualquier otro lugar visible.

2. Dibuje símbolos vívidos de sus metas máximas, utilice lápices o plumas de colores si es posible. Póngalas en una tarjeta y muéstrelas como indicamos en el número uno.

Promotor de aptitudes número 11: Plan de acción a un mes

Propósito: Preparar un plan de acción que la ayudará a centrarse en metas y actividades de alta prioridad para el mes siguiente.

Paso 1: Escriba sus metas profesionales de alta prioridad. Abajo de ellas, en orden de importancia, relacione las actividades principales que tiene planeado realizar este mes, junto con sus fechas límite. Incluya la actividad más importante en su lista "qué hacer para *hoy*" y manténgala en la lista hasta que la haya cumplido.

Si no actúa en esta actividad en siete días, regrese y reevalúe su meta y actividades.

Paso 2: Repita el proceso para las metas profesionales números dos y tres.

Paso 3: Repita el proceso para cualquier meta de alta prioridad, de superación personal y de vida privada que desee incluir.

Promotor de aptitudes número 12: Plan de acción a un año

Propósito: Asentar un plan de acción a un año, que la guiará y centrará su atención y energía en el logro de sus metas de alta prioridad.

Paso 1: Escriba las tres metas más importantes que planea lograr en un año, con sus fechas límite.

Paso 2: Repita el proceso para sus metas de superación personal.

Paso 3: Repita el proceso para sus metas de vida privada.

Promotor de aptitudes número 13: Plan de acción a cinco años

Propósito: Asentar un plan a cinco años, que la guíe y centre su atención y energía en el logro de sus metas de alta prioridad.

Paso 1: Anote las tres metas profesionales que planea alcanzar en cinco años, con sus fechas límite. Utilice los mismos formatos que en el Promotor de aptitudes número 12.

Paso 2: Repita el proceso para sus metas de superación personal.

Paso 3: Repita el proceso para sus metas de vida privada.

Capítulo 5

Negocie resultados de beneficio mutuo

*La negociación es la forma más elevada de la comunicación
que utiliza el menor número de personas.*
—John F. Kennedy

Al negociar, interactúa con otra persona a fin de llegar a un acuerdo. Puede negociar algo tan sencillo como la compra de una chuchería en un mercado de usado o tan complejo como un tratado comercial con otras naciones, donde usted es parte de una delegación que trata con equipos de negociadores de muchos otros países. La mayor parte de sus negociaciones serán con empleados acerca de la programación de trabajos, con proveedores acerca de términos de compra o fechas de entrega, con colegas acerca de obtener información de otras divisiones o equipos, con gerentes acerca de obtener mejores condiciones de trabajo o un incremento salarial. Algunas de estas negociaciones son demasiado complejas, por lo que, para simplificar las explicaciones en este capítulo, se utilizarán ejemplos sencillos de negociaciones salariales y de ascensos, pero los principios son los mismos. Conforme lea estos conceptos y ejemplos, recurra a su imaginación para aplicarlos a situaciones de la vida real.

Por ser mujer, es probable que ya tenga grandes habilidades para negociar, como aptitudes verbales e intuitivas que son esenciales para enmarcar ofrecimientos o propuestas a fin de imaginar qué tan lejos desea ir la otra parte al hacer un trato, y decidir cuándo pasar a la siguiente etapa del proceso. Antes de avanzar en estos pasos, piense en sus creencias actuales en relación con las negociaciones contestando las siguientes preguntas. Después, conozca a una experta en negociaciones, Rebecca Mark.

1. ¿Cuál es la mejor manera de conducir una negociación, resolver un tema a la vez o primero poner todos los asuntos sobre la mesa?
2. Usted desea vender algo. ¿Cuál es la información más crucial que necesita? ¿El precio más alto que está dispuesto a pagar un comprador en potencia o la mínima cantidad que usted aceptaría?
3. ¿Debe explorar las diferencias durante una negociación o sólo tratar con aquello en lo que ambas partes están de acuerdo?

===== **Escaparate** =====

Rebecca Mark, directora general
de Enron Development

Rebecca Mark es directora general de Enron Development, la división de negocios interna-cionales de la Enron Corporation, con sede en Houston, importante empresa constructora de plantas generadoras energía y gasoductos. Rebecca, una negociadora sorprendente, concre-tó el proyecto de una planta enorme de Enron en la India, después que los nacionalistas hindúes lo habían cancelado, y afirma: "Disfruto de ser una persona que resuelve problemas de escala mundial. Me pregunto en forma constante '¿Qué tan lejos puedo ir, cuánto puedo hacer?'"

Rebecca creció en una granja e intentó ser psicóloga, pero trabajar con delincuentes juveniles la deprimía. Asegura: "Era la antítesis de todo lo que aprendí al crecer: que es posible controlar nuestro propio destino." En 1978, ingresó al Hertz City National Bank de Houston como aprendiz y llegó a ser funcionaria de préstamos, y prestaba dinero a compa-ñías de energía para proyectos grandes muy arriesgados. En 1982, ingresó a una compañía de gas natural que más tarde pasó a formar parte de Enron.

Nunca la limitó la modestia que caracteriza a muchas mujeres. Cuando llegó a Enron, era firme y tenía confianza en sí misma y su mentor le inspiraba valentía, según dice: "Me enseñó a no tener miedo de tomar decisiones en situaciones intensas, difíciles y emotivas. Las mujeres deben enfrentar los problemas. No debe tomar de manera personal las cosas que dice la gente. Si lo hace, su confianza se derrumba, el ego entra en juego y no logra hacer el trabajo. Entonces, estará vencida."

Rebecca trabajaba tiempo parcial en Enron mientras terminaba una maestría en Harvard, en 1990. Hace poco se separó de su marido y ahora cuida de sus gemelos. Durante este tiempo, ha ayudado a poner en marcha el primer proyecto de Enron en el extranjero, una planta cogeneradora. En Inglaterra, sus compañeros de Harvard la consideran muy inteli-gente.

En 1991, pasó a ser directora general de desarrollo de Enron, y ahora tiene a 25 diseñadores bajo su supervisión, 22 de ellos son hombres. En un año promedio, gana más de dos millones de dólares. En su trabajo, maneja proyectos valuados en 19,000 millones de dólares, que se llevan a cabo en más de 24 países.

✓ Estrategia número 1:
Sondee la situación y prepárese

Para ser experta en negociaciones, debe aprender a observar la situación en general, determi-nar qué es lo que desea, estimar lo que las otras partes quieren y calcular sus probabilidades de llegar a un acuerdo de beneficio mutuo. Después, debe imaginar la mejor opción para cerrar un trato (¿qué haría si no lograra hacer un trato que le guste?) y la mejor opción de las otras personas. Entonces, estará en posición de pronosticar la zona más probable de negocia-ción, el rango de precios o condiciones en las cuales usted y la otra persona pueden acordar el cierre de un trato y buscar las posibilidades de obtener una ganancia.

Técnica número 1: Explore la situación

El primer paso al preparar una negociación es explorar la situación. Debe decidir lo que quiere de la negociación, qué piensa que quiere la otra persona, qué factores podrían facilitar un trato de beneficio mutuo y qué factores lo bloquearían. He aquí algunas preguntas que puede hacerse:

- ¿Qué es lo que quiero? ¿Qué es lo máximo que estoy dispuesta a conceder o lo mínimo que estoy dispuesta a recibir? Mi meta (en una sola línea) es...
- ¿Qué concesiones estaría dispuesta a hacer a fin de llegar a un acuerdo?
- ¿Qué quiere la otra persona? Las metas de la otra parte son...
- ¿Qué otras metas podrían tener ellos?
- ¿Qué concesiones está dispuesta a hacer la otra persona?
- ¿Las otras personas que deben cooperar tienen las mismas metas que yo? ¿Tienen metas conflictivas o que se traslapan?
- ¿Vemos la situación de la misma manera? ¿Nuestras creencias y puntos de vista clave que influyen en este asunto son similares o conflictivos?
- Si podemos estar de acuerdo en una meta, ¿estaríamos de acuerdo en cómo alcanzarla?
- ¿Qué preguntas podrían hacer durante la negociación? Las respuestas que yo daría son...
- ¿Qué sorpresas podrían ocurrir durante la negociación? Yo las manejaría por medio de...
- ¿Cuál es la personalidad de las otras personas o su estilo negociador? Yo respondería con...
- ¿Qué malos entendidos es probable que levanten barreras? Yo los prevendría con...
- ¿Cuáles son los mayores obstáculos para lograr el trato que deseo? Yo los superaría por medio de...
- ¿La decisión de quién va a tomarse? Yo me acercaría a ellos con...
- ¿Quién tiene el poder en esta situación? ¿Existe falta de equilibrio del poder?

Conozca a la otra parte. En una negociación importante, tómese su tiempo para estudiar las creencias, puntos de vista generales, valores, actitudes, personalidad y estilo, temores, metas, deseos, necesidades, etc., de la(s) persona(s) clave del otro lado. Diseñe su estrategia en forma conveniente.

Afine su imagen. ¿Cuál es el mensaje más importante acerca de usted que desea trasmitir a la otra parte? Por ejemplo:

- Soy una persona muy seria y confiable en quienes ustedes pueden confiar.
- Soy generosa y es divertido estar conmigo.
- Soy práctica, pero puedo ser innovadora.

Deje que la manera en que viste y actúa transmita su mensaje. Grábelo en su mente conforme se prepara para la negociación y la inicia. Ésta será la mejor imagen que dé de sí misma. Antes de salir de casa, mírese en el espejo una o más veces y pregúntese: *Si yo fuera la otra parte, ¿qué vería?* Deje que vengan a su mente adjetivos calificativos como amigable, organizada, competente, de espíritu elevado, etc. ¿Es ésta la imagen correcta?

Técnica número 2: Calcule lo que quiere dar y recibir

Definiremos sus activos como aquello que tiene para ofrecer. El valor de sus activos es, en última instancia, el mejor precio que puede obtener, dado su marco temporal y otras restricciones. El valor inicial que da a sus activos determinará su posición inicial en la negociación. A cambio, las posiciones iniciales de cada parte actúan como anclas a través de la negociación y afectan la percepción que cada parte tiene en cuanto a los posibles resultados. El impacto de una oferta inicial de alguna de las fuentes, es muy poderoso y podría causar que sobrevalúe o subvalúe sus activos. La gente comienza con un valor inicial y lo ajusta posteriormente cuando estima el valor de su activo.

Por ejemplo, Pedro, quien está por recibir su diploma de licenciatura en sicología, y busca un trabajo relacionado con la publicidad, ofrece, en efecto, la venta de sus servicios (su activo) a una compañía. Pide un salario con base en los informes sobre el salario promedio de los ejecutivos de cuenta de publicidad. Se siente desconcertado al no recibir ofertas de trabajo. El hecho es que su solicitud salarial está muy por encima de los salarios que esas compañías están dispuestas a pagar a un recién graduado sin experiencia de trabajo y que no ha tomado cursos de marketing y publicidad. Los entrevistadores se imaginan que cualquier contraoferta razonable que pudieran hacer, sería muy baja para que Pedro la considerara, de modo que no lo intentan. La brecha o zona de negociación es demasiado grande.

Juanita está por recibir su diploma en marketing y tiene dos años de prácticas en una compañía líder en publicidad. Basa su solicitud salarial en informes sobre los ingresos en los niveles de entrada en importantes empresas de marketing. Durante su primera entrevista, le ofrecieron un trabajo en el campo y aceptó la oferta. Si hubiera hecho bien su tarea, si hubiera tenido más confianza y si hubiera aplicado buenas habilidades negociadoras, habría empezado con un paquete salarial 30 por ciento más alto.

Enid, hizo su tarea. Consultó la revista *The American Almanac of Jobs and Salaries* y a contactos personales en el campo, para investigar el rango de salarios en el tipo de puesto que deseaba, tomando en cuenta su experiencia y antecedentes. Estableció sus metas específicas en todos los aspectos del paquete de compensaciones y condiciones de trabajo, salarios, prestaciones, pagos adicionales, desafíos, oportunidades, autoridad, título, conexiones, capacitación, equipo, tecnología. Preguntó sobre comisiones, bonos, prestaciones médicas, seguro de vida, automóvil de la compañía y gastos, estacionamiento, cuenta de gastos, viajes, incapacidades, guardería, vacaciones, año sabático, membresía, horario flexible y otros acuerdos flexibles. Pidió una cantidad cercana al rango máximo, indicando que el paquete en conjunto era más importante para ella que el salario solo.

Los puntos básicos que trata cuando solicita un salario por un trabajo incluyen:

- ✎ Su salario actual (o el más reciente).
- ✎ La oferta inicial de la compañía.

☜ Lo menos que está dispuesta a aceptar.

☜ Su estimado del máximo que la compañía está dispuesta a pagar.

☜ Su solicitud inicial de salario.

Las investigaciones indican que los negociadores harán pocas concesiones si ven una oferta desde un marco base negativo, como el costo que su contratación representa para la empresa. Aquellos que tienen marcos más positivos (como cuánto valor aportaría a la compañía o qué salario está dispuesta a recibir) es más probable que perciban los resultados negociados como justos.

Los acuerdos finales en cualquier negociación reciben mayor influencia de las ofertas iniciales que de las concesiones que posteriormente hace la otra parte, en especial, cuando la gente no está segura del valor de los activos. Si la otra parte acepta su oferta inicial de inmediato, es posible que la valore demasiado bajo. Si responde a su oferta inicial proponiendo algunos ajustes, eso da a su oferta inicial cierta credibilidad como precio base. Si su oferta inicial es muy elevada, la otra parte sólo podrá reiniciar el proceso retirándose o amenazando con hacerlo.

Haga una oferta. Si quiere hacer la oferta inicial, decida cuál atraerá la atención de la otra parte. No la haga demasiado baja ni demasiado alta, de manera que el otro lado ni siquiera la considere. Hágala lo bastante atractiva como para que sirva de precio base en contraofertas subsecuentes.

Dé una respuesta. Cuando piense que tendrá que responder a una oferta inicial, prepárese antes de la negociación y manténgase flexible a lo largo de ésta. Investigue lo suficiente acerca del activo o los temas que se van a analizar, a fin de poder reconocer un precio base poco realista. No dé mucha importancia a la oferta inicial de la otra parte al principio de la negociación y no dé legitimidad a una oferta inicial inaceptable por medio de una contraoferta. Por otro lado, no deje que un precio base inicial bajo limite la cantidad de información y profundidad de pensamiento que utilice para evaluar la situación.

Técnica número 3: Base las negociaciones de trabajo en logros específicos

Ya sea que aspire a un puesto en una nueva compañía o a un ascenso o incremento salarial en su compañía actual, base su solicitud de sueldo en logros específicos. Si a la dirección le queda claro que su contribución es importante y que está dispuesta y es capaz de cubrir las necesidades de la compañía, pagará por obtenerla y conservarla. Con tacto, deje que la otra parte sepa de qué forma agrega valor a la empresa, las metas de trabajo y estándares que ha alcanzado y cómo ha contribuido de manera específica a las utilidades o a la reducción de gastos de la compañía, o bien cómo han aumentado sus deberes de trabajo.

Céntrese en la forma en que agrega valor. En lugar de pensar en términos de cuánto dinero más necesita, concéntrese en cuánto vale en el mercado de trabajo actual y en lo que puede producir. Piense en términos de su valor para la empresa, sus logros, confiabilidad y compromiso. Cuando se prepare para la junta de negociación:

℘ Consulte sus listas de cosas por hacer y calendarios de planeación para refrescar su memoria acerca de sus logros.

℘ Maximice tanto el rendimiento como el aprendizaje. Haga una lista de dos columnas que muestre en un lado lo que ha logrado y en el otro lo que ha aprendido.

℘ Elabore algunas ilustraciones o gráficas que den una idea visual rápida de su progreso.

℘ Haga una lista de sus fortalezas y áreas de crecimiento. Cómo usa sus fortalezas en el trabajo y su programa para trabajar en las áreas de crecimiento.

℘ Revise su archivo *"Yo me amo"*, donde conserva notas de aprecio de sus colegas, clientes y todas las personas relacionadas con su empresa.

℘ Recopile algunas cifras antes y después de que usted entrara al trabajo, que demuestren lo que ha hecho para ganar dinero o para ahorrar en costos o tiempo.

Subraye las metas y estándares que haya alcanzado. La respuesta de la dirección a sus peticiones se basará en las evaluaciones de su desempeño. Pero, ¿qué sucederá si su compañía no tiene un programa de administración por objetivos, o una evaluación de desempeño efectiva? Para ayudarla a asegurarse que obtendrá una evaluación justa, elabore un plan que incluya el tiempo en que le reportará los resultados a su gerente. Establezca fechas límite para el cumplimiento de cada meta. Luego, haga una cita para platicar con su gerente en una atmósfera relajada. Durante la junta, haga que su gerente hable acerca de lo que piensa que es importante en su trabajo. Deje en claro la forma en que su papel se ajusta en el esquema general de la compañía. Esta información le ayudará a resaltar los atributos que posee y que son importantes para la compañía, y a saber qué puntos deberá destacar más adelante cuando solicite un ascenso.

Si su gerente le da la dirección de un área que usted maneja bien, acéptela. Esté de acuerdo con la idea de que en verdad es una función vital y que hará lo mejor para lograr más de lo que se haya logrado antes. Llegue a un acuerdo acerca de las metas y los estándares que sepa que puede alcanzar. Descríbalos con palabras que den mucho crédito a su gerente, o que le ayuden a reportar sus logros en términos positivos cuando justifique su ascenso en el futuro. Envíe a su gerente un memorándum de seguimiento que confirme las metas y los estándares. Estos registros serán muy útiles cuando pida un ascenso o incremento salarial.

Demuestre su contribución a las utilidades. Calcule el valor de sus logros, su productividad, sus contribuciones. Para hacer esto, aprenda la aritmética de su negocio y cómo le afecta a usted. Primero, asegúrese de que entiende los estados financieros. Estúdielos y hable de ellos.

Si su trabajo comprende producir o vender algo (un puesto de línea), imaginar cuál es su contribución es muy sencillo. Si ocupa un puesto de apoyo ejecutivo, es decir, en el que apoya funciones de línea, es probable que su departamento se considere un gasto en vez de una fuente de utilidades. No deje que eso la intimide. Los servicios de su departamento tal vez contribuyan a las utilidades generales de la empresa o pronto se eliminarán. Sus servicios, por lo menos de manera indirecta, influyen en las utilidades. ¿Qué pasaría si usted o su departamento no prestaran estos servicio? ¿La compañía pagaría a un colaborador externo que los prestara o los contrataría con una empresa especializada en esos servicios? ¿Cuánto costaría eso? En lugar de ello, ¿de qué ventajas disfruta su compañía al asegurar esos servicios por medio de usted o su departamento? Las respuestas a estas preguntas la ayudan a calcular el valor monetario de sus contribuciones.

Quizá sus servicios representan una disminución en los costos o gastos de la compañía que, a su vez, causan un aumento en las utilidades. ¿Ha reorganizado el flujo de trabajo? ¿Ha reestructurado las descripciones de costos? ¿Ha creado nuevos procedimientos o formulado mejores controles que resultan en un ahorro de tiempo, dinero o ambos? El tiempo ahorrado significa dinero ahorrado. Convierta el tiempo que ahorra a la compañía en los pagos por hora de los trabajadores, quienes utilizan ese tiempo para cumplir otras tareas y, por tanto, para alcanzar un nivel más alto de productividad.

Si trabaja en un organismo gubernamental o no lucrativo, usted y su departamento contribuyen a un servicio valioso para el público; de otra manera no existiría durante mucho tiempo más. Con un poco de reflexión e ingenio, puede asignar un valor a sus servicios. ¿Cuánto costarían si los prestara un organismo lucrativo? ¿Cuánto valor agregan a la vida de las personas que los reciben? ¿Que pasaría si estos servicios no se prestaran en absoluto? ¿Qué costos resultantes tendría que pagar la sociedad? Analice también los incrementos en la productividad y las reducciones de gastos de los que usted sea responsable y conviértalos en dinero.

Demuestre cómo ha aumentado su trabajo. Una manera de merecer un aumento salarial y colocarse en una posición favorable para un ascenso es el aumento de su trabajo actual. Ya sea por aceptar nuevas responsabilidades o porque su gerente incluya entre sus tareas algunas que no se hayan cubierto y que aparezcan en el organigrama. He aquí algunas sugerencias.

- Ofrézcase como voluntaria para trabajos sobre los que nadie hace nada al respecto, busque cosas que usted pueda realizar.
- Si su gerente le solicita investigar un proyecto o problema, aunque sea de manera informal, acepte la asignación contenta y comience a formalizar la solicitud por medio de los reportes que escriba y por su actitud.
- Hágase visible como alguien que está interesada en los problemas de la compañía, y aproveche las oportunidades.
- Envíe a su gerente informes sobre su avance, con copias a todos aquellos que podrían interesarse. Diríjase a los jefes de departamento adecuados y a otros ejecutivos.
- Vea si puede lograr que algunos colegas trabajen con usted en el proyecto. Sus razones para trabajar en él quizá sean similares a las suyas. Ahora tiene un equipo de trabajo.
- Trate de que sus nuevas responsabilidades o su puesto se formalicen en el organigrama de la empresa. Ya sea que lo logre o no, puede dar a su jefe alguna justificación para que le conceda un aumento por encima del rango salarial para su puesto.

Técnica número 4: Calcule lo que ellos quieren dar y recibir

Con realismo, calcule la posición negociadora de la otra parte y de sus intereses verdaderos: lo que en realidad quieren y por qué. A veces, centrarse en los intereses subyacentes (todos los asuntos reales), le ayuda a identificar las soluciones más útiles. ¿Qué deseos subyacen a la posición establecida por la otra persona? Preguntando *por qué* revelará esto. Por ejemplo, el entrevistador de la compañía A dice que la necesita en la empresa el primero de mayo, pero usted no podrá aceptar el trabajo hasta el primero de agosto. Si investiga por qué el primero de mayo es importante para él, tal vez descubra que necesita que un proyecto a corto plazo en particular se termine en ese mes. Surge un nuevo conjunto de opciones.

Trate de asignar prioridades a la importancia relativa que tiene cada uno de sus intereses y los de la otra parte. Es posible hacer intercambios efectivos si renuncia a algo que representa un interés de baja prioridad para usted, pero es de alta prioridad para la otra persona y viceversa. Por ejemplo, podría realizar ese proyecto a corto plazo para la compañía sobre una base contractual y comenzar a trabajar de tiempo completo en realidad hasta el primero de agosto.

Tal vez no tenga suficiente información para calcular las preferencias y prioridades verdaderas de la otra persona, pero es importante reconocer esta deficiencia. Ayuda a dejar en claro qué necesita aprender durante la negociación. Utilice la negociación como una oportunidad para mejorar la calidad y cantidad de la información que posee acerca de la otra parte. Saber qué información ignora evitará que cometa ciertos errores. Es mucho mejor darse cuenta de que la otra parte tiene alguna información valiosa que usted no conoce, que hacer suposiciones mal informadas.

Calcule sus intereses subyacentes. Por ejemplo, asegúrese de que el trabajo o ascenso que negocia se ajusta a sus metas profesionales. Hágase algunas preguntas generales.

- ¿El puesto se ajusta a mis metas profesionales a corto y largo plazos?
- ¿Cómo armoniza con mis metas de vida personal y de superación personal?
- ¿El puesto me conducirá en forma directa a un puesto más elevado?
- ¿El trabajo me ofrecerá la clase de experiencia que me hace más valiosa para la compañía?
- ¿Me dará una oportunidad de tomar más o más importantes decisiones?
- ¿Proveerá los contactos y oportunidades valiosos para aprender capacidades cruciales?

Técnica número 5: Calcule las mejores opciones para cerrar un trato

¿Qué haría si no pudiera cerrar el trato que cumpla sus requerimientos? Antes de que comience a preparar la negociación, piense acerca de esto y determine su mejor opción hacia un acuerdo negociado. Como vendedora, su mejor opción la determina el precio más bajo, las condiciones o el valor que está dispuesta a aceptar como resultado de la negociación. Si no es capaz de llegar a un acuerdo, tendrá que aceptar su mejor opción. Sin embargo, cualquier acuerdo que tenga mayor valor que su mejor opción es preferible que ningún acuerdo.

Considere las circunstancias y opciones probables de la otra persona para hacer un trato y tendrá gran cantidad de información acerca del punto al que llegarán antes de retirarse de la negociación. Por ejemplo, trate de determinar la relación oferta-demanda de la gente que cuenta con el tipo de experiencia y habilidades que usted ofrece para los trabajos disponibles en esa categoría. Aprenda lo importante que es su paquete de aptitudes para la compañía en ese momento y qué candidatos alternativos de trabajo están disponibles para la empresa. Por supuesto, tal vez sea difícil calcular las opciones de la otra parte (de la empresa), pero siempre debe conocer la mejor opción *propia* y luego estimar la mejor opción de los demás.

Técnica número 6: Pronostique la zona de negociación

Piense que todo lo que usted ofrece a la empresa y que ésta le ofrece constituyen el *paquete de mercancías*. La negociación consiste en la forma en que se dividirán este paquete, quién consigue qué. Cuando ambas partes adoptan una estrategia difícil y suponen que la otra se derrumbará porque confían que solo los duros sobreviven, el resultado general es que *no hay trato*. En lugar de ser duro o suave, es mejor ser racional, duro a veces y suave en otras ocasiones. Evalúe cada negociación y diseñe la estrategia que se ajuste a ella. No hay una estrategia exitosa única que se ajuste a todos los casos. Reflexione acerca de la mejor opción para usted y para la otra parte y haga sus cálculos de la zona de negociación, es decir, el rango de acuerdos en el cual es mejor para ambas partes estar de acuerdo que en desacuerdo.

Por ejemplo, usted lleva a cabo una campaña de búsqueda de trabajo y está por entrevistarse con la compañía Sybex. Para imaginar una petición de sueldo acertada, recuerde que debe siempre pedir más de lo que espera conseguir (lo más cerca posible del límite superior de la zona de negociación de la compañía) y debe mencionar el sueldo. He aquí algunos otros factores a considerar:

- ✎ ¿En qué ha contribuido en ésta u otras empresas y cómo contribuiría en el futuro?
- ✎ ¿Qué hacen los *hombres* que desempeñan funciones similares en la compañía o industria?
- ✎ ¿Cómo ha afectado la tasa de inflación el poder de compra de su salario actual?
- ✎ ¿Qué otras compañías competidoras estarían dispuestas a pagar por usted?
- ✎ El tope más alto que la administración esté dispuesta a darle.
- ✎ El sueldo más bajo que usted estaría dispuesta a aceptar.

En su búsqueda de trabajo, un paquete salarial alto sería lo ideal para que usted lo acepte en un instante (remítase a la Instantánea número 1). Sin embargo, conforme se prepara para negociar con Sybex, se imagina que existe un grupo de candidatos con capacidad similar a la de usted, que aceptarían el trabajo por 100,000 dólares, o tal vez un poco menos, de modo que a ese precio a la compañía le da igual darle el trabajo a usted o elegir a alguna otra persona. (Su mejor opción costaría cerca de 100,000 dólares, de modo que ése es el límite de esa compañía.)

La compañía transnacional ACE le ofreció 80,000 dólares, pero a usted le gustaría conseguir más, de modo que si Sybex le ofrece 80,000, a usted le daría igual aceptar su oferta o la de ACE. (ACE es su mejor opción, por lo que 80,000 dólares es la oferta más baja que usted aceptaría.) Pensará que Sibex no pagará más de 100,000 dólares, pero que puede hacer un trato con ellos en la zona de negociación entre 80,000 y 100,000. Su meta es acercarse tanto a 100,000 dólares como sea posible y la meta de ellos es pagar tan cerca de 80,000 como sea posible. Puede ser que usted cierre el trato en 90,000 dólares.

Ya que considera esto como un paquete y no solo un salario en efectivo, asegúrese de identificar todos los ingresos adicionales: prestaciones, opciones accionarias y otras recompensas que estaría dispuesta a aceptar en lugar de efectivo, y considere todas las consecuencias fiscales. Suponga que, en un principio, pide 100,000 dólares y la administración ofrece 80,000. Tiene la oportunidad de convencer a la administración de que le dé 90,000. Cada una de las partes habría hecho una concesión de 10,000 y los arreglos de 50-50 en general se consideran justos; a la gente le agradan. ¿Cómo puede negociar por 100,000? Una forma es crear una demanda de sus servicios y generar por lo menos una oferta de 100,000. De esa forma, puede ponderar y elegir entre las ofertas con el uso de un ofrecimiento alternativo como apalancamiento. Por ejemplo, tal vez diga: *En realidad prefiero trabajar en Sybex, pero ACE me hizo una oferta que es difícil de rechazar.* La gente, aun los ejecutivos, tiende a desear lo que otras personas tratan de obtener.

La zona de negociación es la superposición entre el rango de precios que un comprador está dispuesto a pagar y el rango de precios que un vendedor está dispuesto a aceptar. Si hay una superposición, se puede hacer un trato. Los puntos extremos son peores que los indiferentes para una persona o la otra, de modo que no se puede cerrar un trato en ese rango de precios. La superposición (zona de negociación) representa el conjunto de acuerdos que ambas partes prefieren a no hacer un trato. Cuando los límites de precio de las dos partes se traslapan, ambas pueden beneficiarse si logran un acuerdo. De lo contrario, para ambas partes la *inexistencia del trato* se consideraría mejor que un trato.

Instantánea número 1: La zona de acuerdo en una negociación

Precio que el vendedor desea	Precio límite del comprador	Zona de negociación	Precio límite del vendedor	Precio que el comprador desea
Zona del Sí del solicitante	Zona de indiferencia de la empresa	Superposición	Zona de indiferencia del solicitante	Zona del Sí de la empresa
$120,000	$100,000	$80,000 a $100,000	$80,000	$70,000
Precio objetivo del solicitante	Precio límite de la empresa		Precio límite del solicitante	Precio objetivo de la empresa

Cuando usted vende. Cuando usted es la vendedora, por ejemplo cuando busca un trabajo con buen salario, piense en lo que están dispuestas a pagar las compañías objetivo. Por ejemplo, si decide que 120,000 dólares están fuera del rango del precio, y que sería un desperdicio de tiempo tratar de negociar. La siguiente pregunta que debe considerar es: *¿Qué precio atraería a las compañías objetivo y me daría el mejor paquete de compensaciones posible?* Tal vez decida que el mejor precio es 100,000 o incluso 80,000. Suponga que una compañía objetivo le ofrece 70,000. Es probable que acepte negociar con la esperanza de obtener más de 80 o 90,000. La oferta está muy cerca de su zona de negociación y le interesa. Pero si la oferta fuera de 60,000, probablemente pensaría que negociar sería una pérdida de tiempo. Tal vez se sentiría ofendida por una oferta tan baja.

Cuando usted compra. Si usted es la compradora, una gerente que contrata para su empresa, por ejemplo, quiere conseguir buenos empleados al precio más bajo posible; por desgracia, tratar de conseguir algo que quiere al precio más bajo posible, con frecuencia requiere correr el riesgo de perderlo frente a otro comprador. En efecto, cualquier estrategia que no sea aceptar las ofertas de otras personas significa correr el riesgo de que no haya trato. Un buen consejo es: *enamórese de tres, no sólo de uno.* Para tomar una decisión bien informada como compradora, debe pensar primero en lo que pasaría si no compra el activo. ¿Qué tan atractiva es la siguiente mejor opción? Cualquier posición de negociación se debilita si se siente atraída tan sólo por un activo y se esfuerza por tenerlo. *Enamorarse* con la idea de un candidato en particular le evita pensar con claridad y en forma racional sobre la mejor opción y comprometer su lado competitivo en la negociación. Si tiene una alternativa, está en mejor capacidad de arriesgarse a perder al candidato favorito esperando que haga una concesión. Una alternativa fortalece su posición.

El límite inferior. Como vendedora, su meta es establecer un precio que esté muy cerca de las zonas de negociación de los compradores (suficientemente bajo) y los motive a hacer ofertas. Como compradora, quiere hacer una oferta que sea apenas suficientemente alta para iniciar una negociación. Una de las piezas de información crítica en una negociación es el límite de precio de la otra parte, el punto en el cual ellos se vuelven indiferentes. Si un lado descubre el límite de precio de los otros, sin revelar el propio, puede presionar por una resolución que sea apenas tolerable para los demás, pero aceptable en gran medida para sí mismos. Con objeto de mostrarse firme en una negociación y además conservar la oportunidad de cerrar un trato, debe primero conocer la zona de negociación.

Conocer la mejor opción de la otra persona (y por tanto la zona de indiferencia y el precio límite de esa persona) le permite determinar si una oferta se consideraría poco razonable, conservadora o generosa. Céntrese en los límites de precio y en la zona de acuerdo, en lugar de su precio objetivo. Para hacer tratos, el precio máximo que los otros estén dispuestos a pagar es más importante que el precio objetivo que a usted le gustaría conseguir.

Si la negociación es un trato de negocios, tal vez lo que usted quiera sea llegar a un acuerdo tentativo para estudiarlo en el momento apropiado, casi siempre cuando estén listos para cerrarlo. Tal vez quiera dejar pendientes los asuntos más importantes a negociar, como precios o cuotas, lugares, tiempos y otros.

Cree una demanda de sus servicios. Tratándose de buscar empleo o un ascenso en el escalafón de la empresa, es posible incrementar su valor percibido si crea una demanda continua de sus servicios. Nunca pierda la oportunidad de establecer contactos con otras compañías, departamentos o ejecutivos que pudieran interesarse en contratarla, sin rechazar, ignorar o minimizar su trabajo actual, por supuesto. Muestre sus aptitudes, intereses y logros con tacto. Cree una imagen de sí misma como un activo profesional positivo. Por lo menos una vez al año, solicite algún otro trabajo, sólo para mantenerse en contacto con el mercado de trabajo y para tener los pies en la tierra. Las ventajas incluyen:

- Cuando logra ofertas de trabajo, su confianza y autoestima crecen.
- Podría llegar a oídos de la gerencia, sin que usted diga nada, el hecho de que otras empresas o departamentos se interesan en usted. De ese modo, parecerá ser más valiosa sin correr ningún riesgo.
- Durante las negociaciones de salario o de puesto, podría utilizar las otras ofertas para reforzar su caso. No amenace con dejar su trabajo actual, a menos que esté dispuesta a cumplirlo.
- Si la rechazan para un ascenso, siempre podrá regresar con la noticia de que tiene la oferta de otra empresa que es mejor que la actual.

Psicológicamente, gana mucha fuerza personal si está siempre preparada para empacar y marcharse. Siempre genere algunas opciones para su próximo movimiento, ya sea dentro de la compañía o fuera de ésta. Planee y negocie a futuro. Si consigue una oferta tentadora, dé a su compañía la oportunidad de conservarla, pero no se sorprenda si no es posible. Si decide dejarla, no queme los puentes atrás de usted. La compañía podría querer que regrese cuando haya vivido su nueva experiencia y pueda pagarle más.

Técnica número 7: Busque posibilidades de recompensas

Las opciones e intereses, así como su importancia relativa, proporcionan los bloques de construcción para analizar cómo pueden ampliar los elementos y prestaciones que usted y la otra parte ponen en la mesa de negociación, así como la forma en que los dividen. Si pondera esta información antes de iniciar la negociación, se prepara para analizar las dos tareas primarias de una negociación: 1. Aumentar el conjunto de recursos disponibles, y 2. Dividir el paquete de mercancías. Debe pensar en ambas tareas al mismo tiempo.

Aumente el paquete de mercancías. Piense en términos de integrarse en el trato que cada uno de ustedes desea. Los acuerdos integradores tienen muchos beneficios importantes. Crean mejores acuerdos que los tratos que solamente dividen las mercancías. En algunos casos no es posible ningún acuerdo sin encontrar más asuntos o mercancías para poner sobre la mesa.

Busque concesiones. Considere también qué concesiones está dispuesta a hacer y en qué orden de prioridad. Las concesiones son herramientas cruciales para tomar acuerdos. Para cada concesión, decida qué tan lejos piensa llegar. Las primeras concesiones que haga son aquellas que usted está en mejor posición de hacer, las que le ayuden a mostrar buena voluntad y el deseo de llegar a un acuerdo. Las concesiones más importantes las reservará para el caso en que la negociación se torne difícil. Trate de conservar una o dos grandes concesiones bajo la manga. Entonces, considere las posibles concesiones que el otro lado esté dispuesto a hacer.

Planee considerar varios aspectos en una negociación, de manera que cuando afloren, explore oportunidades de intercambio y maneras de aumentar el conjunto de recursos disponibles, así como las concesiones que ambas partes puedan hacer. Las cuestiones clave son:

1) ¿Cuál es mi precio límite? 2) ¿Cuáles son mis intereses? 3) ¿Qué tan importante es cada cuestión para mí? 4) ¿Cuáles son mis prioridades? Haga las mismas preguntas acerca de la posición de la otra parte.

Intercambios laborales/de salario. A veces, para su carrera son más importantes las condiciones de trabajo, o el equilibrio entre su carrera y la vida personal, que los ascensos o aumentos salariales. Considere condiciones de trabajo opciones que necesite o desee, como parte de los intercambios que sea posible incluir en el paquete de mercancías. He aquí algunos temas típicos que ameritan consideración.

- Asuntos profesionales como estancamiento, puestos en los que no hay posibilidades de ascender o falta de desafíos.
- Asuntos administrativos, como ejecutivos que no comparten información, son temperamentales o no cooperan con usted.
- Asuntos de colegas, como empleados que son poco cooperativos o incompetentes.
- Asuntos de equipos de trabajo, como miembros cuyo desempeño no es adecuado pero a quienes usted no puede quitar de su puesto.
- Asuntos de clientes o proveedores, como gente en quien no confía, pero con quienes debe tratar.
- Asuntos del lugar de trabajo físico, como falta de espacio, equipo obsoleto o ubicación inconveniente.
- Asuntos del sistema o culturales, como expectativas no razonables, cultura de adicción al trabajo, demasiados viajes o falta de espíritu de grupo.
- Prestaciones, dinero adicional, oportunidades de capacitación y flexibilidad en el trabajo.

Considere poner por escrito sus preocupaciones y las soluciones adecuadas, comience con un resumen de los problemas y termine con un resumen de las soluciones que desea. Con una persona agresiva, presente esto después de un análisis verbal. Con una persona detallista, tal vez quiera presentar primero el memorándum para que lo estudie y después realizar una junta.

✓ Estrategia número 2: Logre un buen principio

Ya está preparada para conducir una negociación de beneficio mutuo. En la sesión de negociación real, quiere que las cosas comiencen bien y prepara algunos puntos de inicio adecuados, crea un ambiente de confianza, comparte información y hace preguntas que cubran la falta de información. Querrá poner todas las cuestiones en la mesa, utilizar marcos de referencia que llamen la atención de la otra parte y centren a todos en la información relevante, en lugar de enfocarse sólo en la que está disponible. Y más importante, querrá pensar en términos de un trato de beneficio mutuo.

Técnica número 1: Prepare puntos de inicio adecuados

Al preparar los puntos de inicio apropiados, recuerde que una negociación de beneficio mutuo es una manera de encontrar lo que cada una de las partes percibe como necesario y de explorar formas de cubrir esas necesidades. Es un proceso de educación mutua, una aventura para llegar al *sí*. No es confesión ni un *round* de boxeo, y no es una sesión en la que haya que obligar a nadie.

Tenga listos varios puntos para abrir. Recuerde: *por lo general, las primeras frases se van a la basura* por que nadie las recuerda. Por tanto, haga que ellas sean sólo un saludo cálido y agradable. Céntrese en las frases que siguen para dar información introductoria. Diríjase a la persona con autoridad y mírela en forma directa. Use las palabras clave que resulten atractivas para el tipo de personalidad de la persona. Por ejemplo, use:

- ✧ *Qué*, para un individuo agresivo: Esto es lo *que* propongo hacer por usted.
- ✧ *Cómo*, para una persona detallista: Así es *como* lo voy a lograr.
- ✧ *Quién*, para un individuo social: Él es *quien* se beneficiará con esto.
- ✧ *Por qué*, para un tipo analítico o agradable: Ésta es la razón *por la que* necesita pasar esto.

Céntrese primero y sobre todo en la categoría en que la persona con poder se interese más, al mismo tiempo que incluye las otras categorías. Si no sabe con qué tipo de gente trata o si trata con un equipo, trate con rapidez a cada categoría y espere las respuestas. Una manera de comenzar, es revisar las razones básicas por las que cada uno está ahí.

Técnica número 2: Infunda confianza y comparta información

Con frecuencia, ambas partes logran un mejor trato si consiguen algunos intercambios positivos. Para llegar ahí, debe infundir confianza y compartir información, que también establece relaciones permanentes. Tal vez lleguen a una regla para dividir el paquete antes de compartir información. Una estrategia es establecer una regla para compartir cualquier beneficio adicional antes de intercambiar información confidencial. Si desconfían uno del otro, podría también acordar una revisión independiente de todos los asuntos financieros.

A propósito de desconfianza, usted está consciente de que existen los artistas del engaño; pero ¿cómo los descubre cuando se sientan a negociar? Hágase las siguientes preguntas:

- ✧ ¿Me siento incómoda o dudo de la otra persona?
- ✧ ¿Este trato es demasiado bueno para ser verdad?
- ✧ ¿La conducta de la otra persona parece congruente con su posición?
- ✧ ¿Lo que me dice concuerda con lo que yo sé sobre la situación? Si no es así, haga preguntas para las que ya conozca las respuestas y vea si tiene la información correcta.

Es necesario que pueda reconocer las tácticas de los artistas del engaño, de manera que pueda tener una respuesta eficaz. También necesita vigilar sus propias acciones para estar segura de que no proyecta de manera involuntaria ningún detalle de la imagen del artista del engaño. Algunos ejemplos son:

- ℔ Repetición. Decir las mismas cosas una y otra vez, con objeto de romper su resistencia.
- ℔ Rutina del buen chico-mal chico. Una persona representa el papel del bueno, comienza la negociación y llega a un acuerdo con usted. Otra persona interpreta el papel del malo que interviene y exige o rechaza lo que ha conseguido. Entonces aparece el bueno para llegar a un acuerdo, en los términos del chico malo.
- ℔ Indignación virtuosa que pretende hacerla sentir culpable por dudar de su integridad.
- ℔ Rutina de la víctima. Actuar con nervios, temor, tristeza o estupidez, con objeto de que baje la guardia, apelar a su lado protector, jugar con su culpabilidad y así, llevarla a donde quieren.
- ℔ Amabilidad, coquetería y otras conductas seductoras no sinceras.
- ℔ Jugar un papel protector diseñado para infundir en usted una falsa sensación de seguridad acerca de que sus intereses estarán protegidos.
- ℔ Asaltos verbales destinados a confundirla y lograr que llegue a un acuerdo.

Rompa con estos juegos negándose a representar ese papel. Encuentre un modo de sugerir que ambas partes negocien entre sí como adultos, en una manera directa. Reflexione si en verdad quiere llegar a un acuerdo con la gente que participa estos juegos de ganar y perder, en los que uno de los negociantes gana y el otro pierde.

Recuerde: En una negociación de beneficio mutuo, ambas partes se ven como iguales en lo básico, incluso si alguno tiene cierta ventaja. Si *ambas* partes se dedican a cubrir las necesidades básicas de las dos y hay confianza mutua, casi siempre puede trabajar hasta lograr un acuerdo.

Técnica número 3: Haga preguntas para llenar el vacío de información

Usted sabe que cuanta más información posea más poder de negociación tendrá. De modo que utilice la negociación misma para llenar los vacíos en su base de información. Si la otra persona no responde a sus preguntas en una manera positiva, considere la posibilidad de dar alguna información para eliminar la falta de información. Tal vez no quiera especificar su mejor opción, pero podría ofrecer información acerca de la importancia relativa que los asuntos tienen para ustedes. Intercambiar esta clase de información ayuda a que ambas partes encuentren beneficios secundarios, los utilicen para hacer algunos intercambios y terminar con un buen trato.

En nuestro ejemplo de la solicitud de trabajo, tal vez quiera más información acerca del poder potencial de un trabajo, cómo se ajusta a sus planes de desarrollo profesional y si tendrá los recursos y el ambiente para triunfar en ese puesto. Considere estas preguntas:

¿Tendré la autoridad adecuada? Averigüe lo que requiere el trabajo o puesto. ¿La cooperación de quién deberá tener? ¿Qué recursos necesitará? ¿Qué clase de libertad tendrá conforme el proyecto avance en diferentes direcciones?

¿Tendré que invadir el territorio de alguien? ¿Una parte de las tareas deberá hacerse en el dominio de otra persona? Imagine lo que otros perderán o ganarán debido a su trabajo en este nuevo encargo. ¿Cuánta resistencia es probable que encuentre en otros? Pida reunirse con esas personas antes de que acepte el puesto.

¿Cuánto apoyo moral tendré? ¿Con quién puede contar para que la apoye? ¿Qué tan cooperativo será su gerente inmediato superior? ¿El jefe de su gerente? Si el apoyo inadecuado es un problema, trate de determinar por qué.

¿Hay alguna agenda oculta? Ésta es la pregunta más difícil de responder. El entrevistador podría no saber que existe una agenda oculta o que ésta procede de otros niveles directivos. Los entrevistadores podrían tener su propia agenda o tal vez no deseen compartirla con usted hasta que esté dedicada al trabajo.

¿Hay recursos económicos? Analice con cuidado el puesto y trate de determinar el presupuesto y otra clase de recursos que necesitará para cumplir con las metas de su trabajo. ¿Cuáles son las prioridades del presupuesto de la gerencia? Siga el rastro del dinero hasta la fuente en la compañía que provee los fondos. Trate de estimar si obtendrá el dinero que requiera y en cuánto tiempo. ¿Hay algo oculto que pueda vencerla? Si es imposible cumplir con las fechas objetivo limitándose a su presupuesto ¿podría disponer de dinero adicional?

¿Hay recursos de tiempo? Los programas y fechas límite poco realistas pueden complicar o incluso arruinar sus proyectos. Pregunte cuánto tiempo tiene para los proyectos y determine si son realistas. Investigue quién elaboró el programa y por qué se estableció así. Pregunte si el personal está dispuesto a trabajar tiempo extra.

¿Tendrá gente capaz cerca de usted? ¿El personal o el equipo tiene las aptitudes necesarias para hacer el trabajo? Pida reunirse con ellos. Si carecen de aptitudes, asegúrese de que contará con el presupuesto y la autoridad para contratar gente con las aptitudes necesarias.

¿Cómo está el espíritu de equipo? ¿Ha habido problemas de actitud, gente difícil? ¿Parecen sospechar de usted? ¿Aceptarán tareas que tal vez no les satisfagan o los enojen? ¿Tienen hábitos antiguos que necesitan cambiar? ¿Se muestran receptivos a nuevas ideas?

¿Está actualizada la tecnología? ¿Será competitiva con la tecnología existente? Examine la tecnología que se usa en los productos, instalaciones, investigación y desarrollo y administración. ¿Está actualizada la tecnología en cada campo? En caso de ser nueva, ¿se corren riesgos?

¿Cuál es el historial de rotación del puesto? ¿Cuánto tiempo han permanecido otras personas en este puesto? ¿Por qué lo dejaron? Una rotación excesiva puede ser síntoma de un problema. En las compañías grandes el plazo normal en un puesto es dos o tres años. Si es posible, hable con sus predecesores acerca de sus experiencias en el puesto.

Técnica número 4: Al iniciar, ponga todos los temas sobre la mesa

La mayor parte de las negociaciones terminan en alguna clase de intercambio en el que cada lado cede algo de menor valor para ellos a cambio de algo de mayor valor. Pensar en términos de ganar y perder la hará pasar por alto estrategias que podrían funcionar para ventaja de ambas partes. Quizá existan muchos beneficios colaterales que poner sobre la mesa de negociaciones. Una vez que están allí, tiene muchas posibilidades de intercambiar lo que beneficie a ambas partes, pero que no se molesta en buscar por las creencias autolimitantes de un paquete fijo. Por ejemplo, algunas de las nuevas piezas podrían beneficiarlos sólo a ellos, pero a usted le costarían poco o nada y tendrá algo que intercambiar por otra cosa que desee.

Otra creencia autolimitante es: *Lo que es bueno para ellos, es malo para nosotros*. Los estudios indican que la mayoría de la gente rechazaría una propuesta presentada por el otro lado y aceptaría una propuesta idéntica si la presentara alguno de su propio lado. Para superar esto, suponga que la propuesta de ellos viene de una tercera parte neutral. Primero analice cómo la beneficiaría, las ventajas que ofrece. Luego estudie cuánto le costarían las desventajas que representa.

Si se centra en un solo tema o recurso a la vez y termina con él antes de pasar al siguiente, no descubrirá beneficios colaterales. Una vez que resuelva un tema, es raro que ambas partes quieran regresar y comenzar de nuevo. En vez de eso, trate de llevar todas las ideas a la mesa, con la meta de generar paquetes de asuntos alternativos. Al analizar todos los aspectos, incrementará las oportunidades de descubrir nuevos beneficios colaterales para poner sobre la mesa. Y lo más importante es que este enfoque incrementa el número de intercambios posibles. Si bien resolver un tema a la vez parece racional, claro y metódico, no es el enfoque más eficaz. Un enfoque confuso e incluso caótico es más adecuado para cerrar un trato, y para hacer tratos que agradarán a ambas partes.

Técnica número 5: Haga ofertas en un marco atractivo

La forma en que presenta las opciones disponibles afecta en gran medida la disposición de la otra parte para hacer un trato. Los marcos incluyen lo que la otra persona espera ganar, lo que deben ceder, lo que usted espera ganar, lo que usted va a ceder o lo que ambos ganarán y cederán. El enfoque de lo que usted ganará es por supuesto muy atractivo, pero el de lo que perderá también funciona. Formar el marco tiene un gran impacto en la disposición de las partes para aceptar correr un riesgo, en especial cuando están dudosos sobre eventos o resultados futuros. El punto base que utiliza el otro lado para evaluar una alternativa como de ganar o perder determina el marco positivo o negativo a través del cual visualizan sus opciones (y su disposición posterior para aceptar o rechazar esas opciones), de modo que usted debe abordar el punto base apropiado.

Aborde el punto base apropiado

El estado de cosas es uno de los puntos base más comunes. La mayoría de la gente evalúa sus opciones en términos de lo que representan en cuanto a ganar o perder, a partir de donde se encuentran en ese momento. Es sorprendente lo fácil que resulta modificar lo que la gente incluye como parte de su estado actual.

Papel de lo agregado. Los vendedores con frecuencia ponen precio a los artículos incluyendo no sólo el valor del mercado, sino también el valor emocional agregado que el vendedor tiene por el artículo. El simple hecho de poseer algo con frecuencia incrementa el valor que la gente da al activo debido a que ven su venta como una pérdida. Por ejemplo, suponga que está interesada en vender su experiencia en hacer algún tipo de trabajo de tiempo parcial como *colaboradora independiente*. Pero le gustaría el estado de cosas de tener las tardes y los fines de semana libres como en el trabajo profesional. Tal vez diga: *Si no gano por lo menos 100 dólares por hora no aceptaré el contrato.* Ése se convierte en su punto base. Sin embargo, los compradores de sus servicios, no tienen ningún agregado emocional por su tiempo. Su punto base es lo que ellos deben pagar por servicios comparables en algún otro lado.

Papel del riesgo. Suponga que su punto base inferior es de 100 dólares y alguien le ofrece 90. La elección por aversión al riesgo es aceptar un ofrecimiento dado, mientras que la elección de propensión al riesgo es esperar para concesiones potenciales futuras o mejores ofertas.

Es obvio que el punto base que elija determina si el marco para su decisión es negativo o positivo. Con un marco de aversión al riesgo, usted piensa: *Los 90 dólares están cercanos a la cantidad que yo pensé conseguir, y tengo un contrato seguro; me siento feliz.* Con un marco de propensión al riesgo, usted pensaría: "*Acepté los 90 dólares, pero tal vez debí haberlos rechazado porque alguien podría estar dispuesto a darme los 100 por hora.*"

Papel de la perspectiva. Poner las cosas en perspectiva es una parte importante de establecer los marcos; por ejemplo, proponer un agregado relativamente pequeño después de que se ha acordado un gran contrato. Suponga que ofrece realizar un proyecto por 900 dólares (precio base) y que piensa que le tomará mas o menos 10 horas. Después de que acuerda el contrato por 900, puede proponer un agregado de 100 dólares como reembolso por ciertos gastos. Los 100 dólares parecerían un exceso si los hubiera presentado antes, o si hubiera cobrado sólo 10 dólares por hora y el contrato, precio base, hubiera sido por un total de 90. Así es como los precios base afectan la perspectiva de la gente. ¿Por qué cree que casi la mitad de los compradores de automóviles nuevos adquieren garantías adicionales por un promedio de 800 dólares, cuando casi siempre representan sólo utilidades para los distribuidores? En promedio, sólo 130 dólares se utilizan para cubrir reparaciones reales, 110 son para el fabricante del automóvil por costos de administración y 560 son la utilidad que obtiene el distribuidor. Es probable que la razón sea que el precio base en la negociación es el precio total del automóvil, de manera que el costo de la garantía parece pequeño al compararlo.

Juegue a que cree en la justicia y la igualdad

La manera en que presenta un problema influye en el juicio de los otros acerca de lo justa que es la solución. Por ejemplo, los empleados verán un cambio en su salario basado en un recorte de salarios como injusto, pero considerarán más aceptable un incremento pequeño de sueldo que ni siquiera compensa la inflación. Esto se debe a que la gente piensa que los salarios deben aumentar, no disminuir. Piensa que el dinero es una unidad arbitraria en términos monetarios en lugar de en términos de poder de compra real del dinero, es decir sueldos reales ajustados a la inflación.

Las investigaciones indican que la gente prefiere los resultados equitativos a los desiguales, sin importar la razón o situación. La gente tiende a considerar los acuerdos 50-50 como justos. En realidad, lo justo de un acuerdo 50-50 depende de la justicia comparativa para la oferta original de cada lado. La gente que está consciente del atractivo del término *acuerdo 50-50* se da cuenta que cierta cantidad de acuerdos 50-50 que utilizaron ofertas originales variadas son inventados. Por ejemplo, como vendedora, puede establecer un precio ligeramente más alto, en espera de una contraoferta del comprador y luego estar de acuerdo en rebajar la diferencia. La gente utiliza la comparación social; por ejemplo, una empleada compara su incremento salarial con el incremento que consiguió su colega masculino.

Recurra a los regalitos. Como negociadora, su generosidad y bondad tiende a generar emociones positivas en la otra parte. Esto ocasiona que la gente se sienta al mismo tiempo más positiva hacia usted y hacia la naturaleza humana en general, admire su habilidad para resolver problemas y siéntase menos agresiva y hostil. En algunos estudios, cuando un negociador hace entrega al otro de un pequeño regalo, da lugar a una buena disposición. Son capaces de alcanzar acuerdos más creativos y que superan las ventajas de los negociadores que no dan esos pequeños regalos. Es menos probable que la otra parte utilice tácticas muy competitivas o contenciosas.

Promueva emociones positivas. ¿Cómo evita enojarse y renunciar, o que la otra parte lo haga? Cuando nos enojamos, es probable que nos concentremos más en vengarnos de la otra parte que en lograr un buen trato para ambas. Los estudios demuestran que la gente que establece relaciones positivas, se preocupa mucho más por el resultado en *comparación* con lo que obtuvo la otra parte, que por el *valor* real de lo que consiguieron. De haber opciones diferentes entre las cuales elegir, las comparaciones son menos importantes que el valor del resultado personal propio. Las consideraciones de justicia y emocionales afectan en gran medida las negociaciones. Al elegir sus estrategias de negociación, recuerde las preocupaciones acerca de las emociones reales y la justicia que todos tienen. Céntrese en pensamientos que conduzcan a emociones positivas de su parte o la de la otra persona. También haga sus propuestas en formas atractivas para la otra parte, sintonícese en lo que *ellos* podrían pensar y sentir. Los negociadores que tienen en cuenta la perspectiva de la otra parte son más exitosas en simulaciones de negociación, según las investigaciones realizadas, debido a que predicen mejor la conducta de los demás.

Céntrese en las ganancias potenciales

Cuando se centra en lo que podría ganar, es más probable que haga más concesiones acerca de los costos y beneficios del otro lado u otra persona (y logre más tratos) que cuando se concentra en minimizar sus propios costos. Es verdad que minimizar los costos en promedio resultará en un beneficio promedio más elevado por trato. Por otro lado, la gente que se centra en las ganancias al cerrar un trato tiende a hacer más tratos y sus utilidades generales son mucho más elevadas.

Por ejemplo, tanto usted cómo Juan venden computadoras. Él se centra en minimizar sus propios gastos, de manera que rechaza pagar el envío, el financiamiento o la instalación. Obtiene su precio total y hace que los compradores corran con todos los gastos, pero cierra menos tratos que usted. Usted se centra en la utilidad que se logra en cada trato, de manera que está dispuesta a absorber algunos de esos gastos con objeto de que acepten su precio y se cierre el trato. Su flexibilidad la ayuda a cerrar más tratos que Juan, pero en promedio, obtiene menos utilidades por trato que él. Hacia fin de año, usted habrá ganado más dinero que Juan.

Presente en términos de ganancia. Si presenta su propuesta en términos de la ganancia potencial para la otra parte, es más probable que la induzca a asumir un marco de referencia positivo (lo que va a ganar) y estarán más dispuestos a hacer concesiones con objeto de hacer un trato y por tanto, obtener ventajas de esa ganancia. Asimismo, puede enfatizar el riesgo inherente de la situación de negociación para ellos (los riesgos que corren al esperar, de que alguien más se lleve el objeto de la negociación, de que los términos se ignoren y queden otros menos atractivos) y compararlo con la oportunidad de la ganancia segura que usted ofrece.

Para los mediadores, la presentación puede usarse mejor cuando se entrevista por separado con cada parte. Lo que presenta como positivo para uno, en general, el otro lo ve como negativo.

Entienda los puntos de vista del comprador y el vendedor. Ser un comprador o vendedor da lugar a un punto de vista natural. Los vendedores piensan en la transacción (punto de vista) en términos de dinero intercambiado y ven el proceso como recursos ganados (el dinero que consigo por vender). Los compradores tal vez consideren el trato en términos de dineros perdidos (los que debo dar). Cuando usted es la compradora (patrona, por ejemplo) desea enmarcar su oferta en términos de dinero que obtendrá el vendedor (candidato o empleado). Cuando usted es la vendedora (empleada) presenta su oferta en términos del magnífico activo que el comprador adquirirá y los importantes y numerosos beneficios que obtendrá éste.

✓ Estrategia número 3: Avance hacia el cierre de la negociación

Después de llevar la sesión de negociación por un buen principio, condúzcala hacia el cierre. Necesita un conjunto crucial de cualidades de negociación con objeto de avanzar mas allá de los estancamientos, manejar los movimientos sorpresivos y superar los obstáculos que surjan durante la reunión. Es preciso evitar las trampas típicas consiguiendo la información adecuada, negociando en cuanto a los estancamientos y obstáculos, siendo cooperativa pero no un tapete que todos pisen, sabiendo cuándo reducir sus pérdidas y cuándo y cómo cerrar el trato.

Técnica número 1: Hágase preguntas clave

He aquí algunas que deberá hacerse y que le ayudarán a evitar errores comunes que bloquean las negociaciones e impiden el cierre exitoso.

1. ¿Estoy en un curso de acción negociado sólo para justificar una decisión anterior?
2. ¿Supongo que lo que es bueno para mí es malo para la otra parte o viceversa?
3. ¿Me afecta de manera irracional una oferta o precio base inicial?
4. ¿Hay algún otro marco que daría una perspectiva diferente a la negociación?
5. ¿Me afecta en gran medida la información disponible e ignoro otra válida pero menos fácil de adquirir?
6. ¿He pensado en forma exhaustiva acerca de la decisión de la otra parte?
7. ¿Confío demasiado en mi propio juicio?

Haga estas mismas siete preguntas en relación con el comportamiento de la otra parte.

Técnica número 2: Cree tratos en paquete

Tenga sobre la mesa toda la información posible antes de hacer una oferta o responder a una. Ubique todos los posibles beneficios colaterales que podrían aumentar el paquete de mercancías y las posibles concesiones que permitirían flexibilidad e intercambios.

A continuación, reúna en un paquete varias ofertas que sean aceptables para usted y preséntelas. Al hacer ofertas múltiples al mismo tiempo, obtiene información valiosa acerca de lo que es importante para la otra parte. Al mismo tiempo, parece ser más flexible. Por ejemplo, reúna varios paquetes laborales con combinaciones variables de responsabilidades y condiciones, salarios, prestaciones y pagos adicionales.

Técnica número 3: Explore las diferencias y opciones

Aprenda a pensar en las diferencias como oportunidades, en vez de obstáculos. Las áreas típicas de diferencias son expectativas acerca de lo que es posible que suceda, preferencias de riesgo, preferencias de tiempo y posibilidades de reducción de costos. Observe también las posibilidades de agregar más recursos y encontrar nuevas y creativas opciones.

Observe las diferencias de expectativas. Si tiene expectativas diferentes acerca de lo que puede pasar, quizá apueste a su expectativa y la otra parte apueste a la suya. Por ejemplo, en una empresa colectiva, usted piensa que la utilidad máxima ocurrirá en el primer año y la otra parte cree que será en el segundo año. Quizá usted esté de acuerdo en dividir la utilidad en un 80-20 el primer año y en un 20-80 el segundo. Estos contratos contingentes son movimientos que permiten a las partes tomar acuerdos, incluso cuando tienen diferentes percepciones u opiniones del futuro. Estas diferencias aumentan la flexibilidad de la negociación e incrementan las oportunidades de hacer un trato.

Observe las diferencias en las preferencias de riesgo. En lugar de ver la aversión al riesgo relativa de una parte como un obstáculo para la negociación, utilícela como una oportunidad para negociar. Una parte consigue una garantía a cambio de incrementar el valor esperado de la otra. Por ejemplo, *yo te garantizo una utilidad de 10 por ciento con el límite de 10,000 dólares si obtengo 70 por ciento de cualquier ganancia más allá de los 10,000.* Las diferentes estrategias al compartir el riesgo permiten acuerdos que no ocurrirían de otro modo.

Observe las diferencias en las preferencias de tiempo. Cuando la otra parte se preocupa demasiado acerca de algún asunto relacionado con el tiempo, como recibir pronto el pago o la entrega, surge una oportunidad de negociar.

Observe las posibilidades de reducir los costos. ¿Qué haría que fuera menos costoso para la otra parte sacrificar un elemento primario? La reducción de costos requiere que una de las partes obtenga algo que quiere tener en especial mientras que la otra reduce o elimina los costos asociados con esa concesión. Por ejemplo, usted está dispuesta a pagar la mitad de los costos de envío si la otra parte utiliza la línea transportista que usted prefiere, aquella que entrega hasta su puerta. El resultado es un nivel más alto de beneficio conjunto, no porque una parte gane, sino porque la otra parte pierde menos. La reducción de costos significa que la parte que hace la mayor concesión recibe algo para alcanzar las metas específicas a las que renunció. Es similar a un intercambio, pero se centra en reducir o eliminar los costos para la parte que hace una concesión.

Considere la posibilidad de agregar más recursos. Podría funcionar si hubiera recursos agregados, pero sólo en las áreas de interés de las partes que no son mutuamente excluyentes. Por ejemplo, *yo compartiré una lista de correo de clientes contigo. El hecho de dártela, tiene un valor para ti y ningún costo para mí.*

Busque más opciones. Encontrar opciones creativas depende de la redefinición del conflicto para cada parte, la identificación de los intereses subyacentes de cada una y la realización de una lluvia de ideas en busca de mayor variedad de soluciones potenciales.

Explore las opciones posteriores al acuerdo. Después de llegar a un acuerdo inicial, puede proponer buscar uno mejor para ambas partes, sujetándose al acuerdo inicial si no se encuentra otro mejor. Establezca que si encuentran un mejor acuerdo, ambas partes compartirán los beneficios adicionales. Esto les da una última oportunidad de encontrar el mejor trato con un riesgo limitado para ambas partes.

Técnica número 4: Evite las trampas típicas con la obtención de información

Las trampas incluyen acceder a demandas cuando debe reducir sus pérdidas, no predecir los resultados de ganar (la maldición de los ganadores), centrarse en la información equivocada y no obtener los consejos o la asesoría adecuados. Es posible minimizar todos estos problemas potenciales.

Sepa cuándo terminar sus pérdidas

Debe darse cuenta de que el tiempo y el dinero que usted ha invertido son costos definitivos. No puede recuperarlos y debe olvidarse de ellos al decidir qué hará a continuación. Lo que haga después depende de la situación en curso y lo que proyecte para el futuro. Genere todas las opciones posibles. Luego, evalúe su mejor estimación de los costos y beneficios *futuros* de cada alternativa, olvidando las inversiones pasadas excepto las lecciones que haya aprendido de ellas.

La persistencia mal dirigida ocurre en primer lugar debido al ego mal dirigido. Usted se aboca a obtener algo, la misión desvía su percepción y juicio y le ocasiona tomar decisiones irracionales para manejar lo que otros piensan de usted, lo que lleva a una espiral ascendente de competencia para obtener aquello que desea.

Evite la maldición del ganador

¿Qué pasaría si gana y obtiene el trato que desea? ¿En realidad será un buen trato para usted? Con objeto de llegar a un buen acuerdo, necesita conocer suficiente información de lo que ha conseguido y la forma en que los activos que adquirió van a dar rendimiento o funcionar. Si no puede obtener información adecuada, puede reducir el riesgo, al suponer que la información no obtenida consistía en malas noticias que revelan fallas en el activo. Si supone que todo es como parece y paga en forma correspondiente, ganará el activo, pero tendrá que enfrentar la que comúnmente se conoce como la maldición del ganador: usted obtuvo lo que quería, pero no fue un buen trato.

Problema: Desequilibrio de información. La lección clave de la maldición del ganador para los negociadores, es que una de las partes, casi siempre el vendedor, con frecuencia tiene mejor información que la otra. Aunque cada cual está familiarizado con el refrán del *comprador alerta*, es difícil llevar esta idea a la práctica cuando la otra parte sabe más que usted. Contra una parte mejor informada, que casi siempre es el vendedor, el rendimiento esperado por hacer un trato disminuye muchísimo.

Ejemplo: Comprador de casa. Suponga que acepta un trabajo en una ciudad que no conoce bien. El mercado de bienes raíces es favorable para los compradores y quiere evitar mudarse dos veces, de manera que decide comprar una casa. Sabe muy poco acerca de bienes raíces en la nueva ciudad, de modo que contrata a un agente. Después de ver 12 casas en tres días, hace una oferta para una de ellas y ésta se acepta de inmediato. ¿Hizo una buena compra? Usted tenía información limitada y aceptó la asesoría de un agente que espera ganar por cerrar la venta. Es más probable que el vendedor acepte de inmediato una oferta si ésta es más alta que el valor verdadero de la casa.

Ejemplo: Comprador de un negocio. Usted (o su compañía) encuentran un negocio que desean adquirir. Es muy posible ganar dinero si hace una oferta en una operación de compra, pero es dos veces más probable perder dinero que ganarlo en el trato. En realidad, las probabilidades son cinco contra dos de que se haga un buen trato. El origen de esta paradoja está en la alta probabilidad de que el vendedor acepte su oferta cuando la compañía que vende es menos valiosa para usted; es decir, cuando es un fracaso. Puede haber razones válidas para vender un negocio de éxito que tiene un futuro brillante, pero las probabilidades son mucho mayores de que el dueño no venda un negocio así. Considere este hecho: sólo un tercio de las adquisiciones de empresas son tan exitosas como se esperaba, mientras que un tercio demuestran ser fracasos y el otro tercio falla en cubrir las expectativas.

Las investigaciones indican que mientras los accionistas de las empresas objetivo reciban utilidades significativas, en el momento en que se compran no existe ninguna ganancia para los adquisidores. El punto más importante es: *sólo compre una empresa en funcionamiento si es una ganga; de otro modo, funde una propia de la nada.*

Alerta del comprador. Cuando es usted la compradora, en especial cuando compra bienes usados, recuerde que los vendedores han elegido en forma selectiva vender estos bienes y usted tiene una desventaja de información. Así pues, ¿cómo podría evitar la maldición del ganador?

    ✎ Tenga en cuenta la reputación del vendedor, ¿es positiva y confiable?

    ✎ Trate de obtener pólizas y garantías que tengan un historial confiable.

    ✎ Pregúntese si se puede basar en una relación que ya está en curso y que el vendedor desea mantener.

    ✎ Obtenga asesoría de expertos probados.

    ✎ Reduzca la cantidad que está dispuesta a pagar.

Cuando no pueda conseguir información adecuada para tomar una buena decisión acerca del trato, considere las consecuencias de ganar o perder, suponga que no sabe si son malas noticias y en consecuencia reduzca el precio que está dispuesta a pagar y aléjese si el vendedor no llega a su precio límite superior.

Céntrese en información relevante

La gente tiende a centrarse en la información que tiene fresca en su mente, en aquella de la que dispone con facilidad y que es más visible o fácil de recordar. Por desgracia, esa información puede ser irrelevante por completo para negociar un buen trato.

La ilusión de la información disponible con facilidad. Las cosas o eventos que ha experimentado con más frecuencia, en general, son las más fáciles de recordar. Están en su memoria disponibles con más facilidad. Sin embargo, entre más vívido sea el evento, más probable es que lo recuerde. Algo fácil de recordar parece ser más numeroso que algo difícil de recordar. Pero, esa información fácil tal vez no sea la más relevante, de modo que podría ocasionar que sobreestimara o subestimara el valor de la oferta de la otra parte.

La ilusión de la información vívida. Si usted es como la mayoría de la gente, entonces tiende a sobreestimar la probabilidad de que ocurra un evento improbable si sus recuerdos relacionados con él son muy vívidos y fáciles de recordar. Por ejemplo, si ve que una casa se quema, será más propensa a creer que su casa podría incendiarse que si sólo lee en el periódico que una casa se incendió.

Tenga en mente esta idea durante su negociación. Por un lado, si presenta una información en forma colorida o emocionalmente vívida, es más probable que influya en las decisiones de la otra parte que si realiza una presentación con la misma información, pero en una manera aburrida y sin emoción. Tanto la cantidad de información como la forma en que la presenta le dan poder e influencia sobre el resultado de la negociación. Por el otro lado, cuando usted toma sus propias decisiones de negociación, identifique y utilice información relevante y confiable.

Obtenga buenos consejos y asesoría

Está en el proceso de convertirse en una negociadora hábil, pero nunca lo sabrá todo. ¿Qué podría hacer para incrementar sus probabilidades de hacer un buen trato?

    ✎ Recuérdese a usted misma que es más probable que confíe en exceso cuando su conocimiento es limitado; es entonces cuando podría utilizar el consejo de los expertos.

🖎 Pregúntese por qué su decisión podría fallar o no ser del todo acertada y escriba las razones. Esto la ayudará a reconocer los problemas obvios en sus juicios.

🖎 Busque opiniones objetivas de una parte neutral acerca de su posición.

🖎 Céntrese en cómo es probable que vea la situación la otra parte, así como lo acertado de su posición y de la suya.

🖎 Pregúntese si usted u otras personas operan a partir de ilusiones basadas en la necesidad.

Es común que la gente distorsione la percepción de las situaciones para sentirse más competente y segura, lo que ocasiona que esté motivada por ilusiones basadas en la necesidad. Estas ilusiones hacen que una situación parezca aceptable, al mismo tiempo que influyen en la toma de decisiones y las aptitudes para negociar.

Ilusión de superioridad. Usted misma adquiere mayor responsabilidad por sus éxitos y menos por sus fracasos, pero hace responsable a otra persona cuando falla y no le da crédito cuando triunfa. Los negociadores son propensos en especial a creer que son más flexibles, decididos, competentes, justos, honestos y cooperativos que sus oponentes.

Ilusión de optimismo. Subestima sus oportunidades de experimentar malos eventos futuros y sobreestima la probabilidad de experimentar *buenas* experiencias futuras.

Ilusión de control. Cree que tiene mayor control sobre los resultados del que en realidad tiene; aun en eventos que ocurren al azar, como arrojar un par de dados.

Ilusión de que la información contradictoria es irrelevante. Cuando tiene ciertas creencias o expectativas, tiende a ignorar la información que las contradice. No intenta demostrar lo equivocado de una creencia inicial y está más propensa a aceptar información valiosa con la que está de acuerdo y revisar con mayor detenimiento aquella con la que no está de acuerdo. Jugar al abogado del diablo es un papel más útil. Tome en cuenta que su estrategia inicial podría no funcionar y busque contradecirla por medio de la búsqueda de nueva información. Si no está abierta a contradecir la información, tendrá dificultades para adaptarse cuando enfrente circunstancias inesperadas en una negociación.

Técnica número 5: Negocie acerca de los obstáculos y estancamientos

Conforme la negociación avanza, replantee la situación de manera constante. Si se muestra abierta y flexible, modifica con facilidad sus planes de manera que le ayuden a hacer un buen trato, incrementará sus probabilidades de cerrar ese trato.

Supere los obstáculos

Es necesario que sepa reconocer un estancamiento, vuelva a evaluar durante los recesos, tome el liderazgo en la resolución de problemas y utilice varias tácticas para superar los obstáculos.

Reconozca un estancamiento. ¿Cómo sabrá que la negociación se estancó? Busque signos como los siguientes:

✎ El proceso está en regresión.

✎ La otra parte cambia sus estilos de negociación.

✎ La otra parte se vuelve extremista o hace exigencias irrazonables.

¿Qué puede hacer? Sus opciones más importantes incluyen solicitar un breve receso, programar otra reunión o terminar el esfuerzo, aunque en general, es mejor no ser el primero en alejarse.

Replantee los postulados durante un receso. En general, su mejor opción es solicitar un receso a fin de tener tiempo para replantear la situación, incorporar información nueva y reformular sus estrategias. Hágase preguntas como las que siguen:

✎ ¿Qué causa el bloqueo? ¿Cuál es el problema de base? ¿Se trata de un problema aparente o de uno subyacente que no hemos reconocido? ¿Es un problema colateral? ¿Es algo que ya sucedió antes, como una concesión o una declaración de la que ahora se lamenta o arrepiente quien la hizo?

✎ ¿Qué ha sucedido hasta el momento? Revise los mensajes verbales y no verbales, así como la secuencia de eventos hasta este momento.

✎ ¿Hay mensajes críticos, verbales o no verbales que usted no haya enviado?

✎ ¿Presiona demasiado? ¿Se apega demasiado a sus metas más importantes? ¿Necesita ser más flexible?

✎ ¿Aprendió algo en las interacciones recientes que cambie su percepción del precio límite o intereses de la otra parte, o la importancia de los problemas?

✎ ¿Cuál es su planteamiento actualizado de la zona de acuerdo?

✎ ¿Dónde debe buscar ahora los intercambios?

✎ ¿Necesita presionar por el cierre con objeto de hacer avanzar las cosas?

✎ ¿Necesita mejorar sus procesos de decisión?

✎ ¿Cuál es el proceso de decisión de la otra parte?

✎ ¿Necesita convocar a una reunión con su equipo de negociación para decidir qué hacer a continuación?

✎ ¿Necesita hacer algunas llamadas telefónicas para obtener información o asesoría?

Intente un modo para solucionar problemas. Cuando reinicie la negociación, considere una forma de solucionar los problemas para identificar dificultades que ambas partes perciban. ¿Existe algún problema que podría bloquear por completo la posibilidad de llegar a un acuerdo? ¿Por qué? Ocúpese de ese problema ahora o determine si tratar primero con otros podría llevar a una solución de éste. A continuación, trabaje con problemas que considera que es posible resolver. Elabore una lista de los problemas siguiendo una secuencia funcional para resolverlos. Esto dará a ambas partes una sensación de avance.

Utilice la persuasión. Quizá usted conoce una manera de resolver el bloqueo, pero necesita convencer a la otra parte de que ésta es la mejor forma. Considere esta secuencia de convencimiento:

✎ Comience con un asunto fácil de resolver.

✎ Primero envíe el mensaje más atractivo o aceptable.

↳ Presente ambas caras de los asuntos.

↳ Sea abierta y flexible acerca de las soluciones posibles.

↳ Repita los beneficios de llegar a un acuerdo.

Intente otras tácticas. Considere estas tácticas para romper un bloqueo.

↳ Proponga lluvias de ideas para posibles problemas y soluciones y las formas de resolverlos.

↳ Haga varias preguntas de las que esté segura de que obtendrá un *sí* como respuesta del otro lado, de manera que cambie el proceso de modo positivo.

↳ Haga por lo menos tres o cuatro preguntas del tipo ¿qué sucedería si...?, no sólo una. Las respuestas podrían darle claves acerca de lo que piensa y siente el otro lado y quizá conducirla a una solución. Solicite sugerencias y piensen juntos en forma creativa.

↳ Presente cuatro opciones de solución para el problema y sitúe la alternativa de su preferencia como la tercera en la secuencia. La gente agresiva tiende a querer decir *no* y si lo hace un par de veces se siente satisfecha, pero si quiere llegar a un acuerdo, es probable que diga *sí* la tercera vez.

↳ Haga una o dos concesiones, y dramatice para aumentar su magnitud.

↳ ¿Sería posible escribir y firmar lo acordado hasta este momento, incluso proceder con base en ese acuerdo y dejar los problemas restantes para resolverse más tarde?

Vaya más lejos para identificar las barreras difíciles. Si todavía se encuentra bloqueada la negociación, piense qué es lo que ocurre en las áreas siguientes:

↳ ¿Cuál es el nivel de confianza?

↳ ¿En verdad escuchan ambas partes?

↳ ¿Cuáles son las necesidades de ambas partes hasta este momento?

↳ ¿Una de las partes siente que va ganando y la otra que va perdiendo?

↳ ¿Qué opciones nuevas podrían satisfacer las necesidades de ambas partes?

¿Qué tal si ambas partes llegan a la conclusión de que, en este momento, no es posible llegar a un acuerdo? Ahora es cuando debe ser filosófica y evitar mostrar enojo, amargura u otras emociones que provoquen estrés. Recuerde que deben ser capaces de trabajar juntos en una fecha posterior. Vea si puede conseguir que la otra parte explique en qué no está de acuerdo o que acepte negociar más. ¿Qué quiere decir cada uno de ustedes acerca del proceso de negociación? Al analizar el problema, cada parte podría aprender algo, de manera que se obtenga por lo menos una educación mutua del tiempo y del esfuerzo invertidos.

Maneje los movimientos sorpresivos. ¿Qué sucedería si el otro lado hiciera un movimiento sorpresivo? La sorpresa puede ser desde conocer nueva información acerca de la historia de la situación en curso, hasta dónde se reunirán o a qué hora empezarán o terminarán. Vea si puede convertir la sorpresa en una oportunidad. Esto requiere pensar con rapidez sobre la marcha y buscar opciones. Manténgase diplomática y cooperativa. Enojarse o irritarse facilitan el bloqueo de su capacidad para utilizar el cambio a su favor.

Maneje la frustración. ¿Qué sucedería si la otra persona se siente frustrada, aburrida o cansada? Las señales de que esto ocurre incluyen: interrumpir con frecuencia, tamborilear con los dedos sobre la mesa, zapatear en el piso, estudiar el papel tapiz o las pinturas, mover los ojos y guardar los papeles. Cuando esto ocurra, intente lo siguiente:

- ꝏ Haga un resumen de lo que se ha acordado.
- ꝏ Repita las concesiones que usted haya hecho.
- ꝏ Solicite que sean más específicos acerca de lo que quieren.
- ꝏ Ofrezca nuevas concesiones o favores.
- ꝏ Solicite un breve receso o sugiera continuar la junta otro día.

Entienda la necesidad de la otra persona de acelerar la negociación y sea considerada. Siempre tenga en mente el manejo del tiempo y trate de intuir cuándo es el momento justo para presionar por un cierre y acuerdo. Recuerde que, por lo regular, cooperar en la misma medida que lo haga la otra parte es útil para evitar conflictos innecesarios.

📖 *Como regla general, no sea la primera en irse.*

Obstáculos en la solicitud de ascensos en el trabajo

Al negociar un ascenso o aumento salarial prepárese para superar los bloqueos anticipándose a las objeciones típicas de los directivos.

Área de bajo desempeño. ¿Qué sucederá si la gerencia critica un área en la que ha tenido un mal desempeño? ¿Qué hará para librar este ataque? En primer lugar, prepárese reuniendo algunas evidencias (no importa que sean pocas) de su avance en el área en la que muestra debilidades. No las revele hasta que esté en la entrevista, de manera que pueda usar un pequeño elemento sorpresa para fortalecer su caso y llevar a la gerencia hacia un acuerdo.

Si la gerencia menciona su área débil, no niegue que es un problema. En cambio, aliéntelos a centrarse en ese problema. Trate de que lo mencionen como el principal o único obstáculo para acceder a su solicitud. Evite dar soluciones o informes de avance hasta que haya hecho esto. Si presentan un caso que no pueda refutar, será más probable que se concentren en el área débil y excluyan las demás.

A continuación, haga que la gerencia exprese apoyo a su trabajo en otras áreas. Se sentirán más cómodos apoyándola si piensan que es probable que su solicitud se rechace en forma razonable por el bajo desempeño que ha mostrado en el área débil. Intente lograr que acepten que estarán en mejor posición de aceptar su solicitud cuando vean una mejora en el área débil.

Ahora, presente las evidencias de mejora o las razones para tener esperanza. Quizá se trate de un resultado menor, cierta forma de solución, un plan de acción o cualquier elemento prometedor. Establezca con claridad cómo intenta obtener ventajas de esta mejora y cuál es su plan de acción. Recuerde a la gerencia que trabajará mejor una vez que su solicitud haya sido garantizada y su mente esté libre para concentrarse por completo en el trabajo. Mencione las metas de trabajo que ha alcanzado en el pasado y enfatice la forma en que las logró. Hable de sus fortalezas y de esa área débil, enfatizando el hecho de que la evidencia indica que la debilidad está en proceso de convertirse en fortaleza. Siga poniendo de relieve los puntos fuertes y logros durante la junta.

Si la gerencia argumenta que su evidencia es débil, contraataque con el hecho de que sus objeciones se basan en información *incompleta* sobre el área débil. Apele a su sentido de la justicia a la hora de dar los créditos. Pregunte si le exigen en *realidad* un rendimiento perfecto en cada área en todos los departamentos antes de dar ascensos o incrementos salariales. Mencione cómo el reconocimiento monetario de sus logros brinda un estímulo fuerte para ser más efectiva y productiva. Solicite asesoría y apoyo al hacer mejoras. Recalque el valor que tiene para usted el liderazgo y guía de la gerencia para alcanzar esas mejoras. Sea paciente y firme al afirmar que la gerencia estaba preparada para aceptar una pequeña muestra de progreso y que usted la ofreció, así como también mostró fortalezas en otras áreas.

Fracaso en una tarea. Si la gerencia menciona el fracaso reciente en una tarea como la razón para rechazar su petición, contradígala en una forma tranquila y racional centrándose en su valor. Evite estar a la defensiva, el enojo, la vergüenza o la acusación. No llore. Si sus emociones se salen de control encuentre una excusa para tener un receso durante unos momentos para controlarlas en privado. La mejor manera de superar un error es demostrar con un análisis y con sus acciones que no es una situación típica de usted, que ha aprendido del error y que pone a prueba acciones positivas para corregirlo y prevenir la repetición de errores similares. Si la gerencia insiste, diga con calma: *No es así como yo lo veo,* y explique en forma breve su punto de vista.

Presupuesto limitado. Prepárese para la posibilidad de que la gerencia dé como excusa un presupuesto restringido. Trate de determinar si sus colegas han obtenido aumentos. Busque en los estados financieros de la compañía los comentarios de los ejecutivos que refuten el argumento de la falta de dinero. ¿Qué porcentaje de incremento recibieron el último año los altos ejecutivos, incluyendo las opciones de compra de acciones y otras prestaciones adicionales? ¿Es posible demostrar que la parte de las operaciones a su cargo ha funcionado con utilidades a pesar del rendimiento general de la empresa?

Tal vez después. Si la gerencia no se compromete a nada, intente lo que sigue:

- Apele a la imagen que la gerencia tiene de sí misma encargada de la toma de decisiones en forma rápida e inmediata.
- Con tacto, insinúe los resultados desagradables de rechazar o dar una respuesta negativa.
- Asegúreles que no lamentarán tomar una decisión a su favor. Indíqueles que la apreciará y hará todo lo que esté de su parte para agradecerles el hecho de haber aceptado su propuesta.
- Cuando haya dicho todo lo que pueda decir, deje de hablar. Utilice una herramienta más poderosa: el silencio, no importa cuánto dure.

Técnica número 6: Sea cooperativa pero no un tapete

Coopere tanto como lo haga el otro lado. Pero, ¿qué pasa si el otro lado se retira? ¿Debe responder de alguna forma? No piense en términos de represalias, sino en términos de firmeza y respeto mutuo. Recuerde, si la otra persona percibe su respuesta firme como agresiva, como venganza contra ellos por su rechazo, la negociación se vuelve negativa. Por el contrario, si no responde en ninguna forma ante su rechazo, se arriesga a que la exploten, incluso que se aprovechen de usted. Un nivel generoso de perdón es mucho mejor que arriesgarse a represalias mutuas sin fin. Pero si su generosidad la convierte en un blanco fácil para la explotación, debe poner un alto.

Usted se beneficia con la cooperación de la otra parte. Su meta es motivar esa cooperación. Una buena manera de hacerlo es aclarar que habrá reciprocidad tanto en la cooperación como en el rechazo. Las palabras son importantes para llevar este mensaje a la otra parte, pero las acciones hablan más fuerte que las palabras, así que continúe y aclare lo que haría a continuación y por qué.

Técnica número 7: Sepa cuándo y cómo cerrar un trato

Su meta es hacer un buen trato o alcanzar una solución de algún tipo. ¿Cómo sabe cuándo está cerca de esas metas? Haga preguntas como:

- ✍ ¿Ambas partes llegaron a un entendimiento?
- ✍ ¿Me es posible ver lo que ambos necesitamos con objeto de hacer negocios juntos?
- ✍ ¿Nos acercamos a un acuerdo que suavizará algún conflicto entre nosotros?

La intuición y el sentido del tiempo son cruciales para reconocer el momento para avanzar hacia un acuerdo y cerrar la negociación.

Cuando ambas partes dicen que están de acuerdo, recurra a sus notas para afinar los términos. Sus notas deben mostrar las concesiones, compromisos y otros puntos que se acordaron durante el proceso de negociación. Como parte del acuerdo, es necesario establecer cómo se van a resolver los futuros desacuerdos. Si es así ¿necesitan analizarlo en este momento?

Si el trato requiere de un acuerdo por escrito considere la posibilidad de que ambas partes firmen un contrato o un documento preliminar, quizás un borrador que usted haya llevado. Puede agregar información clave o marcar o cambiar ciertas cláusulas. Incluso un acuerdo manuscrito hecho en el momento es legal. El propósito es asegurar los puntos principales por escrito mientras están frescos en la mente de cada uno. Si procede, firmen más adelante una versión final del documento.

Seguimiento. Con objeto de continuar infundiendo confianza y establecer los fundamentos para negocios posteriores o buenas relaciones, realice un seguimiento de la parte del acuerdo que le corresponde.

- ✍ Haga todo aquello con lo que estuvo de acuerdo.

✥ Si tiene problemas para continuar, póngase en contacto con la otra parte y solucionen los problemas.

✥ Esté disponible cuando ellos la necesiten.

✥ Mantenga una relación positiva con acciones como mencionar los beneficios del acuerdo y estar al pendiente incluso cuando no sea necesario estudiar el acuerdo.

Cierre de las negociaciones laborales. Cuando piense que es el momento de llegar al cierre de la negociación por un puesto, tome la iniciativa y muévase. Base su postura en la suposición de que se han respondido todas las preguntas y de que el ascenso o el aumento salarial están garantizados. Resuma los principales argumentos para el ascenso o incremento salarial y solicítelos.

Si la gerencia se resiste, analice la objeción principal. Céntrese en *ella* como el obstáculo principal para acceder a su solicitud y contéstela, luego repita la petición. Haga ver los resultados negativos que causaría un retraso o una negativa y asegure otra vez a la gerencia que actuará en forma correcta si le dan su aprobación. Si es necesario haga una concesión y luego espere la respuesta.

Técnica número 8: Maneje la discriminación por el género

En una negociación laboral, si no fue capaz de negociar el puesto, ascenso o aumento que deseaba, pregúntese si su patrón la discrimina injustamente por el hecho de ser mujer. Si piensa que la respuesta es *sí*, he aquí algunas acciones que debe tomar en cuenta.

Hable del problema con su gerente. Éste es un paso necesario político y legal, aun cuando esté segura de que no provocará ninguna mejora. Recuerde, su gerente podría resentir sus actos y buscar vengarse. Por el contrario, es probable que aprecie su firmeza y de marcha atrás para prevenir acusaciones por discriminación. De cualquier manera, es mejor decidir si está preparada para ir más allá en el asunto antes de que hable con su gerente. Recuerde estas sugerencias.

✥ Hable de injusticia en vez de discriminación para que la gerencia no reaccione con exageración ante lo que parece una amenaza de acción legal.

✥ Dé ejemplos específicos de injusticia.

✥ Sea clara acerca de su propósito exacto. Qué es lo que espera de esa reunión. Prepárese antes de acudir a ella. Elabore una lista de sus preocupaciones específicas y de los resultados concretos que muestren lo que produce. Practique lo que va a decir.

✥ Hable acerca de los hechos de la situación sin enojarse o acusar. Use mensajes tipo Yo. Por ejemplo: *Mi rendimiento fue más allá de las metas que acordamos. Yo creo que eso justifica de sobra el aumento que solicito.*

✥ Adopte un enfoque eficaz para la solución de problemas, no uno emocional ni uno que deje ver *sólo una queja.*

Considere con detenimiento los pasos más radicales. Si no está satisfecha con lo que su gerente dice o hace, debe decidir si se arriesga a la cólera del gerente por acudir al siguiente nivel de autoridad o al departamento de recursos humanos. Si cree que no estará satisfecha con el *estado de cosas*, vaya al siguiente nivel y haga todo para resolver el asunto dentro de la compañía, si aún así no consigue resultados, tiene tres opciones básicas:

1. Permanecer y aguantar la discriminación.
2. Encontrar una compañía que trate mejor a las mujeres.
3. Acudir fuera de la compañía para presentar una queja y, quizá, una demanda.

Su mejor opción tal vez sea encontrar otra compañía. Primero, considere consultar a un abogado que la guíe para conseguir el mejor paquete de indemnización. Antes de negociar este paquete trate de formalizar su nuevo trabajo.

Presentar una queja ante la autoridad laboral o levantar una demanda puede ser un problema importante, así que hágalo sólo si el hecho de luchar por la igualdad es más importante para usted que su carrera. A las mujeres que pelean se les incluye en la lista negra del ramo, deben cambiar de campo y permanecen castigadas durante siete años más o menos. Por esta razón, una acción sobre discriminación (que opera tras bambalinas en términos de un trato justo en general para todos los empleados de la compañía) es mucho más efectiva que las leyes de igualdad de oportunidades. Una mujer que escoge el último camino, en general, debe presentar una queja individual y hacer enormes sacrificios profesionales. Primero debe quejarse ante la empresa y luego ante las autoridades civiles. Y todo el proceso se lleva muchos años. Cuando se levanta una demanda, casi siempre cuesta mucho más de lo que podría ganar, y eso significa que no puede contratar a un abogado a menos que encuentre a uno que considere que se trata de un caso muy importante y que esté dispuesto a que le paguen sólo si gana el caso y cuando esto suceda. Aun las mujeres que se agrupan con otras para tomar cursos de acción legales se incluyen en la lista negra y sufren severos retrocesos financieros y profesionales.

El lado bueno es que si demuestra a la gerencia de una manera inteligente y positiva que está al tanto de las leyes contra discriminación por género y de verdad quiere evitar una acción legal (pero espera que la traten en forma justa) es muy probable que obtenga buenos resultados. Este enfoque con frecuencia motiva a la gerencia a cambiar y tratarla con el respeto que merece, al tiempo que evita las repercusiones de emprender una acción legal.

✓ Estrategia número 4: Negocie la resolución de conflictos

Negociar una resolución de beneficio mutuo para una situación conflictiva requiere de muchas aptitudes y procedimientos de negociación que ya aprendió para utilizarlos en las situaciones de negociación básica que hemos estudiado hasta el momento. Como líder, encontrará muchas oportunidades de resolver conflictos entre los empleados, grupos y quizá incluso entre empresas. Sin las aptitudes y la experiencia adecuadas, los conflictos son un dolor de cabeza y hasta una pesadilla. Con ellas, los conflictos se transforman en oportunidades para contribuir y llevar a la construcción de una carrera exitosa.

Su aptitud básica consiste en usar las formas de liderazgo de las mujeres para prevenir y manejar los conflictos como un proceso de aprendizaje saludable. Otras aptitudes son: pensar en términos de resultados de beneficio mutuo permitiendo que ambas partes expresen sus puntos de vista, ayudando a la gente a encontrar la causa que origina el problema, identificando las estrategias de solución de las partes, creando propuestas de solución y logrando una solución con la que todos puedan vivir.

Técnica número 1: Maneje el conflicto como un proceso de aprendizaje

Como líder de su grupo, tiene mayor influencia en la forma en que se maneja el conflicto. Si permanece atenta a las señales de diferencias de opinión y cuida que se tomen en cuenta y se respeten, enseñará a su gente con hechos que los conflictos pueden ser constructivos. Las estrategias de las mujeres abarcan a todos, comparten la información y crean autoestima. Recurra a su tendencia para intuir cómo se siente a la gente. Confiese a las personas con objeto de entender lo que sucede, aprenda a leer entre líneas, a apoyar la expresión honesta, a expresar lo que piensa que está sucediendo y a ayudar a la gente a unirse para encontrar un campo en común.

Las mujeres suelen entender que los sentimientos reprimidos de resentimiento, frustración y otras emociones negativas envenenan las relaciones y el ambiente de trabajo. Los conflictos dan a todas las partes una oportunidad de aprender acerca de lo que en realidad sucede con el otro lado, así como muchas otras oportunidades de aprendizaje. Los conflictos también agregan fuerza, energía y mayor interés fuerte en la idea o situación en estudio. Cuando el conflicto se maneja en forma constructiva las opiniones e ideas opuestas se analizan de manera abierta. Esta expresión de ideas conduce a enfoques creativos e innovadores y el crecimiento del conflicto se elimina.

Cuando ve el conflicto como un aspecto natural y saludable de los esfuerzos en grupo, la gente a la que dirige es más propensa a abrirse acerca de sus opiniones e ideas. Surgirán conflictos entre su gente y será posible analizar las situaciones problemáticas en la etapa en que la discusión inocente es más útil, antes de que surjan los resentimientos y las posiciones sean más difíciles. Por tanto, como líder, su clave para evitar que los conflictos *aumenten* radica en aceptar un conflicto *inicial* entre los trabajadores y ventilarlo en la forma más abierta posible. Es necesario explorar y resolver cualquier conflicto o situación negativa que un empleado relacione con algún problema o evento.

Técnica número 2: Monte el escenario para un resultado de beneficio mutuo (yo gano, tú ganas)

Antes de convocar a una reunión para negociar la solución de un conflicto piense en cómo facilitará una atmósfera que favorezca ventilar las diferencias y alcanzar soluciones.

¿Cómo montará el escenario de modo que las partes tengan las mejores oportunidades de encontrar una solución de beneficio mutuo? Considere el tiempo, las reglas del juego, evalúe los criterios para las propuestas, procesos y el tono positivo.

Asegúrese de que es el momento adecuado. Asegúrese de que las partes en conflicto estén listas para sentarse y tratar de resolverlo. De lo contrario, todos perderían el tiempo.

Establezca las reglas del juego. Asegúrese que cada parte tenga el mismo tiempo para presentar sus puntos de vista. Tome medidas para ver que la gente más fuerte o acometedora no domine la situación en forma injusta. Insista en que no haya interrupciones cuando las partes presentan su punto de vista. Si alguna de las partes rechaza respetar los principios básicos de la cortesía, la situación empeorará. Sugiera un final para esta junta con la reprogramación para que ocurra sólo cuando las reglas de cortesía sean aceptadas.

Imponga la regla del consenso. Si intervienen grupos en el conflicto, éstos deben establecer una regla acerca de cómo decidirá cada grupo sobre las propuestas y las soluciones. La regla por mayoría es la más frecuente para tomar este tipo de decisiones, pero la regla del consenso se aplica cada vez más. Con la regla del consenso todos los integrantes de un grupo deben estar de acuerdo total con una decisión. La opción que se toma con más frecuencia es que no todos los participantes se entusiasmen con la decisión, sino que deben sentir que pueden vivir con ella y acuerden cooperar para implementarla. Con cualquier regla que elijan los grupos se puede afectar tanto la complejidad de la interacción como la división de los resultados.

Por qué los grupos en consenso realizan más acuerdos. La gente de un grupo tiende a tener diferentes motivos para desear un resultado para el conflicto; esto sucede así porque la mayoría de grupos tiene motivos diversos. En un grupo de competencia pura, la regla de la mayoría es la más eficiente y quizá la mejor manera de evitar la inmovilidad. En un grupo de motivos mixtos, sin embargo, la regla de la mayoría no es tan efectiva, porque no revela con cuánta intensidad siente la gente sus preferencias, por eso los participantes no tienen muchas oportunidades para aprender los valores que otros conceden a los asuntos. Tal vez no se entienda *por qué* se vota de uno u otro modo, cuál es el sentir acerca de un asunto en particular o cuál es la importancia relativa del resultado. Si no se lleva esta información hacia terreno abierto, es mucho más difícil encontrar beneficios mutuos para intercambiar y tomar acuerdos que expandan la visión de ventajas que se basen en las diferentes preferencias.

Algunos estudios han encontrado que los grupos que tienen motivos mixtos y que negocian bajo la regla del consenso alcanzan resultados más valiosos. Para llegar a un acuerdo unánime cada parte tiene que hacer intercambios que conduzcan a un resultado de plato de ventajas expandido. Los integrantes del grupo tienen que aprender acerca de las preferencias de sus colegas y encontrar modos para expandir el conjunto de recursos para hacerlos compatibles. Se consume tiempo, pero fuerza a los integrantes de un grupo a tener en cuenta opciones creativas para incrementar la variedad de ventajas y satisfacer los intereses de todos los colegas.

Entienda cómo funciona el consenso. Una regla de consenso tiene tres fases:

1. Consideración de la propuesta por decidir.
2. Manifestación y resolución de las preocupaciones de los miembros acerca de la propuesta.
3. Cambio a opciones alternativas si no se puede alcanzar el consenso.

Cuando se presenta una propuesta para decidir sobre ella, los participantes hacen preguntas y manifiestan preocupaciones legítimas. El presentador aclara y responde a las preocupaciones. El líder llama entonces a consenso y pregunta si hay alguna objeción. Si no la hay, el consenso se alcanza.

Si hay una o más preocupaciones que los participantes no toleren, entonces el grupo entero analiza estas preocupaciones y trata de resolverlas. Algunas veces se cambia la propuesta; otras veces los participantes que objetan el acuerdo se retractan, lo que significa que toleran la decisión y la apoyan. De no ser es así, tal vez el grupo requiera reevaluar la propuesta y los valores, así como las motivaciones individuales en un esfuerzo por resolver la objeción. Como último recurso, el grupo puede intentar una de estas opciones:

- ♯ Posponer la decisión.
- ♯ Retirar la propuesta.
- ♯ Solicitar un levantamiento de manos para aumentar el sentido de apoyo para la propuesta.
- ♯ Enviar la propuesta a un subgrupo.
- ♯ Solicitar a los miembros preocupados que se retiren y la analicen juntos hasta que limen sus diferencias.
- ♯ Crear un trabajo de equipo en que los problemas subyacentes salgan a la luz.

Por último, si todo falla, el grupo puede decidir con el voto de una mayoría establecida en dos tercios, o del 90 por ciento, o cualquier otra composición que se acuerde para aproximarse al consenso.

Busque un acuerdo de alta calidad. Para evaluar la calidad de un acuerdo negociado en grupo en una situación de motivos mixtos, haga las siguientes preguntas:

Al alcanzar este acuerdo, el grupo:

- ♯ ¿Expandió su enfoque para incluir todos los asuntos importantes por negociar?
- ♯ ¿Analizó las prioridades y preferencias entre los asuntos?
- ♯ ¿Centró sus esfuerzos en resolver el problema?
- ♯ ¿Consideró soluciones originales e innovadoras?
- ♯ ¿Consideró el intercambio de asuntos como un interés de alta prioridad?

Identifique el problema de las coaliciones. La mayor diferencia entre negociaciones de dos personas y de grupos es el potencial para que dos o más integrantes de un grupo formen una coalición informal con objeto de reunir sus recursos y tener mayor influencia en el resultado. Las coaliciones y facciones comprenden menos gente que la del total del grupo y, por tanto, son más fáciles de manejar. Así se reduce la coordinación de los problemas y los intereses, con lo que las metas son más consistentes y motivan a los participantes a actuar con más tranquilidad. Esto da a la coalición una ventaja por encima de los miembros del resto del grupo. Los miembros de una coalición poderosa pueden obtener lo que quieran con el uso de la regla de la mayoría, sin embargo, con frecuencia la gente se centra en los intereses de su coalición particular o en sus intereses personales en lugar de los que son mejores para el grupo.

Algunas investigaciones indican que cuando los miembros de un grupo tienen un poder similar, el grupo alcanza acuerdos de ventajas más extenso y utiliza los recursos con mayor eficacia que los grupos donde se forman coaliciones y el poder se distribuye de manera desigual. En los grupos que adolecen de desequilibrios de poder, sus integrantes son mucho más propensos a formar coaliciones para sacar ventajas de tales desequilibrios. El límite inferior es que usted necesita aceptar que las coaliciones son inestables inherentemente y que con frecuencia conducen a acuerdos que no están en los mejores intereses de la empresa.

Establezca ambiente de apoyo a la apertura. Permita que se expresen las emociones, sin ataques. Acepte las emociones que se expresen. Motive a que se abra la comunicación. Sea no crítico y no evaluador. Céntrese en el problema o situación y evite hacer sentir mal a la gente. Céntrese en los pronombres *nosotros, nos, nuestro*, que incluyan a ambos lados e impliquen una sociedad para resolver el asunto.

Proponga un proceso de negociación de tres etapas. Los grupos cooperativos o competitivos en general funcionan mejor cuando operan con agendas que los mantienen centrados en encontrar la decisión más efectiva en forma ordenada y eficiente. Sin embargo, en negociaciones con motivos mixtos, los grupos utilizan una agenda de tema por tema que en general alcanza acuerdos menos expansivos del plato de ventajas que los grupos que utilizan un proceso de poner todo en la mesa de una sola vez. Si el grupo considera a todos los temas como parte del plato de ventajas que está en la mesa, entonces pueden reconocer las posibilidades de expandir el plato. Los grupos de motivos mixtos debieran usar agendas que estructuren el siguiente proceso de tres pasos:

1. Identifique y asigne prioridades a todos los temas y beneficios.
2. Revele al grupo las necesidades de los participantes y los deseos sobre el resultado.
3. Proponga enfoques creativos para resolver los problemas, genere tratos en paquete.

Céntrese en los beneficios de resolver el conflicto. Prepare una lista de beneficios que se tendrán por medio de la cooperación y de las pérdidas que se sufrirían con la continuación de un conflicto. Cada parte tiene que comprender que hay más que ganar si se resuelve el conflicto que si se continúa.

Técnica número 3: Ventile puntos de vista opuestos

Comience la junta de negociación con el establecimiento del tono a través de remarcar la apertura, que es optimista, no enjuicia, y está diseñado para generar emociones de expansión. Presente un resumen breve y general del propósito de la junta. Tome acuerdos sobre las reglas del juego y el proceso para llegar al acuerdo. Considere obtener acuerdos sobre los criterios para evaluar cualquier solución propuesta, a menos que conduzca por sí misma a un conflicto.

Cada lado manifiesta sus puntos de vista. Escuche con cuidado la propuesta de encontrar una clave para las soluciones posibles y para identificar la estrategia de resolución de cada parte. He aquí algunas sugerencias para todas las partes:

- ✍ Describa las acciones de los demás y por qué piensa que esta conducta es un problema.
- ✍ Comparta sus percepciones y emociones; evite juzgar y enojarse.
- ✍ Considere el conflicto como un problema mutuo que debe resolverse en un modo en el que todos salgan ganando; evite verlo como una batalla de "yo gano y tú pierdes".

- ✎ Comparta sus necesidades, sentimientos y metas para evitar tomar posiciones rígidas.
- ✎ Póngase en el lugar del otro.
- ✎ Escuche para aprender más acerca de las necesidades, intereses y sentimientos de la otra parte; muestre cómo sus propuestas se adecuan a éstas.
- ✎ Céntrese en hacer afirmaciones apropiadas de los sentimientos y motivos de los demás.
- ✎ Céntrese en la semejanza de metas, necesidades, deseos y métodos.
- ✎ Comunique con claridad que comprende las necesidades, metas y deseos de los otros.
- ✎ Haga preguntas para aclarar cualquier aspecto que no comprenda, con la mente puesta en entender por completo los puntos de vista del otro lado.
- ✎ Adopte un método de paso a paso para descubrir todos los temas en el conflicto y cualquier recurso que pueda dividirse, pero permita que todos pongan todo en la mesa antes de que usted comience a negociar quién hará qué y quién conseguirá qué.
- ✎ Después de que ambos lados hayan presentado sus puntos de vista, cada uno tal vez desee hacer un resumen de lo que haya escuchado y que otros hayan pasado por alto. Comience a elaborar en la dirección de *nosotros* y de *nuestro propósito y meta en común*.

Como líder de la negociación, escuche, aclare, resuma y proporcione retroalimentación. Motive y dé apoyo a la gente de las partes. Trate de encontrar sentimientos mutuos y áreas comunes. Busque oportunidades para reducir la tensión. Su meta debe ser fortalecer las relaciones personales entre las partes o por lo menos evitar su deterioro. Recuerde, la persona que escucha tiene mayor control. Establezca su meta al escuchar: *Necesito escuchar lo que les preocupa.* Tome notas de aquello con que está de acuerdo o en desacuerdo en forma específica.

Permanezca interesada, tranquila y racional. No permita que las emociones de enojo tomen control de usted. Manténgase por arriba de las cosas. Siempre tome en cuenta el propósito de lo que diga: ¿apoya a la negociación?

Técnica número 4: Aísle la causa del problema

Una vez que las opiniones e ideas conflictivas se hayan revisado en forma adecuada, su función es guiar a las partes a la solución satisfactoria del conflicto. Para hacerlo, debe estar alerta de las *razones* inmediatas o superficiales del conflicto y, con frecuencia, ir más allá, hasta las causas originales que subyacen a las acciones problemáticas. Busque en cuatro áreas principales: comunicación defectuosa, resentimiento acerca de la conducta de alguien en el pasado, metas conflictivas y elección de una solución conflictiva.

Comunicación fallida. El conflicto puede ser más imaginario que real como resultado de una comunicación defectuosa. Busque primero señales de percepción equivocada, mal entendimiento o hipersensibilidad. La mejor forma de reducir conflictos imaginarios es alentar el análisis frecuente de los problemas.

Resentimiento por conducta pasada. La discusión constructiva de un problema fallaría debido a que una de las partes tiene resentimiento por la conducta pasada de algún miembro. Analice si tal resentimiento debe tratarse en forma abierta. Trate de hacer que la persona resentida por la conducta manifieste la objeción y describa la conducta en forma específica. Con frecuencia las primeras objeciones que se mencionan no llevan a la esencia del problema. Los conflictos basados en resentimiento silencioso necesitan explorarse en un ambiente en el que se respeten los sentimientos de manera que las emociones verdaderas salgan a la superficie.

Metas conflictivas. Los problemas que se originan en metas conflictivas con frecuencia son los más difíciles de resolver. Trate de lograr que ambas partes definan las metas específicas que tienen para llegar al resultado de la situación. Luego, investigue si pueden ponerse de acuerdo en algunas metas comunes, como incrementar la productividad o incluso la supervivencia de la compañía.

Métodos conflictivos para alcanzar metas. A veces, cada cual está de acuerdo en la meta principal a alcanzar en una situación determinada, pero no pueden ponerse de acuerdo en la mejor manera de llegar a ella. Cuando esto pase, asegúrese de que cada parte analice y comprenda por completo los métodos conflictivos. Si persiste el conflicto, busque otros cursos de acción que incorporen los mejores aspectos de las soluciones conflictivas.

Técnica número 5: Identifique la estrategia de resolución de cada parte

Es importante saber cómo cada parte del conflicto trata de resolver el problema. Mantenerse alerta a las estrategias de resolución de conflictos ayuda a que no se supriman, ignoren o eviten las preocupaciones o sentimientos de los individuos. También ayuda a equilibrar el poder en la situación. He aquí cinco estrategias básicas para resolver conflictos:

- **Competitiva:** Una estrategia de "yo gano, tú pierdes", en la que un lado intenta dominar al otro para ganar simpatía por sus preferencias a costillas del otro.
- **Esquiva:** Una estrategia de "esconder la cabeza en la arena", que se caracteriza por la indiferencia a las posiciones de las otras partes y al conflicto mismo. Las conductas incluyen esconderse, aislamiento, evasión, retirada y apatía.
- **Complaciente:** Estrategia poco firme que se caracteriza por el apaciguamiento. Un lado renuncia a hacerse cargo de sus propias preocupaciones con objeto de alcanzar la paz y cede a las preocupaciones de otros.
- **Toma y daca:** Una estrategia de compromiso que busca encontrar una solución en algún lugar entre los deseos de todas las partes, y que da a cada una de ellas una satisfacción moderada pero incompleta.
- **Colaboradora:** Estrategia de colaboración en la cual todas las partes tratan de integrar sus posiciones de manera que todas se satisfagan por completo.

Si las partes aplican una estrategia colaboradora, el trabajo como líder es mucho más fácil. Su meta es mostrar a ambas partes los beneficios de una estrategia de este tipo y promover una negociación que sea justa y una resolución que todos sostengan con buen ánimo. Por tanto, debe ver que la parte que sigue una estrategia competitiva no domine de manera injusta a aquella que lleve una estrategia complaciente. Debe infundir confianza al lado esquivo y encontrar maneras para descubrir sus asuntos ocultos y llevarlos a la mesa de negociación. Una vez que identifica la estrategia de negociación de cada parte, está en mejor posición para moverse en dirección a la integración de sus posiciones y propuestas y crear opciones de solución.

Técnica número 6: Integre propuestas y cree opciones

Por medio del análisis abierto, avanza en dirección de la comprensión compartida del conflicto. Conforme comienza a integrar los puntos de vista de cada uno, crea varias opciones para resolver el conflicto. Considere las siguientes sugerencias:

- ✎ Si aún no ha establecido los criterios que debe llenar cualquier propuesta, tenga el cuidado de hacerlo ahora.
- ✎ Recuerde que las situaciones y propuestas incompatibles no significan necesariamente que las metas e intereses básicos estén en conflicto.
- ✎ Recuerde que cuando una resolución llena las necesidades de ambas partes éstas se comprometen a hacer que la resolución funcione.
- ✎ Recuerde que en las relaciones que están en marcha es muy raro un *paquete fijo* en el que entre más gane una parte más pierda la otra. En lugar de eso, encontrar una solución satisfactoria tiene recompensas futuras invisibles para ambas.
- ✎ Fomente la lluvia de ideas y cree tantas opciones como sea posible antes de evaluarlas.
- ✎ Por lo menos tenga en cuenta cada propuesta alternativa y busque nuevas combinaciones creativas de opciones. Evite pensar en términos de *mi plan o su plan*.
- ✎ Identifique aquellas cuestiones o partes de propuestas en las que ambas partes están de acuerdo.
- ✎ Considere agrupar las ideas y proponga tratos en paquete, quizá con el establecimiento de una cuestión ligada al de otra.
- ✎ Explore las diferencias como una forma de crear intercambios.

Ya comprendió que explorar las diferencias en las necesidades y deseos de la gente genera beneficios colaterales que aumentan el paquete de mercancías sobre la mesa de negociación, lo que a su vez conduce a intercambios. Sabe que las diferencias incrementan sus oportunidades de hacer un buen trato. Cuando trabaja con grupos o con dos o más empresas, se aplican los mismos principios, pero en general la negociación es más compleja.

Técnica número 7: Llegue a una solución y aprenda

El último paso en el proceso de solución de conflictos no es sólo llegar a una solución sino evaluar lo que todas las partes aprendieron del proceso.

Llegue a una solución. Éste es el momento de considerar en serio todas las propuestas y de formar paquetes o reestructurarlas hasta que encuentre una con la que ambas partes puedan vivir. Si logró un acuerdo sobre los criterios de evaluación de las propuestas, llegó el momento de saber en qué forma satisface cada una de ellas las necesidades mutuas y reconcilia los intereses opuestos. Determine lo que cada parte ve como una solución posible y si hay alguna que satisfaga a todos. Explore las opciones posibles que no hayan considerado las partes. Ayúdelas a encontrar una solución que cubra estos criterios generales.

> ↳ Es la mejor para la empresa.
> ↳ Es la mejor para *todas* las partes.
> ↳ Provee el mejor fundamento para la armonía y cooperación futuras.

Su papel consiste en guiar a la gente para seleccionar la solución que mejor cumpla con estos criterios y cualquier otro criterio específico que establezcan, así como para negociar las diferencias en busca de un acuerdo con el que todos puedan vivir.

El acuerdo debe indicar que el conflicto terminará, describir los diversos comportamientos de la gente en el futuro, describir qué pasaría de no cumplirse con el acuerdo y fijar fechas futuras para analizar la solución y ver cómo funciona. Si están involucrados recursos como dinero o equipo, el acuerdo debe establecer cómo se van a dividir o utilizar. Asegúrese que la solución pueda implantarse y sostenerse en ambas partes. Cuando logren el acuerdo, sugiera alguna clase de celebración que establezca vínculos nuevos y positivos.

Aprenda del proceso. Ayude a que ambas partes reconozcan que aprender a manejar conflictos en conjunto crea vínculos cooperativos. Haga del conflicto un proceso de aprendizaje, reuniendo a ambas partes para revisar lo que hayan aprendido sobre la relación y su enfoque hacia el conflicto, de esta manera, se retroalimentarán mutuamente. Pida que se hagan preguntas como:

> ↳ ¿Qué ideas y acciones fueron disfuncionales?
> ↳ ¿Qué ideas y acciones fueron efectivas?
> ↳ ¿Cómo mejoraron mis habilidades de negociación?
> ↳ ¿Cómo agudicé mi sensibilidad?
> ↳ ¿Cómo habría podido mejorar el proceso?

Reconozca la valentía, paciencia y fortaleza que se requieren para admitir que existe un conflicto, manejarlo a profundidad y trabajar juntos en su solución.

Promotores de aptitudes

Promotor de aptitudes número 1. Caso: Erika negocia la compra de una empresa

Erika está preparada para un cambio en su vida profesional. Ha trabajado como representante de ventas de Wilhaven Wholesale Spice and Preservative Co. durante 10 años. En la actualidad, vende cerca de un millón y medio de dólares cada año y sus ingresos anuales, que incluyen el salario, comisiones y prestaciones adicionales, son de casi 75,000 dólares.

Erika cree que tiene la experiencia y la lealtad de sus clientes necesarias para comenzar su propio negocio de ventas al mayoreo de aditivos para compañías de procesamiento de comidas y puntos de preparación de alimentos. Tiene la oportunidad de comprar Norris Suppliers, una pequeña empresa que compite con Wilhaven. Los estados financieros de Norris indican que tienen 100,000 dólares en activos, y el año pasado logró ventas brutas por tres millones, con una utilidad neta de 150,000 dólares.

Erika está interesada en comprar este negocio debido a que ya está en marcha, por lo que se libraría de los problemas que representa iniciar una empresa. Concerta una cita para negociar los términos de la posible compra de Norris Suppliers.

- ✺ ¿Cuáles son las ventajas y desventajas potenciales de comprar este negocio?
- ✺ ¿Qué metas debe establecer Erika para el resultado de la negociación?
- ✺ ¿Qué puntos clave debe recordar durante la negociación?

Seguimiento: Compare sus respuestas con el análisis y la clave de respuestas más abajo.

Promotor de aptitudes número 2. Caso: Resolución de un conflicto entre Andrés y Bárbara

Usted es líder de equipo en la farmacia CostLess, que pertenece a una cadena farmacéutica. Andrés y Bárbara tienen un conflicto recurrente con el horario. Durante el mes pasado, Bárbara solicitó cambios de horario cuatro veces. Cada vez que ella solicita llegar más tarde de lo estipulado significa que Andrés deberá trabajar hasta que ella llegue, lo que a él no le conviene.

Bárbara es una estudiante universitaria que asiste a clases los martes y jueves de ocho de la mañana a 12:30 del día. Se acordó cuando ella entró a trabajar para CostLess que su horario sería flexible para permitirle cumplir las exigencias de los cursos en la universidad. Este último mes ha estado muy ocupada porque es el fin del semestre y debe terminar varios proyectos en equipo y estudiar para los exámenes finales con su grupo de estudio. Su grupo se reúne dos o tres horas después del almuerzo los martes y jueves de 1:30 a 3:30 o 4:00 de la tarde. De modo que ella no puede llegar al trabajo hasta las 4 o 5 de la tarde. Bárbara está en posibilidad de llegar más temprano el día siguiente porque no tiene clases.

Andrés es el padre de dos niños de nueve y 11 años de edad. Trabaja de siete de la mañana a 3 de la tarde, pero cuando se le contrató le dijeron que no se le podía garantizar un horario fijo, debido a que la política administrativa es ser flexible para ayudar al personal a hacer arreglos funcionales de trabajo. En general, Andrés necesita salir a las 3 de la tarde, con objeto de llevar a sus hijos a efectuar varias actividades. Ha estado dispuesto a cambiar ligeramente su horario por Bárbara, pero se siente frustrado. Le preocupa cómo afectarán estos cambios de horario los compromisos que estableció con sus hijos, amigos e instructores.

Usted, como jefa, decide que se impone una sesión para resolver el conflicto.

- ✺ ¿Qué debe preparar para la sesión?
- ✺ ¿Qué meta debe establecer para el resultado de la resolución del conflicto?
- ✺ ¿Cuáles son algunos puntos clave a recordar mientras dirige la sesión?

Seguimiento: Compare sus respuestas con en análisis en la clave de respuestas más abajo.

Clave de respuestas

Promotor de aptitudes número 1. Caso: Erika negocia para comprar una empresa

Revise el análisis en las páginas sobre riesgos, en específico de la maldición del ganador y el ejemplo de comprar un negocio ya existente. La ventaja del vendedor acerca de tener información sobre el rendimiento del negocio que Erika no tiene significa que ésta debe asumir la información faltante como malas noticias y debe establecer su precio máximo en forma correspondiente. Erika debe pronosticar el costo y el potencial de comenzar un negocio similar desde cero con objeto de aclarar su mejor opción para hacer este trato.

Promotor de aptitudes número 2. Caso: Resolución de un conflicto entre Andrés y Bárbara

Preparación: Revise la estrategia de resolución de conflictos (páginas 162-170) en especial la técnica número 2 en las páginas 163-166. Céntrese en crear un ambiente abierto de apoyo y acordar algunas reglas de juego y seguir el proceso de tres pasos. **Meta:** Alcanzar un consenso con el que usted, Andrés y Bárbara puedan vivir y hacer de la solución del conflicto un proceso de aprendizaje. **Puntos clave:** Permita que Andrés y Bárbara ventilen sus puntos de vista: anímelos a poner todos los temas sobre la mesa. Pregunte si existen problemas más profundos; si es así, trabaje en rastrear sus orígenes. Busque intercambios posibles y maneras creativas de identificar las necesidades y deseos de todas las partes.

Capítulo 6

Maneje múltiples prioridades

El ayer es un cheque cancelado; el mañana es una promesa de pago; el presente es dinero en efectivo: ¡úselo!
—Anónimo

Como mujer profesional tal vez se sienta muchas veces saturada por las tareas y responsabilidades que enfrenta, con demasiadas actividades de alta prioridad en relación con el tiempo disponible para realizarlas. El presente es en realidad todo lo que tiene, momento a momento. En nuestra cultura, todos hemos acordado medir esos momentos (esos minutos, horas, días, semanas, meses y años) con el mismo sistema de medición. La administración del tiempo es una herramienta clave para manejar prioridades múltiples y alcanzar metas de alta prioridad. Es importante, en especial para las mujeres que desean tener una vida familiar enriquecedora y tiempo para la superación personal, así como para una carrera satisfactoria. En este capítulo, aprenderá estrategias para administrar el tiempo. Primero, examine sus creencias clave acerca del manejo del tiempo. Luego, conozca la forma en que las ejecutivas corporativas como Jane Shaw utilizan su tiempo.

¿Cuándo cree que maneja de manera efectiva su tiempo?

1. ¿Cuándo está ocupada?
2. ¿Cuándo hace lo que se presenta?
3. ¿Cuándo hace lo que otra gente quiere que haga?
4. ¿Cuándo hace actividades que son atractivas y divertidas al máximo en ese momento?
5. ¿Cuándo hace más en menos tiempo?
6. ¿Cuándo se centra en aquellas actividades que es más factible que la encaminen hacia sus metas de más alta prioridad?
7. ¿Cuándo realiza una actividad de alta prioridad aunque usted no esté de humor?

Escaparate

Jane Shaw. Alza Corporation

Cuando Jane Shawn era directora general de Alza Corporation, de Palo Alto, California, aprendió a manejar su tiempo concentrándose en las prioridades y el equilibrio. Se dio cuenta que cuando ponía demasiado esfuerzo en su trabajo, sus niveles de eficiencia e innovación bajaban. Por tanto, buscó rejuvenecerse al aire libre, con su esposo e hijo, en actividades como la jardinería y el esquí. Jane cree que lo único que tiene es tiempo, de modo que la pregunta es: *¿Cómo voy a usar ese tiempo?* "Tienes que establecer prioridades, lo que significa que no siempre puedes tener tiempo para hacer todo", dice Jane.

Los secretos del éxito de Jane Shaw son conocerse a sí misma, tener un fuerte sentido de sí misma, centrarse en una visión y metas claras y escuchar su intuición. Así es como logró su ascenso hasta directora general de una compañía de investigación médica con 900 empleados e ingresos de 140 millones de dólares. "Sin una ruta clara en mente, es muy fácil desorientarse por las opiniones de todo mundo", dice Jane. Es preciso escuchar y considerar las opiniones y estar preparada para hacer cambios cuando se requieran. Pero si está en contacto con su yo interno y sabe que hace lo adecuado, es posible que se mantenga centrada en eso. Funciona.

Después de terminar el bachillerato, Jane reprobó el examen de admisión a la universidad en la que, tiempo después, obtuvo su título en fisiología. Entró a trabajar en el laboratorio de un hospital y asistía a clases por la tarde a fin de prepararse para volver a presentar el examen. Trabajaba en un equipo de investigación biomédica, cuando Alza, una compañía joven, le ofreció trabajo en 1970. Fue la visión de Alza acerca de un nuevo enfoque médico lo que la convenció para entrar en la compañía. Todo el énfasis en la industria farmacéutica estaba (y todavía está) en el desarrollo de nuevos productos químicos. El personal de Alza observó que no podían obtener valor terapéutico completo de una medicina a menos que también pusieran atención a la manera en que se distribuía por el cuerpo. La visión fue encontrar un modo de resolver este problema. Como se hizo manifiesto, Jane desempeñó un papel instrumental en hacer realidad esa visión: accesorios tipo parches para la piel que administran medicamentos. Su liderazgo la condujo al puesto de directora general de Alza de 1987 a 1994, cuando renunció para tomar un año sabático y situarse en la siguiente fase de su carrera.

Con frecuencia, se habla de administrar el tiempo, pero dado que todos tenemos el mismo número de horas en un día, lo que administrar significa es lo que *hacemos* en esas horas, ¿no es verdad? Para crear la vida que desea, es decir para convertir en realidad esas metas que se ha establecido, debe ocupar sus horas en las actividades que es más probable que la conduzcan hacia ellas.

> *La administración del tiempo es en realidad el manejo de las actividades.*

Saber qué actividades son las más importantes no quiere decir que siempre las tenga que hacer primero. Por ejemplo, sabe que su más alta prioridad en este momento es conseguir información para hacer el informe de un proyecto, pero la pospone. Por alguna razón, no se siente motivada para buscar la información y docenas de cosas distraen su atención. De modo que pasa 20 minutos al teléfono con Doris, comentando sobre las cosas que suceden en la compañía Acme. Después, dedica 30 minutos a limpiar sus archivos de la computadora, pues comenzaban a salirse de control. Lo que necesita es un golpe de inspiración para cambiar su actitud, para entusiasmarse con la búsqueda de la información que necesita.

> *La administración del tiempo también*
> *es la administración de la actitud.*

Sabemos que las maneras de hacer negocios cambian minuto a minuto. ¿Cuáles son algunos cambios que han afectado las prácticas de administración del tiempo?

Al llegar a su oficina *maneje cada papel solo una vez. Coordine y organice sus sistemas de comunicación*, lo que incluye aumentar la proporción de correo de voz, correo electrónico y mensajes vía fax y reducir aquella de mensajes en papel. La velocidad se ha incrementado de manera que la mayor parte de los mensajes (aun los mundiales) se reciben al instante, en lugar de tomar días o semanas. Las secretarias, recepcionistas y auxiliares de oficina desaparecen con rapidez, conforme la gente de negocios maneja sus propias transacciones, comunicados y archivos con el uso de computadoras personales y otros equipos electrónicos. Las reemplazan asistentes administrativos, gerentes auxiliares y otros profesionales que tienen sus propias computadoras personales y manejan muchas de las actividades administrativas, gerenciales, técnicas o profesionales que apoyan su trabajo de dirección. Algunas de las largas y tediosas juntas en salas de conferencias se reemplazan con conferencias en redes computacionales donde un grupo de personas en el mismo edificio (o en diferentes ciudades) trabaja en forma conjunta para tomar acuerdos, crear documentos, hacer presentaciones, informes y otros materiales.

Para administrar múltiples prioridades, es necesario que sepa qué es importante, lo que significa que debe concentrarse en sus metas de alta prioridad, actividades y plazos estipulados. Debe conocerse a sí misma y diseñar su estilo de administración del tiempo para ajustarse a sus patrones personales. Debe conocer a su gente y cooperar con ella en el manejo de prioridades múltiples. Debe administrar proyectos abrumadores y con frecuencia abordarlos y no dejarlos para más tarde. Por último, debe dominar la tecnología de manera que aumente su productividad.

✓ Estrategia número 1:
Identifique lo que es importante

Usted sabe cuáles son sus metas de máxima prioridad para crear la vida que desea y sus actividades de máxima prioridad para alcanzar esas metas. Todo lo que necesita ahora son algunas técnicas para dirigir su energía hacia esas actividades y metas, técnicas como establecer metas con fechas límite, utilizar calendarios y listas de cosas por hacer para programar su día, hacer el mejor uso de los ritmos corporales y llenar el tiempo libre con tareas múltiples.

Técnica número 1: Establezca metas con fechas límite

Recuerde tener fechas límite para todas las metas que establezca. Cuando no establece una fecha límite para completar una tarea o proyecto se tarda en comenzar, y una vez que inicia, ¿se entretiene? La mayor parte de las personas sí. Las fechas límite la ayudan a mantenerse concentrada en el objetivo.

¿Además, sigue trabajando para hacer la tarea o el proyecto a la perfección, en lugar de alcanzar una eficacia de clase mundial o la excelencia? Algunas personas son perfeccionistas, y el perfeccionismo puede ser muy costoso. En general, resulta prohibitivo a largo plazo. La gente de negocios exitosa adopta el principio de *aproximación sensata*. Pregúntese: *Si mi vida dependiera de hacer esta tarea en la mitad del tiempo que tengo asignado, ¿qué atajos tomaría? ¿Hay alguna razón real para no tomarlos?*

Para proyectos más extensos, ¿establece varias fechas límite a corto plazo, así como una fecha límite para el proyecto en general? Hacerlo la ayuda a mantener en el trabajo un ritmo armónico, en lugar de acelerarse en exceso cerca del final.

Considere establecer una *meta de énfasis especial* que dure por lo menos entre una semana y dos meses. La meta debe ser hacer reír a alguien cada día, contribuir con una idea creativa a diario, iniciar cada día con una lectura o grabación inspiradora, escuchar una cinta para aprender una lengua extranjera, encontrar una forma de concluir una actividad cada mes. Después, haga algo cada día a fin de culminar por lo menos una actividad de máxima prioridad para esa meta de énfasis especial. Esta técnica es un gran impulsor moral.

Técnica número 2: Programe su día

Primero, concéntrese en las actividades de máxima prioridad. Después, encuentre los mejores métodos para hacer sus días más productivos.

Céntrese en actividades y oportunidades de máxima prioridad. Primero, aclare cuáles de las actividades posibles del día es más probable que la conduzcan hacia sus metas. Si no planea su día, terminará haciendo lo que vaya llegando. Esto significa que las acciones de otras personas determinarán sus prioridades en lugar de que sus metas definan sus acciones. Segundo, mantenga su mente abierta a oportunidades como encontrar nuevos nichos de mercado, crear nuevos productos o servicios, hacer las cosas de una manera mejor y establecer nuevas conexiones y alianzas.

No cometa el error fatal de tratar en primer lugar con los problemas en lugar de las oportunidades. Si hace eso es probable que resuelva los problemas de otros en lugar de buscar nuevas cosas qué hacer y nuevas formas de hacerlas. Recuerde que uno de los usos más productivos de su tiempo es planear el futuro. Cuanto más efectiva sea su planeación de un proyecto por adelantado, menos tardará en terminarlo con éxito. No deje que el exceso de trabajo sature su tiempo de planeación y de creatividad.

Utilice instrumentos de planeación computarizados. Para comenzar, una lista de cosas por hacer más un calendario de planeación es una combinación exitosa para planear sus días. Si no maneja una computadora en forma cotidiana, debe utilizar calendarios tradicionales para ayudarse a dar seguimiento a las prioridades, organizar y coordinar sus proyectos a largo plazo, dar seguimiento al trabajo que delega y establecer metas.

Si maneja la computación, programas como ACT! y Schedule+ incorporan todas las facilidades para planear, como calendarios, listas de cosas por hacer, agenda y directorio. Puede imprimir cualquiera de estas listas de programación o de contactos para guardarlas o darlas a otros. También puede utilizar dichos programas para dar seguimiento a acciones futuras que quiera emprender, como iniciar proyectos nuevos o contactar a clientes. Con ellos puede buscar nombres que haya guardado por apellido, ciudad o cualquier palabra clave que desee usar. Puede tomar notas acerca de sus llamadas, juntas o cualquier cosa que desee registrar, así como información personal vital. Para programarse puede utilizar una caja de actividades, un calendario mensual y un planeador diario desplegable. Puede asignar niveles de prioridad a las actividades, programar una alarma que le recuerde cuándo es el momento de iniciar una actividad y reprogramar las actividades incompletas para cualquier día posterior. Con un clic del botón del ratón, verá su calendario de citas en un formato diario, semanal o mensual, con otro clic verá las actividades en una lista de tareas única para cualquier día, también puede elegir ver una lista de tareas de llamadas, juntas o cosas por hacer. Utilícelos para buscar los números telefónicos de la gente a la que quiere llamar y marcar los números a través de su módem, así como para llevar un registro de todas sus llamadas. Éstas son sólo algunas de las tareas que un programador computarizado coordinaría por usted.

Siempre pregunte ¿Cómo puedo trabajar de manera más inteligente? En cualquier momento que considere que desperdicia un tiempo precioso o que no es lo productiva que quisiera, pregúntese: *¿qué puedo hacer para trabajar en forma más inteligente?* Una vez al mes más o menos, haga una descripción detallada de cómo pasa un día típico. Mientras se prepara para comenzar una actividad, pregúntese: *Si no estuviera preparada para hacer esto, ¿lo empezaría ahora?* Si la respuesta es *no*, ¿por qué no disminuye sus pérdidas y lo elimina? Si la respuesta es *sí*, calcule cuánto tiempo le tomará ese asunto y limite su intervención a ese lapso y no más. Esas definiciones sobre la marcha la mantienen alerta en relación con la administración adecuada del tiempo. La ayudan a centrarse en las metas que aumentan su eficacia y en las actividades que logran resultados, en lugar de las que únicamente la mantienen ocupada o la hacen trabajar duro.

Técnica número 3: Domine las listas de cosas por hacer

Sabe cómo establecer metas y darles prioridad. Sabe también cómo generar las actividades para lograr esas metas y asignarles un orden prioritario. El siguiente paso es sencillo: en el archivo de cosas por hacer de su agenda en la computadora o en una hoja de papel rayada tamaño carta anote sus actividades en orden de importancia. Ésa es su lista de cosas por hacer. En su agenda-calendario, seleccione las actividades para cada en las que trabajará cada día laboral a partir de su lista de cosas por hacer. Cuando termine una actividad, táchela de la lista. Conforme alcance y establezca metas nuevas, actualice y agregue las nuevas actividades relacionadas con ellas.

Recuerde que algunas veces las actividades más importantes para alcanzar sus objetivos no son urgentes; por ejemplo, escribir un artículo, hacer una propuesta o recabar los detalles de una nueva idea. Si se da cuenta de que cambia varias veces una partida de la lista de cosas por hacer, pregúntese: *¿Esta actividad es importante en realidad? ¿La he aplazado? ¿Debería incluirla en el archivo de seguimientos o recordatorios?* No hay necesidad de anotar actividades rutinarias que hace en forma regular. Anote sólo aquellas de alta prioridad y que no podría hacer a menos que les preste atención especial.

Sobre cada actividad, pregúntese: *¿La puedo delegar?* Luego, para cada una, comenzando con la de prioridad más baja pregunte: *¿Qué sucedería si no hago esto?* Si la respuesta es *quizá nada* o *no mucho,* dé a la actividad un periodo de maduración. Si no hay un seguimiento de nadie ni repercusiones, ha ahorrado ese tiempo para invertirlo en asuntos de alta prioridad.

Programe y haga actividades esenciales. Programe su trabajo importante como lo primero que tiene que hacer en la mañana o en el momento del día en que esté más fresca, alerta y llena de energía. Si se da a sí misma dos horas de tiempo de privilegio (sin llamadas telefónicas, reuniones u otras interrupciones) puede terminar el doble de trabajo en la mitad del tiempo con la mitad de esfuerzo. Programe este lapso sin interrupciones en su calendario y piense que se trata de una cita con el cliente más importante: usted.

Si tiene unos cuantos minutos entre juntas, úselos para hacer tareas rápidas como llamadas telefónicas o encontrar un archivo.

La clave de las agendas-calendario y las listas de cosas por hacer es *usarlos* de verdad.

Revise en forma periódica su lista durante el día, en especial:

- ✤ El primer asunto de cada mañana.
- ✤ Siempre que se pregunte si hace el mejor uso de su tiempo en ese momento.
- ✤ Inmediatamente después de una interrupción.
- ✤ Cuando se divida entre dos actividades.
- ✤ Cuando pierda energía o interés en la actividad en curso.

Puede ser tentador evitar una actividad que le exija mucho, una que requiera tomar decisiones difíciles o concentración intensa. Con frecuencia, ayuda preguntar: *¿Hago lo más efectivo en este momento?*

Permanezca organizada. Recuerde que el mejor uso de su tiempo no es necesariamente hacer lo que se va presentando. Cuando explore su correo electrónico, correo de papel, correo de voz y otra clase de documentos y mensajes intente las siguientes técnicas:

- ✤ Separe los mensajes y documentos de alta prioridad de los de baja.
- ✤ Libérese de los de baja prioridad y organice los de alta.
- ✤ Archive los asuntos importantes, ya sea en computadora o en papel.
- ✤ Si hay trabajo por hacer, anótelo en su lista de cosas por hacer.
- ✤ Evite las pequeñas piezas de papel, como las etiquetas adhesivas. Anote la mayor parte de los asuntos en su agenda en la computadora o en hojas de papel rayado tamaño carta. Use hojas grandes para sus listas de cosas hacer, notas acerca de proyectos, viajes y otros asuntos, de manera que siempre tenga sitio para agregar información y pueda organizar las hojas en archivos que tenga en carpetas, a fin de encontrarlos con facilidad para referencias futuras.

La mayor parte de la gente desperdicia por lo menos una hora diaria buscando papeles que perdió encima de sus escritorios. Al estar organizada, utiliza el tiempo de manera efectiva. Todos tenemos temporadas en que las cosas se acumulan: correo, mensajes telefónicos, papeles, archivos de computadora, escritorio. Es más probable que esto suceda en las etapas finales, cerca de la fecha de terminación de un proyecto o después de un viaje de negocios. En lugar de desesperarse, deténgase. Tómese los minutos que requiera para organizarse otra vez. Su trabajo será más fácil y rápido por el resto del día.

Prepárese para mañana. Al final de un día de trabajo, considere tomar unos cuantos minutos para reorganizarse y prepararse para el día siguiente. Revise los comunicados que hayan llegado durante el día para ver si alguno necesita agregarse a la lista de cosas por hacer y a la agenda calendario. Revise los papeles y archive aquellos que sea necesario guardar y deshágase del resto. Revise el calendario para el día siguiente y la lista de cosas por hacer y seleccione trabajos específicos, tareas y proyectos que piense que tienen la prioridad más alta y prográmelos para el día siguiente.

Prepararse por las tardes le dará una sensación de cierre y terminación del día de trabajo. Pero, lo más importante es que dará a su subconsciente tiempo para trabajar en su lista durante algunas horas, incluso mientras duerme.

Después de que haya hecho la lista para el día siguiente, limpie su escritorio antes de salir de la oficina. Trate de dejar solo un proyecto de importancia sobre su escritorio y de colocar todo lo demás en un archivero o gabinete que sea fácil de alcanzar. Cuando llegue a la mañana siguiente, trabaje en ese proyecto único tanto tiempo como le sea posible.

Técnica número 4: Personalice su programa

Conforme programa su tiempo, tenga en mente tres consideraciones de importancia: los aspectos prácticos de la situación, su nivel de energía personal y sus patrones de ritmos preferidos. Para estar más atenta a sus patrones personales, complete el Promotor de aptitudes número 1 al final de este capítulo.

Consideraciones prácticas. Emprenda las actividades que requieran concentración en los momentos en que esté segura de que tendrá un periodo de paz y tranquilidad, sin interrupciones. Si requiere equipo o instalaciones especiales, ¿están disponibles sólo a ciertas horas? ¿Habrá un tiempo de espera que deba tomar en cuenta? ¿Necesita ver a otras personas con objeto de terminar la tarea? ¿Cuándo estarán disponibles?

Consideraciones de nivel de energía. Siempre que sea posible, programe las actividades para obtener ventaja de sus momentos de alta energía. Programe tareas rutinarias para los momentos cuando está razonablemente alerta, pero no en su máximo. Trate de utilizar las horas pico para proyectos de alta prioridad, tareas que requieren concentración intensa o pensamiento original, o tareas que generan tensión o son desagradables, pero importantes. Utilice sus momentos de baja energía para tareas como concentrarse en lecturas profesionales, corrección de escritos y firma de documentos.

Consideraciones de ritmo de trabajo. Algunas personas requieren de presión para trabajar a su capacidad máxima. Si éste es su estilo, utilícelo. Sin embargo, asegúrese de que planea con anticipación suficiente para conseguir la información, aprobaciones, documentación y otras cosas que necesita a fin de terminar el trabajo, de modo que la presión no se convierta en pánico o desastre. Para la mayoría de las personas, los programas de último momento son inferiores por mucho a los programas bien planeados y para los que cuenta con mucho tiempo. Saber cuándo dejar de trabajar en un proyecto es tan importante como saber cuándo comenzar, debido a que el trabajo en exceso lleva a reducciones en el rendimiento, como aumento de errores y respuestas lentas. Cuando le duelan sus músculos o se dé cuenta de que tiene que leer la misma oración dos o tres veces, en general, llegó el momento de parar.

Siempre que sea posible, programe su tiempo en lapsos grandes de manera que no tenga que cambiar en forma constante yendo y viniendo de una actividad a otra. Deje algún tiempo sin programar para las visitas, llamadas telefónicas, emergencias imprevistas y otras tareas no esperadas.

Recuerde reservar tiempo de tranquilidad para relajarse y meditar. Encuentre algunos minutos para relajarse; mirando hacia atrás para tener alguna perspectiva sobre lo que está pasando. Esto la ayudará a ser más objetiva acerca de los asuntos triviales y pequeñeces cuando regrese a sus tareas.

Técnica número 5: Ocupe el tiempo muerto

El tiempo muerto es el que invierte cuando espera a alguien o a que suceda algo, duerme o realiza sus actividades de rutina por la mañana, mientras se desplaza de un lugar a otro o almuerza, toma café, y actividades por el estilo. ¿Cuánto tiempo debe considerar *muerto* y cuánto quiere ocupar haciendo algo para duplicar sus deberes?

No necesita convertirse en una fanática que trabaja en exceso y administra el tiempo, y llena cada momento con actividades que la saturan. Pero, ¿qué hay de esos tiempos muertos insoportablemente aburridos? ¿Qué hay de esos tiempos muertos frustrantes cuando está impaciente por comenzar a trabajar en una actividad de máxima prioridad? Descubra lo divertido que es rastrearlos y encontrar su camino para hacer que los tiempos muertos trabajen para usted. Las ideas incluyen hacer tareas múltiples, mantener una carpeta de actividades rápidas, utilizar el tiempo de transporte para preparar o recoger algo y preguntarse en forma regular cómo podría trabajar de manera más inteligente.

Multitareas. Aunque sea persona centrada y no malabarista, puede organizar su trabajo de manera que el tiempo disponible rinda al máximo. Comience con sus objetivos temporales y el trabajo retrasado. Establezca tareas pasajeras con tiempos límite. Después, programe sus días en forma correspondiente. Por ejemplo, sabe que necesita cierta información para una junta que se realizará al día siguiente. Antes de que comience a trabajar en ese importante informe, haga la llamada telefónica que le permitirá reunir la información. ¿Qué otras tareas rápidas necesitan realizarse antes de que comience su tarea principal? Las tareas múltiples le permiten tener varias tareas en proceso al mismo tiempo y aún así centrarse en una tarea a la vez.

Mantenga una carpeta de tareas rápidas. Intente mantener una carpeta de archivos de tareas rápidas. Durante el día, hágase cargo de asuntos que puedan hacerse durante el tiempo muerto. Lleve la carpeta con usted a las juntas y citas, cuando tal vez necesite esperar a alguien. Siempre que deje la oficina, meta la carpeta en su portafolios. Luego, cuando enfrente tiempos muertos, tendrá algunas tareas rápidas que realizar.

Aproveche el tiempo mientras se desplaza de un lugar a otro. En lugar de quejarse por el tránsito, utilice ese tiempo a fin de prepararse para los eventos futuros o realizar ciertas tareas.

Por ejemplo, mientras se encuentre atrapada en el tránsito matutino, piense en las actividades para el día que inicia, y ensaye en su mente las mejores formas para manejar los problemas, situaciones y tareas. Podría llevar con usted una pequeña grabadora y dictar una lista de recordatorios. Si no maneja, incluso podría dictar memorándums e informes detallados. Muchas mujeres utilizan las grabadoras de sus automóviles para aprender nuevos idiomas, una lección grabada por viaje; obtener información de negocios actualizada por medio de grabaciones informativas; y relajarse o despertar la creatividad por medio de grabaciones inspiradoras.

Técnica número 6: Archive las listas de cosas por hacer y los calendarios

Mantener un registro de lo que ha logrado es fácil si guarda en archivos especiales sus listas de cosas por hacer y los calendarios que ya utilizó. Para actividades o proyectos especiales, observe lo siguiente:

- ✎ Todo lo que hizo bien.
- ✎ Lo que hizo con éxito.
- ✎ Cómo llegó a eso.
- ✎ Todo lo que salió mal, y por qué.
- ✎ Como impedir que los problemas se repitan.

Estos registros también son componentes importantes de sus archivos de *yo me amo* (YMA). Agregue a ellos las cartas de agradecimiento, felicitación y halagos que reciba. Incluya informes especiales, artículos o cartas que haya escrito y que reflejen un trabajo de alta calidad o logros especiales. Utilice estos archivos cuando comience a planear una actividad o proyecto similar. Revíselos cuando sea el momento de una revisión de rendimiento, una solicitud de aumento o de ascenso, una actualización de su curriculum o biografía o en cualquier otra ocasión en que hable de su desempeño. De este modo, tendrá en qué basar sus comentarios acerca de logros específicos que pueda respaldar con hechos y cifras exactas. Asimismo, si se lleva a cabo una auditoría de sus gastos, los calendarios y listas de cosas por hacer ayudarán a documentar las actividades de negocios involucradas.

✓ Estrategia número 2: Diseñe su día para que se ajuste a su estilo

Conocer su estilo de trabajo y sus patrones personales de logro y delegación es esencial en el manejo de sus actividades.

Técnica número 1: Identifique las pérdidas de tiempo y fugas de energía

El primer paso para identificar las pérdidas de tiempo y las fugas de energía en su vida es rastrear sus actividades, escribiéndolas durante un par de semanas. Complete el Promotor de aptitudes número 1 y siga las sugerencias para investigar qué actividades le hacen avanzar hacia sus metas y cuáles la desvían.

Técnica número 2: Adapte su estilo centrado o disperso

La forma en que equilibra sus actividades es crucial. Algunas personas son centradas; trabajan mejor cuando se concentran en un proyecto a la vez hasta que se termina. Otras personas son dispersas y trabajan mejor con varios proyectos a la vez. Decida cuál es su estilo para trabajar con proyectos mediante la Actividad de autoconciencia número 1.

Actividad de autoconciencia número 1: ¿Es centrada o dispersa?

Propósito: Conocer cómo trabaja mejor en el nivel de proyecto.

Instrucciones: Determine si cada una de las siguientes afirmaciones es verdadera para usted y utilice la siguiente equivalencia de calificaciones.

5 = casi siempre   4 = por lo regular   3 = algunas veces   2 = no muy seguido   1 = casi nunca.

1._____ Manejo mejor varios proyectos a la vez.

2._____ Me gusta concentrarme en forma intensa y exclusiva en un proyecto a la vez.

3._____ En mi pensamiento, divido un proyecto en diferentes etapas de avance, como la de planificación, acción y seguimiento, y me gusta trabajar en dos o más proyectos que tengan varias etapas.

4._____ Tiendo a "comer y respirar" un proyecto día y noche hasta que lo termino.

5._____ Cuando me siento bloqueada, cansada o aburrida con un proyecto, a menudo puedo avanzar en otro diferente.

6._____ Me siento confundida, distraída y frustrada cuando debo atender más de un proyecto, aunque estén divididos en varias etapas de trabajo.

7._____ Trabajo bien cuando pienso en un proyecto futuro, durante el tiempo que tengo libre en un proyecto activo.

8._____ Cuando me veo forzada a distraer mi atención de la etapa en curso de mi proyecto principal a la etapa de planeación de otro, tiendo a comprometerme más en el nuevo.

9._____ Me gusta dejar la solución de ciertos problemas de un proyecto a mi inconsciente, mientras con la parte consciente, me ocupo de otro proyecto.

10._____ La única manera en que puedo resolver los problemas de un proyecto, es dedicarme en exclusiva a ese proyecto.

Seguimiento: Vea la clave de respuestas en la página 201 e interprete su calificación.

¿Es usted dispersa? Si es dispersa, es probable que se aburra con facilidad cuando un proyecto grande se alarga demasiado. Y está en su elemento cuando maneja varios proyectos a la vez. El problema, tal vez sea su actitud para permanecer centrada suficiente tiempo en un proyecto a fin de lograr un avance significativo y mantenerse conectada con él hasta que se termina. Podría concentrarse en una tarea a la vez, *aun mientras tiene todos proyectos en elaboración*. Intente poner en práctica estas sugerencias:

᭗ Divida cada proyecto en etapas y haga un plan paso a paso para cada una de ellas.

᭗ Delegue tantas tareas como sea necesario y diseñe un programa por seguir para cada tarea.

᭗ Tan pronto como termine un proyecto, busque otro.

Si es una persona dispersa eficaz, entonces es capaz de lograr que se haga más en el mismo tiempo que sus compañeros centrados. Pero recuerde, aquí hablamos en el nivel de proyecto. En el nivel de tarea, casi todos trabajamos mejor cuando nos centramos en una tarea y en un punto en el tiempo. Es probable que en su inconsciente haya otras tareas y otros proyectos o que otros miembros del equipo trabajen en ellos. Pero en cualquier momento, vea si es posible concentrarse en la tarea inmediata.

¿Es usted centrada? Si es centrada, tal vez se ocupa de un proyecto importante hasta que lo termina y que se siente más cómoda con sesiones de trabajo largas e intensas sobre un proyecto, que sus colegas dispersas. Si su trabajo requiere que se disperse en más de un proyecto a la vez, podría encontrar obstáculos. Es probable que encuentre difícil el cambio entre centrarse en tareas de un proyecto y hacer las de otro. Tal vez se confunda, desorganice y frustre por la dispersión. Trate de llevar a la práctica estas sugerencias:

᭗ ¿Es posible que elija el proyecto que promete ser más fructífero y que mejor se adapte a usted, y se concentre en él? Si es así, haga un plan para terminarlo y dedíquese al proyecto hasta que lo termine. ¡Está en su elemento!

᭗ Si debe comenzar otros proyectos, ¿es posible que delegue las tareas necesarias?

᭗ Si su trabajo requiere que se disperse en más de un proyecto grande a la vez, aprenda a dividir en compartimentos. Para usted es difícil separarse de su proyecto en curso, pero una vez que hace la transición, es más fácil. Utilice al mínimo sus aptitudes para centrarse en el nuevo proyecto. Cuando lleguen pensamientos acerca del proyecto anterior, busque técnicas para llevar su atención de regreso al proyecto actual. Imagine que es un caballo de carreras que utiliza orejeras, de modo que lo único que ve es el proyecto presente. Imagine que su mente tiene compartimentos para cada proyecto y usted se mantiene concentrada en el compartimento del proyecto presente.

¿Es usted dispersa y centrada a la vez? ¿Indicó su calificación que es probable que usted sea dispersa y centrada en función de la situación? Esa flexibilidad es una gran cualidad. Ser capaz de concentrarse totalmente en una tarea en el momento, es esencial para triunfar en la mayor parte de los trabajos, pero también lo es dispersarse en varios proyectos. Su productividad se incrementará si está alerta a estos dos modos y a la forma de usarlos con más eficacia.

Técnica número 3: Identifique su nivel de energía y patrones de ritmo de trabajo

¿Es usted una persona matutina o vespertina? ¿Trabaja mejor con más o menos presiones de tiempo? ¿Trabaja más rápido en ciertos momentos del día, y disminuye su ritmo en otros? Conocer su nivel de energía y patrones de ritmo de trabajo la ayuda a programar su día de manera más eficiente y lograr que se haga más en menos tiempo. Después de que complete el Promotor de aptitudes número 1, al final de este capítulo, tendrá una imagen clara de sus patrones personales. Es obvio que hará mejor las tareas difíciles, complejas, creativas o intensas cuando su nivel de energía y ritmo de trabajo son altos.

El que usted sea una persona matutina o vespertina es un asunto individual. Puede ser algo genético y hormonal, y por supuesto, verse afectado por el programa que haya seguido durante años. Algunas investigaciones indican que los patrones de energía tienden a variar con la edad. Cuando usted es joven, es más probable que sea una persona vespertina, y conforme envejece, es probable que se convierta en matutina.

Si se da cuenta que sus horas pico de energía no coinciden con las demandas de trabajo, es posible cambiar sus picos si cambia sus hábitos de sueño. Si es una persona nocturna, vaya a la cama temprano, aunque no quiera. Encuentre maneras de arrullarse hasta que duerma, hay muchos libros con sugerencias para los insomnes. Y es probable que encuentre cada vez más fácil levantarse temprano por la mañana. Después de pocas semanas o meses del nuevo programa de sueño, se sorprenderá cuando vea que trabaja casi como una persona matutina.

Técnica número 4: Manténgase motivada

Para estar motivada, necesita identificar las creencias autolimitantes y las recompensas relacionadas con el trabajo y el juego, así como encontrar sus propias recompensas, pequeñas y grandes, así como las maneras de premiarse usted misma para mantenerse motivada y productiva.

Vuelva a considerar las creencias y recompensas antiguas. Es posible que sea portadora de algunas creencias autolimitantes que le impiden manejar sus actividades con el máximo de eficacia. Tal vez cuando era niña aprendió a obtener premios por ser víctima, debido a que obtenía simpatía y ayuda cuando no podía conseguir que algo se hiciera. O quizás alberga creencias acerca de hacer todo al pie de la letra, lo que hace del trabajo un negocio serio y desagradable.

A largo plazo, tiene sus recompensas conservar esa parte infantil de su persona que quiere correr y jugar y divertirse. Si mantiene feliz al niño que lleva dentro, estará más capacitada para evitar el agotamiento. Tener alguna diversión durante el trabajo arduo hará que regrese por más. Intente llevar a la práctica estas sugerencias:

- ✎ Identifique los premios que recibía por no manejar bien sus actividades y concéntrese en los nuevos por manejar su propia vida.
- ✎ Identifique los antiguos mensajes de sus padres que la hacían trabajar a disgusto y genere nuevos mensajes que le permitan divertirse en el trabajo y recompensar a su niño interior.

Utilice recompensas para estar motivada. ¿Proporciona una inspiración propia adecuada para manejar bien sus actividades? ¿Se recompensa por hacer algo bien? Así es como puede hacer que la energía fluya en forma continua. Así es como se puede motivar a usted misma para seguir adelante. Es clave para manejar su actitud y actividades. Permítase numerosas recompensas al día. Encuentre recompensas que la satisfagan y la mantengan motivada, pero no la bloqueen para terminar sus actividades de alta prioridad. Experimente qué tan seguido y qué tipo de recompensas necesita para optimizar su rendimiento y satisfacción. He aquí algunas ideas:

- ✍ Un marcador de color brillante, para trazar líneas gruesas y agradables sobre las partidas de la lista de cosas por hacer que haya realizado.
- ✍ Un nuevo aditamento decorativo para su oficina, una figura, pintura u objeto que le guste mucho.
- ✍ Un receso cuando termine una tarea, para tomar café, comentar, ir de compras, dar un paseo, trasladarse a otra parte del edificio.
- ✍ Comprar una pequeña (o gran) extravagancia cuando termine una tarea o proyecto, un pequeño artículo de lujo o un nuevo e interesante *juguete*, como el último paquete de software o dispositivo electrónico, algo con lo que quiera jugar.
- ✍ Su bebida o botana favorita para beber o saborear mientras se concentra en un proyecto muy tedioso.
- ✍ Un almuerzo o comida especial, un viaje de fin de semana o algunos días de vacaciones.

Técnica número 5: Evite agravar las situaciones

Su ambiente puede crear malestar psicológico y distracción física, o puede aumentar y apoyar su nivel de energía y su motivación para manejar sus actividades y alcanzar sus metas. Vea si es posible eliminar o mejorar situaciones como hacer un traslado difícil, tratar con gente irrespetuosa o hacer largas filas.

Si algo en su ambiente es molesto, irritante o la distrae de manera regular, reduce su capacidad para hacer el mejor uso de su tiempo y ocasiona que pierda energía. Vea las sugerencias en este capítulo para usar los tiempos muertos, lo que se refiere al tiempo que se pasa en filas y traslados, así como los capítulos acerca de la firmeza y el trato con gente difícil. Sea creativa para encontrar maneras de limpiar tanto como sea posible esta *basura negativa.*

Técnica número 6: Diseñe su ambiente de trabajo para que se ajuste a usted

Su espacio físico de trabajo tiene un fuerte efecto psicológico en su actitud y hábitos de trabajo. Determine qué es lo que necesita con objeto de sentirse cómoda con su espacio laboral y disfrutar estar en él. Monte el escenario para administrar el tiempo en forma efectiva por medio de organizar su escritorio, establecer límites en sus horas de trabajo semanales y aprender a decir *no* a peticiones no esenciales.

Casi toda la gente se da cuenta de que un escritorio bien ordenado mejora el humor y la eficiencia; también es señal de una actitud ejecutiva. Esto es importante, en especial para las mujeres que quieren evitar un estereotipo en la oficina. En la mayor parte de las compañías, entre más alto es el cheque de la persona, más limpio está su escritorio. ¿Sucede esto en su compañía? Si es así, ¿podría limpiar los papeles de su escritorio y llevarlos al de otra persona, al archivero o al cesto de basura? Evite las bandejas de entradas y salidas de trabajo; mejor guarde los papeles en el escritorio de su asistente o utilice las gavetas del suyo con este propósito. Aplique la misma estrategia para limpiar su correo electrónico o correo de voz, archivos de computadora y otras sobrecargas electrónicas.

Técnica número 7: Evite el síndrome del esclavo

Las mujeres son más propensas que los hombres a intentar hacerlo todo y a decir *sí* a peticiones a las que tendrían que decir *no*. Los problemas que pueden ocurrir incluyen la adicción al trabajo y el agotamiento. Evite esto por medio de centrarse en las metas profesionales y aprender cuándo decir *no* y cuándo delegar.

Concéntrese en las metas profesionales. Será benéfico para usted dirigir la mayor parte de su energía hacia metas relacionadas con su carrera, en especial cuando trata de dejar huella. Todos los que triunfan lo reconocen. Sin embargo, no confunda muchas horas y trabajo duro con alcanzar las metas. No se agote con el trabajo excesivo ni desperdicie oportunidades de hacer contactos importantes; cambie a involucrarse de manera profesional y aprenda nuevas e importantes habilidades. En general, evite trabajar más de 45 horas a la semana, excepto durante los periodos breves en que aprenda los trucos de un nuevo trabajo o termine un proyecto especial. Si tiene que trabajar tiempo extra, considere hacerlo temprano por la mañana en lugar de quedarse hasta tarde; esto indica que tiene el control de la situación en lugar de no saber qué hacer.

Intente terminar todo su trabajo en la oficina, de manera que no tenga que llevarse nada a casa; si ésta es su intención y meta, rara vez necesitará llevar trabajo a casa, y es probable que sea más efectiva. Cuando adquiere el hábito de pensar: *Si no termino esto ahora, podría terminarlo en casa por la noche*, su intención cambia y sus incentivos para administrar su tiempo con eficacia entran en picada.

Aprenda cuándo delegar y cuándo decir *no*. ¿Trata de hacer demasiado? Tal vez necesite aprender cuándo y cuáles tareas delegar a otros. Un beneficio importante de delegar con eficacia el trabajo, es el tiempo que deja libre para dedicarse a asuntos de alta prioridad como proyectar, organizar o dominar aptitudes de liderazgo de alto nivel. Puede dar oportunidad a otro empleado de aprender algo nuevo. Delegue tareas en el hogar también a trabajadores a sueldo, a su esposo, sus hijos y otros.

Si no aprende a decir *no* a tareas, encargos, juntas y otras actividades que consumen tiempo en las que la gente le pide participar, terminará administrando su tiempo de acuerdo con las prioridades de otras personas en lugar de las suyas.

✓ Estrategia número 3: Coopere con otros

Sus mejores esfuerzos por administrar su tiempo con eficacia, pueden ser saboteados por su gerente, compañeros de equipo, asistentes y colegas. Es adecuado que use las leyes de Murphy, con objeto de prever y dar la vuelta a tantos obstáculos como sea posible.

Técnica número 1: Coopere con su gerente

Es muy probable que su gerente tenga mayor impacto en sus actividades que cualquier otra persona que trabaje con usted. Algunos problemas típicos ocurren cuando las ideas de su gerente acerca de lo que debe hacerse entran en conflicto con las suyas; cuando su gerente no está cerca y usted la necesita, y cuando su gerente no delega o toma decisiones de una manera efectiva en tiempo. He aquí algunos problemas de tiempo que la gente encuentra a menudo en sus gerentes, y las sugerencias para manejarlos.

Problema número 1 del gerente: Su gerente la presiona para terminar un asunto que está en las últimas prioridades de su lista.

1. Analice con tacto el conflicto, en lugar de acceder sin replicar.
2. Hable en términos de alcanzar metas y equipos de trabajo, así como de lo que es mejor para su gerente y la empresa.
3. Asegúrese de que su gerente sabe qué otros asuntos están pendientes en su lista de cosas por hacer, y cómo se relacionan con sus metas de trabajo.

Problema número 2 del gerente: A su gerente le cuesta trabajo entender cuándo necesita información, una aprobación o una decisión.

1. Planee por anticipado para evitar retrasos.
2. Si eso no funciona, analice el problema con su gerente.

Problema número 3 del gerente: Su gerente no delega de manera eficaz y pospone las decisiones demasiado tiempo.

1. Inicie un análisis abierto acerca del impacto de las acciones de su gerente sobre su productividad.
2. Evite las críticas implícitas de las acciones de su gerente.
3. Adopte un enfoque de resolución de problemas.
4. Concéntrese en encontrar modos, con los cuales su gerente pueda ayudarla a mejorar su rendimiento.

Técnica número 2: Coopere con su equipo de trabajo

Anime a su equipo a pensar acerca de la administración del tiempo y a hablar cuando usted le solicite hacer cosas que ellos creen que no son efectivas o que son una pérdida de tiempo. Trabaje con ellos en hacer el mejor uso del tiempo de todos. Evite los siguientes problemas típicos.

Problema: Usted comunica instrucciones de manera deficiente o también delega de manera poco efectiva, por lo que ellos pierden el tiempo al hacer el trabajo indebido o haciéndolo de la manera equivocada.

Sugerencia: Aprenda cómo delegar correctamente y practíquelo con frecuencia.

Problema: Deja a los integrantes de su equipo esperando porque llega tarde a las juntas.

Sugerencia: Sea puntual a las citas y reuniones. Si se da cuenta de que va a llegar tarde, avíseles, de modo que puedan utilizar su tiempo en forma constructiva hasta que usted esté lista para verlos.

Problema: Interrumpe el trabajo de ellos en forma innecesaria.

Sugerencia: Antes de interrumpirlos, pregúntese: *¿Es necesaria esta interrupción o puede esperar? ¿Podría pedir a esta persona que salga cuando alcance un punto de tensión? ¿Podría ella llamarme por teléfono? ¿Podría un ayudante o una recepcionista darle el recado durante un receso?*

Técnica número 3: Coopere con su asistente

El miembro más importante del equipo, que la ayuda a administrar el tiempo que le concierne, es su asistente; si tiene la fortuna de contar con uno. El primer paso es utilizar con eficacia las aptitudes de esta persona tan importante. El siguiente paso es *tratar* a su ayudante cómo un compañero de equipo. Mantenga bien informada a esta persona, de modo que sepa lo que usted haría en la mayor parte de las situaciones. Algunos modos de hacer el mejor uso de las contribuciones de su asistente incluyen aumentar sus deberes, recordar su flujo de trabajo, mantener a su asistente informado acerca de sus metas y prioridades y decidir juntos los procedimientos.

Aumente las obligaciones de su asistente. Trabaje con su asistente para eliminar las tareas rutinarias y agilizar las comunicaciones por computadora y el papeleo. De este modo, liberará un talento administrativo valioso. Trabajen juntas para usarlo del mejor modo. Establezca lineamientos de toma de decisiones y defina las áreas de autoridad de su asistente. Informe a otros de estos avances e instrúyalos para cooperar con su asistente.

Recuerde el flujo de trabajo de su asistente. Algunos gerentes aplazan todo el día y luego dejan el trabajo a sus asistentes por la noche, ya tarde. Esa práctica podría ser inofensiva *a menos que* espere tener todo resuelto antes de la hora de salida. Recuerde que esa clase de trabajo es importante y que los asistentes podrían sufrir fatiga mental y aburrimiento. Ayude a su asistente a tener variedad a lo largo del día, semana y mes. Busque encargos que representen retos y oportunidades adecuados para crecer. Es muy probable que su asistente responda trabajando con mayor eficiencia y eficacia.

Mantenga informada a su asistente acerca de sus prioridades. Asigne números de prioridad a las tareas que da a su asistente o permítale que dé prioridad a esos asuntos después de revisar su lista de cosas por hacer. Dar prioridad evita el efecto de saturación que provoca botar el trabajo sobre el escritorio de su asistente. Le permite saber a su asistente qué tareas debe realizar primero, incluso cuando usted le asigna muchas tareas al mismo tiempo.

Elaboren procedimientos. Trabaje con su asistente para diseñar procedimientos a fin de atender las llamadas telefónicas que entran y el correo. Por ejemplo, cuando tiene una cita con otra persona en su oficina, decida cuánto tiempo quiere que dure la junta y dígale a su asistente que la llame cuando se haya terminado, y entonces dé usted una razón para terminar la reunión. Su asistente puede sugerir temas para su lista de cosas por hacer, ayúdela a vigilar el avance de los proyectos y a manejar el seguimiento de las acciones delegadas a otros miembros del equipo en reuniones ejecutivas. Otras sugerencias para cooperar con su asistente son:

↬ Prepárese para efectuar sesiones de trabajo en conjunto a fin de evitar retrasos, búsquedas y cambios.

↬ Cada vez que salga su oficina, hágale saber a su asistente dónde va a estar y a qué hora regresará.

↬ Pida sugerencias sobre cómo ayudar a su asistente a ser más efectiva.

↬ Dé a su asistente retroalimentación, superación profesional, apoyo, autonomía en la toma de decisiones y reconocimiento.

Técnica número 4: Coopere con sus colegas y clientes

Otros líderes de equipo y gerentes de su mismo nivel (así como clientes o compradores), preparan el camino para que sus proyectos lleguen a su término. También es probable que creen toda clase de cuellos de botella y retrasos en sus planes. Es su deber pronosticarlos y prevenirlos. He aquí algunas sugerencias:

1. Concéntrese en preocupaciones y metas comunes. Cuando analice con un colega la necesidad de acción, recalque la forma en que la realización de la tarea en cuestión ayuda a alcanzar una meta específica. Relacione la meta con otra meta de la empresa que piense que su colega tiene en mente, de modo que lo motive a cooperar en forma más completa.

2. Cuando quiera terminar un análisis informal, arrastre su silla, levántese y comience a caminar despacio hacia la puerta conforme termina la conversación.

3. Cuando alguien entre a su oficina sin anunciarse y no tenga tiempo para recibirlo, levántese y permanezca de pie mientras habla para impedir una sesión larga *sentados*.

4. Si no tiene tiempo para una junta en su oficina, pero quiere atender a alguien por lo menos, salga de su oficina y hable con la persona durante el recorrido hacia la recepción.

5. Defina término para todas las juntas y trabajos a fin de concluirlos a tiempo.

Técnica número 5: Coopere con todos para minimizar las interrupciones

Con frecuencia, al final del día, ¿siente que no avanzó mucho hacia metas de alta prioridad porque hubo demasiadas interrupciones? ¿Piensa a menudo que haría maravillas si tuviera algunos ratos sin interrupciones?

Las investigaciones apoyan sus sentimientos. Nada es más cansado y frustrante que tener que soportar interrupciones continuas cuando intenta concentrarse en algo. Es muy importante disponer de un tiempo tranquilo cuando enfrenta un proyecto de alta prioridad, que sea extenso o complejo.

Para la mayoría de nosotros, son necesarios 10 minutos a fin de concentrarnos a fondo en una tarea que requiere toda nuestra atención y concentración intensa. Podemos sostener esta concentración por 20 minutos más o menos. Después de eso, la mayoría de nosotros tomamos un receso. Por tanto, cuando trabaje en una tarea difícil, tal vez se sorprenda porque toma más o menos la mitad del tiempo en ir y venir, descansar, cambiar a asuntos de baja prioridad, etc. Si dispone de una hora de concentración continua para un proyecto, es clásico que haga más progresos que con dos horas divididas en sesiones de trabajo de 10 o 20 minutos. En otras palabras, *duplica su productividad.* Para hacer el mejor uso de su tiempo de concentración, disponga de lapsos de una hora que estén libres de interrupciones. Las maneras en que puede contar con estos periodos incluyen:

1. Solicitar a otros respetar esos ratos como tiempos *sin audiencias* y que la vean durante los tiempos de puertas abiertas.
2. Bloquear las llamadas a su teléfono.
3. Cambiarse a un lugar aislado a trabajar: otra oficina, casa, etcétera.

✓ Estrategia número 4: Realice poco a poco los proyectos abrumadores

Sabe que necesita abordar ese proyecto de alto nivel. Pero hace algunas llamadas telefónicas que son mucho menos importantes. *Sólo resolveré esto.* Luego, va a la pila de cartas del sábado, *sólo para ver si hay algo importante, tal vez algo que pueda hacer con rapidez.* En seguida, es hora de comer. Hasta los triunfadores tienden a esquivar el trabajo en proyectos abrumadores; esos trabajos de proporciones enormes que parecen abrumadores por su tamaño, complejidad, dificultad, o las tres cosas a la vez.

Haga una visualización clara del proyecto en conjunto y prepare un plan paso a paso para realizarlo. Cuando piense en hacer algo acerca del trabajo, no se centre en el proceso en su conjunto, porque es imposible terminar un proyecto enorme en un sólo asalto. En lugar de eso, céntrese en alguna tarea rápida de cinco minutos que pueda hacer o en una sesión de trabajo que sea posible cubrir. Cuando *no* esté de humor para trabajar en el proyecto, haga una o dos tareas rápidas de todas maneras. Cuando *se sienta* con ánimo, empiece a trabajar y avance lo más posible. De esta manera, avanzará a pasos pequeños y por periodos hasta que un día, ese proyecto enorme, abrumador e *imposible* se termina.

Técnica número 1: Organice los proyectos en segmentos manejables

Comience por hacer una hoja de planeación escrita del proyecto encabezada por el nombre de éste. Haga una lista de los segmentos más importantes del proyecto. Hacer un plan por escrito la ayuda a abordar cada segmento con la mínima pérdida de tiempo creando el momento propicio, regresando sobre sus pasos, revisando lo que ya hizo y ordenando sus pensamientos y materiales. Evite tener muchos proyectos grandes en marcha en forma simultánea. Si acumula muchos proyectos terminados en forma parcial, será cada vez más difícil que concluya cualquiera de ellos y experimente una sensación de satisfacción y término.

Técnica número 2: Divida los segmentos importantes en sesiones de tareas

Cuando tenga algunos segmentos manejables, vea si puede dividir cada segmento en sesiones de trabajo, es decir, tareas que sea factible terminar en una sola sesión de trabajo. Escriba una descripción de cada sesión de tareas. En este punto, hágase preguntas como las siguientes:

- ✎ ¿Debo delegar algunas de las tareas?
- ✎ ¿Es posible que algunas tareas se realicen en forma simultánea o se superpongan?

Calcule las fechas de inicio y término para cada sesión de trabajo y segmento importante. Programe las sesiones de tareas en su calendario de planeación. ¿Necesita incluir algunas partidas en su lista de cosas por hacer? Pronto se encontrará terminando sesiones de tareas. Si tiene que dejar incompleta una sesión de tareas, anote el paso siguiente, de modo que no pierda tiempo cuando regrese a ella.

Técnica número 3: Comience con tareas rápidas

Las tareas rápidas son las que pueden hacerse en cinco minutos más o menos. Resultan atractivas porque son muy rápidas y fáciles y pueden impulsarla a hacer lo que sigue (y luego lo que sigue), hasta encontrarse totalmente absorta en una sesión de tareas. He aquí algunas ideas para las tareas rápidas:

- ✎ Contacte a alguien para obtener información que necesite.
- ✎ Dedique unos minutos a plantear algunos procedimientos para el proyecto.
- ✎ Establezca un sistema de evaluación sencillo para el proyecto.
- ✎ Haga alguna lectura que le sea de utilidad.
- ✎ Localice una fuente de información o materiales.

Trate de trabajar en una tarea rápida cada día.

Técnica número 4: Utilice otros trucos para seguir adelante

¿La niña que hay en usted todavía posterga las tareas? He aquí algunas otras estrategias para controlarla. Sin que ella lo sepa, ¡es posible que se esté divirtiendo!

Haga primero las tareas más desagradables. Quítelas del camino de modo que no desperdicie *energía haciéndolas una y otra vez en su pensamiento*. Felicítese por haberlas terminado. Observe la sensación de iluminación y satisfacción que se obtiene al terminar la tarea y tener tiempo para disfrutar ese sentimiento. Prémiese por haber logrado salvar este obstáculo mayor.

Aproveche el humor que tenga. Manténgase en contacto con el proyecto en su mente. Pregúntese: *¿Por qué estoy de especial humor para hacer eso que me ayudará a avanzar en el proyecto?*

Anote las ventajas y desventajas de comenzar de inmediato. En general, verá que las desventajas son triviales y las ventajas significativas. Esto la impulsará a la acción.

Pregúntese por qué no avanza. Si estas técnicas directas no funcionan, tal vez necesite un análisis más profundo. Quizás el miedo al fracaso o el miedo al éxito la bloquean. Busque en lo profundo. Si ése es su problema, pregúntese: *¿Qué es lo peor que podría pasar?* Es probable que se dé cuenta tanto de que sus miedos a lo peor son absurdos cómo de que podría enfrentarse a lo peor y manejarlo sin problemas.

¿Tiene miedo de fallar en el proyecto si lo comienza? Si es así, recuerde que si hace un buen intento, es muy probable que triunfe. Pero si no, el fracaso es seguro. Si hace lo mejor y no es suficiente, por lo menos aprenderá de sus errores. Algunos estudios demuestran que la gente que trabaja en dirección al éxito es más feliz y termina más cosas que aquellos que temen fallar y, por tanto, lo esperan. Casi todos los triunfadores dicen que han experimentado algún fracaso en su camino. Son las lecciones que aprendieron de esas fallas las que les han permitido mantenerse en marcha y alcanzar sus aspiraciones.

Técnica número 5: Prémiese por sus progresos

Cuando comience una sesión de tareas, haga un esfuerzo por terminar. Cuando lo haga, saboree el momento con una felicitación y tome el tiempo para disfrutar la satisfacción por haber terminado. Prémiese de algún modo apropiado. Esto ayuda a reforzar la sensación de término y satisfacción cada vez que trabaja en el proyecto. *Y* le ayuda a mantenerse en movimiento en todo momento hasta el final.

✓ Estrategia número 5:
Domine la tecnología para impulsar su productividad

Es posible mejorar su sistema de administración del tiempo por medio del uso juicioso de Internet. La palabra clave es *juicioso*, porque es fácil perderse o volverse una adicta y perder mucho tiempo si no sabe lo que hace. Un buen seminario de un día de duración acerca del uso de Internet es una inversión adecuada de tiempo. Las razones para usar Internet incluyen las siguientes:

- ℘ Vencer los estereotipos acerca de que las mujeres carecen de sabiduría técnica para obtener una aptitud más comercial.
- ℘ Mejorar su sistema de administración del tiempo.
- ℘ Ahorrar tiempo y dinero al enviar y recibir mensajes, obtener y transmitir información, pagar cuentas, hacer planes de viaje, sostener juntas y sesiones virtuales de trabajo y muchas otras actividades.
- ℘ Disponer de muchas oportunidades nuevas para entrar en contacto con compradores potenciales.
- ℘ Tener acceso a toda la información que necesita acerca de productos y servicios que quisiera comprar, junto con información acerca de los proveedores.
- ℘ Acelerar su aprendizaje continuo y esfuerzos de investigación por medio del acceso a bibliotecas, foros de noticias, salas de charla y otros sitios de información.

✍ Mantenerse en contacto con cada uno de los que están ahí: competidores, colegas, clientes, proveedores, medios.

Técnica número 1: Supere los mitos acerca de las mujeres y las computadoras

Internet se ocupa de la comunicación verbal, un campo donde las mujeres son excelentes. Ofrece oportunidades increíbles para que las mujeres hagan negocios sin enfrentar obstáculos de estereotipos. Si decide usar sus iniciales como nombre (B.J. en lugar de Betty), ¡será capaz de trabajar en un ambiente neutral en cuanto al género!

También puede establecer conexiones con otras mujeres por medio de Internet y usar su nombre completo. Por ejemplo, el sitio Web llamado FeMiNa permite a los usuarios utilizar una base de datos de sitios Web orientados a las mujeres. Estos sitios crean una comunidad de mujeres que publican páginas personales e inspiran a las mujeres a vivir con la tecnología. El sitio Web Cybergrrl (http:\\www.cybergrrl.com) le ofrece información sobre programas y vínculos con otros sitios orientados a las mujeres. Uno de esos sitios, Webgrrls, proporciona información sobre 45 grupos de Webgrrls alrededor del mundo que se reúnen en forma regular para conversar acerca de oportunidades de empleo, conseguir ayuda para Internet y formar redes. Aliza Sherman, la directora general, dice que ella cree que hay cuatro mitos que mantienen a las mujeres fuera de línea.

> **Mito # 1:** Es muy difícil.
> **Realidad:** Si sabes escribir a máquina, puedes estar en línea.
> **Mito # 2:** Es muy caro.
> **Realidad:** Puede ser caro, pero hay formas de hacerlo barato.
> **Mito # 3:** Es muy peligroso.
> **Realidad:** La pornografía y el lenguaje ofensivo están en todas partes, aun en el ciberespacio. Así como es posible conseguir información sobre los lugares a los que es seguro ir y qué puede hacer sin correr peligro en cualquier ciudad que visite, también puede obtener este tipo de información sobre los sitios Web que quiera visitar.
> **Mito # 4:** No tiene nada que me interese, ni en lo personal ni en lo profesional.
> **Realidad:** Dice Sherman: "Diga qué es lo que le interesa, mencione en qué necesita ayuda y yo le responderé que está disponible en línea."

Técnica número 2: Entienda los fundamentos de Internet

Con sólo encender su computadora personal y conectarse a un número telefónico, tendrá acceso al mayor sistema computacional del mundo: Internet. A través de esta red de redes puede:

✍ Utilizar el correo electrónico (e-mail) para entrar en contacto con millones de suscriptores de Internet alrededor del mundo con un costo mínimo. Por mucho, es el modo más barato para enviar mensajes a gente fuera de su área y el más veloz para enviarlos a personas en cualquier lugar.

✤ Conectarse a otra computadora de las oficinas centrales de su compañía, universidad local u otro sitio para usar y ejecutar programas.

✤ Buscar bibliotecas de información sobre software alrededor del mundo y transferirlo a su propia computadora.

Por tanto, su computadora se convierte en una extensión de lo que se asemeja a una sola computadora gigante con ramas en todo el mundo. En realidad, su computadora habla con una de más de un millón de computadoras. Decenas de miles de redes a través del mundo las conectan, y envían información entre computadoras conforme se requiere. Los recursos disponibles son enormes y cambian a diario.

Vínculos gratuitos entre sitios de Internet. Puede usar Telnet para registrarse en un servidor remoto como si se tratara de una terminal en el cuarto de junto, aunque es probable que necesite una cuenta y una contraseña en la computadora anfitriona. Al usar Telnet en la computadora de su oficina o casa, por ejemplo, se puede conectar a la computadora personal de su compañía o a la biblioteca de una universidad local. Al usar Telnet es posible obtener información científica de la NASA, sobre ciencia, física y aeronáutica, e información médica de la National Library of Medicine. Las bibliotecas son los recursos más notorios y numerosos en Internet, bibliotecas localizadas en universidades, corporaciones, fundaciones de investigación y organismos de gobierno. Incluso existen bibliotecas virtuales de libros electrónicos. La biblioteca del Congreso de Estados Unidos tiene un catálogo bibliográfico virtual. La mayor parte de las bibliotecas le permitirá navegar en sus catálogos de tarjetas y tal vez revisar sus bases de datos de comunicados de prensa u otros servicios especiales. Algunas le dejarán copiar libros electrónicos con derechos de autor no vigentes.

Intranet. Los sistemas de intranet se utilizan cada vez con mayor frecuencia en las compañías para comunicarse por medio de correo electrónico con cualquier persona dentro de la empresa o para colaborar en un grupo de trabajo en muchos tipos de proyectos. Una intranet también se conecta a Internet para hacer negocios alrededor del mundo.

Servicios comerciales en línea. Si no dispone de acceso gratis a Internet puede buscar un servicio comercial gratuito como su portal. Algunos ejemplos son America Online, Compuserve y Microsoft Network. Estos proveedores ofrecen acceso a Internet y otros servicios, como cotizaciones en la bolsa de valores, foros de discusión, enciclopedias, reservaciones de viajes y directorios de archivos de computadora.

Los sistemas de tableros electrónicos de noticias (BBS; *bulletin board systems*) son servicios en línea a los que tiene acceso con una llamada telefónica. Fidonet es una red mundial de sistemas de tableros electrónicos de noticias. Busque en grupos de computadoras locales o en revistas de computación para encontrar una Fidonet local u otros BBSs.

File Transfer Protocol (FTP). Al ejecutar una versión de FTP en su computadora, puede establecer una conexión y registrarse en una computadora anfitriona remota para conseguir archivos (descargarlos) o enviarlos (cargarlos). El anfitrión remoto casi siempre es un organismo gubernamental o universidad y debe tener un número de cuenta y una contraseña para usarlo.

World Wide Web (WWW). Web es un conjunto mundial de hipertextos (documentos que se encuentran conectados o se pueden conectar entre sí) que aumenta en forma continua y está disponible en Internet. Es la parte de crecimiento más rápido. A través de Web, tiene acceso a información que incluye sonidos, pinturas, programas gratis (también navegadores Web) y películas. Web le permite:

- ✎ Tener acceso a Internet y comunicarse por correo electrónico con todo el mundo.
- ✎ Escoger su ruta a través de Internet o a través de un libro o documento.
- ✎ Pasar de un recurso a otro sin saber en qué computadora de Internet está, o cómo utilizar Telnet.
- ✎ Elaborar su propia *página principal* personal o de negocios en Web para que otros naveguen en ella.

Si no tiene computadora personal en casa, puede tener acceso a Internet con un económico sistema de televisión Web.

Técnica número 3: Use correo electrónico

El correo electrónico es la más popular de las aplicaciones tradicionales de Internet. Es posible ahorrarse mucho tiempo al enviar mensajes, pero también consumirlo si recibe gran cantidad de ellos y no tiene un sistema de filtrado.

A diferencia de Telnet, FTP y Web, el correo electrónico no se limita a Internet. Es posible enviar correos en las siguientes formas: entre dos computadoras conectadas por módems, a través de una intranet en su oficina o compañía, por medio de Internet a cualquier red comercial y otros sistemas que tienen portales en Internet. Puede enviar mensajes electrónicos a cualquier persona en todo el mundo si conoce su dirección de correo electrónico y tiene acceso a Internet o a otro sistema capaz de enviar correo electrónico.

Administre su correo electrónico. Puede administrar su correo electrónico con programas que ejecute su computadora. Estos programas le brindan:

- ✎ La capacidad de escribir mensajes fuera de línea antes de enviarlos.
- ✎ Enviar y recibir en forma automática.
- ✎ Guardar mensajes electrónicos en diferentes archivos o directorios en forma automática.
- ✎ Tener una agenda de direcciones que use con frecuencia.
- ✎ La capacidad de enviar copias del mismo mensaje a un grupo de personas.

Administre su correo electrónico en la misma forma que lo hace con el de papel. Ordénelo por urgencia y tipo de la acción que se requiere, busque programas que le ayuden a hacer este trabajo, y borre su nombre de las listas de correo que sólo saturan su buzón.

Envíe y reciba mensajes electrónicos. Para comunicarse por correo electrónico, teclee un mensaje y luego conéctese a Internet o a cualquier otro servicio en línea. Transfiera el mensaje a un buzón electrónico activando la opción de envío. Cuando el destinatario revise su buzón y vea que hay un mensaje, tendrá varias opciones para manejarlo: transferirlo desde la computadora anfitriona, contestarle con unos cuantos golpes de tecla, enviarlo a alguien más, archivarlo en su computadora o eliminarlo. Para ahorrar tiempo en línea, escriba sus mensajes fuera de línea con el uso de un programa de edición. Recuerde que es probable que los formatos estéticos se pierdan. Al redactar sus mensajes, considere estos consejos:

- ✎ Redacte un asunto que capte la esencia del mensaje, y escríbalo en el recuadro correspondiente. Si necesita respuesta, menciónelo aquí.
- ✎ En el texto, escriba primero la información más importante.
- ✎ Redacte un mensaje sencillo, si es posible de una sola pantalla.
- ✎ Utilice listas con viñetas o números para que sean fáciles de leer.
- ✎ Si necesita enviar más información, descríbala en forma breve e incluya un archivo adjunto con la información. La descripción puede incluir el propósito de la información, lo que el destinatario debe hacer con ella y decir si necesita una respuesta.
- ✎ Haga que su mensaje sea fácil de responder por medio de preguntas que pueden contestarse con un *sí* o un *no*.
- ✎ Si en el futuro necesitará hacer referencia a un mensaje de correo electrónico que envió o recibió, transfiéralo a un archivo específico en su computadora o imprímalo y archive la impresión.
- ✎ Si su recado es muy importante, controvertido, delicado, confidencial o podría mal interpretarse con facilidad, recurra al teléfono o un encuentro personal para comunicarlo.

Utilice listas de correo. Las listas de correo por computadora le ahorran mucho tiempo, pues le ofrecen acceso a listas específicas actualizadas. Con un programa de lista de correos, es posible guardar direcciones de grupos diversos, como distintos tipos de clientes o clientes potenciales, proveedores, grupos de interés, etc. Cualquier correo electrónico enviado a la lista de correos se envía a todos los que aparecen en ella en forma automática. Esas listas de correo también se conocen como reflectores de correo. Emplee el protocolo FTP para descargar o recibir información sobre listas a través del correo electrónico. También puede usar *Gophers*, que son directorios de software muy automatizados, para buscar listas en las computadoras de Internet. Una lista de correos moderada es la que ha filtrado el administrador de la lista, quien evita duplicar mensajes o elimina los inadecuados para el tema de la lista.

Únase a foros de noticias UseNet: salas de conversación. Sea selectiva con los foros de noticias a los que se une. Lo que desea es establecer contactos valiosos y obtener información relevante, pero podría desperdiciar mucho tiempo tanto en las interacciones computarizadas como en las interacciones personales.

En Internet están disponibles miles de foros de noticias o salas de plática. Como el boletín de avisos más grande del mundo, con temas que cubren casi todas las áreas, UseNet es el núcleo de Internet y utiliza el correo electrónico para proveer un servicio de noticias centralizado. Este servidor reúne mensajes acerca de un mismo tema en un lugar central. Puede conectarse al servidor para leer estos mensajes o disponer de programas de conexión en su computadora y descargar en forma automática los últimos mensajes, de manera que pueda leerlos a su conveniencia. UseNet se divide por lo menos en 20 foros de noticias principales que cubren todo, desde noticias acerca de UseNet o las computadoras hasta neurociencias, sociología o historietas. Por correo electrónico tienen lugar discusiones en foros virtuales o conferencias, que se envían a un grupo de direcciones de foros de noticias. Un foro de noticias, al igual que una lista de correos, puede moderarse. En este caso, el correo electrónico se envía al moderador, persona que filtra todos los mensajes que ingresan y revisa su relevancia antes de enviarlos a los miembros del foro.

La mayor parte de los grupos de noticias tienen un archivo de preguntas que se hacen con frecuencia (FAQ, sus siglas en inglés) para ayudar a responder las preguntas técnicas de los nuevos miembros acerca del foro y dar una idea de la variedad de temas que éste cubre.

Técnica número 4: Encuentre la información que necesita en Internet

Internet le ofrece una increíble cantidad de información, si puede encontrarla. Aprenda a utilizar navegadores y mecanismos de búsqueda que trabajen por usted, y aprenda a identificar las palabras clave que le den los mejores resultados. También tenga a la mano un archivo de tareas rápidas, ya que podría toparse con demoras significativas al descargar información.

El simple hecho de encontrar la información que necesita puede ser una labor confusa y consumir mucho tiempo, a menos que use un buen navegador, mecanismo de búsqueda o agente.

Navegadores Web. Para *navegar* en Web use uno de los programas diseñados para esta actividad en específico, como Netscape Navigator o Microsoft Internet Explorer, en combinación con una conexión Telnet o servicio comercial en línea. Un buen navegador maneja algunas funciones del correo electrónico, foros de noticias UseNet, *Gophers*, transferencia de archivos e hipertextos.

Máquinas de búsqueda. Las máquinas de búsqueda para Internet y Web están en continuo desarrollo. Por ejemplo, para el navegador Web Netscape existen programas de búsqueda como Yahoo! y AltaVista, que recurren a miles de fuentes de información para proporcionarle la que necesita en listas por prioridades. Lo único que necesita es crear un perfil personal que incluya sus intereses, industria, proveedores, competidores o cualquier elemento que desee actualizar.

Agentes. Los mecanismos de búsqueda le ofrecen miles de citas acerca del tema que busque. Agentes como Fido, Firefly y Telescript son capaces de extraer objetivos más específicos. Por ejemplo, facilitan a los publicistas dirigirse a clientes potenciales de manera muy específica y generan categorías de información sobre las preferencias de diferentes grupos demográficos. Como compradora, le permiten encontrar productos muy específicos e incluso hacen las compras por usted.

Directorios de personas. Si pertenece a un grupo que participa en un Directorio Distribuido por Internet (DID, sus siglas en inglés), tiene acceso a un programa de Agentes de Servicios de Directorios (DSA, sus siglas en inglés) que mantiene el directorio de su grupo. También puede usar un Agente de Directorios de Clientes (DCA, sus siglas en inglés) para obtener direcciones de correo electrónico de personas que pertenecen a otros grupos.

Archie es un servidor que mantiene actualizada una base de datos de archivos de los cientos de sitios FTP a los que tiene acceso. Puede usar Telnet o el correo electrónico para entrar al servidor de Archie y buscar archivos por medio de palabras clave. Obtendrá una lista de archivos que cumplen con sus criterios de búsqueda y las direcciones Internet del sitio FTP que contiene al archivo.

Gopher es un sistema de menús que organiza Internet en una serie de menús para navegar con facilidad que le permiten encontrar casi todo en Internet. Sólo tiene que seguir los vínculos Gopher que le parezcan interesantes hasta encontrar el archivo, texto o cualquier otro tema que quiera. Gopher pone a su disposición todos los recursos de una computadora con acceso a Internet, como selecciones en la pantalla de su computadora.

Técnica número 5: Considere otras aplicaciones de Internet

Las aplicaciones más comunes de Internet son el correo electrónico, World Wide Web, Telnet y FTP. Otras aplicaciones que debe conocer incluyen WAIS, Talk radio y realidad virtual.

Servidores de información de área extendida (WAIS, sus siglas en inglés). WAIS es una aplicación para investigación que funciona un poco como Medline de Telnet. Sin embargo, la base de datos de WAIS está distribuida en muchos sitios de computadora. Los archivos de cada sitio están clasificados. En realidad una búsqueda en WAIS localiza en los archivos los temas que usted desea. Difiere de una búsqueda en Gopher en el hecho de que sólo busca temas de menús. WAIS le permite controlar las bases de datos o fuentes en las que busca y lleva un registro de las búsquedas que realice.

Talk Radio. Talk Radio es un programa diario de pláticas digitalizadas al que tiene acceso por medio de FTP en Internet. Si su computadora tiene una tarjeta de sonido, puede descargar el archivo diario de Talk Radio y escucharlo en su computadora. Métodos para enviar video con los sonidos a través de Internet se encuentran en fase experimental. Como esto requiere de gran cantidad de ancho de banda, para aprovechar al máximo esta aplicación, será necesaria la supercarretera de la información o la televisión por cable.

Colaboración y realidad virtual. Ciertas herramientas nuevas de programación, como Habanero, están diseñadas para llevar a Internet más allá de su primera aplicación popular: la comunicación, hacia una nueva: la colaboración. En esta fase, la gente puede reunirse vía computadora para revisar y manipular la información en forma simultánea. Por ejemplo, un ejecutivo en Boston podría conectarse con un gerente de sucursal en Dallas y, en la pantalla, revisar y editar un inserto para una revista o un comercial de televisión. Un arquitecto podría mostrar los últimos cambios a un plano en su oficina mientras el cliente, en otro lugar, encierra en un círculo una ventana y pregunta por qué no es más grande. Los usos potenciales en negocios, educación y medicina son muy variados.

La realidad virtual utiliza la computadora para simular un ambiente interactivo que al observador le parece real. En un sentido, los sistemas de realidad virtual le permiten observar una película realista o vivir la lectura de un buen libro. La *telepresencia* es un método en el que se monta una cámara de video en un robot y le envía imágenes a usted, la operadora, en otro lugar. Usted maneja el robot a control remoto. La telepresencia le da la sensación de estar presente donde está el robot. Los brazos del robot son una extensión de los suyos, aun cuando el robot esté del otro lado del mundo. La realidad virtual permite a grupos de personas ingresar en el mismo mundo virtual y ya se usa en negocios, educación, medicina y entretenimiento.

Técnica número 6: Use herramientas de telecomunicación y programación

Otras herramientas electrónicas que le ayudan a administrar su tiempo con más eficacia son los dispositivos de telecomunicación como correo de voz, radiolocalizadores, teléfonos móviles y faxes. Algunos programas de computación también le ahorran tiempo. Sin importar dónde se encuentre, puede ponerse en contacto al instante con otras personas por medio de aparatos de fax, radiolocalizadores, teléfonos móviles o computadoras portátiles con módems. El correo de voz funciona como una recepcionista virtual que toma sus mensajes telefónicos en forma correcta y los guarda. Los programas de secretaria virtual son todavía más avanzados y coordinan los mensajes telefónicos que usted envía y recibe.

Correo de voz. Aunque algunas personas se quejan del correo de voz (*nunca encuentro una persona real que me ayude y me toma 45 pasos ponerme en contacto con alguna*), otras lo bendicen porque es mucho más confiable y exacto que dejar mensajes con las recepcionistas, familiares y otros. Permite a la gente dejar recados más detallados que por escrito y transmiten más aspectos no verbales del mensaje como el tono de voz. Ya sea que deje un recado en el correo de voz de alguien o grabe alguno en su propio correo, siga algunas estrategias de comunicación adecuadas.

- ✍ Hable con energía y entusiasmo.
- ✍ Sonría mientras habla y su voz reflejará una actitud más positiva.
- ✍ Si la persona no la conoce, comience por decir su nombre despacio y con claridad, después deletréelo y dé su número telefónico. Si el mensaje contiene algo más que unas cuantas palabras, repita su nombre y número al final. Muchas *llamadas en frío* no se pueden contestar porque un número es incomprensible.
- ✍ Mencione periodos específicos de horas en las que estará disponible para contestar, a fin de evitar un juego del *escondite telefónico*.

Vuelva a llamar si su llamada no es atendida en unos días. El equipo telefónico no es infalible. Si deja varios recados que no obtienen respuesta, trate de contactar a algún asistente de la persona o alguien más en la empresa. Inténtelo cuando la persona pudiera estar disponible para tomar su llamada. Considere el envío de un fax, correo electrónico o carta que mencione cuándo volverá a llamar o cuándo podrían localizarla o solicitar una cita telefónica.

Secretaria virtual. Si envía y recibe muchos recados telefónicos importantes, considere usar un programa de secretaria virtual como Wildfire. Estos sistemas de teléfonos computarizados incluyen reconocimiento de voz y pueden tomar y hacer las llamadas de importancia crucial de entre numerosas llamadas que recibe su correo de voz. Les evita a usted, a sus colaboradores y clientes el escondite telefónico y todas las pesadillas del infierno del correo de voz, el lugar a donde va 75 por ciento de todas las llamadas de negocios. Le ayuda a cerrar tratos por medio de llamadas, que de otro modo perdería. Le llama a cualquier parte del mundo, incluidos automóviles y aviones, vuelve a enviar sus mensajes telefónicos, y le marca a la persona que quiere contactar hasta que logre establecer contacto. En vuelos de avión o en cuartos de hotel de todo el mundo, donde las tarifas telefónicas son muy elevadas, una simple llamada a su sistema la conectará a varios números. El sistema espera en el fondo cuando usted está al teléfono, listo para responder a cada una de sus voces de mando.

Consejos telefónicos. Su teléfono le ayuda tanto a ahorrar tiempo como a perderlo, dependiendo de cómo lo use. Analice el propósito y patrón de sus llamadas. Cuando necesite comunicarse con alguien, deténgase un momento a reflexionar en las ventajas y desventajas de hacerlo por teléfono, en una junta frente a frente o con mensaje escrito. Pregúntese: ¿Cuál es mi propósito y meta? ¿En verdad será mejor hacer una llamada? Si es así, entonces tenga a la mano todos sus asuntos y materiales *antes* de marcar. He aquí algunos consejos adicionales.

1. Agrupe sus llamadas telefónicas de modo que haga varias en un solo periodo, para quedar libre en los momentos en que se concentra en tareas importantes.
2. Considere utilizar accesorios y equipo telefónico especial, como un micrófono, un dispositivo para apoyar el auricular en el hombro o audífonos que le permitan tener las manos desocupadas para manipular archivos y hacer otras cosas. Los audífonos son esenciales si pasa varias horas al día atendiendo negocios por teléfono. De otro modo, es probable que padezca dolor de cuello y problemas en la espalda.
3. Adopte una política para cuando la hagan esperar. Evite la espera y vuelva a llamar, o tenga a la mano su archivo de tareas rápidas de modo que ponga la llamada en el altavoz y se mantenga ocupada mientras espera.
4. Utilice equipo automático para marcar números a los que llame con frecuencia.
5. Practique un final rápido: *Te dejo en tus asuntos... Bueno, muchas gracias. Debo asistir a una junta en este momento... Excelente. Si ya acabamos, te busco más tarde.*
6. Agilice las llamadas que llegan averiguando lo más pronto posible qué quiere su interlocutor. Haga preguntas exploratorias como: *¿En qué te puedo servir?*
7. Registre sus llamadas durante una semana, luego analícelas para ver cuáles pueden reducirse, eliminarse, acortarse o redirigirse.

Programas computacionales que le ahorran tiempo. Los programas que aumentan su rendimiento en la administración del tiempo se actualizan en forma constante. Algunos de los mejores son para escribir casi todo: cartas, folletos y libros; programar sus actividades; de contabilidad y otros registros financieros; para borrar programas de su disco duro o respaldar archivos de éste en cintas magnéticas o disquetes, imprimir etiquetas, transmitir por módem archivos a otra computadora, administrar la memoria de la computadora o acelerar su sistema, ahorrar tiempo de impresión y prevenir daños por virus a los archivos.

En resumen, puede administrar las diversas prioridades de su vida concentrándose en sus metas de alta prioridad, diseñando sus actividades diarias para ajustarlas a su estilo, cooperando con otros en la administración del tiempo, el manejo de proyectos abrumadores y el dominio de nuevas tecnologías. Estas estrategias le ayudan a crear la vida que desea sin agotarse.

Promotores de aptitudes

Promotor de aptitudes número 1: ¿Cómo invierte su tiempo y energía?

Propósito: Registrar durante dos semanas cómo invierte su tiempo y calcular qué tan bien administra sus actividades. Registrar sus patrones de niveles de energía y calcular si programa las actividades importantes y exigentes durante los periodos de alta energía del día.

Paso 1. Revise sus metas. Permanezca en contacto con sus metas más recientes. ¿Cuáles son sus metas actuales de trabajo? ¿Metas de proyectos? ¿Cómo se ajustan con sus metas profesionales generales? ¿Con las tres o cuatro metas de alta prioridad de su vida?

Paso 2. Lleve un registro semanal del tiempo. Use un calendario que tenga suficiente espacio para que escriba sus actividades, o diseñe sus propias hojas de registro semanal del tiempo.

Paso 3. Registre sus actividades, niveles de energía y ritmo de trabajo. Elija dos semanas típicas y registre todas sus actividades. Incluso las horas a las que se despierta y los fines de semana. Anote las ocasiones en las que su nivel de energía está muy alto o bajo. Anote también cualquier variación en el ritmo de trabajo que prefiere a diferentes horas.

Paso 4. Haga un resumen de sus actividades. Calcule los totales del tiempo invertido en varios tipos de actividades, como elaborar, leer material de apoyo, hacer llamadas telefónicas de rutina, transportarse, ir de compras, con otras personas. Calcule el porcentaje aproximado del tiempo total que dedica a cada tipo principal de actividad.

Paso 5. Analice sus patrones: nivel de energía y ritmo de trabajo. ¿Son continuos sus puntos altos, intermedios y bajos? Si no lo son ¿qué factores parecen ser la causa? Grafique el patrón de nivel de energía de un día típico y también el de ritmo de trabajo. ¿En qué se diferencian los fines de semana de los días laborales? ¿Por qué ocurre la variación?

Paso 6. Identifique los desperdicios de tiempo y fugas de energía. ¿Apoya en forma adecuada sus metas de alta prioridad el tiempo que dedica a cada tipo de tarea? Si no es así, ¿cómo podría establecer las prioridades de sus actividades? ¿Aprovecha el máximo sus periodos de alta energía? Si no es así, ¿cómo podría cambiar el tiempo que dedica a sus actividades? ¿Algunas actividades o situaciones la hacen desperdiciar su tiempo o perder energía en forma regular?

Clave de respuestas

Actividad de autoconciencia número 1. ¿Es concentrada o dispersa?

Calcule su puntuación total para los enunciados de números impares, los que denotan un estilo disperso. Una puntuación entre 18 y 25 significa que es dispersa; entre 13 y 17, es probable que sea dispersa y concentrada; entre 5 y 12 no es muy dispersa.

Calcule su puntuación para los enunciados de números pares, que denotan un estilo concentrado. Una puntuación entre 18 y 25 significa que es concentrada; entre 13 y 17, es probable que sea concentrada y dispersa; entre 5 y 12, no es muy concentrada.

Capítulo 7

Controle el estrés

Cuando los cambios ocurran demasiado rápido, tranquilícese y reflexione;
sumérjase en la soledad, el silencio y el amor. Emerja transformada.
—Wayne Dyer, *You'll See It When You Believe It*

Controlar el estrés tiene especial importancia para usted en su vida como mujer profesional. Es probable que enfrente más tensión que sus colegas masculinos, en especial si está casada y tiene hijos. Además de las tensiones habituales relacionadas con la carrera, las mujeres atienden los asuntos de las responsabilidades hogareñas y familiares, los estereotipos laborales, el hostigamiento sexual y la discriminación. Lidiar con todo esto requiere un buen nivel de salud y bienestar, así como la capacidad de recurrir a los recursos internos a fin de fortalecerse usted misma y a los demás.

Los líderes más efectivos saben canalizar su energía hacia sus metas, aun la energía asociada con la tensión. Algunos de los líderes se dejan vencer por algo tan sencillo como no tener la resistencia o los recursos para permanecer en la carrera. Ejercen demasiada energía emocional en la lucha contra la tensión. Otros mantienen un ritmo muy intenso hasta que caen muertos.

En este capítulo, aprenderá a dominar las estrategias para controlar el estrés. Primero, conteste las siguientes preguntas acerca de sus creencias actuales sobre el estrés. Luego, conozca a Tricia Holderman, quien luchó contra el estrés de una enfermedad casi mortal, venció y regresó a fundar su propia compañía.

1. ¿Cuál es el mejor método para manejar el estrés: una estrategia de control, aprender a controlar todos los aspectos de su vida o dejarse llevar por la corriente?
2. ¿Cuál es el principal indicador de estrés en el trabajo, la falta de control sobre su labor o el hecho de que trabaja en forma regular por lo menos 60 horas a la semana?
3. ¿Cuál es la estrategia más poderosa para controlar el estrés, concentrarse en las metas o relajarse y olvidar por un momento la necesidad de logro?
4. ¿Cree usted que el tipo de evento que altera la vida de una amiga suya tal vez también altere la de usted? ¿O cada persona responde diferente a la misma clase de suceso?

Escaparate

Tricia Holderman, Choice Associates

Tricia Holderman tuvo que aprender a tratar con la más extrema de las situaciones de estrés: enfrentar una muerte casi segura. Ella descendió a lo más profundo de las emociones generadoras de estrés durante su enfermedad y encontró la fortaleza para sobreponerse y establecer una empresa exitosa.

Tricia comenzó su primer negocio a los 19 años, un servicio de limpieza que inició después de trabajar como empleada doméstica en la casa de un juez. Cuando el servicio de limpieza empezó a funcionar bien, organizó una agencia de talentos infantiles. En 1984, a los 24 años de edad, sus dos compañías tuvieron ventas conjuntas de más de un millón de dólares. Entonces, su salud comenzó a fallar. Bajó de peso y perdió energía, además de que el cabello se le caía a mechones. Se sostenía basándose en fuerza de voluntad. Cada nueva meta le inyectaba fuerza.

Un día, se desmayó en el trabajo. Despertó nueve semanas después en un hospital. Los doctores le dijeron que tenía el mal de Crohn, una enfermedad crónica que se caracteriza por la inflamación del intestino. Dejó sus negocios a cargo de amigos mientras entraba y salía de los hospitales. Su peso disminuyó a 38 kilos y no podía mover pies y manos. Pronto, debía más de un millón de dólares. Todos esperaban que muriera, y ella y sus amigos decidieron cerrar los negocios.

El doctor de Tricia le dijo: "No sabemos si hay algo más que hacer." Tricia se levantó e intentó desconectar el equipo de apoyo que la mantenía viva, pero estaba demasiado débil. Lo interpretó como una señal y se dijo: "Si no tengo fuerza para llegar a la máquina y desconectarla, entonces es mejor luchar." En ese momento, en el fondo de la desesperación, cambió por completo y decidió vivir. Comenzó a recuperarse poco a poco de las cirugías, los medicamentos y la desesperanza.

Día tras día, encontraba los recursos internos para seguir adelante. Se concentró en cada experiencia (momento a momento) e hizo planes para un futuro activo. En 1989, unos amigos se le acercaron para invitarla a trabajar en su compañía de mercadotecnia. Brincó de gusto ante la oportunidad, pero quería progresar con mayor rapidez en el aspecto financiero. Empezó a realizar trabajos de limpieza, se levantaba a las seis de la mañana, hacía unas cuantas tareas, descansaba algunas horas y luego trabajaba hasta la medianoche.

En 1994, Tricia fundó Choice Associates de Dallas, una compañía de 13 empleados que presta servicios especializados de limpieza a médicos y dentistas. Después de 29 operaciones, Tricia dedica su fortaleza de espíritu a engrandecer su compañía. Ella afirma: "Cuando estaba enferma, aprendí a no dar nada por hecho. Aprendí que debes pelear por ti misma porque nadie lo hace en tu lugar."

✓ Estrategia número 1: Reconozca sus factores de estrés

El primer paso para transformar el estrés en fuerza emocional es reconocer las fuentes típicas de éste, cómo responde usted y otros aspectos que debe analizar para controlar el estrés. Manejar el estrés tiene una importancia especial para las mujeres profesionales porque los papeles de liderazgo son muy exigentes, en particular si busca ser visible y ascender. Algunas fuentes comunes de estrés incluyen:

- ✤ Malestares psicológicos y ansiedad, a partir de sus reacciones a los eventos de la vida.
- ✤ Exceso de trabajo, demasiadas exigencias y responsabilidades, además de falta de control de las labores.
- ✤ Drogas (incluidas los medicamentos) y sustancias químicas (como aditivos y subproductos de la comida).
- ✤ Ruido en exceso y contaminación atmosférica.

Éstas son alteraciones de un ambiente seguro, equilibrado y armonioso, es decir, cambios en el *estado de cosas*. Por supuesto, todos necesitamos *algún* cambio en nuestra vida que le dé interés y plantee retos. Algunas personas lo ven con agrado y manejan el cambio; sin embargo, todos tenemos límites para el grado de cambio que toleramos sin consecuencias en un periodo determinado.

Técnica número 1: Identifique y luche con factores de estrés personales

El número y severidad de incidentes estresantes que ocurren en su vida durante un periodo de un año sirven para predecir la probabilidad de que se enferme al año siguiente. Por supuesto, si está alerta del aumento del estrés puede utilizar las estrategias que aquí describimos para reducirlo y eliminar el daño que causa.

Haga la Actividad de autoconciencia número 1 para representar en forma visual sus factores de estrés y descubrir su relación con el *mal-estar*. Observe que cualquier clase de cambio genera tensión si lo percibe como una ruptura en cualquier nivel, hasta ir de vacaciones, mudarse a una casa nueva, casarse o tener un hijo. Manténgase alerta de todos los eventos y relaciones de la vida que sea factible que generen tensión en usted. Reflexione acerca del significado que tienen los sucesos para usted y trate de identificar y procesar las emociones que experimente. De este modo, aumentará su práctica para reconocer el aumento de tensión antes de que se salga de control.

Actividad de autoalerta número 1: Ordene sus factores de estrés

Propósito: Incrementar su nivel de alerta hacia los factores de estrés de su vida de modo que pueda manejarlos con eficacia.

Paso 1: Haga un dibujo que simbolice la tensión de su vida del modo siguiente:

Dibuje una figura que la represente, puede ser un dibujo muy simple, de rayas, un símbolo o tan realista como desee.

Simbolice de alguna forma todas las presiones y exigencias a que está sujeta, con dibujos, palabras u otros símbolos.

Muestre la intensidad de cada presión, exigencia o ansiedad con dibujos de flechas, puentes u otros conectores entre la presión y usted. Represente la intensidad con el tamaño, espesor, sombreado (o medios parecidos) de los conectores.

Recuerde que incluso un cambio positivo genera estrés si tiene un efecto de ruptura.

Paso 2: En otra hoja de papel, forme dos columnas con los encabezados siguientes: *fuentes externas* (otras personas, situaciones, factores culturales, ambiente físico, etc.) y *fuentes internas* (incertidumbre, ira reprimida, temores, ansiedades, etc.). Anote cada factor de tensión del paso 1 en alguna de las dos columnas.

Paso 3: ¿Qué actitudes o acciones personales tienden a alimentar o mantener las fuentes de tensión que anotó en el paso número dos?

Paso 4: Para cada presión o exigencia mostrada en el paso número dos, anote por lo menos una forma de prevenir que ocurra o de manejarla con más eficacia para evitar la tensión.

Paso 5: Piense en alguna enfermedad que haya tenido en el pasado. Anote los factores de tensión principales de su vida durante el año previo a la enfermedad.

Paso 6: Anote los premios por enfermarse (por ejemplo: tener vacaciones en el trabajo o escuela, recibir las atenciones de un ser querido).

Paso 7: ¿Cómo podría cuidar de usted misma y obtener sustitutos razonables de esos premios sin enfermarse? (Ejemplo: permitirse aceptar más amor y atención de los demás y de usted misma mientras está sana).

Paso 8: ¿Qué patrones observa en su manera de responder a la tensión que resultan dañinos para su salud? Anótelos. (Por ejemplo: interpretar un cambio como una retirada o señal de fracaso, una prueba de que la vida es injusta, o como una trampa.)

Paso 9: ¿Qué patrones observa que son constructivos y evitan el estrés? Anótelos. (Ejemplo: interpretar un cambio como una oportunidad para cambiar a actividades más apropiadas, o como una señal de que es el momento de avanzar.)

Paso 10: Dibuje en una tarjeta una versión reducida del factor de estrés y colóquela en su calendario de escritorio, espejo o en algún lado donde le recuerde varias veces al día que debe manejar esos factores.

Técnica número 2: Identifique conflictos domésticos y profesionales

Las mujeres profesionales experimentan más alteraciones que los hombres, por muchas razones; una de ellas es que tienen más responsabilidades. Por ejemplo, cuando aceptan la responsabilidad principal de los hijos y el trabajo doméstico tienen más actividades que hacer en la vida, tareas que perciben como cruciales. Otra razón es que las mujeres que no han resuelto conflictos internos acerca de su papel profesional y su papel como esposas o madres, están sujetas a presiones adicionales. Además, las mujeres son propensas a experimentar más estrés que los hombres durante el proceso de establecer su credibilidad y avanzar dentro de la empresa, debido a los estereotipos y otros obstáculos.

De acuerdo con encuestas de la profesora Margaret Hennig, en la actualidad hay muchas mujeres que tienen entre 35 y 50 años que se han dedicado a su carrera durante 15 o 20 años, y que han trabajado más duro en términos de horas, y experimentan mayor ansiedad que un hombre de 65 años. La mayoría no está dispuesta a sacrificar sus relaciones familiares para progresar en su profesión. Por tanto, cuando se enfrentan al estrés adicional de los hijos y la familia, a la mitad de su tercera década de vida, muchas renuncian. Son víctimas del agotamiento por trabajo: mucha tensión durante un tiempo prolongado con muy poco apoyo psicológico a cambio, lo que resulta en una pérdida del entusiasmo e iniciativa. Usted está en ventaja para prevenir dicho agotamiento debido a que ha adquirido actitudes para establecer metas, prioridades y planes de acción, es decir, para equilibrar su vida.

Técnica número 3: Aprenda a predecir el estrés en el trabajo

Las gerentes reportan niveles de estrés mucho más altos que sus colegas hombres. En cuanto a situaciones relacionadas con el trabajo, un porcentaje mucho más elevado de gerentes mujeres afirman que sufren de discriminación y prejuicios, sobrecarga de trabajo y conflicto de papeles.

Los gerentes intermedios, tanto hombres como mujeres, reportan niveles de estrés mucho más elevados que los altos ejecutivos. También, los niveles de estrés altos se correlacionan con las situaciones siguientes y es posible proyectarlos con base en éstas:

- ✤ Dificultad para verse a sí misma ejerciendo el poder con comodidad.
- ✤ Metas de trabajo poco claras, irreales o conflictivas.
- ✤ Grandes exigencias de trabajo.
- ✤ Poca concordancia entre su trabajo y sus necesidades personales de superación.
- ✤ Falta de participación en las decisiones que afectan su área de responsabilidad.

Aprenda a identificar estos factores de estrés en su lugar de trabajo y elimínelos o enfréntese con ellos en forma eficaz. Su meta es anticipar los cambios de la vida y planear su ocurrencia con anterioridad. Entre más aprenda acerca de sus reacciones psicológicas y físicas ante el estrés, será más apta para dirigir. Será capaz de controlarse cuando los hechos comiencen a presionar.

✓ Estrategia número 2: Reconozca sus opciones de respuesta

Conozca las respuestas al estrés típicas de las mujeres y los administradores en general, y lo que causa que la gente se agote en el trabajo. Anticípese al agotamiento con la elección de opciones diferentes que convertirán esa energía en una fuente de fuerza para usted.

Técnica número 1: Identifique sus respuestas típicas

Las respuestas al estrés incluyen síntomas emocionales y físicos, así como conductas reactivas que buscan resolver la situación. Cada persona tiene un patrón único de respuestas. Aunque los hombres y las mujeres tienen muchas respuestas iguales, las mujeres son más propensas a experimentar angustia, náuseas y diarrea, dolor de espalda y cuello, y problemas de la piel. Los hombres, por su lado, son más propensos a sufrir presión arterial alta.

Los directivos que manifiestan niveles elevados de estrés también reportan más *síntomas físicos y emocionales por ella*, como ansiedad, miedo, frustración, dolor de espalda y cuello, náuseas y diarrea. También manifiestan con mayor frecuencia *conductas defensivas* como tomar medicamentos prescritos, consumir dulces y comida chatarra, enredarse en acciones hostiles y dormir más de lo normal, situaciones que se clasifican como *conductas reactivas*. También buscan ayuda médica con frecuencia y participan en actividades que les ayudan a matar el tiempo, el tipo de actividades que se clasifican como *conductas orientadas a la solución*. Buscar ayuda médica tal vez indique que las conductas orientadas a la solución no han sido fructíferas. Puede significar que el gerente prefiere atender los síntomas, delegar la responsabilidad a un médico en vez de resolver la causa original para luego emprender acciones orientadas hacia la solución adecuada para dicha causa. Adoptar distracciones y pasatiempos también evita encontrar una solución.

> 📖 *El ejercicio es la conducta que tiene la correlación más alta con bajos niveles de tensión.*

El primer paso para controlar el estrés es identificar aquellas soluciones en las que está expuesta a la presión, ansiedad, insomnio u otros síntomas de estrés que experimenta cuando tiene presiones. La Actividad de autoconciencia número 1 la orientará.

Técnica número 2: Reconozca los síntomas de agotamiento

La gente que permite que crezca la tensión tiende a experimentar síntomas típicos de agotamiento. Conteste la Actividad de autoconciencia número 2 para conocer su estado de agotamiento.

Actividad de autoconciencia número 2: ¿Está agotándose?

Propósito: Calcular su nivel de estrés en el trabajo y estado de agotamiento.

Instrucciones: Mencione la frecuencia con que presenta los síntomas de estrés siguientes, según esta escala:

> 1 = Nunca   2 = Rara vez   3 = A veces   4 = Con frecuencia   5 = Casi siempre

Escriba el número correspondiente en el espacio a la izquierda de cada enunciado. Sume los números para obtener su puntuación de agotamiento.

1. _____ Tengo problemas para concentrarme.
2. _____ Pienso renunciar.
3. _____ Me muestro retraída.
4. _____ Al despertar, no tengo ganas de ir a trabajar.
5. _____ Falto un día al trabajo.
6. _____ Me siento atrapada por mi trabajo.

7.____Me desespero con facilidad y entro en conflicto con otros.

8.____Me siento extenuada.

9.____Estoy aburrida.

10.____Consumo alcohol, tabaco, medicamentos prescritos y tengo otros mecanismos de escape para sentirme mejor.

Puntuación total: _____

Seguimiento: Para interpretar su puntuación, vea la clave de respuestas en la página 218.

Técnica número 3: Busque opciones funcionales

Tiene muchas opciones para reflexionar sobre los eventos que alteran su vida y procesar sus reacciones emocionales ante dichas situaciones. Pregúntese: *¿Ha sido útil para mí encerrarme en la culpa, la humillación o el resentimiento por mis hechos del pasado o mis preocupaciones de lo que pueda pasar en el futuro?* Una evaluación honesta, en general, revela que sólo las cosas positivas que obtenemos de los desastres del pasado sirven como lecciones para el futuro. De otro modo, es mejor olvidarlas. Y el único enfoque positivo para eventos del futuro es emprender acciones hoy para prevenirlas, o bien lidiar con ellos y luego dejar pasar la preocupación. La preocupación por sí sola nos arrastra cuesta abajo; ocasiona que arruinemos nuestra alegría por el presente debido a un evento futuro que con toda probabilidad no ocurrirá. Pregúntese: *¿Qué puedo hacer ahora para aprender de mi pasado y crear el futuro que quiero?* Hágalo. Y luego disfrute la vida cada momento del presente.

✓ Estrategia número 3: Hágase responsable de su bienestar

Puede prevenir los problemas (físicos y psicológicos) que es probable que le creen alteraciones y la presionen. Luego, usar técnicas específicas para prevenir, reducir o posponer esos problemas, de modo que no se estanque. Por ejemplo, puede adoptar un enfoque firme relacionado con la salud y la vida, hacer ejercicio en forma regular y aprovechar su tiempo de dormir y soñar.

Técnica número 1: Adopte una estrategia firme en cuanto a la salud y la vida

Hacerse responsable de su bienestar se basa en adoptar una estrategia firme en relación con la salud y la vida. Significa manejar sus problemas de salud con la ayuda de profesionales. Significa relacionarse con la gente de manera que tenga más control sobre su vida y evite convertirse en víctima de las manipulaciones, juegos y caprichos de otros.

La razón de una estrategia firme en relación con la salud es la creencia de que *yo soy la causa de mi salud.* Una vez que aceptamos ese hecho, no dejamos la responsabilidad de nuestra salud al sistema médico. En lugar de eso, lo usamos cuando es necesario sobre la base cliente-consumidor. Sólo cuando nos hacemos responsables de nuestra propia salud, somos capaces de evitar conductas de alto riesgo como comer en exceso, fumar y beber. Hacerse responsable tal vez requiera un programa de toma de conciencia para aumentar la autoestima y estar más alerta de nuestro cuerpo y responder a sus señales, debido a que esas conductas de alto riesgo son formas de autoafrenta. Después de todo, nadie conoce mejor que usted su cuerpo y lo que necesita. Una buena nutrición es un factor básico para mantener un cuerpo saludable y resistente. Para satisfacer sus requerimientos nutricionales:

- ✎ Mantenga una dieta balanceada (no se someta a dietas extremas), consuma muchas frutas y verduras frescas, cereales enteros y proteínas de alta calidad con poco o nada de carnes rojas.
- ✎ Evite las comidas refinadas, procesadas, enriquecidas o saturadas de productos químicos.
- ✎ Minimice el consumo de sal, azúcar, café, alcohol, bebidas de cola y el chocolate.

Técnica número 2: Haga ejercicio en forma regular

Ésta puede ser la prevención más poderosa. De manera extraña, la mayoría de las personas descubren que tiene *más* energía cuando hacen ejercicio en forma regular. Los expertos recomiendan ejercitarse por lo menos una hora al día; una meta de veinte minutos debe ser el mínimo absoluto. Incluya ejercicios de flexión y estiramiento para obtener flexibilidad, empujar y jalar para obtener tono muscular, y practique algún ejercicio que estimule la actividad cardiovascular (ejercicios aeróbicos que la hagan *jadear y resoplar,* pero que no la hagan perder el aire) para obtener salud respiratoria y circulatoria e incrementar el ritmo metabólico, de manera que queme calorías más rápido. Practicar durante veinte minutos un ejercicio aeróbico por las mañanas y las tardes, acelerará su ritmo metabólico durante todo el día.

Las mujeres profesionales ocupadas, con frecuencia, encuentran difícil tener tiempo para hacer algún ejercicio adecuado. A menudo, el único modo es darle la máxima prioridad: *Si no consigo hacer nada más ahora, practicaré algunos ejercicios.* También ayuda recordar: *Si cuido mi cuerpo, éste me cuidará.* Muchos expertos dicen que se puede mantener el bienestar cardiovascular y el peso adecuado con ejercicios aeróbicos específicos aunque sea sólo 20 minutos al día durante tres días a la semana. Si usted dedica 20 minutos cada tercer día a hacer ejercicios de flexibilidad y tono muscular, ¡obtendrá resultados todo el tiempo, todo ese día y hasta un día más! Recuerde que cada vez que practica un ejercicio de *principio a fin,* resulta beneficiada por lo siguiente:

- ✎ Quema calorías a un ritmo más acelerado durante las 12 horas siguientes.
- ✎ Disminuye el proceso de envejecimiento.
- ✎ Mejora su figura.
- ✎ Mantiene sanos y fuertes sus huesos y músculos.
- ✎ Evita el aumento del estrés.

Para hacer del ejercicio una forma de vida, encuentre aquellos tipos que en verdad le gusten y que le provean cierta interacción social. Sobre todo, no piense en su régimen de ejercicios como un programa temporal. Avance paso a paso y conviértalo en una forma permanente de vida. Entre más envejezca, más lo necesita.

Técnica número 3: Utilice las horas de dormir para soñar

Puede aprovechar las horas en que duerme para avanzar hacia sus metas. Durante años, se ha escuchado a los directivos decir: "Antes de tomar una decisión importante o difícil, *permítanme consultarlo con la almohada y regresar mañana,* y por una buena razón. Algunos estudios e investigaciones, puntualizan la importancia de dormir y, en especial de soñar, para nuestra salud mental y capacidad de funcionar bien durante las horas de vigilia. Nuestra mente subconsciente es muy poderosa, y puede aprovechar sus recursos casi sin esfuerzo si dedica el estado onírico para solucionar problemas, resolver conflictos y obtener buenas ideas.

Solución de problemas y creatividad. Una combinación poderosa es visualizar resultados y luego *consultarlos con la almohada* para ayudar a solucionar los problemas o crear nuevos resultados. He aquí cómo hacerlo:

1. Poco antes de ir a dormir, utilice un proceso de relajamiento y visualización para crear una solución positiva al problema o nueva situación que desea crear.
2. Escriba su deseo en un enunciado conciso, de una sola línea.
3. Visualícese levantándose con la solución o ideas que quiere. Dígase que las *tendrá* en la mañana.
4. Repita su enunciado de una línea mientras concilia el sueño.

Al despertar, permanezca acostada unos momentos y piense en su enunciado de una línea. ¿Viene alguna respuesta a la mente? ¿Recuerda algún sueño que le dé una clave o idea? Escriba cualquier idea que llegue a su mente. La idea tal vez llegue más tarde, durante el día. Relájese y esté abierta a ella. Aprenda a detectar las pequeñas señales e indicios de ideas, dibujos o palabras.

Aumente su conciencia personal. Una vez que se acostumbra a aprovechar sus horas de dormir y de soñar, considere ir un paso más allá, hacia la investigación pura. Los psicoanalistas seguidores de Jung creen que los sueños proveen información simbólica acerca de cómo va su vida en el nivel inconsciente. Es posible ampliar la conciencia y ver las relaciones, eventos y problemas desde una perspectiva más amplia, si hace caso a su mundo onírico. Un buen libro de sueños puede ser de utilidad. Inténtelo con el libro *The Dream Book: Simbols for Self Understanding,* de Betty Bethard.

✓ Estrategia número 4: Maneje sus recursos interiores

Controlar sus recursos interiores es la clave para manejar el estrés, así como para alcanzar sus metas y convertirse en una líder eficaz y, en general, para crear la vida que quiere para usted. Es su último recurso de fuerza personal.

Aprenda a alejar los pensamientos que generan tensión, de modo que se relaje y a experimentar por completo las emociones estresantes, de manera que deje que conduzcan a emociones expansivas. Si ocupa un puesto de responsabilidad, que requiera tomar decisiones de riesgo, tal vez en ocasiones experimenta una sobrecarga de alteraciones y la presión resultante, no importa qué tan bien anticipe y evite los problemas. La clave para manejar esta tensión y las *hormonas* que dan lugar a la respuesta de pelear o huir es adquirir habilidades para relajarse, visualizar y dejar que pasen las cosas. Una técnica rápida para mantenerse concentrada, con los pies en la tierra y equilibrada en el trabajo a veces es esencial para recuperar la perspectiva de la situación, a fin de manejarla con eficacia. Son esenciales algunos periodos regulares de relajamiento para mantener un nivel de calma, serenidad y estabilidad que elimine la necesidad de sobrecargar sus reservas de energía vital.

Técnica número 1: Domine el proceso de relajamiento

El objetivo del proceso de relajamiento es terminar con la tensión y el ruido en la mente para alcanzar un estado de relajamiento profundo. Al igual que todas las técnicas y procesos para gobernar sus recursos interiores, al principio tomará algún tiempo dominarlas. Sin embargo, con la práctica, será capaz de usar sus habilidades, aun en las situaciones extremas de tensión y también de avanzar hacia estados más profundos de relajamiento con mayor rapidez.

Alcance las ventajas del estado alfa. El máximo objetivo es alcanzar y ser capaz de llegar a un estado de relajamiento tan profundo que si se le hiciera un electroencefalograma se vería que el cerebro produce ondas alfa. Aunque los mecanismos de biorretroalimentación le ayudan a desarrollar con rapidez esta capacidad, aprenderá muy bien sin ellos. Las investigaciones indican que cuando se encuentra en dicho estado de relajamiento se comunica con su subconsciente de manera más efectiva. Le envía nuevos mensajes, incluso mensajes que cancelen decisiones clave acerca de la vida que tal vez tomó hace mucho tiempo, puntos de vista que ya no le sirven. Aproveche la ayuda de su subconsciente para alcanzar sus metas y resolver los problemas, de manera que sus acciones verbales y no verbales se integren en forma adecuada y todo su ser busque el logro de lo que decida que quiere en la vida.

Si aprende a relajarse por completo, obtendrá recompensas dobles. La sola relajación es un antídoto inmediato contra el estrés. Incrementa su sensación de bienestar, mejora la salud y, potencialmente, aumenta la longevidad. Además, cuando la combina con la visualización (es decir, la formación de imágenes mentales), la ayuda a crear la vida que desea (más adelante, estudiaremos esto con detalle).

Prepare el escenario. Son necesarias cuatro condiciones para dominar el proceso de relajamiento que aquí se indica.

1. Un lugar silencioso y tranquilo tan libre de distracciones como sea posible.
2. Una posición corporal cómoda.
3. Un instrumento de concentración mental que le ayude a eliminar la plática mental (diálogo interno) y profundizar en su ser. Vea el Promotor de aptitudes número 2 para saber más acerca de los instrumentos de concentración.
4. Una actitud pasiva que le permita únicamente observar los pensamientos que la distraen, dejarlos pasar y regresar a su mente al instrumento de concentración.

Recuerde que no puede *hacer* que ocurra el relajamiento, sólo *permitir* que ocurra.

Una vez que haya encontrado un lugar silencioso, experimente con las posiciones cómodas. (Una de las favoritas de mucha gente es sentarse en una silla cómoda pero firme, con la espalda recta, las piernas y los brazos sin cruzar, los pies planos sobre el piso y los brazos sobre los muslos.) Luego experimente con los procesos que se describen en el Promotor de aptitudes número 2. Descubra aquellos que sean más relajantes para usted.

Esté en el momento presente. Aprender a centrarse en el momento presente y a estar en forma total en el aquí y el ahora, es un modo muy útil que ayuda al proceso de relajamiento y elimina la plática mental. A menudo, la plática se asocia con el sentimiento de culpabilidad, el resentimiento y la preocupación. Recuerde, cuando se siente culpable o tiene algún resentimiento, en realidad vive en el pasado. Cuando se preocupa, vive en el futuro. El único modo de influir en los hechos es la acción en aquí y ahora. La clave es concentrarse en el momento presente y determinar qué necesita *hacer*, si es que hay algo. El Promotor de aptitudes número 1 está diseñado para traerla al momento presente mediante la concentración en las sensaciones que su cuerpo experimenta en un momento dado. Practíquela con frecuencia cuando *no* esté sometida a la tensión y pronto será capaz de utilizarla con rapidez, incluso en las situaciones generadoras de estrés.

Técnica número 2: Visualice los resultados que desea

Una vez que se encuentre en un estado de relajamiento profundo, hable con su subconsciente y dígale lo que desea. Su subconsciente es capaz de llevarla hacia los resultados que desea, si sólo se relaja y le permite hacer este trabajo. Sin embargo, se sintoniza mejor con imágenes y emociones que con palabras. Por esta razón, resulta muy efectivo visualizar resultados y estar en contacto con las emociones que desea experimentar, asociadas con esos resultados.

Cómo visualizar. ¿Y qué sucede si tiene dificultades para *formar imágenes* al cerrar sus ojos? No se preocupe. Cada persona difiere en cierto grado en la manera de visualizar. Si no ve ninguna imagen en absoluto, aún está pensando con los *ojos de la mente*, y eso es adecuado. Quizá le ayude pensar en lo que sería si viera la imagen en la que piensa. Piense en términos de *permitir* las imágenes, en lugar de hacerlas.

Cuándo visualizar. ¿Cuándo debe practicar estas actitudes de visualización? El momento que prefiere mucha gente es cada noche poco antes de ir a dormir, debido a que es un momento silencioso en el que está lista para relajarse por completo. Para aprovechar al máximo su fuerza personal practique el relajamiento profundo y la visualización en algún momento cada día, de manera que se convierta en un hábito, un modo de vida que utilice en forma casi automática. Si hace esto, pronto descubrirá que puede emplear estas aptitudes con rapidez con los ojos abiertos y sin que nadie se entere, siempre que trate con situaciones generadoras de tensión en potencia. Será capaz de estar centrada o de recuperar la compostura con rapidez aun cuando la tomen por sorpresa.

El proceso descrito en el Promotor de aptitudes número 3 está diseñado para preparar la ayuda de su subconsciente en el manejo de ciertas situaciones específicas. Puede adaptarlas a cualquier clase de situación; solo recuerde ese importante paso final: dejarlas pasar.

Técnica número 3: Aprenda a dejarlas pasar

¿Ha observado a alguna mujer sabotearse debido a que se esforzaba demasiado? Probablemente pensó usted *¿por qué no se relaja un poco?* ¿Recuerda algún momento cuando con toda probabilidad se saboteaba esforzándose demasiado o siendo muy cuidadosa? ¿Por qué la gente hace esto? En general, pasa porque está empeñada con mucha fuerza en que la situación ocurra exactamente del modo que desea. Se aferra (tal vez con desesperación) a la idea o imagen de ciertos resultados finales. Por tanto, crea una necesidad generadora de tensión para alcanzar esos resultados, con frecuencia acompañada del miedo a fracasar.

Piense en preferencias, no en necesidades. Piense en algunas situaciones en que logró los resultados que deseaba, ocasiones en que avanzó hacia su meta relativamente sin esfuerzo. Piense en los atletas de alto rendimiento que han hecho eso. El logro máximo, en general, es resultado de la *concentración relajada*. Si intenta alcanzar ciertos resultados su mente-cuerpo se centran en el proceso de hacerlo. Sus *deseos y preferencias* se inclinan por esos resultados, pero no los *necesitan* con desesperación y usted no se centra en el miedo relacionado con fracasar en alcanzarlos.

Evite el autosabotaje. Usted evita el autosabotaje ocasionado por las necesidades generadoras de tensión cuando agrega un paso de dejar pasar al proceso de visualización que usa para el logro de sus metas. El Promotor de aptitudes número 4 le ofrece varias técnicas para este paso final del proceso de fuerza personal. Recuerde, cuando usted deja pasar su meta, maneja una imagen clara de tenerla, pero se libera de las necesidades y miedos relacionados con no tenerla. Este proceso le permite trabajar hacia su meta de un modo relajado y con confianza, lo que a su vez hace más fácil obtener la cooperación y el apoyo de los demás. Pero en verdad debe sentirse a gusto con la posibilidad de *no* lograr su meta. Si esta situación está acompañada por sentimientos de tristeza, pesar o ineptitud, necesita trabajar con su temor al fracaso.

Permita la abundancia. También puede adoptar el punto de vista de que existe abundancia en el mundo. Cuando visualiza las imágenes de sus metas *las coloca en el universo*. La visión de que hay abundancia en el universo implica que todo lo que sucede a la larga es en beneficio propio. Por tanto, si pone su mejor esfuerzo en la situación objetivo, confíe en que la alcanzará. Si no es en la forma en que imaginó, entonces su interior tendrá la sabiduría de reconocer que esos resultados no eran lo mejor para usted en ese momento. Entonces es cuando debe preguntarse: *¿Qué lección puedo obtener de esta situación? ¿Cuál es mi siguiente meta?*

Promotores de aptitudes

Promotor de aptitudes número 1: Permanezca en el aquí y el ahora

Propósito: Aprender a estar en el momento presente.

Variación 1: Céntrese en los cinco sentidos

Paso 1: Respiración. Respire profundamente.

Paso 2: Vista. Manténgase alerta en su interior acerca de lo que ve a su alrededor. Observe las cosas en detalle, como si nunca antes las hubiera visto. Suponga que acaba de llegar de otro planeta. Observe los colores, los patrones, las texturas.

Paso 3: Escuchar. Si la situación lo permite, cierre sus ojos. ¿Qué escucha? Note cada pequeño sonido, identifíquelo y descríbalo en su mente.

Paso 4: Tacto. Ahora concéntrese en su sentido del tacto, la sensación de sus ropas contra su piel, el aire sobre ella, el piso bajo sus pies, la silla sobre la cual se sienta, si es que está sentada. Describa las sensaciones para usted misma.

Paso 5: Olor y sabor. Si existen olores notables cerca de usted o tiene algún sabor en la boca, tome conciencia de ellos; identifíquelos y descríbalos.

¿Observó que su concentración se alejó de su mente y su plática interna acerca del pasado y el futuro, para acercarse a su cuerpo y lo que siente en este momento? Ésta es una técnica alternativa que podría funcionar para usted.

Variación 2: Relajamiento muscular progresivo

En este proceso usted tensa y relaja alternativamente los grupos de músculos de su cuerpo, comenzando de los dedos de los pies hacia arriba. Tense los dedos de su pie derecho, contráigalos y luego reléjelos rápidamente uno a la vez. Observe la sensación resultante de relajamiento en esos músculos. Continúe hacia arriba por su pierna derecha, tensando y relajando los músculos de las pantorrillas y de los muslos. Luego, hágalo con la pierna izquierda; a continuación, trabaje con los diversos grupos de músculos del tronco, de los brazos derecho e izquierdo, y por último, el cuello y la cabeza. Ponga especial atención a los músculos del mentón y a los que están entre los ojos; ambos son lugares donde tiende a acumularse la tensión.

Promotor de aptitudes número 2: Relajamiento profundo

Propósito: Experimentar con varios métodos de relajamiento profundo.

Este tipo de relajamiento comienza con la respiración profunda. La meta es disminuir su ritmo respiratorio. De modo que comience con uno de los procesos respiratorios. Continúe con uno de los instrumentos de concentración. Si tiene problemas para alejarse de la plática interna de su mente y pasar a una actitud pasiva, siga el proceso para estar en el aquí y en el ahora.

Respiración profunda, Variación 1. Inhale con la nariz mientras cuenta con lentitud; contenga la respiración y comience a contar de nuevo; expulse el aire a través de la boca con los labios ligeramente abiertos, y cuente otra vez. El proceso real: Inhale, 1,2,3,4,5; contenga la respiración, 1,2,3,4,5; exhale, 1,2,3,4,5. Cada vez que repita el proceso aumente el tiempo en el que inhala, contiene y expulsa el aire, hasta 6, luego hasta 7, etc. Observe hasta cuánto tiempo puede aumentarlo.

Respiración profunda, Variación 2. Visualícese parada en el peldaño superior de una escalera mecánica, conforme inhala y exhala con lentitud véase descendiendo por la escalera en un estado de relajamiento cada vez más profundo y cuente: 10,9,8,7,6,5,4,3,2,1.

Respiración profunda, Variación 3. Cierre los ojos, respire profundamente y disfrute el placer de sentir su respiración. Conforme inhala diga: *Estoy.* Conforme exhala, diga: *relajada.* O diga: *Estoy... tranquila y serena* o *Estoy... una.*

Respiración profunda, Variación 4. Centre toda su atención en la entrada de sus fosas nasales. *Observe* en silencio en su mente la respiración que fluye hacia adentro y hacia afuera a través de sus fosas nasales. Cuente del 1 al 10 cada vez que introduzca el aire y cada vez que lo expulse. Continúe contando del 1 al 10 cada vez que inhale y exhale hasta que esté completamente relajada.

Instrumento de concentración número 1: Llama de una vela. Coloque una vela encendida más o menos a 30 centímetros frente a usted y concentre toda su atención en la llama. Conforme llegan los pensamientos tome conciencia de ellos, déjelos ir y con suavidad regrese su atención a la llama. Esta forma de concentración relajada puede ayudarla a observar cómo sus pensamientos y sensaciones favorecen su conciencia. La meta es liberar a su estado de conciencia de la identificación con sus pensamientos. Dependemos de nuestras sensaciones y pensamientos, debido a que nos sentimos muy atraídos por ellos. Al concentrarse en la llama de la vela, empieza a tomar conciencia de esa dependencia y atracción, así como del proceso de dejarlos ir.

Instrumento de concentración número 2: Centrarse. Ponga toda su atención en el centro de su cabeza. Visualice un punto de luz más o menos a 30 centímetros frente a sus ojos. Ahora concentre toda su atención en el punto luminoso.

Instrumento de concentración número 3: Hacer tierra. Visualice el centro de la Tierra como un objeto muy denso de roca o metal. Concentre toda su atención en el centro de la Tierra e imagine una enorme barra de hierro puesta ahí. A continuación, lleve su atención a su médula espinal. Visualice una cuerda larga que corra de la base de su médula espinal hacia el centro de la Tierra. Imagine un gancho grande en el otro extremo de la cuerda. Ahora engánchelo a la barra en el centro de la Tierra. Sienta un leve jalón hacia el centro de la tierra y un leve aumento de peso del cuerpo.

Instrumento de concentración número 4: Su lugar pacífico. Piense en un lugar en el que, en general, se siente serena, relajada y feliz, por ejemplo una playa, el bosque, un prado o un lago. Imagínese ahí, recree en su mente todas las visiones, sonidos, olores y sabores que vive en ese lugar. También concéntrese en su sentido del tacto, el sol, el agua y el aire sobre su piel, la arena, la tierra o la hierba bajo sus pies. Introduzca tantos detalles vívidos como pueda. Entre en contacto con las emociones positivas que experimente ahí, su sensación de bienestar, confianza y serenidad.

Promotor de aptitudes número 3: Visualice resultados finales

Propósito: Practicar la visualización de lo que quiere crear en su vida.

Paso 1: Céntrese en el aquí y en el ahora y avance hacia un estado de relajamiento profundo utilizando una combinación de procesos del Promotor de aptitudes número 2.

Paso 2: Seleccione la visualización que se aplique a su situación entre las que aquí mencionamos (o adapte una de ellas para que se ajuste a su situación).

Paso 3: Use uno de los procesos de visualización del Promotor de aptitudes número 4.

Visualización básica

Cree una imagen clara, concisa y consistente. Construya en su mente una imagen clara y concisa del evento que desea que ocurra, el resultado final, el estado de ser, en especial el tono emocional en su interior y el que fluye entre usted y los demás, en este estado de tener lo que quiere. No investigue cómo se llega al resultado, sólo concéntrese en el resultado final que desea.

Llénelo de pasión. Permita que su pasión, su fuerte deseo, impregne esa imagen de energía.

Vuélvase la esencia de esa imagen. Para usted ¿qué palabra describe mejor la imagen? ¿Éxito, abundancia, gozo, amor, paz, elegancia, competencia, conectividad? Concéntrese en esa cualidad que da a su imagen mental.

Persista hasta que se materialice. Recuerde esa imagen tan seguido como sea posible, vea cada vez la misma imagen clara (no confusa, vaga ni cambiante), en cada ocasión, llénela de pasión y deseo y cada vez, con libertad, déjela pasar. Entre más atención y concentración le dé, aumenta la probabilidad de éxito.

Visualización. Variación 1: Resolución de problemas. Relájese a profundidad. Entre en contacto con su situación problemática. Si pensar en ella o imaginarla le hace sentir ansiedad, concéntrese de nuevo en una técnica de relajamiento. Repita hasta que sea capaz de imaginar su situación problemática sin sentir ansiedad.

¿Qué resultados finales quiere que sean los de esta situación? ¿Cómo quiere que se solucione? Imagine que eso ocurre en detalles vívidos, deje que entren en juego todos sus sentidos: colores, patrones y texturas que vea; los sonidos que escuche; y las cosas que toque, huela o saboree. Imagine sus interacciones con las otras personas involucradas y concéntrese en sus emociones específicas y las que fluyen entre usted y los demás; por ejemplo, comprensión, aceptación, calidez y buena voluntad. Céntrese en esas imágenes y emociones hasta que se sienta cómoda y segura con ellas. Ahora, utilice una técnica de dejar pasar para liberarlas.

Visualización. Variación 2: logro de metas. Siga el proceso que describimos en la variación 1, pero en lugar de centrarse en una situación problemática, hágalo en una meta que desee alcanzar. Imagínese alcanzando la meta en realidad. Incluya a toda la gente que la ayude a alcanzar la meta; céntrese en las emociones positivas que fluyen entre usted y esas personas. Ahora déjelas ir.

Visualización. Variación 3: Evaluación de metas. Es posible seguir el proceso utilizado en la variación 2 con un paso adicional que le ayude a evaluar las metas posibles (por ejemplo, si no está segura acerca de si conseguir un grado de maestría es sólo una actividad alternativa para alcanzar la meta profesional o una meta por sí misma, imagínese después de lograr la meta profesional sin el grado de maestría). Imagine todas las consecuencias de haber alcanzado la meta. ¿Cómo se siente al respecto? ¿Le falta algo? ¿Qué es? ¿Una meta diferente la habría conducido a mejores resultados?

Visualización. Variación 4: Venza el pánico escénico. Utilice este proceso que acompaña a cualquier tipo de presentación que deba hacer frente a un grupo. Para mejores resultados, practique la visualización varias veces antes de su presentación. Inmediatamente antes de ir a dormir, la noche anterior de la presentación, es una ocasión muy apropiada para visualizar los resultados positivos. Siga el proceso descrito en la variación 1, pero en lugar de imaginar una situación problemática, imagínese mientras hace una presentación exitosa. Véase a usted misma transmitiendo su mensaje de una manera clara, dinámica y persuasiva. Mire a su audiencia comprender y aceptarlo. Entre en contacto con sus emociones positivas y las de ellos. Ahora, déjelo pasar.

Promotor de aptitudes número 4: Deje pasar los resultados finales

Propósito: Experimentar con los procesos para que no se aferre a los resultados que desea, poner su propósito en el universo, confiar en que todo funcionará en beneficio suyo.

Paso 1: Logre un estado de relajamiento profundo (Promotor de aptitudes número 2).

Paso 2: Visualice los resultados finales que quiere (Promotor de aptitudes número 3).

Paso 3: Visualice sus imágenes y resultados finales con uno de los siguientes métodos (o cree un método propio visualizando sus metas en el universo).

Variación 1: Globo aerostático. Imagine un globo aerostático de bellos colores, con una encantadora cesta de pasajeros. Está atado a tierra por medio de cuerdas de terciopelo. Ponga la imagen de sus resultados finales en la cesta, así como las emociones relacionadas con la imagen. Desate la cuerda y mire al globo flotar lejos, hacia el cielo y perderse en el horizonte. Conforme flota fuera del alcance de su vista, repítase: *Déjalo ir, déjalo ir.*

Variación 2: Cápsula espacial. Siga el proceso descrito en la variación 1, pero sustituya el globo de aire caliente por una cápsula espacial brillante. Imagine la tecnología y el equipo más modernos para controlar la cápsula; ponga sus resultados finales dentro de la cápsula; ciérrela; véala despegar y desaparecer en el espacio.

Variación 3: Botella al mar. Siga el proceso descrito en la variación 1, pero sustituya al globo de aire caliente por una botella grande de vidrio. Ponga sus resultados finales dentro; cierre la botella con un corcho; arroje la botella al océano. Observe cómo las olas la arrastran mar adentro, véala desaparecer en el horizonte.

Clave de respuestas

Actividad de autoconciencia número 2: ¿Está agotándose?

Una puntuación de 10 a 20 significa que hace todo bien; de 21 a 30, que debe pensar en la conveniencia de tomar alguna medida preventiva; de 31 a 40, que es una candidata de primer orden para el agotamiento; más de 40, que se está agotando.

Capítulo 8

Canalice su fuerza emocional

Usted y sólo usted tiene el control de su vida. Es lo más poderoso que tiene.
—Carol Bartz, directora general, Autodesk Inc.

Uno de los estereotipos de género más consistentes es que las mujeres son tan emocionales que no pueden tomar decisiones racionales ni manejar crisis y responsabilidades de máximo nivel. Es obvio que ésa es una de las creencias más dañinas con las que tienen que lidiar las mujeres profesionales. Es verdad que probablemente usted esté más en contacto con sus emociones que sus colegas masculinos. Esto puede ser una maldición o una bendición, en función de cómo canalice esa energía emocional. Más adelante, estudiaremos cómo aprovechar esta fuente de poder. Primero, conteste las siguientes preguntas acerca de sus creencias actuales sobre las emociones. Luego conozca a Ruth Owades, quien utiliza sus emociones para incrementar su capacidad de liderazgo.

1. ¿Cuál es la mejor forma de manejar sus emociones? ¿Tomarlas por la fuerza y mantenerlas bajo control, evitar a la gente que la hace sentir mal o experimentar por completo las emociones que llegan?
2. ¿Pensar y sentir son dos procesos separados por completo o están vinculados?
3. ¿No es saludable sentir enojo o miedo y no actuar sobre estas emociones?
4. Cuando alguien la critica, ¿le hace saber de inmediato que no permitirá que la humillen o presionen?

Para canalizar su fuerza emocional en la dirección que desea, debe reconocer los típicos patrones emocionales de las mujeres y su propio perfil emocional. Debe permitirse usted misma llenar por completo sus emociones y procesar y canalizar aquellas generadoras de tensión, así como tomar control consciente de sus acciones con el conocimiento de sus opciones y una elección sabia.

Escaparate

Ruth Owades, de Calix and Corolla

Ruth Owades es presidenta de Calix and Corolla de San Francisco, una compañía con ingresos de 15 millones en ventas por catálogo de flores frescas. Ruth fundó la compañía en 1988 con dos millones que en dos meses aportaron 20 inversionistas privados. Su visión fue una nueva forma de vender flores, las cuales, por tradición, se venden sólo a través de floristas y supermercados, así como algunos vendedores callejeros. Ruth dice: "La reputación de Calix and Corolla está en última instancia en manos de aquellos que cubren los pedidos." Además de visitar a los ejecutivos y supervisores, visita en forma regular a los floricultores para hacerles saber lo importantes que son para la compañía. También se da tiempo para visitar el almacén y expresar su aprecio a la gente que empaca las flores.

Ruth aprendió que los periodistas y reporteros están siempre bajo presión para producir algo. Ella dice: "Si identifico información sobre nuestra compañía que capte su atención y la presento en una forma interesante y concisa, de modo que no tengan mucho que volver a escribir, casi siempre la utilizan." Ruth se esfuerza por establecer y alimentar relaciones con la prensa y considera que ésta es una de sus funciones más importantes.

Con frecuencia, Ruth confía en su intuición para manejar las relaciones. La clave para el éxito de Ruth son las relaciones de varias clases. Cree con firmeza que puede tener la mejor visión del mundo, pero fallará si no tiene a la gente correcta para ponerla en práctica. Y no se puede seleccionar a gente adecuada sólo con leer su currículum. Es preciso escucharla con detenimiento cuando habla acerca de lo que ha hecho y lo que quiere hacer. Es necesario intuir si está dispuesta a comprar el sueño propio y a trabajar con ahínco para hacerlo realidad.

Ruth cree que las aptitudes intuitivas y la inteligencia emocional son la base para construir relaciones fuertes. Ella se mantiene en contacto cercano con sus emociones por muchas razones, una de ellas es que, cuando se está alerta de las emociones, se aprende a trabajar a través de ellas. Otra razón es que las emociones son su "línea telefónica hacia la sabiduría interior". Antes, trataba de ignorar sus emociones intuitivas y combatía contra sus mensajes porque no era un estilo tradicional de dirección reconocer esas emociones. Con más precisión, según Ruth, "era demasiado femenino". Pero se dio cuenta de que su intuición es un activo muy poderoso. No puede recordar una situación en la que haya seguido su intuición y haya salido mal. Pero puede recordar muchas situaciones en las que se equivocó por completo por no seguir su intuición.

✓ Estrategia número 1:
Reconozca los patrones emocionales de las mujeres

Las mujeres y los hombres suelen experimentar patrones emocionales muy diferentes, y es probable que las causas de estas diferencias sean tanto innatas como culturales. Algunos estudios indican que el cerebro de las mujeres tiene algunas diferencias. Por ejemplo, las mujeres tienen un vínculo más fuerte entre el hemisferio cerebral derecho, que es el lado emocional intuitivo, y el hemisferio izquierdo, el lado racional lineal. Por tanto, las mujeres son mejores para expresar en forma oral (actividad del hemisferio izquierdo) lo que sienten (actividad del hemisferio derecho). Las expectativas culturales, suposiciones y estereotipos acerca de las diferencias entre las experiencias emocionales y las expresiones entre hombres y mujeres también ejercen gran influencia en cómo sentimos y actuamos.

Técnica número 1: Identifique los estereotipos culturales

Ya ha escuchado los comentarios acerca de las mujeres y sus emociones:

- Las mujeres son demasiado emocionales para ser líderes. Quedan destrozadas después de una crisis (ignorando el hecho de que casi todas las madres llevan a sus hijos a través de las numerosas crisis del crecimiento sin *quedar hechas pedazos*).
- No se puede confiar y poner en la alta gerencia a una persona que podría romper en llanto durante una crisis.
- Tan sencillo como que las mujeres son demasiado volátiles para manejar un papel de liderazgo de alto nivel.
- Las mujeres no enfrentan los problemas tan bien como lo hacen los hombres.
- Un hombre puede ver los problemas en perspectiva mejor que una mujer.

Según las investigaciones hechas por Ed Diener, catedrático de psicología en la Universidad de Illinois, las mujeres reportan estar de humor positivo y de humor negativo casi el doble que los hombres, lo que indica que las mujeres experimentan las emociones con mayor intensidad. Sin embargo, no llegan a la conclusión de que las mujeres sean víctimas indefensas de sus emociones o que deban actuar de alguna forma sobre ellas.

Técnica número 2: Considere cómo se educa a los niños y a las niñas

La realidad es que normalmente los niños y las niñas obtienen muy diferentes recompensas y castigos por la misma conducta. Un factor clave que ha conducido a estos estereotipos son los diferentes premios que nuestra cultura tiende a dar a las niñas y a los niños por expresar sus emociones. Las niñas en general obtienen premios en la forma de simpatía o aprobación cuando lloran o muestran miedo, expresan tristeza y otras emociones tiernas, y cuando muestran simpatía por los demás y protegen a otros. Los niños con frecuencia obtienen desaprobación o incluso castigo por conductas similares.

En nuestra cultura, los niños pequeños son educados para ser *hombres de verdad* desde una edad muy temprana a través de mensajes como *los hombres no lloran, los niños grandes son valientes y fuertes* o *guarda la compostura*. El resultado es que los hombres con frecuencia reprimen y niegan la mayor parte de sus emociones y a la larga se vuelven inmunes a ellas. Pero la mayoría de los niños en general reciben aprobación, admiración o por lo menos aceptación cuando expresan dominio y enojo en acciones que van desde la firmeza hasta la agresión. Sin embargo, esas expresiones *masculinas* de la emoción por parte de las niñas casi siempre se encuentran con la desaprobación o el rechazo.

Técnica número 3: Observe los patrones emocionales masculinos y femeninos

Estos diferentes patrones de socialización montan el escenario para la conducta adulta. Cuando llegan a la edad adulta, la mayoría de las mujeres ha estado en contacto con sus sentimientos y desarrollado la habilidad de expresar sus emociones. Sin embargo, tienden a ser mucho menos firmes que los hombres. En contraste, la mayoría de los hombres tiene una dosis de firmeza saludable, y algunos tienen una dosis de agresión que no resulta tan saludable. Pero, en general, la mayoría de los hombres están mucho menos alerta de sus sentimientos. Por tanto, son menos capaces de expresarlos en forma verbal y actuar sobre ellos.

Por tanto, en el mundo de los negocios dominados por los hombres, en general, es aceptable expresar enojo o agresión dentro de ciertos límites. Sin embargo, las lágrimas o sentimientos de temor indican que no es capaz de manejar el juego; es decir, no puede manejar las responsabilidades reales en el nivel en el que se toman las decisiones clave y se ejerce el poder real. Es muy importante manejar el miedo, debido a que algunos participantes olfatean los signos no verbales del miedo y actúan con rapidez para acabar con alguien, si así alcanzan sus propósitos.

La apertura a los sentimientos es esencial para la apertura a la información intuitiva. Así, se sabe que las mujeres son más emocionales e intuitivas que los hombres. Ambos estados están gobernados normalmente por el hemisferio cerebral derecho, mientras que el pensamiento racional y la acción están regulados por el hemisferio cerebral izquierdo. Sin embargo, el lenguaje (habilidad verbal) es una actividad racional del hemisferio izquierdo en la cual las mujeres alcanzan la excelencia. Es obvio que las mujeres no carecen de aptitudes del hemisferio izquierdo, pero debido a sus papeles tradicionales centrados en proteger a otros, se han dedicado casi en exclusiva al área del lenguaje y desprecian las áreas estratégicas, tácticas, mecánicas y matemáticas.

En décadas recientes, las carreras que emplean aptitudes de los hemisferios cerebrales derecho e izquierdo se han abierto a las mujeres; muchas han adquirido las aptitudes de negocios y profesionales para progresar en esos campos y han logrado la excelencia en ellos.

Técnica número 4: Utilice su inteligencia emocional

En promedio, las mujeres con inteligencia emocional parecen llevar vidas más profundas, ricas y expresivas en lo emocional, de acuerdo con Daniel Goleman, autor de *Emotional Intelligence*. Las características de travesura, sensualidad y espontaneidad se relacionan con una aptitud intuitiva más elevada. Además, es mucho más fácil adquirir aptitudes racionales e inteligencia intelectual que lograr inteligencia emocional e intuición. La ventaja de las mujeres en estas áreas es impresionante, pero se ha ignorado durante mucho tiempo, o se ha minimizado y rechazado. Para que viva en todo su potencial, haga honor y respete todas sus capacidades, en especial su inteligencia emocional. Aprenda a expresarla en forma apropiada en los campos de negocios y profesionales. Ayude a otros a entender y respetar este tipo de inteligencia.

✓ Estrategia número 2: Perciba sus sentimientos

La mayoría de los gerentes masculinos controlan sus sentimientos suprimiéndolos y fingiendo que no existen. Esta práctica genera cierto número de efectos colaterales negativos.

Los sentimientos reprimidos no se van. Tienden a acumularse hasta que alcanzan la *etapa explosiva.* Solemos olvidar el incidente que disparó el sentimiento y el hecho de que nosotros mismos lo reprimimos. Por tanto, nuestras explosiones de ira, autocompasión, miedo y sentimientos similares llegan como una sorpresa para nosotros y están fuera de nuestro control.

Los sentimientos reprimidos pueden causar enfermedades. Los sentimientos que hierven a fuego lento y se acumulan en nuestro interior continúan produciendo tensión mucho después de que pasó la situación que la desencadenó. Entonces, nos volvemos vulnerables a las enfermedades relacionadas con el estrés, en particular úlceras, alta presión sanguínea, migrañas, alergias, asma y padecimientos cardiacos.

Los sentimientos reprimidos bloquean el crecimiento personal. Si niega sus sentimientos como una manera de luchar con la vida, perderá cada vez más el contacto consigo misma, es decir, con la manera en que en verdad siente las cosas y su verdadera forma de ser, los efectos que la gente y los eventos tienen en su vida. Esta negación inhibirá su crecimiento personal y desarrollo como una persona creativa y autónoma. La bloqueará de una manera tal que no sentirá los deseos de su corazón. Como resultado, le será cada vez más difícil definir sus valores y metas y evaluar las situaciones y oportunidades que la conducen a ellas. Esto provoca que los problemas parezcan no tener solución, adicción al trabajo y agotamiento.

Como mujer, debe recurrir a la ventaja de su género cuando se trate de experimentar sus sentimientos. El hecho de que esté en contacto con sus emociones es una ventaja muy grande, por la razón de que, para procesar una emoción, debe estar alerta a ella y ser capaz de sentirla. Otra razón es que debe ser capaz de percibir qué sienten las personas a fin de establecer una empatía con su estado emocional. La gente que reprime y niega sus sentimientos, con el paso de los años se entumece y tiene dificultad para sentir cualquier otra cosa, inclusive lo que otros sienten.

La sabiduría emocional le da una ventaja en el lugar de trabajo. Las culturas empresariales, por tradición, no dan mucho crédito a las emociones. La mayor parte de las culturas empresariales no hacen suya la creencia de que experimentar y expresar las emociones es benéfico. Tampoco cuentan con las herramientas o métodos para tener acceso y dar crédito a la expresión emocional. Sin embargo, las emociones siempre están con nosotros, siempre están en juego. De modo que el líder de negocios que sabe cómo ayudar a los individuos y equipos a canalizar su fuerza emocional tiene una obvia ventaja. El primer paso para obtener sabiduría emocional es estar atenta a los factores de tensión clave en su vida, lo que ya ha hecho. El siguiente paso es estar alerta a los sentimientos que disparan en usted estos factores. La Actividad de autoconciencia número 1 le ayudará a comenzar.

Actividad de autoconciencia número 1: ¿Qué sentimientos desencadenan sus factores de tensión?

Propósito: Incrementar la alerta de la conexión entre ciertos factores de estrés y los sentimientos relacionados, de manera que pueda procesarlos con eficacia.

Paso 1: Tome el factor de tensión más intenso que haya identificado en la Actividad de autoconciencia número 1, en el capítulo 7.

Paso 2: ¿Qué sentimientos experimenta cuando se concentra en ese factor de tensión? ¿Qué sentimientos ha sentido cuando el factor de estrés estaba activo de forma especial?

Paso 3: Procese ese sentimiento con el uso de la estrategia siguiente.

✓ Estrategia número 3: Procese y canalice sentimientos generadores de tensión

Una vez que ya está alerta de los sentimientos que generan estrés, se encuentra en posición de procesarlos, de modo que pueda usar esa energía emocional para poder crear aquello que desea en su vida. Obtendrá algunas ideas para identificar o etiquetar sus sentimientos con el estudio de la Instantánea número 2. Sus metas son:

- ℅ Procesar los sentimientos de contracción, baja energía y generadores de tensión antes de que se establezcan y se vuelvan una manera de ser.
- ℅ Procesar los sentimientos que contiene un estado mental en caso de que gane terreno.
- ℅ Permitirse invertir todo el tiempo posible en los sentimientos de autofortalecimiento, alta energía y *expansivos*.

Técnica número 1: Entender dos tipos de emociones

Un concepto poderoso que puede ayudarla a manejar sus emociones es la clasificación general de éstas en dos tipos básicos:

1. Las emociones generadoras de estrés, emociones que contraen que se consideran basadas en el miedo.
2. Las emociones de autofortalecimiento y expansivas que se consideran basadas en el amor.

La Instantánea número 1 es una imagen gráfica de cómo nos vemos y sentimos cuando experimentamos cada una de estas dos categorías emocionales.

Instantánea número 1: Experiencia de un estado mental que contrae y un sentimiento expansivo

Estado de ánimo que contrae   Sentimiento expansivo

Vea en la Instantánea número 2 una descripción verbal para las emociones típicas de cada categoría. Trabaje a partir del centro de la tabla, donde se anotan las emociones menos intensas de cada categoría, hacia los márgenes superior e inferior de la tabla donde se anotan las emociones básicas más intensas.

Instantánea número 2: Diagrama de las emociones

Emociones Expansivas	**compasión** empatía aprecio aceptación tolerancia consentimiento admiración alivio satisfacción esmero sorpresa aceptación de sí mismo	**pasión** excitación entusiasmo grandeza deseo determinación perseverancia optimismo apertura honestidad alivio confianza en sí mismo	**asombro, maravilla** belleza gratitud respeto, estima admiración imaginación curiosidad diversión interés gozo soledad conciencia de sí mismo	BUENA VOLUNTAD, AMOR éxtasis alegría felicidad compromiso devoción afecto paz certidumbre esperanza calma amor a sí mismo
Emociones y estados de ánimo que contraen	enfado impaciencia reproche resentimiento frustración hostilidad terquedad enojo ira, furia impotencia amargura lamento tristeza culpa **vergüenza**	orgullo-egolatría juicio desagrado conmiseración disgusto desdén desprecio condena arrogancia defensa duda preocupación ansiedad resignación cansancio **depresión**	envidia celos odio ofensa aislamiento sobresalto pérdida desigualdad humillación paranoia desesperanza apatía víctima martirio rechazo **soledad**	aburrimiento distracción malicia confusión precaución vulnerabilidad confusión cautela compasión de sí mismo sufrimiento remordimiento víctima aprensión desesperación histeria terror **MIEDO**

Identifique los sentimientos que contraen y generan estrés

Piense en los sentimientos que asocia con la tensión de su vida. ¿Qué emociones vienen a su mente? Mucha gente menciona la ira, la confusión, el resentimiento y la frustración. Todos esos sentimientos y emociones que se identifican como sentimientos que contraen en la Instantánea número 2. ¿Cuando experimenta estas emociones generadoras de tensión la hacen abrirse y entrar en contacto con la gente, o le provocan que se encierre en usted misma con pensamientos generadores de tensión que llevan a más pensamientos que provocan estrés, y así sucesivamente? ¿Estos sentimientos provocan que enmudezca, se cierre en sí misma e incluso se retire? Debido a que los sentimientos generadores de tensión suelen provocar una especie de aislamiento en la mayoría de la gente, los llamamos emociones *que contraen*. Son estados de baja energía que actúan como fugas y ocasionan que otra gente la esquive.

La Instantánea número 2 muestra las formas suaves de las emociones que contraen en la parte superior de cada columna, y hacia abajo aparecen sentimientos más intensos. En el último renglón de cada columna, se encuentran resaltadas las emociones que contraen más fuertes. La emoción extrema en el último renglón es el miedo, el reino de su ego negativo. ¿Pero cómo es posible que el enojo o la furia sean una expresión de miedo? Responderá esas preguntas cuando elimine de raíz sus temores. Por ahora, considere que algunas investigaciones concluyeron que el enojo, y de hecho todas las emociones que contraen, comprenden algún tipo de miedo: miedo a perder algo que valora o miedo a no obtener algo que desea.

Cuando usted no procesa las emociones que contraen, éstas crecen dentro de su mente y cuerpo. Si las esconde muy bien, permanecerán ocultas hasta que se expresen como una enfermedad. Si tiene suerte, primero se expresarán como agotamiento o mal humor (que puede durar días, semanas o años). Con ese estado de ánimo negativo, caminará con una nube oscura encima y alrededor de usted. Su nube puede tomar la forma de autocompasión, culpa, reproche, resentimiento, ansiedad o alguna otra emoción dominante generadora de tensión. ¿Cómo podemos llamar suerte a todo esto? Bueno, si está al tanto de su estado de ánimo, de su estado mental, tiene la posibilidad de elegir llegar a las emociones raíz y procesarlas antes de que la enfermedad se declare.

Identifique sus emociones expansivas

¿Qué sucede cuando procesa y pone en libertad las emociones y estados de ánimo que contraen? Se libera a sí misma para moverse hacia una o más de las *emociones expansivas*. ¿Por qué las llamamos emociones expansivas? Bien, piense en lo que le pasa cuando siente curiosidad, excitación, admiración, empatía, amor, felicidad y gozo (cualquiera de las emociones expansivas que identificamos en la Instantánea número 2). Para todos nosotros, estas emociones son un *arriba*, una *elevación* y llevan a que alcancemos otras compartiendo e interactuando con los demás. Son estados de alta energía que actúan como impulsores de energía y por tanto atraen a la gente hacia usted.

Las emociones expansivas se sienten ligeras y delicadas, por lo que ayudan a que usted avance hacia la vida y hacia otras personas. Experimenta mucho espacio dentro de las emociones expansivas y por tanto mayores posibilidades. Está más dispuesta a aprovechar las oportunidades para hacer algo nuevo y desafiante porque se concentra en el lado positivo de la gente y de las situaciones.

En la Instantánea número 2, las emociones expansivas al pie de cada columna representan el principio de etapas de expansión personal y, en general, comienzan con algún tipo de autoestima. Se mueven hacia la parte superior, hacia los sentimientos expansivos más intensos, con las emociones expansivas clave resaltadas en la parte superior de cada columna. La emoción básica aquí es la buena voluntad y el amor, el reino de su ego más elevado.

Supere los estereotipos emocionales femeninos. Una ventaja muy grande de procesar sus emociones que contraen es que puede evitar negar la emoción y llegar a bloquearse en estados mentales negativos. Otra fortaleza es que puede procesar sus emociones internamente. No necesita compartir el proceso, aunque en general ayuda compartir sus sentimientos con un confidente confiable. Procesarlas es muy laborioso, pero es posible hacerlo en su interior. Esto significa que puede construir y mantener una imagen profesional y tomar mejores decisiones de negocios. Tenga en mente estas dos recomendaciones:

1. Procese las emociones que contraen *antes* de que tome una decisión de negocios o entre en acción.
2. Tome decisiones si entra en acción cuando experimente emociones expansivas.

Básese en la intuición femenina. Recuerde que las visiones intuitivas casi siempre tienen un componente sentimental. Para abrir su intención, abra sus sentimientos. Esto le da una fuerza agregada al tomar decisiones basadas tanto en el pensamiento informado como en la intuición inspirada.

¿Pero cómo sabe si un pensamiento-sentimiento es una intuición que viene de su ego elevado o un engaño que le tiende su ego negativo? La única manera de saberlo con seguridad es observar los resultados. Para entonces es demasiado tarde para cambiar cualquier decisión en particular, pero no es demasiado tarde para aprender acerca de su proceso de pensamiento-sentimiento. Las personas intuitivas dicen que identifican la diferencia con base, en primer lugar, en si sienten una emoción expansiva o que contrae cuando les llega el golpe intuitivo. Confían en el lado expansivo, pero se dan cuenta también de que la mente humana es muy compleja y el ego negativo puede engañarlos con una falsa capacidad de expansión. Estar en contacto con su intuición se basa en conocerse a sí misma cada vez mejor, estableciendo contacto con el espectro y la profundidad de sus sentimientos, su yo interno y su conciencia más elevada.

Técnica número 2: Procese sus emociones generadoras de tensión

Enfrentar las emociones generadoras de estrés requiere valor. Pero la inversión es provechosa en cuanto a salud mental y crecimiento personal. Greg Braden, autor de *Awakening to Zero Point,* lo explica muy bien: "Usted siempre tiene la aptitud de ver más allá del dolor, ver lo que éste le dice. Su vida es un don por medio del cual puede llegar a verse desde muchos puntos de vista y saberse capaz de realizar todas sus posibilidades."

Paso 1: Identifique la emoción o el humor. Tome conciencia del humor o la emoción que experimenta. Identifique el sentimiento de la forma más específica posible. Asegúrese de utilizar una palabra que indique algo que *siente*, y no sólo un pensamiento racional o rasgo de carácter. Por ejemplo, use *confianza en sí mismo* o *seguridad,* en lugar de *lista para hacer un movimiento* o *tomar una decisión.*

Paso 2: Localice la emoción en su cuerpo. Si se trata de una emoción, localícela en su cuerpo identificando el lugar en el que siente cierta tensión, una opresión, un dolor, un malestar, algo diferente, alguna sensación que no parezca normal.

Paso 3: Vaya a las emociones originales. Pregúntese *¿Por qué siento... (enojo, tristeza, etc.)? ¿Qué? ¿Cuál es la diferencia? ¿Por qué me preocupo de eso? Entonces, ¿qué pasaría si...?* Haga esta clase de preguntas en forma continua hasta que sienta un cambio, una sensación de que ha tocado fondo, la emoción original que le genera tensión. (Hay más acerca de este paso en las técnicas números 2 y 3. Si está en el proceso de una emoción, tal vez quiera saltar a la Técnica número 2 y luego regresar al paso número 4).

Paso 4: Experimente por completo todas las emociones que le lleguen. Permita que el sentimiento esté ahí, en su cuerpo; experimente por completo su presencia. Esté dispuesta a sentir las emociones con intensidad. Viva el momento presente con él, preste atención con la intención de experimentarlo por completo, y crea a pie juntillas que puede salir fuera de la emoción. La actitud crucial es su disposición a experimentar el sentimiento, a permitir que se vuelva más intenso, si es necesario, a moverse más profundamente hacia otra emoción, una emoción básica, o a lograr menor intensidad. Esté dispuesta a que cambie su ubicación en el cuerpo o a que se mueva a cualquier lado que desee en el mapa emocional. Con objeto de llegar a las emociones originales y después liberarlas, tal vez necesite usar algún Promotor de aptitudes que le ayude a empezar, como el número 1 y el 2.

Paso 5: Libere la emoción. Si está dispuesta a experimentar la emoción en cuestión y cualquier otra relacionada que aflore, a la larga será capaz de liberar el sentimiento o permitirle ser impulsado. Déjelo ir, permítale que se libere.

Tal vez tenga problemas dejando ir ciertas emociones. Algunas personas dicen que en esos casos difíciles les ayuda si se dibujan a ellas mismas rindiéndose al flujo del universo y pidiéndole a éste que libere la emoción. Otras dicen que recurren a su yo interno para impulsar la emoción. Otras más recurren a una fuerza más poderosa. Observe su sistema de creencias y encuentre el mayor poder que pudiera ayudarla. El aspecto importante es darse cuenta de que no tiene que liberar la emoción por sí misma, todo lo que tiene que hacer es estar *dispuesta* a que ésta se vaya.

Paso 6: Revise sus opciones. Tiene muchas opciones para ver una situación o pensar al respecto. También tiene muchas opciones en cuanto a las acciones que puede tomar cuando experimente una respuesta emocional a cierta situación.

Revise las opciones para ver una situación. Tal vez doce personas vean una situación en particular en doce formas diferentes. Esto significa que tiene muchas opciones para ver cualquier situación.

Por ejemplo: una amiga traiciona su confianza. ¿Qué opciones tiene para percibir este evento? ¿Qué maneras de pensar acerca de él? ¿Qué se diría a usted misma? He aquí algunas de las opciones que puede intentar para ver qué efecto tienen.

- ✥ *No es una amiga verdadera, en realidad no le preocupo, estoy muy triste.*
- ✥ *Ella lo creía necesario cuando lo hizo.*
- ✥ *Lo hizo con buena intención.*
- ✥ *Yo puedo manejar esto.*
- ✥ *A la larga, en realidad no me importará.*

Piense en disparadores de emociones. Piense acerca de alguna situación reciente que haya disparado una emoción de malestar en usted. ¿Qué otras maneras podría haber elegido para percibir la situación? ¿Qué emociones podrían haber surgido en cada una de esas maneras? Conforme practique diferentes formas de pensar acerca de un evento, observará que tipos muy diferentes de patrones de pensamiento conducen a emociones muy diferentes. Al escoger un patrón específico de pensamiento, elige una respuesta emocional diferente.

Revise las opciones para responder a las emociones. También tiene muchas opciones en cuanto a lo que puede hacer en respuesta a una situación y en respuesta a sus emociones. En la situación descrita arriba, ¿cuáles son algunas opciones que hubiera podido tomar? ¿Cuál podría haber sido el resultado en cada tipo de acción? Más adelante, estudiamos más sobre las opciones, incluso las opciones para influir.

Técnica número 3: Saque a la luz los miedos originales

Algunas emociones se encuentran cerca de la superficie de su conciencia, mientras que otras están enraizadas en lo más profundo de su ser, aun en los niveles más allá de la conciencia. Procesar una emoción como la ira le ayuda a tomar conciencia de las emociones en los niveles más profundos. Entre en contacto con los miedos originales. Sáquelos de las sombras del subconsciente hacia la plena conciencia iluminada. Examínelos y experiméntelos por completo. Luego, es probable que tenga mayor capacidad para liberarlos. Cuando se mueve hacia dentro y a través de todas las emociones que acarrea un evento y luego las libera, avanza hacia un espacio más ligero, un espacio con raíces en el amor y la buena voluntad. El proceso comienza cuando se hace preguntas como las siguientes:

- ✥ *¿Por qué estoy enojada?*
- ✥ *¿A qué le tengo miedo?*
- ✥ *¿Qué temo que pase?*

Cuando tenga algunas de estas respuestas, tal vez necesite contestar las siguientes:

- ✥ *¿Cuál será la diferencia?*
- ✥ *¿Por qué estoy preocupada por esto?*
- ✥ *Entonces, ¿qué pasaría después?*

La respuesta puede ser similar a éstas:

- ꙮ *No le prestaré mucha atención.*
- ꙮ *No tengo ningún poder.*
- ꙮ *La gente pensará que...*

Como la Instantánea número 3 indica, es probable que descubra debajo de su enojo, tristeza o ansiedad un miedo básico que dice uno o más de los siguientes enunciados:

- ꙮ *En realidad no merezco...*
- ꙮ *Pensarán que no soy lo bastante buena.*
- ꙮ *Investigarán que en realidad no soy muy buena.*
- ꙮ *No soy digna de ser amada o bastante agradable.*
- ꙮ *No soy lo bastante capaz.*

Conforme continúe el proceso de preguntar por qué, tal vez llegue al siguiente miedo básico:

- ꙮ *Seré rechazada, repudiada y quedaré abandonada y sola.*

Éste es el miedo que experimentará sin esas relaciones humanas tan cruciales para su bienestar. Es el miedo del límite inferior. Tal vez entonces se diga a usted misma: *Está bien, pero yo no quiero sentirme rechazada y solitaria. Entonces, ¿por qué no me uno a otros y me conecto con ellos?* Esta pregunta puede llevarla a otro miedo original, el miedo de vivir en plenitud, el miedo de rendirse al flujo de la vida, de confiar en usted y en el universo. Enraizado en el miedo del límite inferior está el temor a que si confía, se une, y vive a plenitud, será rechazada, más tarde o más temprano, cuando se encuentre comprometida a profundidad, y se verá abandonada.

La manera en que estos miedos básicos se expresan a sí mismos en su vida es en verdad irónica, porque cuando los lleva consigo parecen atraer los resultados que más teme. Cuando está atrapada en el miedo original al rechazo y al abandono, tiende a alejarse de la gente que podría mantener relaciones de apoyo mutuo con usted, pero crea situaciones en las que las personas la ignoran o esquivan. Tal vez aleje a la gente por sentirse necesitada y controladora debido a su miedo a perder la relación, arruinándola al mantenerla demasiado estrecha. Quizá aleje a la gente porque expresa sus temores como actitudes defensivas y malinterpreta acciones positivas como mal intencionadas. Tiene miedo de dar más de lo que tal vez reciba. Con frecuencia, esto da lugar a la decisión: *Terminaré con él antes de que él termine conmigo.*

Cuando está atrapada en este tipo de miedos y la gente se une a usted en formas amorosas, no puede recibir por completo porque siente que no lo merece o duda de su sinceridad. Cuando teme entregarse al proceso de vivir la vida por completo, no puede confiar en ella, de modo que necesita controlar a la gente y las situaciones. Es muy difícil sentir totalmente y expresarles amor y buena voluntad cuando está atrapada en formas controladoras.

La razón por la que decimos que estas emociones contraen es que cuando las experimentamos también vivimos un aislamiento de los otros, un retraimiento en nosotras mismas. Esto intensifica el sentimiento de aislamiento y separación, el que genera más tensión de todos los sentimientos. En contraste, cuando procesamos y dejamos ir estos sentimientos, somos capaces de unirnos, de salir de nuestro escudo, de confiar y expandirnos. Ascendemos hacia los reinos emocionales más expansivos.

Instantánea número 3: Miedos básicos típicos

Miedos básicos: No ser suficientemente bondadosa. No ser digna de ser amada. No ser muy capaz. No merecerlo.	**Cómo se expresan estos miedos:** Asuntos de beneficio propio. No se pueden cumplir las expectativas de las relaciones. No se puede recibir por completo.
Abandono Rechazo. Separación. Soledad.	**Llevar a la ruptura las relaciones** o siempre resultar abandonada en ellas.
Miedo de vivir a plenitud Miedo de rendirse al flujo de la vida. Desconfianza del proceso de la vida, con base en el miedo al rechazo y al abandono.	**Incapacidad de amar o de expresar amor** Necesita controlar a la gente y las situaciones.

Técnica número 4: Levante su ánimo

Es importante recordar que puede hacerse cargo de su estado mental si así lo elige. Las siguientes son técnicas que puede utilizar para elevar su ánimo.

Comprenda cómo se levanta el ánimo. Cuando trata con una emoción que contrae, niéguela (*no estoy enojada*) o reprímala (*no sentiré enojo nunca más*). Así como siente las emociones en una parte específica del cuerpo, también en forma subconsciente, las almacena en una parte específica del cuerpo cuando no las libera. La negación y la represión se convierten en un patrón habitual que se transforma en forma automática, en un nivel por debajo de la conciencia. Ya no estará consciente de que almacena su enojo. También puede caer en una emoción por medio de una elección consciente (*tengo todo el derecho a enojarme y no puedo perdonar u olvidar*) con base en la autojustificación de tener la razón.

Entienda qué es un estado de ánimo. Cuando no procesa las emociones que contrae, las lleva en el cuerpo y en el espacio que está a su alrededor, como su estado de ánimo. Como se indica en el diagrama de las emociones, los estados de ánimo pueden incluyen emociones como la irritación, el reproche, la culpabilidad y la autocompasión. Seguramente conoce personas que permanecen en estados de ánimo a largo plazo que las hacen irritables, hipersensibles o estar a la defensiva en forma permanente. A quienes con frecuencia están de mal humor los llamamos personas *difíciles*, debido a que esos estados ocasionan que actúen en forma agresiva, pasivo-agresiva o pasiva.

En general, el estado de ánimo no se siente en una parte específica del cuerpo, sino más bien en todo el cuerpo. El estado de ánimo es como un aura que lleva consigo. En realidad, usted es quien elige su estado de ánimo, de manera que durará hasta que usted lo quiera. (Si sospecha que está sujeta a cambios de ánimo maniacodepresivos, tal vez no sea capaz de manejarlos por su cuenta y deba recurrir a la ayuda de un psiquiatra.) Una de las motivaciones para experimentar un estado de ánimo que contrae es la necesidad de negar ciertas emociones.

Tenga sentimientos, en vez de que los sentimientos la tengan a usted. Cuando no procesa sus emociones que contraen, cae en el hábito de dejar que las emociones tomen el control de su persona, en lugar de que usted se haga cargo de ellas. Los hábitos se convierten en rutas y trayectorias. Un evento similar tiende a disparar un patrón habitual emocional en particular y nos encontramos atrapados sin tomar conciencia de cómo nos permitimos ser víctimas de nuestras reacciones emocionales. Al experimentar por completo cualquier emoción que le llegue, no sólo la define, sino que ya no necesita etiquetar sus sentimientos como buenos o malos, correctos o equivocados.

Siga pasos específicos para levantar su estado de ánimo. ¿Cómo levanta el estado de ánimo? Intente estos pasos.

1. Tome conciencia de su estado de ánimo. Escuche a la gente que se preocupa por usted cuando le ofrece alguna retroalimentación acerca de su estado de ánimo.
2. Tenga presente que sólo usted puede crear su estado de ánimo y sólo usted puede procesar las emociones subyacentes a éste. Acepte la responsabilidad total de sus sentimientos.
3. Esté dispuesta a procesar antiguas emociones y a llegar a las emociones originales.
4. Una vez que es capaz de liberar las emociones que contraen y generan tensión, lo que queda es su forma natural de ser, sentimientos expansivos. Acéptelos, anímelos, apóyese en ellos y piense que son sus viejos amigos.
5. Tenga en mente que ambos tipos de emociones son normales y humanas.

Permita que los sentimientos generadores de tensión sean una herramienta de aprendizaje. Sin duda, continuará creando situaciones que le provocarán emociones generadoras de tensión de vez en cuando. Esto la ayuda a aprender más acerca de sí misma y de otros, a aprobar las relaciones, sus propios límites y capacidades y, en general, a continuar su crecimiento y desarrollo personales.

No se desanime si no siempre es capaz de crear *la vida perfecta*. La clave para crear la vida que usted quiere es entender su vida emocional y tomar control consciente de ella enfrentando en forma constructiva todos sus sentimientos conforme le lleguen. Recuerde que con frecuencia su ruta de crecimiento no está clara, debe encontrar su camino aprendiendo aquellas lecciones que necesita dominar.

✓ Estrategia número 4: Maneje en forma consciente las emociones

Ahora, ya aprendió que no puede controlar en forma directa sus emociones y que intentar hacerlo únicamente conduce a negarlas y reprimirlas. Lo que puede controlar son las elecciones que hace acerca de qué pensar de la gente y las situaciones, y cómo actuar en forma correspondiente. Puede controlar la elección de procesar aquellas emociones que contraen que le ocurran. Cuando procesa sus emociones, toma control consciente de su estado emocional. Algunas veces, las emociones se sienten como un caballo salvaje del que usted es el jinete: la avienta y jalonea, se siente impotente y sin ayuda, a merced del caballo. Aprender a procesar las emociones es como aprender a domar un caballo: "siga a los movimientos pero controle la situación".

Otras emociones se sienten como un remolino, la succionan, la derriban. Cuando empieza a procesar las emociones no puede renunciar a pelear, a tomar la responsabilidad, a descender a las profundidades donde termina el remolino, entonces hay que moverse a un lado con un impulso poderoso y liberador, de manera que suba a aguas más calmadas. Después de procesar una emoción, se siente más libre para revisar todas las opciones de elecciones que tiene a fin de visualizar las situaciones e influir sobre ellas.

Técnica número 1: Revise sus opciones de tren de pensamientos

Tiene muchas opciones para visualizar una situación y por tanto las emociones que llegarán como resultado de su percepción. Si sus percepciones las forman sus pensamientos o, de manera más específica, un pensamiento que conduce a otro de manera lógica, que a su vez, de forma lógica, lleva a otro y a otro y a otro. Podemos llamar a esto un *tren de pensamiento*. Por ejemplo, su compañera de cuarto le gruñe cuando entra en la cocina.

- ✤ Usted piensa: *Oh no, está de mal humor esta mañana y la va a tomar contra mí.*
- ✤ Entonces piensa: *Últimamente ha hecho esto varias veces.*
- ✤ Enseguida, piensa: *Me estoy cansando de su mal humor y de que me moleste.*

¿Qué sentimientos provoca este tren de pensamiento? ¿A qué tipo de acción conduce? Por otro lado, podría elegir pensar:

- ✤ *Tiene un problema esta mañana.*
- ✤ Luego, puede pensar: *No tiene nada que ver conmigo.*
- ✤ Enseguida, es probable que piense: *Yo tendré un buen día.*
- ✤ Esto puede llevar al pensamiento: *Tal vez eso tenga un efecto positivo sobre ella, pero es libre de sentirse como quiera.*

Compare los sentimientos que este tren de pensamiento produce y las acciones probables, con lo que provoca el tren de pensamientos anterior.

Cuando se hace responsable de la situación, tiene a su disposición la energía emocional que lleva dentro de su cuerpo. Puede permitir que esta *energía almacenada* comience a fluir. Puede aprovecharla como combustible para trenes de pensamientos expansivos. Ponga atención a sus trenes de pensamiento. Observe que cuando tiene un pensamiento acerca del lado positivo de la situación, el bien y lo que usted quiere crear de esa situación están ahí, aborda un tren de pensamientos que puede conducirla a través de sus emociones expansivas. Hasta puede llegar a la *cima del mundo*, emocionalmente hablando, a las alturas de la emoción, la maravilla, la pasión, la buena voluntad y el amor. Pero cuando tiene un pensamiento sobre lo que está mal, lo negativa que es una persona o lo que teme que suceda, el tren de pensamiento la conduce para abajo, hacia emociones que contraen, incluso a *bajar a los infiernos*, como se simboliza en la Instantánea número 4.

Instantánea número 4: Trenes de pensamiento

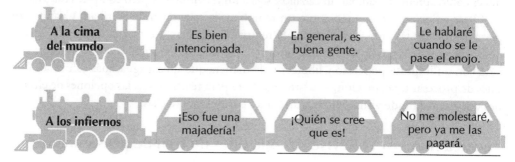

Si una emoción generadora de estrés continúa su curso, procésela a costa de lo que sea.

Después de eso, recuerde que puede estar consciente de los pensamientos basados en el miedo a cada momento y romper sus viejos patrones de pensamiento que contraen. Intente esto: mientras inhala, imagine que respira amor y buena voluntad hacia su corazón. Cuando exhala, expulsa reproches, prejuicios, ira, todas las emociones que contraen. Visualícese eliminando lo viejo y llenándose de amor/buena voluntad. A continuación, permita que llegue un pensamiento de aprecio o amoroso. Sienta cómo se expande su energía en cuanto salta a un tren de pensamiento expansivo. Si hace que este proceso se convierta en un hábito, se dará cuenta que atrae a cada vez más personas.

Técnica número 2: Revise sus opciones para actuar

Por supuesto, incluso cuando se sube a un tren de pensamientos que la lleva a alguna emoción que contrae y genera tensión, tiene muchas opciones sobre las acciones que puede emprender. Por ejemplo, aun si se siente irritada o impaciente con el mal humor de su compañera de cuarto, puede elegir experimentar por completo esos sentimientos sin decirlo o hacer cosas que es probable que la enfrenten con ella.

Técnica número 3: Canalice el enojo para resolver conflictos

Hemos mencionado que nuestra cultura perdona el enojo expresado por los hombres en ciertas circunstancias, como cuando la gente les ha mentido, traicionado o acusado en falso. A las mujeres se les permite llorar y expresar las heridas y el malestar en esas situaciones, pero las mujeres de negocios muy rara vez muestran enojo sin pagar un precio. Como dijo una mujer: "Viéndolo bien, yo pierdo cada vez que me dejo llevar por mi mal carácter."

La mayoría de la gente ve a la ira como una fuerza antisocial, algo que debe evitarse. No sabemos qué hacer con ella, excepto anularla o pretender que no existe. Por tanto, casi todos desperdiciamos gran cantidad de energía cuando interiorizamos la ira. Reprimir el enojo no funciona. La ira reprimida nos hace sentir irritables o deprimidos. Además, es probable que contraigamos diversas enfermedades relacionadas con la ira. La ira puede estallar de manera descontrolada en los momentos menos esperados y desemboca en gritos, maldiciones, amenazas y hasta violencia. La ira por sí misma no causa estos problemas; es nuestra incapacidad para procesar y expresarla la que propiamente es la raíz del problema.

Suponemos que nos enojamos debido a que alguien nos hizo algo. En realidad, nosotros decidimos cuándo enojarnos, con base en nuestras creencias y las percepciones resultantes de nosotros mismos, los demás y el mundo. Nuestro enojo tiende a ser en especial volátil cuando creemos que la actitud personal o las acciones de otros nos humillan o disminuyen nuestra autoestima. Esto tiene que ver con nuestro miedo básico de *no ser suficientemente bondadosas.*

Las personas casi siempre se enojan con otras personas, no con objetos inanimados. Nos enojamos más con las personas a quienes amamos o estimamos. La gente que no nos gusta es el último blanco de nuestra ira debido a que tendemos a evitarla o ignorarla.

Si aprendemos a manejar la ira en forma constructiva, se transforma ésta en un aspecto valioso de conflicto cooperativo en nuestras relaciones; nos ayuda a enfrentar nuestros problemas en lugar de negarlos o sepultarlos. Nos ayuda a definir nuestra posición en relación con los asuntos del conflicto o el problema que dispara el enojo. Sirve como guía para saber dónde nos encontramos y cómo nos sentimos acerca de ciertas situaciones y relaciones. Nos ayuda a entendernos. La ira es un sentimiento para sentir, expresar, moverse a través de ella y superarla, no para reprimirla o depender. Reprimirla a lo largo de varios años se relaciona con la aparición de cáncer.

Siga el rastro de la ira

La ira le avisa sobre situaciones problemáticas y relaciones que necesitan atención y sobre lo que en realidad se encuentra en su interior.

Trate con el conflicto. El valor específico de la ira al tratar con el conflicto incluye:

- La identificación de problemas ocultos que pueden enfrentarse y resolverse para fortalecer una relación.
- Obtención de la atención de la otra persona y la motivación de ésta para resolver el conflicto.
- Transformación de la ansiedad o la atención internas en conflicto externo, moviéndose hacia la acción incrementando su sensación de poder para influir en las situaciones.
- Aumento de su confianza al hablar y desafiar a otros.
- Eliminación de la frustración.

Forje relaciones. El valor específico de la ira incluye lo siguiente:

- ✍ Indica el valor que usted da a otra persona y tal vez su dependencia o interdependencia.
- ✍ Profundiza su conciencia y conocimiento de otros en su vida y, como resultado, aprende más acerca de sus valores y compromisos.
- ✍ Le permite indicar que quiere resolver los problemas y mejorar la relación, incluso cómo trabajar juntos para lograr que las cosas se hagan.

Aprenda de usted misma. El valor específico de la ira para ayudarla a aprender más sobre usted misma incluye:

- ✍ Motivarla a analizar la fuente de su ira y, como resultado, aprender más de usted misma, de sus valores y compromisos.
- ✍ Motivarla a tomar una acción decidida para tratar con los problemas, alcanzar sus metas y construir sus aptitudes.

Cuando no expresa su ira, a los demás no les queda claro si los problemas son importantes para usted y, por tanto, si merecen atención. Tal vez no entiendan la profundidad de su preocupación.

Maneje la ira en forma constructiva

Los cinco pasos siguientes la guiarán para manejar la ira en forma constructiva.

Paso 1: Establezca su posición personal

- ✍ Exprese su compromiso con la relación; exprese sentimientos positivos hacia el otro como persona, aunque esté enojada por cierta conducta.
- ✍ Utilice la ira para llegar a la raíz del problema y fortalecer la relación, no exprese que está en lo correcto ni manifieste superioridad moral, lo que con frecuencia sirve como razón para continuar en el enojo.
- ✍ Evite decir cosas que no quiera, o hacer cosas que nunca haría en circunstancias normales; el viejo consejo de *respirar y contar hasta 10* ayuda en este caso.
- ✍ Evite provocar el enojo de la otra persona con señalamientos o acciones humillantes; céntrese en mensajes tipo *yo* y en la conducta o situación problemática, en vez de juzgar y reprochar a la otra persona.

Paso 2: Defina su posición

- ✍ Describa sus sentimientos y use la energía que produce la ira para expresar lo que siente, pero no para juzgar o humillar a la otra persona.
- ✍ Haga que su expresión sea una catarsis; no la reprima.

- Identifique la conducta exacta que la molesta; saber con exactitud la acción que la enojó ayuda a la otra persona a sentirse menos amenazada; será un alivio si ve su retroalimentación como ataque contra una acción en vez de contra su personalidad y autoestima.
- Hágase responsable de su enojo; recuerde que nadie puede hacer que sienta nada sin su consentimiento.
- Permita que sus acciones no verbales salgan con naturalidad y por tanto en armonía con su expresión verbal de enojo.

Paso 3: Pregunte y entienda el punto de vista de la otra persona

- No suponga que sabe lo que otra persona piensa y siente; haga preguntas.
- Tome conciencia de los sentimientos de la otra persona, como defensa y ansiedad en respuesta a su ira.
- Pregunte a la otra persona cómo se siente con su expresión de ira.

Paso 4: Solicite una solución al problema y llegue a un acuerdo

- Pregunte qué es lo que propone la otra persona como solución.
- Exprese lo que usted necesita de una solución.
- Explore soluciones alternativas y encuentre la que se acople mejor a sus necesidades y con la que ambas partes puedan vivir.

Paso 5: Haga de esta situación un proceso de aprendizaje

- Asegúrese de que la solución resuelve la situación que produjo la ira.
- Evite la ira; déjela ir; el enojo es un sentimiento al que hay que entrar por completo y salir por completo, no quedarse en él.
- Celebren juntas su éxito para expresar y responder a la ira, así como la solución del problema.
- ¿Qué habilidades necesitan mejorar ambas para manejar la ira con éxito?

Técnica número 4: Incremente su habilidad al ejercer sus opciones

Los sentimientos se vuelven tóxicos sólo cuando usted se sale de su poder y permite que otros la hagan víctima. Recuperará su poder si reconoce las diversas opciones que tiene para elegir una creencia, actitud, visión del mundo o pensamiento que inicie un tren de pensamiento positivo. Aprenda qué pensamientos inician una cadena que la lleva a una emoción expansiva (de la neutralidad al gozo) en vez de una emoción que contrae (de la irritación al terror). Tiene el poder de elegir cómo percibe una crisis, un insulto o cualquier otro evento.

Incluso cuando regresa a los antiguos patrones de pensamiento de víctima (lo que todos hacemos de cuando en cuando) y fluyen las emociones que contraen, tiene opciones para expresar y procesar los sentimientos. Puede elegir qué se dice a sí misma, qué aprende de la experiencia si interpreta el evento como un ataque personal, cómo interpretar la crítica de otra persona y cómo expresa las emociones que contraen.

Opción: Conserve el aplomo en una crisis

¿Cómo maneja una crisis? Mucha gente tiene el prejuicio de que las mujeres se derrumban, pero usted tiene muchas opciones para responder. He aquí un proceso efectivo para dominar el auto control en una crisis.

- ✣ Disminuya sus procesos físicos y mentales.
- ✣ Respire profundamente.
- ✣ Tenga la intención de permanecer centrada y con los pies sobre la tierra.
- ✣ Muévase con lentitud, como en una película en cámara lenta.
- ✣ Véase controlando la situación.
- ✣ Muévase en forma intencional.
- ✣ Emprenda acciones para manejar la crisis, un paso a la vez.
- ✣ Si le llegan pensamientos desesperados o atribulados, vuelva a respirar profundamente.

Utilice una o más de las técnicas de relajamiento que presentamos antes. La técnica más sencilla es tranquilizarse y respirar profundamente. No diga: *Debo relajarme*. En lugar de ello, comience a respirar profundamente. En efecto, evite decirse que *debe, tiene o necesita* hacer cualquier cosa. Sólo tenga la intención de seguir estas estrategias.

Esté muy consciente del momento presente. Trate de sentir su cuerpo y concentrar la mente. Todo esto la ayuda a superar cualquier plática mental. Sienta cómo su respiración se vuelve más lenta y todo su cuerpo se tranquiliza, incluso los procesos de pensamiento. Debe tranquilizarse lo suficiente para terminar el impulso frenético a la acción y dar los pasos necesarios, uno a la vez, para enfrentar la crisis. Véase avanzar con lentitud, como en una película en cámara lenta.

Opción: Fortalézcase hablando consigo misma

Él me causó mucho mal. Eso me hizo muy infeliz. Cuando habla de esta manera, se está diciendo que no tiene forma de elegir acerca de cómo ver un evento. Se sale de control y por tanto lo cede a la persona o situación que le *hizo daño*. Esto deja un vacío de poder que los otros pueden sentir a un kilómetro de distancia. Primero, se transforma en su mente en una víctima (*él me hizo daño*), luego se convierte en una víctima en la mente de la otra persona.

¿Es cierto que un poco de charla consigo misma tiene esa clase de impacto de fuga de fuerza? Sí. Todo lo que se dice programa la parte subconsciente de su mente acerca de cómo es el mundo y cómo debe responder. Si usted ha dicho "*él me hizo daño*" cientos o miles de veces durante su vida, ha programado su subconsciente para responder como si fuera una víctima.

Para cambiar el programa, deténgase a mitad de la oración o a mitad del pensamiento y corríjase: *Yo elegí verlo como una amenaza y me enojé* o *Yo pensé que me humillaba y eso desencadenó mi enojo*. Elija sus propias palabras, pero esté segura que reflejan su capacidad de elegir.

Algunas veces, ciertos pensamientos parecen obsesiones. Cuando esos pensamientos no se van, debe dejarlos seguir su curso, en forma muy parecida a como procesa sus emociones dejándolas pasar por su camino. No se castigue porque se haya subido a un tren de pensamientos cuesta abajo. Toma tiempo cambiar los antiguos patrones de pensamiento y el crecimiento siempre es con dos pasos adelante y uno para atrás. El paso para atrás por lo general marca el momento adecuado para dar los siguientes dos pasos hacia delante.

Opción: No lo tome tan a pecho

La tendencia a ver las acciones y críticas de otra persona como ataques personales proviene del miedo a algún tipo de falla. ¿Por qué las mujeres parecen tomar las cosas de manera más personal que los hombres? Quizá porque los hombres, en general, tienden más a pensar en sus metas profesionales. Es más probable que ellos se mantengan centrados en preguntas como *¿Qué tengo que hacer? ¿Qué tengo que aprender con objeto de avanzar?* Esa concentración hace más fácil ver las cosas en perspectiva. Cuando la intención de aprender de nuestros errores supera nuestro miedo al fracaso, es menos probable que tomemos de manera personal las críticas y las acciones de la gente.

También ayuda ver el negocio como un juego. Primero, ¿cuál es la meta principal en este juego? ¿Descubrir los límites de su capacidad? ¿Alcanzar la independencia financiera? ¿Hacer un tipo específico de contribución al planeta? Una vez que tenga claro cuál es su meta principal y deje ir cualquier tensión producida por la *necesidad* de lograrla, se puede relajar y comenzar a disfrutar el *proceso* de participar en el juego a fin de alcanzar la meta. Las acciones de otros se vuelven parte del reto y la complejidad del juego, y usted hace sus movimientos con sus metas en mente en un lugar prioritario. Su concentración cambia de evitar el riesgo de fallar y protegerse a sí misma del fracaso, a ganar el juego. Las situaciones problemáticas sólo la alertan acerca de la necesidad de emprender acciones correctivas. Cambia de la agonía de saber que se presentó un problema, a iniciar el trabajo de corregirlo. Su ego no está en la línea.

Opción: Mantenga las críticas en perspectiva

Pregúntese qué opina la crítica sobre el tema en cuestión. Suponga que usted va a llevar a un visitante a un recorrido por su departamento y a explicarle las principales metas departamentales, la organización, el procedimiento y los controles. El visitante ve algún problema potencial con la forma como se llevan las cosas y le propone algunas maneras de mejorar el funcionamiento. El rango de posibilidades acerca de las calificaciones para criticar y aconsejar se muestra en esta escala:

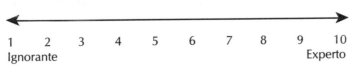

1   2   3   4   5   6   7   8   9   10
Ignorante   Experto

Vamos a analizar las dos posibilidades de los extremos. La primera posibilidad es que su crítico no sepa ni una palabra acerca del funcionamiento del negocio. En efecto, es tan ignorante que no sabe la diferencia entre un programa de trabajo y un organigrama. En ese caso, si usted se permite sentirse mal debido a la crítica de un ignorante del negocio, estaría actuando en una forma aún más absurda que la persona que la criticó.

En el otro extremo, su crítico puede ser un experto de fama mundial en la organización de la empresa. En ese caso, sus observaciones quizá son válidas y sus sugerencias muy valiosas. En efecto, si actúa de acuerdo con esas sugerencias, se podría convertir en un alto ejecutivo de la compañía en muy poco tiempo. Por tanto, sentirse mal por una crítica así sería inadecuado y autodestructivo.

Algunas veces, la gente la criticará en una forma tan negativa y hostil que será difícil no mostrar ninguna emoción. Tal vez sea apropiado decir a la persona que aprecia la retroalimentación, pero *no* la manera en la que se la da. Al mismo tiempo, es útil tener en mente que la hostilidad es problema de la otra persona. Reaccionaría de esa manera con *cualquiera* que representara su papel en ese momento. Es parte de la propia condición del individuo y resultado de la historia de su vida y en realidad no tiene nada que ver con usted en lo personal. Y si *todavía* experimenta emociones fuertes, no tiene que actuar con base en éstas. Elija uno de los métodos alternos que siguen para actuar.

Opción: Busque elecciones y oportunidades de crecimiento

Conforme crece, su capacidad para elegir formas de pensar y conversar consigo misma que desemboquen en emociones expansivas, a veces se inclinará hacia antiguos patrones de pensamiento que la llevarán directamente a una emoción que contrae. No todo está perdido. No sólo tiene opciones para actuar con base en los sentimientos; también puede elegir aprender de la experiencia. Tiene la opción de ver cómo la ayuda en realidad la gente difícil y los eventos que provocan malestar emocional a aprender acerca de usted misma y acelerar su crecimiento personal.

Cuando alguien la traiciona, por ejemplo, es probable que experimente diversas emociones que contraen. En algún momento, pregúntese por qué atrajo a una persona así a su vida. ¿Es porque usted *ha* traicionado a alguien hace poco? Si es así, tal vez necesite tratar con asuntos de traición en su interior. ¿O es simplemente porque emite juicios severos con la gente que traiciona? Nadie de nosotros ha controlado por completo la tendencia a emitir juicios negativos hacia los demás, por tanto, todos necesitamos trabajar con la empatía, la compasión y la aceptación de los demás tal como son. Tal vez la traición llegó a su vida en este momento porque está preparada para generar una empatía y compasión mayores por los traidores. Lo más importante es que en lugar de depender de las emociones que contraen de un evento (como la traición), puede centrarse en las lecciones para crecer y entenderse a sí misma, lo que a su vez disparará emociones expansivas.

Opción: Experimente sentimientos sin actuar con base en ellos

Conforme domine las técnicas que hemos estudiado, las emociones *problemáticas* se convertirán en un problema cada vez con menor frecuencia. He aquí una estrategia para manejar en forma constructiva esas emociones *problemáticas* que se presentan.

Acepte sus sentimientos. Alégrese de ser capaz de experimentar todas las emociones humanas y de estar consciente de que puede hacerlo.

No juzgue sus sentimientos. Dígase a usted misma que un sentimiento no está correcto o equivocado, que no es bueno o malo; simplemente es.

Permítase experimentar un sentimiento por completo. Esté consciente de él en este momento. No empiece a centrarse en el sentimiento de culpabilidad (acerca de experiencias pasadas asociadas con un sentimiento similar) o la preocupación (acerca de lo que pasará en el futuro). Permanezca en el aquí y el ahora por medio de la concentración de sus sentidos: céntrese en lo que ve, escucha, toca y etcétera.

Escoja no influir. Dígase que usted elige no influir en sus sentimientos debido a que hacer eso sería inapropiado y la propia derrota.

Decida si da retroalimentación y cuándo. Tal vez decida que es apropiado *explicar* a la persona que disparó la emoción lo que usted siente. Si en verdad lo hace, no influye, y la retroalimentación puede ser constructiva para esa persona.

Si no puede dar retroalimentación en forma calmada, pospóngala. Por regla general, no tiene que responder en forma inmediata a nada. Cuando sus sentimientos estén demasiado sobrecargados para *experimentarlos* con rapidez, es más profesional retrasar la respuesta. Puede actuar con base en sus sentimientos en privado, si es necesario. Más tarde, cuando esté prepara para tratar con la situación problemática, puede hacerlo sin tener que manejar sentimientos explosivos al mismo tiempo.

Para posponer en forma elegante, es útil tener en mente algunas rutas de escape. Su ruta de escape es lo que dice antes de que cambie de tema o se disculpe por salir de escena. Intente lo que sigue: *A mí me gustaría verificar algunas cosas antes de darle mi respuesta, (o responder a eso, analizar eso). Tal vez regrese con usted a las..., déjeme pensar en ello durante unos minutos. Y regresaré con usted a las... Me alegra que haya tocado el tema, debo salir para una junta.(o cita) en este momento, pero quisiera hablar con usted sobre esto tan pronto como vuelva.*

Utilice una acción sustituta. Dígase usted misma que disfrutará actuar sobre sus sentimientos de una forma apropiada más tarde. Algunas veces, con sólo decirse esto se distiende lo suficiente la situación para que usted trate con ella con más eficacia en el preciso momento en que ocurre.

Puede visualizar que lanza dardos a una fotografía de la persona en un tablero con un blanco. (Algunas personas tienen tableros para dardos en sus oficinas con este propósito.) He aquí algunos sustitutos.

- Cualquier juego que requiera golpear una pelota: suponga que la pelota es la persona o cosa con las que está resentido y pégueles de verdad.
- Correr o caminar: Suponga que patea sobre la persona con quien está resentido, *¡necesita hacerlo!*
- Karate: Suponga que su oponente es la persona con quien está resentido (¡pero que no se le pase la mano!).
- Cualquier ejercicio físico: Puede canalizar la energía acumulada de los sentimientos no expresados si mientras hace ejercicio piensa que trabaja con esos sentimientos. Esté consciente de la situación y los sentimientos resultantes sobre los que trabaja. Es probable que esté libre para descansar en paz una vez que la tensión y las fugas de energía de los sentimientos no resueltos se eliminen.

ꝶ Golpear una muñeca rellena grande: Trate de derrotar a una muñeca rellena grande, o una figura de animal u otra imitación. Utilice sus puños o bien un *bat* de beisbol.

ꝶ Una reacción mental rápida: en lugar de visualizar el incidente de lanzar dardos, puede imaginarse diciéndole algo a la otra persona, o pateándole el trasero, o alguna acción similar. Tal vez sea capaz de trabajar el sentimiento en unos cuantos segundos y tratar la situación en calma.

Opción: Exprese los sentimientos a un amigo confiable

Otra manera de manejar sus emociones es hablar de ellas con alguien. Entre más generador de tensión sea su trabajo, más importante es tener por lo menos un amigo confiable con quien *pueda hablar en libertad*. Es mejor si esos amigos no están relacionados con su trabajo. Aunque los amigos de negocios pueden entienden los problemas mejor que una persona fuera de la compañía, es arriesgado abrirse por completo con ellos. Los amigos verdaderos son raros. La mayoría de las personas tienen suerte si cuentan con cinco o seis amigos en cualquier época de su vida. Para que la relación sea en verdad de apoyo mutuo, debe incluir estos aspectos:

ꝶ Es posible ser uno mismo con la otra persona.

ꝶ Les interesa el bienestar del otro.

ꝶ Escuchan de verdad al otro.

ꝶ No hacen juicios acerca del carácter, sentimientos o conducta del otro. (Para evitar hacer juicios, piense en términos de conductas que funcionan o no funcionan, que parecen ser constructivas o destructivas, en vez de lo que estuvo bien o mal, correcto o equivocado. Trate más con lo que es, que con lo que *debería ser*.)

ꝶ Confían uno en el otro, tanto en los eventos divertidos de su vida, como en las situaciones problemáticas.

ꝶ Ambos se sienten más dignos de ser amados y capaces, como resultado de la amistad.

ꝶ Pueden confiar en el juicio del otro, en cuanto a la revelación de las confidencias compartidas.

Con frecuencia, obtendrá apreciaciones de situaciones problemáticas y aprenderá más acerca de usted si analiza las cosas con un amigo. Estos análisis también son muy útiles para *experimentar* cualquier vestigio o sentimiento oculto que pueda tener. Este tipo de amistad ayuda a ambas partes a mantener una perspectiva equilibrada de la vida.

Es probable que tenga el típico don femenino de hacer amigos cercanos cuando la situación emocional es difícil. La capacidad de las mujeres para reunirse a ayudar con una taza de té caliente, una pequeña sesión de compras, una plática de corazón a corazón, una sesión de llanto o un fuerte abrazo, parecen hacer maravillas al curar las heridas que provocan las críticas y el salvajismo de la política de la oficina. Con frecuencia, los hombres se quedan pasmados ante este poder. Los investigadores observan que ésta es una ventaja profesional de las mujeres en el manejo de la tensión. Usted debe valorarla.

Promotores de aptitudes

Promotor de aptitudes número 1: El escenario del peor caso

Propósito: Recuperar la sensación de paz y la confianza en sí mismo durante algún problema emocional.

Paso 1: Ejecutar el proceso para llegar a los miedos básicos que se analizan en este capítulo.

Paso 2: Conforme trabaja a lo largo del proceso, imagine lo peor que le puede suceder en la situación problemática actual. Por ejemplo, si es una situación profesional, lo peor sería perder el trabajo; por tanto, imagine que ya lo ha perdido.

Paso 3: Cuando llegue a un límite inferior *desastroso*, hágase las siguientes preguntas:

- ✎ *¿Es éste el fin del mundo?*
- ✎ *¿Continuará la vida?*
- ✎ *¿Sobreviviré?*

Véase en ese escenario (en este caso, sin un trabajo). Experimente las sensaciones que se presentan en relación con esa imagen. Siéntase bien con su capacidad de desenvolverse en ese escenario.

Paso 4: Pregunte: *¿Qué podría ser peor que esto?* Por ejemplo, tal vez no encuentre otro trabajo comparable al que tiene en la actualidad.

Repita el paso número 3 para tratar con este escenario.

Paso 5: Continúe así hasta que averigüe lo peor que, en forma razonable, le podría pasar.

Por ejemplo, sin ninguna duda, ¿qué trabajo podría conseguir? ¿Soportaría ese nivel de trabajo por lo menos durante un tiempo, mientras llega algo más adecuado? Siéntase bien con este escenario del peor caso.

Verá que imaginar el escenario del peor caso sacará del armario todos los miedos y fantasmas. Este proceso le brindará una sensación de competencia para luchar con cualquier cosa que suceda. Esto a su vez le dará una sensación de paz y confianza en sí misma que le servirá para enfrentar el asunto en curso.

Promotor de aptitudes número 2: Póngalo en perspectiva

Propósito: Ayudarla a situar un malestar emocional en perspectiva.

A. ¿Qué tan malo es? Piense acerca de la situación en curso que haya disparado en usted algunas emociones que contraen. Consulte la escala de traumas que muestra varios niveles de daño que podrían ocurrirle a su cuerpo, ordenados de arriba hacia abajo según el impacto percibido o el dolor, la pérdida, etcétera. ¿Qué grado en la escala de traumas corresponde mejor a su situación *traumática* actual?

Escala de traumas:

1. Tropezarse y pegarse en un dedo del pie.
2. Tener un rasguño en el dedo del pie, usar una bandita adhesiva.
3. Tener una cortadura en el dedo.
4. Fracturarse el dedo.
5. Perder el dedo.
6. Perder el pie.
7. Perder la pierna.
8. Parálisis del cuello hacia abajo.

B. Dentro de diez años. Imagínese a usted misma dentro de 10 años, incluya a cualquier otra persona implicada en la situación. Con esa perspectiva, si viera hacia atrás hacia este momento de su vida, pregúntese:

> ✎ *Dentro de diez años, ¿qué tan importante será este problema?*
> ✎ *Dentro de diez años, ¿qué respuesta me hubiera gustado dar?*

Promotor de aptitudes número 3: Observe sus emociones generadoras de estrés

Propósito: Ayudarla a convertirse en una experta de sus emociones, a ponerlas en perspectiva, a permitir a una parte de usted salir de la emoción y observar mientras que la otra parte la experimenta por completo, contener la energía emocional cruda y luego transformarla en formas útiles de expresión.

Paso 1: Habilite un cuarto de observación interna. Cuando perciba la llegada de una o más emociones generadoras de tensión fuertes, imagínese en un cuarto mental. Imagine que toma distancia de la emoción y se sienta en una silla de observación.

Paso 2: Apile los sentimientos en medio del cuarto. Conforme el primer sentimiento llega, imagine que lo coloca con mucho cuidado sobre el piso en medio del cuarto. Si llegaran otros sentimientos, permítales hacerlo y apílelos cuidadosamente uno sobre el otro.

Paso 3: Observe con cuidado los sentimientos. Ahora, tome un sentimiento a la vez o la pila completa si eso es lo que se requiere. Tome distancia y observe el sentimiento, su color, su forma, los matices de sus tonos emocionales. Observe al sentimiento. No lo juzgue o lo aleje, sólo obsérvelo. Algunos pensamientos típicos que podrían llegar son:

1. *¡Oh, aquí estás otra vez!*
2. *¡De modo que así es como te ves!*
3. *¡Vaya, estás muy oscuro hoy!*

Paso 4: Experimente y deje pasar. Permítase sentir por completo el sentimiento en su cuerpo mientras el observador, que es otra parte de usted, mira en el cuarto mental. Cuando haya pasado la fuerza del sentimiento, déjelo ir. Si tiene dificultad en dejarlo ir, pídale que se vaya.

Lo que queda después de esto, es la energía con la que se había envuelto el sentimiento.

Promotor de aptitudes número 4: Dibuje y redirija sus emociones generadoras de tensión

Propósito: Obtener el dominio de sus emociones que generan tensión, de modo que pueda canalizarlas hacia formas útiles de expresión.

Nota: *Para hacer este ejercicio, no necesita tener habilidad artística. La fuerza del ejercicio está en su capacidad de imaginar y visualizar. Su dibujo puede ser muy simple, básico, infantil o simbólico. En efecto, su fuerza está en el simbolismo.*

Paso 1: Identifique una emoción generadora de tensión. Piense en una emoción que genere tensión y que llegue a su vida en forma recurrente. Puede ser una emoción a la que tenga dificultad en dominar, una que la arrolle con su fuerza, que actúe sobre usted en formas destructivas. Puede ser una emoción que invada sus sueños y le cause problemas.

Paso 2: Dibuje la emoción. Si tiene dificultades para verla como un símbolo o entidad física, haga el Promotor de aptitudes número 3. La emoción puede parecer una nube negra, un tornado, un relámpago, un refugio sólido, un escudo, un arma que humea, un fuego furioso, un carámbano, un tornillo o mano que la oprime, usted ponga la idea. Vea la emoción como energía pura.

Paso 3: Dibuje la canalización de su energía emocional. Dibuje un contenedor forrado de plomo alrededor de esta emoción-energía pura. Ahora dibuje una miniplanta generadora de fuerza motriz. A partir de este contenedor de energía pura, dibuje líneas conductoras y transformadores que salen del contenedor y que van a su casa, a otras casas, a las luces de las calles, a las computadoras, a cualquier cosa que piense que necesita esta energía.

Capítulo 9

Comuníquese con asertividad para ganar autoridad

El valor comienza a salir con elegancia de una vida que no refleja su poder y fortaleza. Felizmente, comienza a crear realidades que reflejan sus verdades. Lo opuesto del valor no es la cobardía, es la conformidad silenciosa.
—J. Purcel, *The Sacred Journey*

¿Qué aprendió cuando era niña acerca de ser simpática, hacer lo que le decían, seguir instrucciones y *no* hacerse cargo de nada, no hablar o causar problemas? Estudiaremos lo que hoy significan para usted estos mensajes de sus padres, maestros y otras personas. Si usted es como la mayoría de las mujeres, cree en ser simpática a toda costa porque desea caerles bien a los demás y evitarse problemas. De vez en cuando, es posible que se retroalimente de otras personas que se le acercan. Tal vez llegue a su límite de manera agresiva y luego regrese en forma pasiva e indirecta en lo fundamental para tratar con la gente. Ya sea que la aborden, se aprovechen de usted o la hagan estallar, usted no tiene control de sí misma. No domina la forma en que expresa sus pensamientos y emociones. En este capítulo, aprenderá estrategias y técnicas para comunicarse con asertividad. Primero responda algunas preguntas acerca de sus creencias actuales en cuanto a la asertividad. Y luego conozca a Kayla Gillan, cuya asertividad la ha llevado a niveles muy altos.

1. ¿La asertividad significa asumir el papel dominante al tratar con las personas, de manera que no la usen ni la dejen fuera del juego?
2. Cuando está de acuerdo en comprometer sus derechos, ¿es pasiva?
3. Alguien trata de meterse delante de usted en una fila en la tienda. Usted dice: *Veo que sólo tiene dos cosas por pagar. Eso no le da el derecho de adelantárseme, pero por esta vez que pase.* ¿Es ésta una respuesta pasiva?
4. Un agente de ventas le vende una mercancía defectuosa, y usted la remite al organismo de protección al consumidor de su localidad. ¿Es ésta una respuesta agresiva?

5. Su compañera de cuarto no ha limpiado sus desperdicios de la cocina durante dos semanas, y ahora usted dice: *Últimamente te has vuelto muy descuidada.* ¿Es éste un comentario asertivo?

Escaparate

Kayla Gillan de CalPERS

El éxito de Kayla Gillan depende de una combinación de asertividad, experiencia, tacto y paciencia. Durante años, Kayla esperó con paciencia establecer su presencia en el movimiento gubernamental corporativo. La empresa de Kayla, CalPERS, el fondo de retiro de los empleados estatales de California, fue líder del movimiento de los inversionistas para reinar en el mundo ejecutivo corporativo. En efecto, CalPERS es el fondo de retiro más grande del mundo y un enorme inversionista en acciones empresariales. Con el manejo de 108 mil millones de dólares, CalPERS ha avanzado durante años, y fuerza a las compañías a hacer un mejor trabajo para sus accionistas.

Por 10 años, de 1986 a 1996, Kayla trabajó de cerca con dos de los gurús fundadores del movimiento gubernamental corporativo, ambos altos ejecutivos de CalPERS. Escribió docenas de discursos en los que atacaba a gigantes corporativos como General Motors y presentó algunas propuestas contra juntas directivas tan poderosas como la de Lockheed. En 1996, ascendió al Consejo General de CalPERS y comenzó a trabajar con un equipo de 10 abogados para identificar las 10 empresas con los peores rendimientos de las 1,500 en las que CalPERS tenía acciones.

Durante los años como diputada consejera, Kayla soportó en silencio los comentarios de los altos ejecutivos mientras viajaba por el país y definía los requerimientos de rendimiento de CalPERS para las compañías en las que invertía. Un colega de Kayla dice: "Durante años ha estado en el campo y ha tenido que aceptar toda clase de críticas, pero tiene una gran determinación y un deseo real de demostrar qué tan buena es."

Kayla ha creado una reputación de ser muy exigente, con la curiosidad para estudiar cada rastro de evidencia de una compañía. Aun compañías que aparecen en su temida lista de las 10 con rendimientos más bajos, expresan un respeto rencoroso hacia ella. Un ejecutivo dice: "Por supuesto, sería mejor no ser el primero de la lista, pero tenemos una buena relación de trabajo con Kayla, ella dedica mucho tiempo a comprender nuestra compañía."

Gillan, de 38 años de edad y madre de dos hijos, está decidida a mantener la presión sobre las compañías de bajo rendimiento, en especial aquellas cuyos ejecutivos tienen paquetes salariales exorbitantes.

¿Qué hace cuando tiene un problema con una persona en el trabajo? ¿Hace insinuaciones y espera que la persona entienda el mensaje? ¿Pide al jefe que maneje la situación o tiene un amigo que haga las insinuaciones? Si es así, necesita ser más asertiva, porque este enfoque pasivo crea problemas por sí solo. Cuando incluye a otros, en especial al jefe, en un asunto personal, la otra persona podría ver esto como un acto de agresión que viola sus derechos, y con razón. Los líderes efectivos recurren a un lema que ha demostrado ser verdad: *Si hay un problema, vaya directamente a la persona o personas responsables.*

Este asunto es la punta del iceberg y saber cómo surcar las aguas de la acción asertiva para lograr los mejores resultados requiere de aptitudes. Conocerá las diferencias entre asertividad, agresividad, pasividad y agresividad pasiva. Verá que la asertividad se basa en la comprensión clara de sus derechos y habilidades para negociar una resolución cuando sus derechos entran en conflicto con los de otros. Adquirirá algunas de las herramientas básicas de la asertividad, verbales y no verbales, para manejar situaciones problemáticas.

✓ Estrategia número 1: Reconozca los tipos de acción

Considere la idea de que no es una persona asertiva, pasiva, agresiva ni agresiva-pasiva, sino que adopta cada uno de esos modos de vez en cuando. Es probable que pase más tiempo en uno de los modos que en los otros, y hay tal vez un modo en el que pasa menos tiempo. Eso no la convierte en una *persona pasiva* o una *persona agresiva*. Usted es un centro de conciencia. No es sus acciones, sus características o sus modos de comportamiento. Éstos cambian de vez en cuando; puede probarlos, adoptarlos o rechazarlos en cualquier momento.

Todos nosotros tenemos un rango de asertividad que manejamos en diferentes momentos. Puede ser muy útil pensar en el rango de asertividad como un continuo, como se muestra en la Instantánea número 1. En cualquier momento, puede estar en algún punto entre el rango pasivo y el asertivo o el asertivo y el agresivo. En el curso de un día, puede moverse a todo lo largo del continuo, conforme emprende acciones y responde a las de los demás.

Instantánea número 1: El rango de asertividad

Modo asertivo

Se encuentra en el modo asertivo cuando defiende sus derechos personales y actúa en formas que expresan sus pensamientos, emociones y creencias de maneras directas, honestas y apropiadas que no violan los derechos de otra persona.

Por medio de sus acciones y palabras, expresa a la gente: *Esto es lo que pienso, esto es lo que siento, así es como veo la situación*, pero transmite esto de una manera que no domina, humilla o degrada a la otra persona.

La asertividad se basa en el respeto hacia usted misma y en el respeto hacia la otra persona. Usted expresa sus preferencias y defiende sus derechos en una forma que también respeta las necesidades y derechos de otro individuo. La meta de la asertividad es:

- ✈ Obtener y dar respeto.
- ✈ Ser justa y pedir justicia.
- ✈ Crear una situación "yo gano, tú ganas".
- ✈ Dejar espacio para el compromiso cuando sus necesidades y derechos entran en conflicto con los de otra persona.

Esos compromisos respetan la integridad fundamental de las dos personas, y ambas ven satisfechos algunos de sus deseos. Este enfoque hacia la asertividad le ayuda a evitar la tentación de usarla para manipular a otros con objeto de lograr lo que desea. Con frecuencia, conduce a ambas personas a obtener lo que quieren debido a que la mayoría de la gente tiende a ser cooperativa cuando se les aborda en un modo que respeta a ambas partes.

Cuando está en un modo asertivo, puede emprender estas acciones:

- ✈ Pida lo que desea, haga peticiones, solicite negocios, pida favores.
- ✈ Dé retroalimentación. Sobre problemas, sobre lo que usted admira o disfruta, sobre lo que le gustaría que cambiara.
- ✈ Diga *no* sin entrar en explicaciones largas y disculpas.

Es capaz de tomar estas acciones en un modo que es amable, amigable y bien entendido; profesional y de negocios; calmado y objetivo, no demasiado emotivo ni abusivo; y que expresa el respeto por usted y por los demás.

Modo no asertivo

Está en un modo pasivo o no asertivo en esta clase de situaciones:

- ✈ Deja que otros la hagan víctima si no actúa en formas que expresen sus emociones, pensamientos y creencias honestos.
- ✈ Expresa sus emociones, pensamientos o creencias de una forma tan insegura, modesta y como si se disculpara que los demás los ignoran con facilidad.
- ✈ No tiene un sentido fuerte de sus propios derechos como persona, mujer, líder o empleada.
- ✈ Permite a otros que violen sus derechos fundamentales.

Con estas acciones, en forma no verbal, comunica a los demás que no cuenta mucho y que se puede tomar ventaja de usted; que sus ideas no son muy importantes; que sus emociones no importan. El mensaje es: *Yo no soy nada; tú eres superior.*

La ausencia de asertividad refleja una falta de respeto por uno mismo, una carencia de dedicación para alcanzar sus propias necesidades y preferencias. De manera indirecta, refleja falta de respeto por la capacidad de la otra persona para asumir el disgusto de decir *no*, o de hablar al respecto, de asumir alguna responsabilidad por sus acciones, o de manejar problemas ocasionados por su propia agresión. La meta de la falta de asertividad es complacer a otros y evitar el conflicto a toda costa.

Modo agresivo

Está en un modo agresivo cuando reclama sus derechos personales y expresa sus pensamientos, emociones y creencias, pero lo hace en forma que viola los derechos de otra persona. Estas acciones y palabras con frecuencia son deshonestas y, en general, impropias. Este comportamiento implica las siguientes clases de mensajes:

- ✍ *Esto es lo que pienso. Tú eres estúpida por creer en algo diferente.*
- ✍ *Esto es lo que quiero. Lo que tú quieres no importa.*
- ✍ *Esto es lo que siento. Tus sentimientos no cuentan.*

La meta es dominar y ganar, lo que significa que la otra persona pierde. Ganar se consigue por medio de la humillación, la disminución, la degradación, la intimidación o el abuso del poder sobre otras personas, de manera que se vuelven menos capaces de expresar sus preferencias y defender sus derechos.

Modo agresivo-pasivo

Se encuentra en un modo agresivo-pasivo cuando es simpática o asertiva en sus encuentros frente a frente con una persona, pero los resultados de sus acciones son agresivos. Algunos expertos dicen que todo el comportamiento pasivo tiene un componente agresivo-pasivo. En otras palabras, la ausencia de asertividad siempre está acompañada por algún grado de resentimiento, con frecuencia en un nivel subconsciente.

La mayor parte de la política sucia se conduce en un modo agresivo-pasivo. Y el comportamiento de este tipo siempre desemboca en alguna clase de acción hostil. Por ejemplo, puede hacer una mueca, sufrir o ponerse insufrible en secreto, al mismo tiempo que es *simpática* y no da indicios de sus sentimientos reales. Si no está consciente del origen de su resentimiento, súbitamente puede explotar sorprendiéndose incluso a usted misma. Consciente o no, tal vez sabotee en silencio los esfuerzos o proyectos de la otra persona.

¿Por qué habría de permanecer en una conducta tan negativa? En general, es porque teme las consecuencias de hablar o de emprender acción directa. Tal vez sienta que la persona trata de dominarla, y ésta es su forma de resistir. Quizá piensa que la persona la ha tratado mal y ésta es su forma de vengarse. Con frecuencia, esas relaciones tienen un aspecto de victimario-víctima.

Cuando está en el modo agresivo-pasivo, no se siente bien consigo misma y resiente a la otra persona. Lo que desea es regresar con ella sin tener que sufrir las consecuencias. No tiene sentido de sus propios derechos o de la dedicación para honrarlos y tampoco respeta los derechos de la otra persona.

Éste es un modo "tú pierdes, yo pierdo". Cuando está en él, es probable que sienta resentimiento, venganza, frustración y quizá desesperanza o desesperación. Si está en este modo la mayor parte del tiempo, comenzará a sentir algo como una falla crónica; sólo ir por la vida resignada a la infelicidad y sentir que nada importa. Se coloca en situación de ser golpeada, disminuida o despedida y después reprochar a otros o al mundo por sus problemas, sentimientos y acciones. La gente que cae en este modo en un nivel profundo, casi siempre se vuelve antisocial, violenta, o ambas cosas, y termina por decidir que la vida no es digna de vivirse.

Situaciones en el modo de acción

Ya sabe cómo define la gente la asertividad, la falta de asertividad y la agresión. Vea algunos ejemplos de cada modo de acción para obtener una aproximación de lo que se siente estar en cada modo.

Pide un aumento que espera desde hace mucho tiempo.

- **Agresiva:** *Ha pasado por alto el hecho de que me pagan muy poco por lo que hago. Pienso que se aprovecha de mi buena naturaleza.*
- **Asertiva:** *He preparado este análisis que muestra mis responsabilidades laborales y el incremento de la productividad en más de 15% desde mi último aumento. Me gustaría tener un aumento de 15 % con base en esos incrementos.*
- **No asertiva:** *Este... Yo sé que las cosas están mal de momento, pero... este... ¿piensa que podría haber alguna manera de darme un aumento?*

Su subordinada llega tarde al trabajo en forma habitual.

- **Agresiva:** *¿En verdad piensas que puedes llegar tarde todo el tiempo y conservar tu trabajo?*
- **Asertiva:** *Vamos a tratar el problema de llegar a tiempo al trabajo.*
- **No asertiva:** Envía un memorándum a todos los miembros del equipo para recordarles la necesidad de la puntualidad y espera que el trabajador impuntual entienda el mensaje.

Un jefe le pide que realice tareas que no son su responsabilidad y en las que usted no quiere participar.

- **Agresiva:** *Consiga a otra que haga este trabajo sucio.*
- **Asertiva:** *Me doy cuenta que debe encontrar a alguien que haga esto; pero no creo que sea parte de mis responsabilidades de trabajo y no quiero participar en tareas que me eviten cumplir mejor con mis responsabilidades.*
- **No asertiva:** *Bien, bueno, espero que lo pueda manejar.*

Un cliente potencial le propone ir a comer algún día.

- **Asertiva:** *¿Por qué no fijamos la fecha y hora en este momento? ¿Qué día le parece bien?*
- **No asertiva:** *Sí, genial, vamos a hacerlo.*

Un cliente cancela una cita para comer.

- **Agresiva:** *¡Arruinó mi día!*
- **Asertiva:** *¿Debemos volver a programarlo entonces? ¿Qué le parece la próxima semana a la misma hora?*
- **No asertiva:** *Bien, bueno, gracias por llamarme y comunicármelo.*

La clave al manejar cada situación en particular es saber lo que quiere que pase. Al mismo tiempo que respeta los derechos de la otra persona para lograr lo que desea, tome la iniciativa para obtener lo que usted desea.

✓ Estrategia número 2: Acciones asertivas básicas a favor de sus derechos

Para que sus acciones asertivas sean efectivas, deben convencer. Debe creer en lo que hace. Esto significa que le deben quedar claros sus derechos y los derechos de otros en la situación en particular. Más tarde analizaremos lo que dicen algunos expertos acerca de los derechos. Primero, entre en contacto con lo que usted (como su propia autoridad) cree realizando la Actividad de autoconciencia número 1. Después de que haya formulado sus propias ideas acerca de los derechos humanos fundamentales, observe cómo se comparan con las listas reunidas por otros.

Actividad de autoconciencia número 1: ¿Qué derechos tiene?

Propósito: Comenzar un proceso de basar sus acciones asertivas en sus derechos como ser humano, mujer, líder y empleada.

Instrucciones: Piense en algunos derechos fundamentales que crea tener. Anótelos.

Una lista de derechos asertivos

Qué tal éste como su primer derecho asertivo: *Usted tiene el derecho de juzgar su propia conducta, pensamientos y emociones y de hacerse responsable por el inicio y las consecuencias que todo esto tenga sobre usted*. Si está de acuerdo con esto, entonces se concluye que también estará de acuerdo con los siguientes tipos de derechos:

1. No ofrecer razones o excusas para justificar su conducta.
2. Juzgar si es responsable de encontrar las soluciones a los problemas de otros.
3. Cambiar su forma de pensar y cometer errores, y ser responsable por ellos.
4. Decir *no lo sé* o *no lo entiendo* o *no me importa.*
5. Ser independiente de la buena voluntad de otros antes de tratar con ellos.
6. Ser ilógica cuando tome decisiones.

Lista de derechos de toda mujer

Los derechos de las mujeres han sido negados y violados de muchas formas. Es probable que ayude a su capacidad de asertividad el hecho de estar en contacto con aquellos derechos que muchas mujeres reclaman. Ellos incluyen el derecho a:

1. Ser tratada con respeto.
2. Tener y expresar sus propios sentimientos y opiniones.
3. Ser escuchada y a ser tomada en serio.
4. Establecer sus propias prioridades.
5. Solicitar lo que desea y a obtener aquello por lo que paga.
6. Solicitar información de profesionales como médicos, abogados y maestros.
7. Elegir si será asertiva con usted o no.

✓ Estrategia número 3: Ser o no ser asertiva es su elección

Hasta ahora, tiene una idea de lo que se parece a la conducta asertiva apropiada y sabe que tiene derecho a *no* ser asertiva con usted misma. ¿Cómo va a decidir cuándo ser asertiva? Al tomar esta decisión, recuerde que la elección puede incluir los derechos de otros. Si es así, ¿está dispuesta a comprometerse? Al decidir cuándo y dónde ser asertiva, hágase las siguientes preguntas:

Pregunta número 1: ¿Cómo interpretarán otros mi falta de asertividad? Los hombres con los que trabaja podrían interpretar su comportamiento en formas que nunca se imaginó. Por ejemplo, muchas mujeres utilizan el silencio como una forma de ignorar una situación y evitar una confrontación embarazosa, o *evitar* circunstancias desagradables. Para los hombres, el silencio significa consentimiento o lo interpretan como debilidad, como una señal de que está en problemas en el difícil mundo de los negocios.

Pregunta número 2: ¿Mejorará la asertividad mis relaciones y respeto a mí misma? El respeto es un factor que debe considerar cuando decida ser asertiva con usted. Es probable que haya obtenido recompensas a lo largo de su vida por permanecer en un modo no asertivo. Tal vez la desanimaron o castigaron cuando estaba en un modo agresivo, pero eso es menos problemático para usted que para sus colegas masculinos. Sin embargo, tal vez tenga que decidir que debe comportarse en forma agresiva *para triunfar en el mundo del hombre.* ¿Siente que será vulnerable y perderá el control si no lo hace así? Necesita saber que cuando está en un modo agresivo puede causar que muchas personas tengan reacciones *ocultas* hacia usted, y en ese modo agresivo-pasivo encuentren maneras indirectas para liberarse de su control.

Sus relaciones más exitosas se basan en la conducta asertiva. Cuando inicia una relación con alguien que trata de violar sus derechos muy pronto, es mejor que establezca sus límites y se muestre asertiva de inmediato. De otro modo, es probable que participe en los juegos de otras personas. Si a la larga decide ser asertiva con usted y terminar con esos juegos, es probable que su *amigo* reaccione en forma mucho más negativa en ese punto que en un encuentro inicial. Y entre más duren las relaciones, es más probable que usted se comprometa emocionalmente. Por tanto, experimentará más inquietud cuando se convierta en un problema.

A la gente le gustan más las personas a las que respetan, y usted no gana respeto cuando permite que la dominen o manipulen. En efecto, la gente puede burlarse de usted cuando se aprovecha de su falta de asertividad. Esta burla, a la larga, podría convertirse en irritación y en disgusto. A largo plazo, estar en un modo asertivo significa llenar su vida con la gente con la que de verdad desea rodearse, gente a la que usted agrada y que la respeta por lo que es. Es más probable que tenga gente en su vida que apoye su crecimiento y autonomía. Tendrá un nivel más alto de autoestima y respeto por sí misma. Conforme se sienta mejor consigo misma, y experimente mayor confianza en sí misma, empezará a obtener las cosas que quiere en la vida. Prevendrá muchos de los problemas que ocasionan tensión, incluso las frustraciones y presiones que resultan de la falta de asertividad.

Pregunta número 3: ¿La asertividad prevendrá o reducirá la tensión? La tensión es otro factor clave que se debe considerar cuando decida ser asertiva con usted misma en una situación o relación. Usted enseña a la gente por medio de sus acciones cómo debe y no debe tratarla, así como lo que piensa, siente y cree acerca de ciertos temas. Cuando la gente viola sus derechos y usted *no* dice nada, envía el mensaje de que está bien explotarla, dominarla o manipularla. Debe entonces lidiar con los resultados de la agresión de otros. Además, se resentirá por esto, de modo que creará más tensión en su vida.

Pregunta número 4: ¿Cuánto me costará ser asertiva conmigo misma en esta situación? La asertividad podría costarle la relación, o podría traerle el premio mayor de una relación basada en el respeto mutuo. Por ejemplo, existe siempre la posibilidad de que haga sentir mal a un amigo agresivo en el proceso de aprendizaje y de que lo pierda. Sin embargo, si ha mostrado respeto por esa persona al mismo tiempo que ha sido asertiva, casi podemos asegurar que no tendrá que iniciar otra amistad. Ser asertiva con usted siempre representa un riesgo, en especial en la situación en la que ha dejado establecido que es una persona poco asertiva. Debe enfrentar el hecho de que le costará alguno de los beneficios que la relación brindará.

Pregunta número 5: ¿Qué tan importante es esta situación para mí? Es obvio que algunas situaciones y relaciones son más importantes que otras. Ésta es la razón por la que debe practicar la asertividad en primer lugar en situaciones sin importancia relativa. Conforme gana experiencia, la regla práctica es la siguiente: *Cuanto más importante sea la situación, más crucial es ser asertiva.* No hay necesidad de invertir mucho tiempo y energía siendo asertiva con usted en situaciones triviales. El factor decisivo es: *¿Cómo me sentiré después?*

Una vez que decida que debe ser asertiva con usted, analice el escenario del peor caso, siéntase bien al respecto, tenga confianza en que deberá manejarlo y tenga la seguridad de que la asertividad con usted es benéfica. Después, formule sus intenciones y metas para la situación (el resultado que prefiere), y céntrese en él durante su interacción asertiva. El límite inferior es que intenta obtener un resultado positivo, pero deja pasar la *necesidad* de ese resultado.

Pregunta número 6: ¿Cómo es probable que me sienta después por mis acciones? Si piensa que experimentará resentimiento si *no* es asertiva, ésa es una clave para serlo. Es probable que cause más daño dejar crecer el resentimiento y conservarlo que el que causaría la asertividad. Por otro lado, cada vez que se muestra asertiva en forma exitosa obtiene cierta confianza. Adquiera alguna capacidad para crear la vida que quiere. Trate de hacer de todos sus encuentros asertivos experiencias felices, divertidas y desafiantes, en vez de batallas en las que pone su humanidad por delante. Diviértase al ver lo efectiva que puede ser. Si tiene éxito en esto, pero no invierte todos sus beneficios en el proceso, nunca más necesitará ser víctima. Evite sumergirse en el problema con demasiada seriedad y esforzarse en exceso. Relájese y disfrute el desafío.

✓ Estrategia número 4:
Seleccione el mejor modo asertivo

Las situaciones que requieren de asertividad varían en gran medida. Por tanto, necesita familiarizarse con un cierto número de modos diferentes para ser asertiva con usted, de modo que pueda seleccionar el método o combinación de métodos más apropiados para cada tipo de situación. En muchas de ellas, quiere ser asertiva con empatía, utilizando mensajes tipo "Yo", que los demás no malinterpreten. Pero algunas veces, debe repetir y aumentar su asertividad para convencer a la gente de que entiende el negocio. Situaciones especiales, como la ruptura de acuerdos o toma de decisiones en grupo, requieren técnicas especiales, así como retroalimentación en situaciones muy cercanas.

Técnica número 1: Asertividad básica

Se conoce como asertividad básica las acciones directas y simples que se emprenden en el establecimiento de preferencias personales, opiniones, creencias o sentimientos. La asertividad básica también comprende expresar el afecto y la apreciación por otra persona. He aquí algunos ejemplos:

- ✤ Le hacen una pregunta para la que no tiene una respuesta rápida. Usted contesta: *Me gustaría pensar en ello algunos minutos.*
- ✤ La persona en la habitación contigua tiene a todo volumen su radio. Usted dice: *Su radio me molesta, ¿podría bajarle el volumen?*
- ✤ Su jefe la interrumpe cuando trata de resolver un asunto. Usted dice: *Discúlpeme, me gustaría terminar con este asunto.*
- ✤ Un colega hace una buena presentación. Usted dice: *Disfruté tu plática. Tus descripciones fueron muy claras.*

Técnica número 2: Asertividad con empatía

A veces, quiere expresar empatía en relación con sus preferencias o sentimientos. Desea mostrar que reconoce el punto de vista o los sentimientos de la otra persona. El enunciado empático va seguido por otro que establece sus propios derechos.

La asertividad con empatía con frecuencia es efectiva debido a que la gente esta más dispuesta a aceptar su asertividad cuando detecta cierta comprensión y respeto por su profesión. En especial, es valiosa en las situaciones donde usted tiende a reaccionar en forma agresiva. Si se toma un momento para tratar de entender el punto de vista de la otra persona antes de reaccionar, es menos probable que responda con agresividad. Por otro lado, su expresión de empatía debe ser sincera para que sea efectiva. En general, la gente puede detectar expresiones de empatía poco sinceras y resiente esos intentos de manipulación. He aquí algunos ejemplos de asertividad con empatía.

- ✍ El jefe quiere para mañana un informe que le tomará mucho tiempo. Usted dice: *Sé que necesita este informe lo más pronto posible, pero tengo planes importantes para esta tarde y no podré trabajar tiempo extra.*
- ✍ Un trabajador trata de que usted, como líder del equipo, sirva como árbitro en una disputa personal con un colega. Usted le dice: *Entiendo por qué deseas que te ayude con este problema, pero ustedes dos tendrán que resolver esto solos y juntos.*

Técnica número 3: Mensajes tipo "Yo"

Es más probable que conserve la buena voluntad de la persona a la que se dirige si habla con sus propios pensamientos, sentimientos y creencias y evita críticas directas o implícitas por los pensamientos, sentimientos y creencias de ella. Una manera de hacer esto es pensar en términos de mensajes tipo "Yo". Necesita conocer la diferencia entre los mensajes tipo "Yo", y los mensajes tipo "Tú". Asimismo, necesita conocer varios usos de los mensajes tipo "Yo", como prevenir situaciones problemáticas; expresar sus pensamientos, sentimientos o preferencias; y responder a los requerimientos de otros para situaciones específicas.

Los mensajes tipo "Yo" son enunciados que la describen. Se trata de expresiones de *sus* sentimientos y experiencias. Son auténticos, honestos y congruentes. Y puesto que los mensajes tipo "Yo" expresan su realidad interior, no contienen evaluaciones, juicios ni interpretaciones de los demás. Ya que dice lo que en realidad siente, sus expresiones verbales y no verbales están en armonía. Sus mensajes fluyen en forma confiable y congruente. Aunque un mensaje tipo "Yo" es más que palabras. Es una reflexión de una actitud: *Expresaré lo que pasa conmigo sin juzgar lo que pasa contigo.*

Los mensajes tipo "Tú" son mensajes que juzgan, critican o reprochan a otros. Piense en su reacción al mensaje tipo "Tú". *Tú hablas demasiado fuerte*, en comparación con el mensaje tipo "Yo": *Tengo muy sensible el oído.* O el mensaje, *Tú provocas un desorden en el cuarto de la correspondencia*, en comparación con, *Me gustaría encontrar el cuarto de la correspondencia limpio y ordenado.*

Mensajes tipo "Yo" preventivos

Los mensajes tipo "Yo" preventivos permiten a la gente saber por anticipado lo que usted necesita y quiere. Previenen muchos conflictos y malos entendidos. He aquí algunas sugerencias para enviar mensajes tipo "Yo" preventivos.

1. Identifique lo que quiere o necesita en la vida, en situaciones específicas.
2. Decida asumir una responsabilidad personal por el logro de sus preferencias.
3. Exprese sus preferencias en una forma asertiva a la persona cuya cooperación necesita.
4. Esté dispuesta a no prestar oídos si la otra persona se pone a la defensiva.

He aquí un ejemplo de un mensaje tipo "Yo" preventivo: *Me gustaría que imagináramos qué se necesita hacer antes que termine la semana, de modo que nos aseguremos de tener tiempo para todo.* (En lugar de *Necesitas administrar mejor tu tiempo.*) El mensaje tipo "Yo" comienza con *me gustaría*, para puntualizar que expresa preferencias personales. También puede expresarse como pregunta: *¿Podríamos tomar un momento...?* Lo importante es tomar la iniciativa para obtener el resultado que desea y hacerlo sin reprochar ni criticar.

Mensajes tipo "Yo" declarativos

Los mensajes tipo "Yo" declarativos ayudan a que los demás sepan más sobre usted. Son enunciados sobre usted misma que expresan a la gente algo acerca de sus creencias, ideas, gustos, disgustos, sentimientos, reacciones, intereses, actitudes e intenciones. Permiten que otros sepan lo que usted experimenta, lo que se sentiría ser usted. Describen su realidad interior. Aquí se presentan algunos ejemplos: *Me preocupa terminar el proyecto a tiempo* o, *Espero hacer más viajes de negocios.*

Mensajes tipo "Yo…"

Los mensajes tipo "Yo…" comunican con claridad que *no*, cuando el *no* expresa sus sentimientos auténticos. También pueden comunicar un *sí* en forma clara. Además de decir *sí* o *no*, tal vez también quiera expresar cómo le afectaría una petición, o la razón por la que dice *sí* o *no*. Aquí están algunos ejemplos: *No, no puedo tener listo el informe el lunes debido a que tengo otro proyecto que quiero terminar primero*, o: *Sí, estaré encantada de terminar ese proyecto. Me dará una oportunidad de aprender más acerca de...*

Técnica número 4: Asertividad repetitiva o en aumento

En general, es posible declarar algo con asertividad de manera amistosa y otros lo respetarán. En forma ocasional, tendrá que enfrentarse con personas que insistan en violar sus derechos o las preferencias que estableció. Cuando esté convencido de que no viola los derechos de ellos, es importante permanecer en su asertividad original repitiendo su declaración, quizá con palabras diferentes, pero sin cambiarla. En algunos casos, en los que es evidente que tratan de violar sus derechos, puede establecer su posición con asertividad sin llegar a ser agresiva. Aquí está un ejemplo:

Un trabajador entrega tarde en forma repetida un importante informe. Cuando usted habla con él acerca de eso, él argumenta sobre la necesidad de concederle prioridad máxima.

- ✎ **Primera respuesta:** *Sé que consume tiempo recopilar todas las cifras que necesitas para este informe, pero éste tiene la condición de máxima prioridad. Debo recibirlo a tiempo a fin de preparar las reuniones ejecutivas regulares.*
- ✎ **Segunda respuesta:** *Tienes que administrar tus actividades en forma de que este informe se termine a tiempo. Asegúrate de no volverlo a entregar tarde.*
- ✎ **Tercera respuesta:** *Si no puedes manejar tu trabajo de modo que las actividades más importantes se cumplan a tiempo, no tengo otra elección que reasignarte a un puesto de menor responsabilidad.*

En este caso, la tercera respuesta fue apropiada debido a que los primeros enunciados se pasaron por alto. Habría sido inapropiada de haber sido la respuesta inicial.

La tercera respuesta incluye una opción contractual. El que habla hace su declaración final y da al interlocutor una oportunidad para modificar su conducta antes de que aquello ocurra. Algunas personas creerán que habla en serio acerca de ser asertiva sólo cuando llega al punto de la opción contractual. Esta opción no debe ser dicha como amenaza, sino sólo como un hecho. Por tanto, es importante permanecer tranquila y racional cuando haga esa clase de declaración. Hable en un tono de voz que comunica que da algo por hecho para demostrar que sólo proporciona información acerca de las consecuencias si el problema no se resuelve en forma satisfactoria.

Técnica número 5: Asertividad que confronta acuerdos incumplidos

Cuando la gente fracasa en mantener sus acuerdos, la confrontación asertiva es apropiada. Aquí están cuatro pasos que debe emprender:

1. Describa en forma específica y sin juzgar lo que la otra persona dijo que haría.
2. Exprese su comprensión de lo que la persona hizo en realidad.
3. Solicite cooperación para resolver este problema. ¿Qué sugieren ellos?
4. Establezca lo que quiere que pase en esta situación.

Otra vez, es importante que se exprese en un tono de voz que comunica que lo da por hecho con un lenguaje no evaluador. Aquí está un ejemplo: *Estoy de acuerdo en que utilices los servicios de mi asistente en forma ocasional, siempre y cuando lo consultes primero conmigo. Ella dice que ayer le pediste que hiciera un trabajo, pero no me lo dijiste. Me gustaría saber por qué hiciste eso.*

La asertividad confrontadora casi siempre comprende más interacciones bidireccionales de las que aquí se muestran. En general, querrá aprender más acerca de las circunstancias del acuerdo cumplido con objeto de resolver el problema que se ha creado. Es importante evitar una actitud crítica y acusadora, que por lo regular da lugar a una confrontación agresiva que juzga a la otra persona e intenta hacer que se sienta culpable. Por ejemplo: *¡Rompiste tu promesa!, ¡Es obvio que no puedo depender de tu palabra y que tendremos que poner todo por escrito a partir de ahora!*

Técnica número 6: Asertividad persuasiva en grupos

Hemos estudiado tipos de asertividad que se aplican sobre todo a transacciones uno a uno. Ahora veamos formas de asertividad en situaciones de grupo. Para lograr el mayor impacto al expresar opiniones honestas orientadas hacia objetivos grupales como juntas ejecutivas y reuniones de comité, aprenda a utilizar el tiempo, una presentación clara y concisa, un lenguaje corporal congruente y el tacto.

Recomendación número 1: El tiempo es crucial. El tiempo es su consideración más importante. Eso significa que debe elegir el momento correcto para expresar una opinión, pero también debe evitar tomar demasiado tiempo de un grupo al expresar su opinión con demasiada frecuencia. Por tanto, necesita decidir cuáles de los asuntos que se analizan tienen la máxima prioridad y resulta benéfico hacerse cargo de ellos. De otro modo, podría terminar hablando demasiado sobre casi todos los temas que se traten. Si los otros miembros del grupo deciden que a usted solamente le gusta escucharse a sí misma y que necesita ser el centro de la atención, es probable que ignoren sus opiniones sobre los asuntos que en realidad son importantes para usted.

Es probable que el mejor momento para establecer su opinión acerca de un tema, sea después de que un tercio o la mitad de los miembros del comité hayan expresado sus posiciones. Para entonces, ya tendrá una aproximación de la posición del grupo y puede responder a los puntos que se hayan tocado. No es probable que el grupo se haya formado su opinión acerca del tema, de manera que es muy probable que su posición influya en la decisión grupal.

Recomendación número 2: Es importante una presentación clara y concisa. Cuando exprese su opinión acerca del asunto de máxima prioridad, hágalo en forma tan clara y concisa como sea posible sin quedarse corta.

- 🐚 **No asertiva:** *Bueno, ya sé que me he equivocado antes, pero me parece que debemos pensar en otras formas de hacer esto.*
- 🐚 **Asertiva:** *Este enfoque para comercializar el producto comprende algunos factores de alto riesgo. Pienso que sería buena idea considerar algunos otros enfoques que reduzcan nuestros riesgos.*

Recomendación número 3: El lenguaje corporal es más importante que las palabras. Para tener mayor impacto, las palabras asertivas deben acompañarse de lenguaje corporal asertivo: mire directamente a cada uno de los miembros del grupo. Hable con un volumen y asertividad apropiados. Y utilice sus manos en forma relajada para hacer gestos reforzadores. Por supuesto, debe hacer su tarea antes de la reunión, de modo que sepa de lo que habla. Presente sólo ideas en las que crea de todo corazón y sobre las que tenga sentimientos fuertes y positivos.

Recomendación número 4: El tacto es esencial. El tacto es muy importante cuando su punto de vista difiere del de la mayoría del grupo o del de un miembro influyente. Encuentre algo que considere adecuado para expresar el punto de vista opuesto y acreditarlo antes de establecer su punto de vista. Por ejemplo: *Éste es un buen análisis de nuestro problema de presupuesto interno. También es importante analizar el papel que desempeñan nuestros competidores en el problema.*

Técnica número 7: Asertividad que da retroalimentación

Los líderes asertivos son capaces de dar retroalimentación que aclara sus pensamientos, sentimientos, opiniones y la comprensión de lo que otros dicen y hacen. Como gerente, recuerde dar retroalimentación en forma regular, de modo que el receptor obtenga por lo menos tanta retroalimentación positiva como negativa. Dé retroalimentación negativa a tiempo, antes que una situación llegue al punto en que participen fuertes reacciones emocionales. Enfoque las situaciones en un espíritu de ayuda y buena voluntad para resolver cualquier problema.

Utilice el siguiente proceso de retroalimentación de cuatro pasos.

Paso número 1: Dé retroalimentación específica y sin prejuicios

La mayoría de las personas dan retroalimentación acerca de problemas de conducta en un lenguaje vago y acusador; por tanto, precipitan una reacción defensiva del interlocutor. Tenga en mente estas recomendaciones:

- **Proporcione una imagen que sea posible observar.** Describa la situación de modo que su interlocutor vea la imagen de lo que usted ve, como si se tratara de un observador desinteresado que observa la situación.
- **Sea específica.** Establezca con exactitud quién hizo qué, cuándo, dónde y a quién o qué se hizo. Si es apropiado, ofrezca una recreación detallada pero breve de lo que sucedió con exactitud. No se pierda en los detalles. Mantenga en mente su propósito.
- **Aclare sus afirmaciones.** Sea exacta y precisa. Evite la tendencia a exagerar la conducta que le molesta utilizando expresiones de todo o nada, como *nunca, siempre* y *cada vez.* Para describir una conducta en forma precisa, es importante ser exacta en el uso de frases como: *tres veces al mes, todos los días de esta semana, algunas veces, con frecuencia.*
- **Utilice palabras que no emitan prejuicios.** Encuentre las palabras que describan la conducta en los hechos.

Utilizar palabras que no emiten prejuicios es el paso de retroalimentación más difícil para casi toda la gente. Cuando la gente analiza comportamientos que la ofenden, es propensa a utilizar palabras que emiten prejuicios como *lento, perezoso, desconsiderado* y *tonto.* Estas palabras no sólo juzgan la conducta de una persona, sino que con frecuencia se utilizan para generalizar las características de personalidad de alguien. Debido a que tienden a minimizar a una persona, implican que está equivocada, es agresiva en lugar de asertiva. En general, precipitan sentimientos defensivos o de culpa. Además, proporcionan poca o ninguna información que ayuda al interlocutor a identificar conductas específicas que serían aceptables para usted, como lo revelan los siguientes ejemplos.

- **Retroalimentación no específica y que emite prejuicios:** *Apreciaría que por lo menos fueras considerado y diplomático cuando trates conmigo.*
- **Retroalimentación específica y descriptiva:** *Ayer, cuando llegaste a mi escritorio, hablaste en un volumen muy alto y solicitaste la factura de la compañía Carter. Cuando no pudimos dártela nos llamaste incompetentes...*

Paso número 2: Describa efectos concretos

Además de describir la conducta específica que crea el problema, es importante establecer los efectos específicos y concretos que esta conducta tiene sobre usted u otras personas. Es importante enfrentar los hechos de juicio. Aclare la situación separando los efectos concretos en la vida, de sus sentimientos acerca de esos efectos.

> ✤ **Retroalimentación no específica y que emite juicios:** *Tenemos un problema con tu unidad de facturación.*
>
> ✤ **Retroalimentación específica y descriptiva:** *Durante las últimas tres semanas tu unidad de facturación no nos ha informado acerca de los retrasos en su proceso de facturas y hemos recibido varias llamadas telefónicas de clientes, enojados debido a esos retrasos...*

Aquí, el efecto concreto son las quejas de los consumidores enojados.

Paso número 3: Exprese los sentimientos en forma efectiva

La mayoría de la gente tiene dificultad para identificar y expresar sus sentimientos en forma apropiada, pero esta capacidad también se aprende. Hasta en las situaciones de negocios es importante comunicar sus sentimientos acerca del comportamiento de otro. Hacer esto es honesto, es un mensaje tipo "Yo" que ayuda a la otra persona a aclarar la imagen de la situación e incrementa el impacto de su mensaje de retroalimentación. El interlocutor es más propenso a obtenerla y recordarla. Sin embargo, para ser efectivo, su mensaje también debe dejar en claro que asume la responsabilidad de sus propios sentimientos. Cuando se centra en expresar sus sentimientos, recuerde enfrentar los sentimientos, no pensamientos, evaluaciones ni soluciones. Y establezca sus sentimientos en forma directa y clara, no espere que la otra persona sea un lector de sentimientos o de la mente.

Asuma la responsabilidad de sus sentimientos. En el primer intento por comunicar sus sentimientos, es probable que haga declaraciones como: *Me haces enojar cuando me acusas de ese modo.* Ese mensaje tipo "Tú" implica que la otra persona es responsable de su enojo y que usted le reprocha su sentimiento y la acusa de causarlo. Además, esto implica que la otra persona puede controlar la manera como se siente, lo que la deja a usted en un papel débil e impotente. Un enfoque más responsable, sería usar un mensaje tipo "Yo": *Me enojo cuando me llamas incompetente.*

Establezca sentimientos, no evaluaciones. Deje que su actitud implique: *Te diré en forma muy directa lo que siento debido a tu comportamiento, pero no lo juzgaré.* Esta actitud transmite un mensaje muy diferente de aquel que implica: *Voy a decirte cuándo eres buena o mala con base en tu conducta hacia mí.*

Establezca sentimientos, no soluciones. Cuando establece las soluciones al problema, en lugar de expresar sus sentimientos sobre él, implica que es superior a la otra persona. Es capaz de imaginar el problema y una solución sin analizarlo con ella. Este enfoque también implica una falta de confianza que, a su vez, significa que usted no espera que la otra persona sea capaz de imaginar una solución aceptable a su conducta problemática. También, si establece una solución antes de analizar el problema, omite pasos vitales de la solución de problemas. No se han puesto de acuerdo en la definición del problema, mucho menos en una solución que sea aceptable para ambas partes. Ahora, es probable que el problema se convierta en uno que fuerce la solución; la gente tal vez se resista a su superioridad aun estando de acuerdo con su solución.

Establezca los sentimientos en forma directa. Sólo diga que está agradecida, feliz, asombrada, frustrada, herida o cualquier sentimiento que experimente. No exprese sus sentimientos por medio del tono de voz, énfasis, sarcasmo u otros medios indirectos, y no espere que la gente los deduzca de sus pausas para remarcar preguntas negativas o mensajes guturales.

Establecer los sentimientos en forma directa es difícil para mucha gente. Por ejemplo, un enunciado directo sería: *Me asombra que tomes prestado mi directorio y no lo regreses.* Pero es tentador ser indirecta y decir: *Si la gente en esta oficina pensara más, sería un lugar más agradable para trabajar.* Estos mensajes indirectos en general comunican sólo una sensación negativa subyacente. Alguien que la escuche es probable que la interprete como un rechazo generalizado hacia ella como persona, en lugar de su reacción específica ante una acción determinada. En vez de pensar: *Se siente mal debido a que no le regresé su directorio,* una persona podría pensar: *No le caigo bien, me pregunto por qué.*

Paso número 4: Obtenga una resolución

Una vez que haya expresado su versión de la conducta específica que causa el problema, los efectos concretos que tiene en su vida y la de otros y cómo se siente al respecto, es el momento de tener alguna iniciativa para encontrar la solución al problema o resolver el conflicto. Aquí están algunas sugerencias.

Céntrese en el punto de vista de la otra persona. Pregunte a la otra persona cómo ve esta situación y escuche con la mente abierta y sin juzgar.

Confirme lo que la otra persona dice. Usted tal vez diga: *¿Sientes eso?* o *¿Piensas que deberíamos hacerlo?* En este punto, evite la tendencia a defender su posición con la repetición de su opinión y tratar de demostrarla. En vez de eso, conserve su energía en entender el punto de vista de la otra persona mientras no pierde de vista el suyo.

Vuelva a expresar su posición. Una vez que esté segura de que entiende con claridad el punto de vista de la otra persona, tal vez quiera regresar a su posición, pero casi como si se aproximara desde el lado de la otra persona. *De modo que tu forma de ver todo esto, es que me niego a cooperar contigo por que espero mucho demasiado pronto, ¿correcto?*

Llegue a un acuerdo. Cuando ambos puntos de vista están claros es el momento de encontrar una solución al problema o resolver el conflicto. En situaciones de negocios, casi siempre deseará acordar una solución o por lo menos establecer las bases para avanzar hacia una solución. En situaciones personales, tal vez decida que compartir los pensamientos y sentimientos es todo lo que se necesita por ahora. Quizá ambas partes necesiten pensar acerca de la situación. Usted podría decir: *¿Cómo vamos a hacer esto de aquí en adelante?* o *Pienso que, por ahora, es suficiente entender el punto de vista y los sentimientos del otro.*

Establezca un sentimiento de cierre. Un cierre claro ocurre cuando establece y restablece las condiciones exactas de la solución que ustedes dos han alcanzado. Si decide pensar en la situación primero, dé un sentimiento de cierre expresando cómo se siente ahora al final de este análisis y pregunte a la otra persona como se siente *en ese momento*. Acepte esos sentimientos sin intentar cambiarlos.

Aprenda los cuatro pasos de la retroalimentación

Use un proceso de retroalimentación en cuatro pasos, como sigue:

1. **Cuando tú...** Describa sin juzgar algún comportamiento problemático específico de la otra persona, señalando con exactitud los actos que considera problemáticos.
2. **Los efectos son...** Describa de la manera más específica posible la forma en que la conducta de la otra persona afecta en concreto su vida. El problema práctico que crea.
3. **Siento...** Describa los sentimientos que experimenta como resultado. Acepte la responsabilidad de sus sentimientos y evite la expresión *tú me hiciste...*
4. **Prefiero...** Primero pregunte qué puede hacerse para mejorar esta situación; funciona mejor cuando la otra persona ofrece una solución en forma voluntaria. Sin embargo, si la respuesta no resuelve el problema con rapidez, asegúrese de describir lo que quiere. Abra la puerta para trabajar juntas hacia una resolución que ambas apoyen.

Aprenda a reconocer la retroalimentación efectiva

Aquí se muestra un ejemplo de un mensaje de retroalimentación efectivo: *Cuando no obtengo de ti la información que necesito, acerca del número de órdenes que tu departamento procesa cada día, no puedo programar el trabajo en forma apropiada para el día siguiente. Esto ha pasado dos veces en las últimas dos semanas y me siento frustrada. ¿Qué procedimientos podríamos poner en práctica a fin de asegurarnos que yo tenga la información que necesito a diario?*

Ahora pruebe su comprensión inicial de los mensajes de retroalimentación con la evaluación de este ejemplo: *Cuando tú no me envías la información sobre el número de pedidos que tu departamento procesa cada día, me frustras. Me gustaría que fueras más accesible.*

¿Observa algo en este mensaje que no sigue las técnicas de retroalimentación? En el último ejemplo, el que habla no establece qué efecto tiene sobre su vida la conducta problemática. Por la forma en que la persona expresa sus sentimientos, se coloca a sí misma en la posición de una víctima indefensa. En lugar de solicitar un tipo de conducta preferido que sea específico y objetivo, hace una petición vaga que implica una condena del carácter de la otra persona.

Utilice la retroalimentación asertiva para establecer relaciones auténticas

Ahora tiene las herramientas para dar retroalimentación asertiva en situaciones problemáticas. Incluso si la retroalimentación no la conduce a la solución que preferiría para un problema, le ayudará a volverse más abierta y directa con sus pensamientos y sentimientos. Como resultado, la gente será más propensa a aprender que pueden confiar en usted. Sabrá *dónde está usted*, para bien o para mal. Se volverá más abierta en su trato con usted y con otros participantes en el trabajo de grupo.

Es posible mejorar esta apertura y confiar también en el uso de la retroalimentación asertiva acerca de la conducta constructiva. Aquí tenemos un ejemplo: *Gracias por tener a tiempo estos informes para mí cada semana. Eso me facilita la preparación de las juntas ejecutivas. Me siento agradecida cuando obtengo esa clase de cooperación. Sigue trabajando bien.*

La retroalimentación asertiva la ayuda a crear una atmósfera para tratar con toda clase de conducta y al mismo tiempo minimizar la posición a la defensiva.

✓ Estrategia número 5: Las acciones hablan más fuerte

Una razón por la que es importante estar convencida de sus derechos es que sus verdaderas convicciones aflorarán en su comportamiento no verbal. Es casi imposible controlar en forma consciente cada aspecto de su lenguaje corporal, tono de voz y expresión facial. Y estos mensajes revelan cómo se siente acerca de una situación o persona. Tiene mucho más impacto que sus palabras. Aquí esta el impacto relativo de acuerdo con algunos estudios de investigación:

Expresión vocal	38 %.
Expresión facial	55 %.
Impacto total no verbal	93 %.
Impacto de las palabras (impacto verbal)	7 %.

Si la expresión facial o el tono de voz de un orador entra en conflicto con lo que dice, por lo regular, el interlocutor aceptará y actuará conforme al mensaje no verbal. Esto tiene sentido si consideramos que los sentimientos ejercen mayor influencia sobre las acciones que los pensamientos racionales y lógicos. Es más probable que la gente actúe de acuerdo con sus sentimientos, de modo que cuando obtenga mensajes conflictivos preste mas atención a la parte no verbal.

Técnica número 1: Haga congruente su expresión facial con su tono de voz

Los hombres asertivos de nivel elevado tienden a ser más indiferentes que la mayoría de las mujeres. Su rostro es más neutral en las situaciones de negocios y, por tanto, expresan menos emoción. También sonríen con menos frecuencia y en forma menos abierta que las mujeres. Vigile su tendencia a sonreír con demasiada frecuencia. Mantenga una visión de usted misma como una persona profesional creíble.

Casi toda la gente asocia una voz masculina, fuerte y profunda con el poder y la autoridad. Como la mayoría de las mujeres no quieren ni pueden tener una voz así, es posible mejorar el nivel de asertividad de su voz. Muchas mujeres conservan la agudeza y el tono de la voz de una niña pequeña durante toda su vida. La agudeza de la voz puede disminuirse con la práctica. Asimismo, algunas mujeres hablan con tanta suavidad que es difícil escucharlas a más de unos metros de distancia. Una voz mas fuerte y elevada es esencial para una imagen asertiva, de modo que practique hasta que se sienta bien al hablar con una persona que se encuentre a tres metros y escuche cada palabra con facilidad.

Practique para hacer su voz asertiva, fuerte, relajada, que refleje confianza en sí misma y tenga el volumen, la fuerza y la agudeza apropiados, además de estar bien modulada. He aquí algunas recomendaciones.

- ✤ Grabe la voz normal con la que habla en una cinta y escúchela.
- ✤ Grábese mientras practica hablar con una agudeza más profunda.
- ✤ Al practicar, piense que es una líder muy poderosa.
- ✤ Reproduzca la cinta. ¿Detecta alguna diferencia entre la primera y la segunda grabación? Mientras escucha sus grabaciones, manténgase alerta de los tonos de voz que sean apologéticos, tentativos, sumisos, implorantes, quejumbrosos, remilgados, regañones o autoritarios.
- ✤ Grabe sus conversaciones telefónicas con objeto de detectar otros patrones de voz que quiera cambiar.

Los ejecutivos masculinos de nivel elevado son menos expresivos en la modulación de su voz, así como en su expresión facial, que las mujeres trabajadoras de nivel inferior. Éste es un modo de proyectar una imagen de mayor control y racionalidad, una moderación serena que revela sólo lo que desean que los demás conozcan. En tanto que una voz muy expresiva es una ventaja real al hablar en público, puede indicar una condición de inferioridad si se exagera. En resumen, la visión mental de sí misma y su retroalimentación con las grabaciones son herramientas muy poderosas para adquirir un tono de voz asertiva.

Técnica número 2: Proyecte poder en su lenguaje corporal

Su lenguaje corporal es parte importante de su imagen y debe proyectar tanto poder como accesibilidad. Maneje su lenguaje corporal de modo que transmita confianza en sí misma, agrado, compromiso e interés en otros. Algunas investigaciones indican que las personas con un lenguaje corporal fluido es más probable que tomen el liderazgo en todo tipo de situaciones.

El comportamiento no verbal de las mujeres tiende a transmitir más agrado que el de los hombres, así como mayor empatía y camaradería con los otros. Las mujeres también transmiten más tensión y sumisión. ¿Proyecta una imagen asertiva y poderosa por medio de su lenguaje corporal? Observe a las altas ejecutivas de negocios que conozca. Luego observe a las trabajadoras de nivel inferior. Quizá desee practicar en forma consciente algunos de los comportamientos no verbales que indican poder personal y fuerza. La Instantánea número 2 compara posturas masculinas de poder y posturas femeninas de debilidad, así como algunas respuestas femeninas alternativas. La Instantánea número 3 le ayuda a identificar otros comportamientos no verbales que tal vez quiera modificar con objeto de impulsar su imagen asertiva.

Instantánea número 2: Posturas no verbales de poder

Posturas masculinas de poder	Posturas femeninas de debilidad	Respuesta alternativa
La posición de poder: Una mujer entra en la oficina de un hombre. Él se recarga en el respaldo de la silla, entrelaza las manos tras la cabeza, separa los codos y aprieta las rodillas. El mensaje es que la mujer es inferior.	La mujer entrelaza las manos, se echa hacia delante. Si está sentada cruza las piernas y mira ligeramente hacia abajo.	Adoptar una postura relajada. Juntar las puntas de los dedos y dirigir las manos hacia arriba, o pararse tras el escritorio.
La actitud de poder: Un hombre se acerca al escritorio donde está sentada una mujer y le habla desde arriba. O, un hombre mucho más alto que una mujer se le acerca durante una conversación.	La mujer permanece sentada, mirando al hombre hacia arriba durante la conversación. La mujer echa hacia atrás la cabeza a fin de ver al hombre.	Moverse hacia atrás en forma casual y luego levantarse. Retroceder. Encuentre un pretexto para moverse en forma casual de modo que sus ojos queden al nivel de los del hombre; o invitarlo a tomar asiento.
El contacto de poder: Un hombre pone su brazo alrededor de una mujer (demuestra poder al actuar en una forma más íntima de la que ella iniciaría).	La mujer toca su pelo, humedece los labios, sonríe.	De pie o al caminar, retroceda y voltee hacia él de manera relajada mientras habla, escucha y/o camina con él, forzándolo con suavidad a retirar el brazo. Si está sentada, gire en la silla o levántese. Si repite el contacto, cruce los brazos y aléjese, si él insiste dígale que está invadiendo su espacio.

Instantánea número 3: Comportamientos no verbales y el rango de asertividad

Conducta no asertiva	Conducta asertiva	Conducta agresiva
Facial: Sonreír con frecuencia y amplitud; relativamente animada, expresiva.	Relativamente indiferente; sonríe menos.	Cerrada con enojo; mandíbula y ceño apretados; desdeñosa o despectiva; protectora; melosa, sonriente, manipuladora.
Tono de voz: Relativamente expresiva, a veces pide disculpas, tentativa, sumisa.	Relativamente indiferente; objetiva, con confianza en sí misma, asertiva, decidida.	Enojada, sarcástica, despectiva, impertinente, regañona, rezongona o sarcástica; habla a un volumen muy alto o bajo amenazador.
Salida de voz: Alta, parecida a la de una niña pequeña.	Relativamente baja, forzada.	Amenazadora y baja o a gritos.
Manos: Juega con el pelo; nerviosa; cruzadas en el regazo.	Apacibles u ocupadas, movimientos suaves; manos a los lados.	A uno o ambos lados de la cadera; los dedos señalan o tiemblan.
Ojos: Posición hacia abajo: poco contacto visual al hablar; miran en forma esquiva al que habla; evitan el contacto directo.	Contacto visual frecuente al hablar; estables, asertivas; mirada relajada y casual mientras el otro habla.	Mirada fija; enojada, desafiante; o fría e inexpresiva.
Cabeza: Inclinada, se mueve de un lado al otro, arriba y abajo; agachada.	Apacible, derecha.	Rígida, erecta.
Postura: Hundida, encorvada, pero tensa; o tiesa como palo, atenta, nerviosa.	Casi militar pero relajada; cabeza y columna derechas; pies ligeramente separados, bien asertivos; brazos a los lados.	Rodillas tensas apretadas; pies muy separados con amplitud, plantados con asertividad; los puños cerrados.
Posiciones: De pie con vacilación; sentada tensa hacia delante, rodillas y pies juntos; los brazos cruzados en el regazo; otras posiciones balanceadas y tensas; vigilante.	Posiciones asimétricas y expansivas: brazos sobre los costados de la silla, a veces inclinada a un lado en forma relajada; inclinada hacia atrás, manos apretadas atrás de la nuca; hombres: giran la silla sobre su eje y separan las piernas o suben los pies al escritorio; en forma casual dan la espalda a alguien para tomar algo.	Inclinada tensa y forzada hacia delante; dedos que señalan, tamborilea en el escritorio.
Movimientos: Cortos, controlados, tensos; se cubre la cara con las manos; juguetea con un objeto; balanceo rítmico de la pierna/pie.	Expansiva, relajada, libre; une las puntas de los dedos; sin movimientos nerviosos.	Mueve los brazos con enojo; se acerca por encima del otro; invade el territorio personal de otro.

Ofrezca un apretón de manos asertivo. En nuestra cultura, el apretón de manos es casi obligatorio para los hombres cuando se presentan y, con frecuencia, cuando se encuentran o despiden. Las mujeres, por tradición, utilizan el apretón de manos en forma selectiva según su propia elección. El psicólogo Albert Mehrabian dice que el nivel de preferencia general de una persona por los apretones de manos refleja cuán positivo es su sentimiento hacia los demás. He aquí algunas sugerencias para manejar los apretones de manos.

⇪ Estreche las manos para demostrar profesionalismo, asertividad y poder personal.

⇪ Estreche las manos cuando conozca por primera vez a alguien o cuando no lo haya visto durante un tiempo, para felicitar y cerrar un trato.

⇪ Use un apretón de manos asertivo, que indica sinceridad y confianza en sí misma, así como un agrado mayor por la persona y sentimientos más cálidos.

⇪ Evite apretones de manos prolongados que en general se consideran demasiado íntimos.

⇪ Evite un apretón de manos demasiado flojo que en general se interpreta como un signo de actitud distante y de poca disposición a comprometerse.

Piense alto. La mujer promedio (1.60 m) es 10 centímetros más baja que el hombre promedio (1.70 m). En el mundo de los negocios ser más alto, en general, significa mayor respeto, más poder y más prosperidad. Estas relaciones se han establecido en varios estudios. En efecto, un estudio que se realizó en 1985 mostró que cada 2 centímetros y medio adicionales significan una ganancia adicional de 600 dólares al año para los hombres con grado de maestría en administración. Una diferencia promedio de 11 centímetros significa un beneficio de 2,700 dólares al año, que es mucho más en dólares actuales.

En los negocios, las mujeres altas suelen tener las mismas ventajas que los hombres altos. Por el contrario, los hombres bajos pueden estar más amenazados por una mujer alta que por un hombre alto. Es posible que el hombre vea a una mujer baja como menos amenazadora que cualquier otro en la oficina y por tanto bajará la guardia y confiará en ella. Además, es posible superar el hecho de ser bajo si proyecta una actitud competente y de confianza en sí misma, como lo ejemplifica la integrante del gabinete Donna Shalala y la redactora de conferencias doctora Ruth Westheimer. La actitud crea una *imagen* más alta, lo que a su vez mejora la carrera. He aquí algunas técnicas específicas.

⇪ *Piense que usted es alta.* La imagen que tiene de sí misma ejerce mayor impacto que el tamaño físico.

⇪ *Camine alta.* Fuércese a adoptar su estatura completa; practique esto tan seguido como lo piense.

⇪ *Vístase alta.* Consiga algunos buenos libros sobre cómo vestir para crear la ilusión de una estatura mayor, lo que incluye algunas de las mismas técnicas de vestirse para dar la ilusión de delgadez. Las técnicas incluyen casi siempre un efecto monocromo de la cabeza a los pies, colores sólidos o patrones de pequeña escala, tejidos suaves que sigan las líneas del cuerpo, líneas sencillas, líneas verticales o diagonales y líneas del cuello no apretadas.

⇪ *Proyecte una imagen asertiva profesional.* Si empieza a sentirse intimidada o sin fuerza cuando alguien es muy alto o le asigna el estereotipo de parecer una niña o una persona débil debido a su estatura, céntrese en sus metas profesionales y concíbase como una profesional confiable y asertiva.

Utilice el poder del vestido y el arreglo. Su apariencia manda una señal a la gente acerca de su actitud hacia usted misma y hacia los demás, su competencia y su papel en la compañía. Su forma de vestir y arreglarse indican qué tan bien se ajusta a la imagen de la compañía y a la de sus colegas. Encuentre modelos de papeles que tengan la clase de poder, trabajos y asertividad que usted quiere tener. Vístase para el lugar en el que quiere estar próximamente, no para donde se encuentra ahora. Los encargados de tomar las decisiones son más propensos a pensar en usted como alguien digna de un ascenso cuando se ve así.

Domine la postura y la forma de caminar del poder. De acuerdo con Mehrabian, en nuestra cultura, el relajamiento y la tensión son formas muy importantes en las que se transmiten con sutileza las diferencias en el nivel. Sus investigaciones sobre el significado de las posiciones del cuerpo relajadas como opuestas a las tensas indican que los hombres en nuestra cultura adoptan posturas más relajadas que las mujeres. Este patrón predomina en una variedad de circunstancias, ya sea que los hombres estén en presencia de mujeres o de otros hombres. Algunas de estas posturas de poder y las formas en que las mujeres responden a ellas, se muestran en la Instantánea número 3. Es importante para usted responder con un mensaje de fuerza, ya que la mayoría de los hombres conocen los signos de debilidad y los buscan (aunque no necesariamente en el nivel consciente).

La postura y la forma de caminar de la gente de la clase media superior son diferentes a aquellas de la gente de la clase media inferior. La gente de la clase media superior mantiene sus hombros rectos, la cabeza erguida, los ojos hacia adelante, los brazos en dirección del cuerpo, los dedos ligeramente cóncavos, caminan casi como militares con zancadas parejas de más o menos 30 centímetros. Entre más poderosos son los individuos, caminan con la fuerza relajada de una pantera, sin prisas, movimientos suaves pero listos para saltar. La gente de la clase media baja camina con los hombros y el cuerpo más inclinados, la cadera y los brazos con más giro, la cabeza dirigida más hacia adelante y hacia abajo, y utiliza pasos largos o erráticos.

Mantenga un dibujo mental de su imagen de poder. ¿Cómo estar segura de que sus mensajes no verbales corresponden con los verbales? Quizá lo más importante es tener muy claro lo que *trata* de comunicar. Antes de que se encuentre con la otra persona, relájese y concéntrese en el mensaje que trata de trasmitir. Véase a usted misma como una persona creíble, poderosa y profesional. Visualícese llegando de manera asertiva tanto verbal como no verbalmente, comportándose en forma natural y apropiada y alcanzando las metas que persigue. Cuando llegue el momento de ser asertiva, su mente subconsciente asumirá los aspectos no verbales si usted los pasa por alto.

Practique un nuevo lenguaje corporal. La buena noticia es que puede cambiar la forma en que la gente la percibe con el cambio consciente de sus mensajes no verbales. Cuando envía mensajes de nivel elevado, la gente la sitúa en ese nivel, ya sea que en realidad se encuentre ahí o no. Siempre que intente nuevos mensajes verbales asertivos, es importante practicar las acciones no verbales que deben acompañar a sus palabras. Los nuevos modos de comportamiento pueden parecer difíciles y grotescos al principio, pero se volverán naturales con la práctica.

Recuerde, aprendió su lenguaje corporal actual de mujer en una cultura patriarcal. Esos movimientos, no son más *usted* que cualquier otra conducta aprendida. Hay muchos *usted* potenciales, y puede divertirse al experimentar con el nuevo lenguaje corporal que expresa lo *usted* que quiere crear. Como dijo una mujer profesional: "Parpadear e inclinar la cabeza no son más *yo* de lo que es el contacto visual asertivo. Parpadear parecía funcionar en la cultura en la que crecí. Ahora ya no me sirve." Practique las posturas de poder y las acciones no verbales que se dan en las instantáneas 2 y 3. Cuando tenga oportunidad, grábese en video y audio adoptando una postura asertiva. Estudie su lenguaje no verbal. El video es una herramienta muy poderosa para cambiar, debido a que se sale de sí misma y obtiene la imagen muy vívida. Pronto tendrá una nueva imagen de poder.

Técnica número 3: Establezca contacto visual asertivo

Muchas personas consideran que los ojos son el medio más importante de comunicación no verbal. Con frecuencia son una clave para conocer los pensamientos y los sentimientos que el emisor trata de ocultar. En la conversación normal, usted mira a la persona que habla más o menos durante un segundo y luego ve hacia otro lado para demostrar a su interlocutor que lo escucha, pero no lo mira fijamente. Ya sea que hable o escuche, si evita el contacto visual, es probable que se interprete como un signo de baja autoestima, debilidad o sentimientos de culpa. Las investigaciones indican que la gente tiende a mantener mayor grado de contacto visual con aquellos que creen serán de ayuda o los aprobarán. Sin embargo, un encuentro muy largo de los ojos no es común, y por tanto tiene un significado especial, como enojo, desafío, atracción sexual.

Técnica número 4: Utilice con asertividad el espacio y los símbolos de nivel elevado

La forma en que utiliza el espacio también es un medio de comunicación no verbal. Los seres humanos, así como otros animales, tienden a reclamar y defender un territorio en particular. Hay una ventaja psicológica al encontrarnos con alguien en su propio territorio. A los abogados les gusta tener juntas importantes con los adversarios en sus propias oficinas, al igual que los equipos deportivos prefieren jugar en su cancha o campo. La gente de nivel elevado tiende a:

- ✺ Controlar un territorio más grande (espacios, subordinados, autoridad para tomar decisiones y otros aspectos del poder) que la gente de nivel más bajo.
- ✺ Proteger mejor su territorio.
- ✺ Invadir el territorio de los empleados de nivel más bajo con mayor facilidad.

Observe a la gente en su empresa. En la mayor parte de las compañías, cuanto más alto sea su nivel, la oficina es más grande y privada. Conforme los ejecutivos ascienden, su territorio está mejor protegido por el número de pisos en el edificio, el tamaño de los vestíbulos y la presencia de paredes, puertas, recepcionistas y otras barreras al acceso inmediato.

Los ejecutivos en general muestran familiaridad con los subordinados por medio de llegar casualmente a sus escritorios u oficinas. En general, se sienten libres de sentarse sin que se les pida, lo que implica que se encuentran relajados e intentan permanecer un rato. Por el contrario, la mayoría de los empleados dudarían en invadir el territorio de su gerente del mismo modo. Entre más ancha la brecha de *nivel* entre el ejecutivo y el empleado, el ejecutivo se siente más libre de invadir y el subordinado más inseguro de hacerlo.

Sus colegas y trabajadores masculinos podrían intentar dominarla con sutileza por medio de este tipo de movimientos territoriales. A menos que esté consciente del significado de esas acciones, podría responder en forma inconsciente con una conducta de sumisión. He aquí algunas recomendaciones para anular los movimientos territoriales sutiles de los hombres en su oficina.

- ✎ Mantenga su territorio en la mente.
- ✎ Durante la conversación, levántese y camine en forma casual por su oficina.
- ✎ Discúlpese con el pretexto de tener una cita.
- ✎ Ponga una barrera para detener a los visitantes de su oficina o escritorio.
- ✎ Adopte la misma familiaridad con los colegas visitándolos en sus oficinas.

Los símbolos no verbales de la jerarquía desencadenan sentimientos fuertes debido a que satisfacen o frustran necesidades del ego. La gente, en general, es muy sensible a los mensajes implícitos en la forma en que los gerentes manejan los símbolos de jerarquía, como sus nombres en recados de instrucciones, listas, directorios, organigramas, puertas de las oficinas y hasta estacionamientos; el tamaño y la ubicación de sus oficinas; el mobiliario y equipo; sus apoyos secretariales y de oficina; y su acceso a los recursos de otras compañías. Entre más visibles sean para otros estos símbolos de jerarquía, más fuertes serán los sentimientos ligados a ellos, en especial si esos símbolos se retiran.

✓ Estrategia número 6: Intente nuevos modos asertivos

Ha tenido la oportunidad de estar alerta a sus actitudes y acciones actuales en el campo de la asertividad, y de ver algunas formas en las que ésta incrementa la eficacia de un líder. Ahora es tiempo de comenzar a jugar con nuevas formas de pensar, sentir y actuar en sus relaciones. Es el momento de identificar patrones que no crean lo que desea en su vida, y de experimentar con patrones nuevos que es más probable que traigan los resultados que quiere.

Adoptó sus patrones de conducta actuales al copiar modelos de papeles, adquirió creencias y hábitos de hablar consigo misma, basados en mensajes de sus padres y al responder a las recompensas que ellos y otros le daban. Aprenderá conductas nuevas y más productivas de la misma manera en que aprendió las antiguas y no productivas, sólo que ahora lo hará en el nivel consciente.

Técnica número 1: Replantee los mensajes antiguos de sus padres

Todos nosotros funcionamos a veces con *mensajes paternales* que aprendemos en la niñez. Pero con frecuencia no estamos conscientes de estos mensajes ni de su impacto en nuestra conducta. Cuando está consciente de los mensajes paternos que subyacen a su conducta no productiva, es más probable que los cambios de comportamiento que haga sean más profundos y de larga duración que cuando permanece inconsciente a ellos.

Tomemos la timidez como ejemplo. Su causa de raíz es una preocupación excesiva de ser evaluada, además de una suposición de que la evaluación será negativa y de algún modo será rechazada. Al experimentar terror o miedo al rechazo, la persona tímida retrocede, se *paraliza*, adquiere conciencia de sí misma y no quiere correr los riesgos de la acción asertiva. El simple hecho de adquirir y practicar habilidades verbales y no verbales relevantes hace mucho para remediar la timidez; por ejemplo, practicar aptitudes de asertividad, para hablar en público y sociales.

Sin embargo, esos cambios de conducta durarán más si observa las causas que subyacen y hace cambios en un nivel más profundo. Eso significa estar consciente de los mensajes paternales que aprendió, como *debes alcanzar, debes ser competente, debes ganar para estar bien.* El mensaje implícito es, *si fallas es porque eres una perdedora y no lo intentaste lo suficiente.* El remedio para los mensajes paternos no productivos es refutarlos con su propia mentalidad y hacer nuevos mensajes para usted. Después, concéntrese en sus fortalezas y siga con la sustitución con sus nuevos mensajes y pase más tiempo participando en actividades y con personas que aumenten el valor que se da a sí misma.

La Instantánea número 4 y el Promotor de aptitudes número 2 mencionan mensajes paternos comunes que intentan forzar a los niños hacia la comunicación verbal y no verbal.

Instantánea número 4: Mensajes paternales que la limitan

Mensaje paternal	Efecto en los derechos	Efecto en la conducta	Mensajes alternativos
Piensa primero en los demás; da a otros, aun si sufres. No seas egoísta.	No tengo derecho a poner mis necesidades por encima de las de otra persona.	Cuando tenga algún conflicto con alguien, cederé, cubriré las necesidades de la otra persona y me olvidaré de las mías.	Ser egoísta es poner sus deseos antes de los de otras personas, e ignorar sus derechos y necesidades. Sin embargo, debe aceptar la responsabilidad de satisfacer las metas y necesidades propias. Sus necesidades son tan importantes como las de los demás. Trate de llegar a un compromiso cuando ocurra un conflicto de intereses.
Sé modesta y humilde; no actúes con superioridad sobre los demás.	No tengo derecho a hacer nada que implique que soy mejor que otros.	Interrumpiré mis logros y haré a un lado cualquier cumplimiento. Alabaré las contribuciones de otros y guardaré silencio sobre las mías. Reservaré mis opiniones para mí misma.	Es indeseable superarse a expensas de otra persona. Sin embargo, tiene tanto derecho como los demás a demostrar sus aptitudes y a estar orgullosa de usted. Es saludable gozar sus logros.
Sé comprensiva y pasa por alto las irritaciones triviales. No regañes, rezongues o te quejes.	No tengo derecho a sentir ira o a expresarla.	Cuando voy derecho y alguien se atraviesa, no digo nada. No le diré a mi novia que no me gustan sus interrupciones constantes.	Es indeseable ser detallista en forma intencional, pero la vida está hecha de incidentes triviales que a veces son irritantes. Tiene derecho a experimentar sentimientos de enojo; si los manifiesta de alguna forma cuando ocurran, no harán explosión.

Los mensajes en la Instantánea número 4 están seguidos por explicaciones de cómo los interpretan los niños con frecuencia, el efecto que esas interpretaciones tienen en sus derechos y su conducta asertiva y mensajes alternativos que son más realistas y funcionales. El Promotor de aptitudes número 2 menciona sólo los mensajes paternos, no los efectos ni mensajes alternativos. Vea si alguno de estos mensajes o uno similar afecta sus puntos de vista y acciones.

Técnica número 2: Revise creencias autolimitantes

Las creencias autolimitantes irracionales sabotean sus esfuerzos. Crean emociones que generan tensión. Si cree en forma irracional que sería *terrible* y *catastrófico* fallar en alcanzar una meta importante o ser rechazada por una persona significativa de su vida, entonces se sentirá ansiosa, deprimida o culpable. Otra idea irracional es que sería terrible si otros la trataran con injusticia y aquellos que lo hicieran obtendrían reproches y castigos severos. Esta idea conduce a un enojo intenso cuando otros se comportan en forma injusta con usted.

Las creencias autolimitantes con frecuencia comprenden *yo necesito* o *yo veo*, mientras que las creencias racionales incluyen *yo quiero* o *yo prefiero*. He aquí algunas creencias autolimitantes y creencias alternativas que son significativas, en especial para las mujeres.

Si yo reclamo mis derechos, otros se enojarán conmigo.

- **Creencia alternativa:** *Si yo reclamo mis derechos, la gente podría enojarse, podría no importarle una forma o la otra, o quererme y respetarme más. Cuando consigo un derecho legítimo, es probable que los resultados sean por lo menos parcialmente favorables.*

Si la gente se enoja conmigo, sería terrible, quedaría despedazada.

- **Creencia alternativa número 1:** *Puedo manejar el enojo de la gente sin sentirme devastada.*
- **Creencia alternativa número 2:** *Cuando reclamo un derecho legítimo, no tengo que sentirme responsable por la reacción emocional de otra persona.*

Si soy honesta y directa con la gente y digo no, la heriré.

- **Creencia alternativa número 1:** *La gente puede sentirse o no herida si yo digo no en forma directa.*
- **Creencia alternativa número 2:** *La mayoría de la gente no se siente ofendida con tanta facilidad que no pueda manejar un mensaje honesto y directo de otro.*

Yo soy culpable si otra persona se siente herida cuando digo no.

- **Creencia alternativa número 1:** *Aunque pueden sorprenderse y se sientan quizás un poco confundidas cuando digo no, la mayoría de las personas no son tan vulnerables que queden devastadas por ello.*
- **Creencia alternativa número 2:** *Puedo hacer saber a la gente que me importa, al mismo tiempo que digo no.*

✤ **Creencia alternativa número 3:** *Los sentimientos de la otra persona que se siente herida o enojada son problema de ella.*

Seré egoísta y mala si rechazo las peticiones válidas de otros. Pensarán que soy mala y no me querrán.

✤ **Creencia alternativa número 1:** *Ni los requerimientos válidos garantizan mi tiempo y energía.*

✤ **Creencia alternativa número 2:** *Podría ser que me ocupara de las prioridades de otra persona en forma continua en vez de las mías.*

✤ **Creencia alternativa número 3:** *Está bien hacerme cargo de mis necesidades antes que de las de otros.*

✤ **Creencia alternativa número 4:** *Cuanta más visibilidad y poder de toma de decisiones tenga, más críticos tendré. Esto les pasa a todos los directivos y líderes.*

Debo ser muy cuidadosa al hacer declaraciones o preguntas que podrían parecer absurdas.

✤ **Creencia alternativa:** *Nadie es perfecto y nadie sabe todo, ni siquiera en su área de experiencia. A veces, hacer preguntas que parecen absurdas refleja confianza y capacidad. (Me imagino que si no lo entiendo es por una razón.)*

La gente etiqueta a las mujeres que reclaman, hablan y pelean. Me llamarán rezongona o arpía. Dirán que soy gruñona o difícil.

✤ **Creencia alternativa:** *Cuando soy directa y honesta al reclamar mis derechos en forma apropiada, otros me querrán y respetarán. Aquellos que no lo hagan, es probable que no respeten tampoco mi falta de asertividad; en lugar de eso, tal vez usarán mi timidez, miedo o ansiedad para manipularme y aprovecharse de mí.*

Técnica número 3: Termine la conversación negativa consigo misma

Lo que se dice justo antes, durante y después de un incidente se basa en los mensajes y creencias paternales. Tiene una influencia muy importante sobre su conducta. Los ejemplos de conversación consigo misma no asertiva incluyen: *Pensarán que soy una tonta; es probable que me hagan pedazos.* Los ejemplos de conversaciones asertivas con uno misma incluyen: *Me relajaré y dejaré que lo mejor de mí misma maneje esto; puedo hacerlo.*

La mayor parte de la conversación con uno misma que conduce a una conducta no asertiva o agresiva es típica de los trenes de pensamiento negativos que estudiamos con anterioridad. Tiene una o más de estas características.

✤ Lleva a una conclusión cuando falta evidencia o ésta es contradictoria: *Él dijo que no había necesidad de discutir en este momento las vacaciones del próximo año. Apuesto que planea despedirme antes del primer día del año.*

✤ Exageran el significado de un evento: *Nunca esperé recibir la noticia de que había fracasado, frente a la copiadora un lunes por la mañana.*

✤ Pasan por alto algún aspecto importante de la situación como *El jefe se siente mal y va atrasado en los proyectos actuales.*

✤ Simplifican eventos calificándolos como buenos o malos, correctos o equivocados: *Ha sido así conmigo desde que perdimos la cuenta de Acme. Es probable que piense que toda la culpa fue mía.*

✤ Generaliza a partir de un solo incidente: *Es terrible ser un fracaso a los 35. Apuesto a que nadie querrá contratar a una fracasada.*

Los enunciados negativos que hablan de sí misma crean un círculo entre un estado de ansiedad o desesperación. Empiece a romper el círculo viviendo el presente y enfrentando la realidad actual. Para interrumpir la conversación negativa con uno misma y detener su curso, hágase las siguientes preguntas clave:

1. *¿Cuál es mi nivel de ansiedad (en una escala del uno al 10)?*
2. *¿Qué estoy haciendo (verbal y no verbalmente)?*
3. *¿Qué siento, qué pienso?*
4. *¿Qué quiero pensar, sentir y hacer?*
5. *¿Qué pensamientos, opiniones, deseos o sentimientos quiero expresar en esta situación? ¿Qué quiero que sepa la otra persona?*
6. *¿Qué pensamientos me mantienen lejos de hacer lo que quiero?*
7. *¿Qué pienso que es apropiado expresar?*
8. *¿Cómo podría proceder a expresar lo que quiero?*

Ahora, para afirmarse en forma apropiada, practique una conversación consigo misma nueva y más constructiva. Asimismo, cuando su nivel de ansiedad sea alto, recuerde utilizar alguna técnica eficaz de relajación o de visualizar el dominio de sí misma. Discúlpese tan pronto como pueda y encuentre un lugar privado para relajarse y ver las cosas en perspectiva. He aquí algunos ejemplos de conversación positiva con uno misma.

Antes del evento: *Sé cómo manejar con esto, aunque sea molesto. Es fácil; recuerde mantener su sentido del humor. No voy a dejar que él me atrape. Buscaré lo positivo y no aceptaré lo peor.*

Durante el evento: *Sentirse mal no ayudará. Mi enojo (o ansiedad) es una señal de lo que necesito hacer; es el momento de aprender. Puedo mantener una actitud fría.*

Después del evento: *No necesito tomar esto tan a pecho. ¿Me puedo reír de esto? ¿Es en serio? No dejaré que los detalles mínimos me derroten. Puedo ganar este juego si uso mis cartas en forma correcta. Ya manejé esto muy bien.*

Técnica número 4: Vaya por resultados positivos

Si usted es como la mayoría de las mujeres, se siente bien con las recompensas *seguras* que la falta de asertividad le ayuda a conseguir. Tal vez no esté consciente de las recompensas de alto nivel que trae la seguridad en sí misma o tal vez tenga miedo de arriesgarse a perder lo que tiene seguro. En otras palabras, aunque no esté satisfecha con lo que su conducta actual le trae, por lo menos sabe lo que espera. Podría tener miedo de perder más de lo que ganaría si comienza a ser asertiva.

Reconozca las recompensas positivas y negativas. Las investigaciones indican que cuando las mujeres comienzan en forma realista a ponderar lo que ganarían contra lo que perderían, los riesgos de la asertividad se vuelven más atractivos. He aquí algunos comentarios típicos acerca de la falta de asertividad.

> *Trato de ser simpática y obtener la aprobación de todos, pero veo que no estoy segura de quién soy, sino de que aquella que la gente quiere que sea. Tal vez es el momento de ya no permitir que los demás me definan.*

> *Evito el rechazo, pero renuncio a muchas oportunidades de aprender y crecer.*

> *Mi jefe me protegerá, pero nunca desarrollaré la confianza de mantenerme por mí misma.*

> *Trato de estar segura y tranquila a corto plazo. Pero comienzo a ver que también soy dependiente y de que esta situación invita a la gente a invadir mis derechos y mi espacio.*

> *Trato de evitar participar en un pleito o de que me consideren generadora de problemas. Pero cuando me valoro muy poco, en cierto modo hago difícil la vida de todas las mujeres.*

Vamos a centrarnos por un momento en aquellas situaciones en las que se ha comportado insegura con resultados inaceptables. Entender *por qué* actuó de ese modo (qué recompensas obtuvo de esa conducta) le ayuda a decidirse a ser asertiva. Recuerde, sólo repite conductas que le trajeron algún tipo de recompensa o pago. Incluso puede percibir una atención negativa como beneficio, aunque es probable que sea en el nivel subconsciente. *Es mejor recibir cualquier tipo de atención que ninguna y por lo menos sé que esperar.* He aquí algunos beneficios que reportan otras mujeres. Vea cómo se comparan con los suyos.

> Evite los riesgos, juegue a lo seguro y no se arriesgue.

> Obtenga la aprobación (evite perder la aprobación de otra persona).

> Evite una escena o un lío.

> Sea capaz de reprochar a alguien si las cosas no salen bien.

> Sea educada, sea útil.

> Evite la conducta ruda o agresiva.

Estos beneficios oscurecen las grandes recompensas que trae la asertividad. Si se centra en sus *recompensas seguras*, olvida que reivindicar sus derechos la beneficia más en el aumento del respeto y buena voluntad de los demás. Siempre que se encuentre a sí misma sin tomar una acción asertiva debido al miedo, pregúntese: ¿*Qué consigo con esto?*

Céntrese en pagos positivos. ¿Cuáles son los resultados positivos que espera obtener cuando pasa más tiempo en un modo asertivo? Las mujeres mencionan estas recompensas:

> *Me gusto más cuando hablo de o reivindico mis derechos. Al mismo tiempo puede ser más problemático, pero se siente bien después. No tengo que lidiar más con el conflicto de lo que debería haber dicho y hecho.*

> *Manejo por la calle escuchando el radio. Cuando escucho al locutor decir "Si no se siente rechazada lo menos una vez a la semana sencillamente no esta intentando nada" ¡Qué revelación! La mayoría de los hombres se arriesgan al rechazo todo el tiempo. Es entonces cuando comienzo a salir de mi caparazón protector.*

✤ *Al principio, tenía miedo de dejar a mi jefe. Pero ahora por lo menos mis logros son realmente míos. No hay manera de que pueda retroceder otra vez.*

✤ *He decidido que es mejor ser león por un día, que oveja toda la vida.*

El paso final en el proceso del cambio es seleccionar las técnicas o la combinación de técnicas de seguridad que cree que le funcionarán mejor en su situación. Piense cómo las aplicará y practíquelas con un amigo.

Técnica número 5: Comience con una situación de bajo riesgo

Tal vez encuentre muchas áreas de su vida donde podría obtener mejores resultados. Trabaje un área a la vez. Comience con situaciones donde está en juego poco: interacciones con extranjeros y viejos conocidos que tienen poco impacto o significado en su vida, como agentes de ventas y burócratas de oficina. Si pierde, no importa en realidad.

No *condene* su conducta como ineficaz ni trate de eliminarla en forma activa. Esta clase de atención tiende a reforzarla, de manera que ¡se vuelve más arraigada que nunca! Simplemente obsérvela e intente una nueva conducta asertiva. Identifique sus derechos. Construya sobre las fortalezas que ya tiene: ya adoptó en el modo asertivo en algunos tipos de situaciones. Pase más tiempo en este modo. Luego, empiece a utilizarlo en otra clase de situaciones. Descubrirá que un pequeño éxito en un área de su vida traerá incentivos para hacer cambios en otras áreas. Ganará confianza al afirmarse en situaciones que tienen mayor significado en las que los riesgos son más elevados.

Ahora ya tiene las estrategias y técnicas para decidir cuándo y cómo afirmarse con eficacia. Los promotores de aptitudes que siguen le dan la oportunidad de practicar nuevas conductas y pulir las situaciones anticipadas. Construya sobre sus éxitos. Tómese tiempo para observar su sentido de crecimiento, de fortaleza y de confianza en sí misma. Y sobre todo, disfrute siendo la directora de la historia de su propia vida.

Promotores de aptitudes

Promotor de aptitudes número 1: Caso de estudio: Dar a Jennifer retroalimentación asertiva

Propósito: Aplicar sus conocimientos para dar retroalimentación.

Paso 1: Lea la siguiente historia. Tiene una nueva compañera de cuarto, Jennifer. Han compartido un departamento más o menos durante un mes, y las cosas han marchado razonablemente bien. Sin embargo, dos o tres veces, ha llegado a casa de la oficina y encuentra la siguiente escena: En el vestíbulo, el abrigo de Jennifer está tirado sobre una silla; sus zapatos están en el piso; y su portafolios, apoyado contra la pared. En la sala, el periódico está regado por todas partes, una parte en el piso y el resto en la mesa y el sofá. Varias prendas de vestir también están regadas por el cuarto. Jennifer, que viste una blusa vieja, está sentada en la mecedora con sus pies sobre el brazo del sofá. Bebe una lata de cerveza y come cacahuates. Algunos cacahuates y una lata vacía están en el piso de la sala. La televisión suena con estruendo.

Hoy es viernes. Esta mañana un caballero a quien usted está interesada en conocer mejor la llamó a la oficina y la invitó a cenar. Usted estuvo de acuerdo y le propuso que llegara al departamento como a las siete de la noche para tomar un aperitivo. Salió corriendo de la oficina para llegar a su departamento a las cinco y media. Cuando entró, vio una repetición de la escena que describimos antes. Decidió que era el momento de dar a Jennifer una retroalimentación sobre su conducta. Usted le dijo: *Jennifer, quiero hablar contigo...*

Paso 2: Termine el enunciado para Jennifer. En una hoja de papel escriba lo que le hubiera dicho a Jennifer.

Paso 3: Evalúe sus enunciados. Obtenga retroalimentación sobre sus habilidades para la retroalimentación. Primero, compare su enunciado con las sugerencias que se dan en la Técnica número 7, Asertividad que da retroalimentación (vea las páginas 260 a 265). Luego, solicite a un amigo que lea su enunciado y evalúe su eficacia describiendo la conducta sin juzgarla y exprese de manera asertiva cómo afecta la conducta sus sentimientos y su vida y dé lugar a un consenso para cambiar la situación. Revise el enunciado hasta que esté satisfecha con él.

Promotor de aptitudes número 2: Vuelva a escribir los antiguos mensajes paternales

Propósito: Cambiar los mensajes paternales autolimitantes que haya aprendido.

Paso 1: Analice los siguientes mensajes paternales. ¿Recibió alguno de ellos cuando era niña? Piense acerca del efecto que tuvieron en la percepción de sus propios derechos.

- ✎ Sé perfecta.
- ✎ Apúrate. (Y crece. Y sal de mi tutela.)
- ✎ Compláceme. (Actúa en formas que son importantes para mí a costa de tu propio crecimiento o deseos.)
- ✎ Esfuérzate. (Y lléname de orgullo. Y nunca hagas notar que lo has logrado.)
- ✎ Sé agradable. (Aun si eso desemboca en ser utilizada o abusada.)
- ✎ Sé fuerte. (No temas. No estés triste. No llores.)
- ✎ Anote cualquier otro mensaje paternal que haya afectado su derecho a ser usted misma, a hacer cosas que usted quería y a su manera.

Paso 2: Seleccione el primer mensaje paternal con el que quiera trabajar.

Paso 3: Identifique el efecto que tuvo *sobre sus derechos* y escríbalo, luego escriba el efecto que tuvo *sobre su conducta asertiva*.

Paso 4: ¿Qué mensaje alternativo podría ahora darse a usted misma? Escriba un nuevo mensaje que apoye su derecho a ser asertiva.

Paso 5: Transmita el nuevo mensaje a la niña que todavía hay dentro de usted. La niña que forma parte de usted todavía tiene un efecto poderoso sobre su vida actual. Intente una técnica de relajación profunda. Retroceda en su memoria hasta la niñez y encuentre a la niña que recibió el antiguo mensaje paternal. Pregúntele qué necesita y quiere. Ofrézcale apoyo, amor y el bienestar que necesita. Luego transmítale el nuevo mensaje que le permita actuar de manera asertiva, con confianza y seguridad.

Paso 6: Repita los pasos tres a cinco para otros mensajes paternales que quiera cambiar.

Promotor de aptitudes número 3: Cambio de modos: de no productiva a asertiva

Propósito: Practicar el cambio a un modo asertivo.

Paso 1: Identifique la situación que le gustaría mejorar. Defínala con claridad y de manera específica, y decida con exactitud cuál es su meta. Establezca su conducta actual y la que desea. Determine cuánto control tiene sobre esos resultados. (¿El resultado depende en su mayor parte de su conducta o de la de otra persona?)

Paso 2: Mencione uno o más *papeles modelo* que manejen bien situaciones similares. Describa lo que dicen y hacen que sea eficaz. Practique decir y hacer esas cosas.

Paso 3: Identifique cualquier mensaje paternal, creencia autolimitante, conversación negativa con usted misma y sentimiento generador de tensión sobre lo que pasaría si actuara de manera asertiva.

Paso 4: Vuelva a escribir y cambie mensajes paternales, creencias y conversación con usted misma sobre sus derechos y comportamiento en esta situación. Procese las emociones generadoras de tensión.

Paso 5: Identifique las *recompensas* que obtiene del modo actual y los pagos que comenzaría a ganar si usara un modo asertivo.

Paso 6: Identifique sus *derechos personales* en la situación, derechos que estaría dispuesta a reivindicar. Identifique los derechos de otros que estaría dispuesta respetar.

Promotor de aptitudes número 4: Diga *no* de manera asertiva y graciosa

Propósito: Adquiera la capacidad de decir *no* de manera asertiva y graciosa.

Paso 1: Describa en forma breve y por escrito una situación específica en la que haya evitado decir *no* por alguna razón como las siguientes.

- Se sintió obligada a dar una explicación larga (quizá falsa), para justificar su conducta.
- Sintió miedo de que la consideraran hostil y agresiva.
- Tuvo miedo de manejar mal la situación, no en forma tan elegante como le habría gustado.
- No fue capaz de lastimar al negarse, de modo que mejor dijo que *sí*.
- Tuvo miedo de sentirse culpable por decir *no*.

Las siguientes son situaciones típicas que requieren asertividad y que le ayudan a pensar en situaciones propias.

- Terminar una conversación telefónica con una amiga que platica demasiado.
- Rechazar una invitación.
- Decir *no* a una petición.
- Cancelar o cambiar de planes.
- Regresar mercancía y obtener el reembolso del dinero completo.
- Dejar una tienda sin comprar nada, después de que un vendedor ha invertido gran cantidad de tiempo y energía tratando de hacer una venta.

Paso 2: Describa en forma breve y por escrito una situación *específica* en la que debería haber dicho *no*, pero no habría quedado satisfecha, ya sea con el proceso o el resultado, por alguna de las razones mencionadas en el paso 1.

Paso 3: Describa en forma breve y por escrito un tipo de situación *general* en el que normalmente tiene el mismo tipo de dificultad para decir *no*.

Paso 4: Para cada una de esas situaciones, cambie a un modo asertivo y practique en transmitir su mensaje sin enfrentar la dificultad a la que teme. Éstas son algunas frases de muestra que podría usar:

- *Me gustó hablar contigo, pero ahora tengo que irme. Hasta la vista.*
- *Me parece maravilloso, pero tengo otros planes. Tal vez en otra ocasión.*
- *Considero que en realidad es necesario, pero no soy la persona adecuada para hacerlo.*
- *Gracias, pero mi trabajo (programación, etc.) no me permitirá hacer eso.*
- *Tomaré en cuenta tus preocupaciones, pero no puedo hacer un compromiso en este momento.*
- *Aprecio lo que dices, pero aún así debo negarme.*
- *Soy incapaz de usar ese vestido, no va bien con mi guardarropa. Por favor, cierre mi cuenta.*
- *Gracias por ayudarme. Ahora, me tengo que ir. Regresaré a comprar aquí en otra ocasión.*

Paso 5: Si aún tiene reservas acerca de decir *no*, revise los conceptos relevantes que hemos analizado.

La necesidad de dar demasiadas explicaciones: Esto tiene sus raíces en ocupar una posición sin poder, en relación con los hombres en nuestra cultura. Refleja una creencia entre hijo y padre de que otros tienen derecho a una explicación completa y detallada de sus actos. Las personas profesionales ofrecen respuestas como: *Tengo un compromiso adquirido con anterioridad.* Se sabe que los profesionales cumplen sus compromisos.

Percepción de agresividad: Revise el análisis de sus derechos. Puesto que su *no* refleja un derecho fundamental y no viola los derechos de otros sin consultarlos, no es agresiva. Vigile su actitud para evitar el resentimiento y la hostilidad. Intente la asertividad con empatía.

Una sensación de torpeza: Tenga en mente los derechos y la empatía; luego practique, practique y practique, la gracia llegará.

Incapaz de lastimar con un *no*: Revise sus derechos y dedíquese con asertividad a su derecho a decir *no*. Revise el análisis sobre la asertividad. Intente la *técnica de la grabación descompuesta*, que consiste en repetir su rechazo cada vez que la otra persona repite la solicitud. Mantenga su *no* en forma diplomática, asertiva, con frases ligeramente diferentes, pero apéguese al *no*.

Una sensación de culpabilidad: Busque antiguos mensajes paternales que provoquen un sentimiento de culpabilidad, así como creencias autolimitantes, recompensas negativas y conversación negativa con usted misma. Con frecuencia, la culpabilidad se basa en una sensación de resentimiento o enojo: *Dije no, pero me hicieron sentir que estaba equivocada.* Éste es el punto de vista de una víctima. Revise el análisis sobre asumir la responsabilidad.

Promotor de aptitudes número 5: Defina los motivos y el significado de sus propias acciones

Propósito: Reconocer cuando sus acciones se perciben en forma incorrecta o se malinterpretan, y cuando los demás atribuyen motivaciones o significados incorrectos a sus acciones. Practique formas directas y no defensivas de responder a esas definiciones.

Paso 1: Describa en forma breve y por escrito una situación en la que una persona redefinió el significado de sus acciones y usted no respondió de manera asertiva. A continuación, presentamos algunos ejemplos que le ayudarán a comenzar.

✎ Usted se negó a hacer un favor a un amigo y éste interpretó la negativa como un insulto o rechazo personal.

✎ Pasó tiempo con un amigo y otro amigo reaccionó con celos y lo tomó como que lo hacía menos en lo personal.

✎ Llegó tarde y una persona supuso que la junta no era importante para usted.

Paso 2: Para cada incidente, escriba en forma breve como podría abordar a la otra persona y hacer las declaraciones asertivas que desee sobre sus motivos o el significado de sus acciones.

Paso 3: Frente al espejo, practique hacer sus declaraciones asertivas hasta que sienta que sus palabras y acciones transmiten el tono que desea.

Capítulo 10

Maneje las situaciones con gente difícil

*Tener buen juicio significa tomar decisiones para mantener
una actitud positiva y no permitir que los malos
sentimientos rijan sus relaciones con los demás.*
—Wilma Mankiller,
Gran Jefa de la nación Cherokee

La gente es fascinante y divertida la mayor parte del tiempo. También es desconcertante y a veces nos frustra tratar con ella, un misterio eterno de su complejidad. Una forma de sortear el laberinto de las situaciones con la gente difícil que encuentre es reconocer que la mayor parte de los problemas se derivan de la incapacidad o falta de disposición de la gente para actuar de manera asertiva. Cuando reconozca los tipos de situaciones que se derivan al comportarse en los modos agresivo, agresivo-pasivo y pasivo, habrá dado el primer paso para resolver las situaciones con gente difícil. Antes de manejar los pasos, que son difíciles, revise sus creencias actuales acerca del trato con gente difícil. Luego, conozca a Wilma Mankiller, quien ha dominado el arte de establecer relaciones positivas.

1. ¿En una situación con gente difícil, su meta más importante debe ser transformarla en una situación de ganar a su favor?
2. Cuando se trata de un juego político, ¿debe evitar profundizar?
3. ¿Es mejor siempre participar en el juego desde que lo ve?
4. La fuerza que necesita para superar situaciones con gente difícil, ¿proviene sobre todo de su red de poder?

Mantener *buen juicio* es la clave para conservar el equilibrio en situaciones con gente difícil. Necesita reconocer la dificultad y tratar con ella, pero no verse obligada a tener puntos de vista negativos o emociones que contraen.

Acciones agresivas. Por ejemplo, cuando una persona se comporta en forma agresiva, usted entiende que viola sus derechos. Una estrategia importante, por tanto, es mantener el respeto por sí misma defendiendo sus derechos. Al mismo tiempo, debe conservar el respeto por los derechos de la otra persona, intentar ir a la raíz del problema y trabajar para lograr una solución conjunta.

Escaparate

Wilma Mankiller
Gran Jefa de la nación Cherokee

Wilma Mankiller, es la primera mujer que sirve a la nación Cherokee como su jefa electa. En 1970, el líder espiritual del pueblo cherokee era un hombre que tenía una visión notable. La Mujer Ideal Cherokee se le apareció invitándolo a que la siguiera a la cumbre de una colina. Hacia bajo, vieron una enramada de flores y hojas a través de la cual pasaba una procesión con gente que sonreía feliz. La mujer vio a la gente con gran placer. En ese momento, el líder espiritual despertó de su visión y se dio cuenta de que la mujer era Wilma Mankiller y que un día ella debería ser la jefa del pueblo cherokee. La visión se cumplió en 1985.

Wilma es conocida por su habilidad poco común para hacer que personas con filosofías y estilos de operar por completo diferentes trabajen juntas y en armonía. Ella afirma: "Es preciso hacer a un lado las emociones personales, y permitir que todos, sin importar su punto de vista, expresen sus posiciones." Wilma dice que, en ocasiones, las emociones son muy elevadas y que si permitimos que las batallas del ego hagan erupción pueden destruir a un grupo. Dice: "Trato de ser respetuosa y diplomática con todos." Observa que incluso después de una reunión tormentosa hace lo posible por acercarse de manera amistosa a aquellos que argumentaron en su contra. Primero, se sorprenden, pero luego, la conocen mejor.

Hay una actitud cherokee que se llama *tener buen juicio*. Esto significa tomar una decisión consciente para tener una actitud positiva y no permitir que los malos sentimientos rijan sus relaciones con los demás. Wilma habla de la época en que tuvo que trabajar con una mujer que le desagradaba y de cómo los sentimientos negativos le impedían trabajar bien con ella. Wilma acudió a la curandera local en busca de consejo. Para cuando salió de ahí, su sentido del *buen juicio* se había restaurado y vio a la mujer difícil como su hermana. Wilma explica: "Ahora, cuando siento que caigo en sentimientos negativos, recuerdo el *buen juicio* y no me permito caer en el *mal juicio*."

Acciones pasivas-agresivas. Cuando una persona se comporta con usted en una forma pasivo-agresiva, sabe que hay un sentimiento oculto. La persona parece pasiva, simpática y, sin embargo, la agresión ocurre. Para resolver por completo el problema, debe descubrir la dificultad subyacente que desencadena la agresión. Lo ideal es dirigirse a la otra persona para que le ayude a descubrir qué es lo que sucede, analizarlo y encontrar una resolución conjunta. Si ella no está dispuesta o es incapaz de hacer esto, usted debe encontrar una solución que por lo menos resuelva el problema superficial.

Acciones pasivas. Cuando otros se comportan con usted de una forma pasiva, sabe que son incapaces o no están dispuestos a expresar sus puntos de vista o sentimientos, ni defender sus derechos. Debe descubrir lo que piensan y sienten acerca de la situación antes de lograr una resolución conjunta. Una vez más, si no pueden o no quieren trabajar con usted en esta búsqueda, debe hacer su mejor esfuerzo para alcanzar una resolución con la que estén de acuerdo.

Las situaciones con gente difícil proporcionan herramientas poderosas para aprender más acerca de sí misma y de cómo tratar con el mundo. Cada situación difícil brinda una oportunidad de aprender una lección importante. Conforme aprenda las lecciones y aumente la conciencia que tiene de sí misma, desarrollará aptitudes poderosas para tratar con la gente, que es posible usar al dirigir a otras personas hacia niveles de conciencia más profundos. En efecto, ¡es probable que esta aptitud se transforme en su característica más poderosa de liderazgo!

Más adelante, analizaremos situaciones difíciles con sus gerentes, colegas y subalternos, así como situaciones de negocios y sociales. En cada categoría, encontrará que la mayor parte de los problemas provienen de gente que funciona en los diferentes modos: agresivo, pasivo o agresivo-pasivo. Conforme aprenda a reconocer el modo subyacente, aumentará su actitud para responder con mayor eficacia.

✓ Estrategia número 1: Maneje situaciones difíciles con su gerente

Ninguna otra persona tiene el poder de su gerente para realizar o bloquear sus metas profesionales inmediatas. Tratar en forma asertiva y con tacto con esta persona tan importante es esencial para su éxito profesional.

¿Ve a su gerente como una figura de autoridad? En nuestra cultura patriarcal, los directivos son en especial intimidatorios para las mujeres. Entre más niveles haya entre usted y un gerente en particular, mayores tienden a ser los niveles de sobrecogimiento e intimidación.

Su gerente podría operar sobre todo en un modo firme, lo que haría más fácil su vida. Su vida se vuelve más difícil si su gerente se comporta, sobre todo, en un modo agresivo, agresivo-pasivo o pasivo. Es más probable que su jefe funcione en cada uno de estos modos en diferentes momentos. Aprenda a responder en forma constructiva a las acciones de su gerente sin importar el modo. Sea perceptiva y firme con objeto de aumentar su respeto y comunicar sus necesidades, deseos y metas. Aprenda a afirmarse en cada área, desde analizar el problema que representa para usted la conducta de su gerente al solicitar un ascenso y aumento salarial.

Cuando su gerente está en un modo agresivo

Uno de sus desafíos más importantes al tratar con su jefe puede ser cuando éste se encuentra en un modo agresivo. En esas ocasiones, su gerente puede ser abusivo, arrogante, grosero, excluyente o inflexible.

Gerente abusivo

Su gerente puede ser abusivo de diferentes modos, como tratarla en forma dura, criticarla de manera abusiva o negativa al compararla con otros.

Su gerente la trata en una forma arbitraria, difícil o dictatorial, o presenta estallidos de carácter.

La clave es dejar pasar cualquier herida que experimente y centrarse en lo que en realidad le importa: triunfar en su trabajo.

1. Recuerde: no puede razonar con una persona iracunda. Por regla general, espere hasta que la persona se calme, después hable y trate de acordar algunas metas.
2. Si piensa que se pondrá violenta, discúlpese en seguida y diga que volverá más tarde.
3. Si debe resolver una crisis aun cuando su gerente esté enojado, proceda a repetir con calma su nombre hasta que se detenga. Cuando se calme y tenga una oportunidad de estudiar el problema, escuche, planee su estrategia y piense antes de hablar.
4. Muéstrese firme, fuerte, amable y no emocional. Actúe serena y no desafíe al ego de la persona ni la imagen que tiene de sí misma.
5. Utilice el tacto para lograr atención y respeto. Haga preguntas que demuestren que quiere hablar, preguntas que saquen a la luz lo que realmente molesta a la otra persona.
6. Si está de acuerdo en parte con lo que menciona, dígaselo al tiempo que le señala otros puntos que la confunden. Si está en desacuerdo por completo, muestre respeto por la opinión de la persona y pídale considerar otra posibilidad.

Su gerente critica con dureza un error suyo.

1. Su meta inmediata es corregir el error y recuperar la buena voluntad de su gerente.
2. Admita su error sin dar excusas y plantee cómo lo corregirá y prevendrá para que no vuelva a suceder en el futuro.
3. Solicite a su gerente que haga sugerencias y luego que esté de acuerdo con su plan.
4. Si la dureza continúa, hable del efecto que tiene sobre usted y de cómo se siente al respecto. Diga que acepta la crítica y que tiene cierta dificultad con la forma en que se le expresa.
5. Concéntrese en la meta de mantener una relación positiva y hacer un trabajo excelente.

Su gerente la compara en modo desfavorable con sus colegas.

Recuerde que la comparación no tiene que ver con usted como persona. El jefe haría lo mismo a cualquier persona dispuesta a aceptarlo.

1. Diga: *Usted recurre a los ejemplos de otras personas como razones por las que yo debo de ser de cierta forma, pero no soy ninguna de esas otras personas.*
2. Utilice enunciados que comiencen con *usted*, para indicar que no se apropia los esfuerzos de su jefe por compararla. *¿Usted piensa que yo debería parecerme más a Roberto? ¿Usted piensa que yo debo hacer las cosas del mismo modo que Jaime?* Asegúrese de parecer incrédula y desconcertada.
3. Haga una evaluación honesta de cómo ve las cosas: *Usted me compara con otra persona, de modo que dejaré de intentar aquello en lo que creo.*

4. Pregúntese: *¿Qué deseo de este encuentro?* En lugar de: *¿Quién cree que es al decirme que debería parecerme a otra persona?* De este modo, evita enojarse. Debe centrarse en lograr lo que desea, en lugar de la conducta de su gerente.
5. Pregúntese: *¿Necesita sentirse poderoso, comprendido, importante, eficaz?* Si determina las necesidades de su jefe para este encuentro, es más probable que vea la forma apropiada de permitirle salir airoso mientras usted, además, afirma sus derechos.
6. Si más tarde, su gerente hace comparaciones a pesar de lo que usted haya hecho, enfrente el asunto una y otra vez si es necesario. Es importante persistir y ser consistente.

Gerente arrogante

Cuando su gerente actúa en forma agresiva y arrogante, es posible que se adjudique el crédito por el trabajo que usted realiza, regatee con usted, actúe con rudeza o la excluya.

Su gerente se adjudica el crédito por el trabajo que usted realiza y no le da ningún crédito.

1. Adelántese a su jefe. Comparta el crédito de su trabajo con su gerente antes de que tenga oportunidad de adjudicárselo. Elogie y dé crédito a su gerente por el papel que tuvo en la aprobación del proyecto y el apoyo a sus esfuerzos exitosos.
2. Envíe copias de memorándums de confirmación, informes, etc., al jefe de su gerente y a otras personas interesadas.

Su jefe insiste de manera poco magnánima en solicitudes, errores y asuntos triviales.

1. Ayude a que su jefe vea el panorama general; rechace el estancamiento en trivialidades.
2. Cambie el tema haciendo un resumen breve de lo que se dijo y mencione el asunto principal.
3. Ignore las insinuaciones mezquinas y permanezca centrada en el asunto principal.

Gerente grosero

Cuando los gerentes actúan en forma agresiva, pueden ser desconsiderados, burlones o condescendientes, al actuar como si fueran mejores que usted. Su meta es lograr que su jefe demuestre el respeto que usted merece, y no lo conseguirá a menos que crea merecerlo.

1. Enfrente el asunto. Permanezca en calma y sea firme, y limite sus comentarios al asunto.
2. Si su gerente no presta atención mientras usted habla, pregunte si otra ocasión sería más adecuada para esta reunión. Si es necesario, discúlpese y salga.
3. Si piensa que su jefe no está en sintonía, hágale una pregunta para traerlo de regreso.
4. Si su gerente le ha creado un problema en forma involuntaria, explique el problema en términos de la dificultad que crea para él y los beneficios de prevenirlo y resolverlo.

5. Si su gerente es sarcástico o hace un comentario burlón e hiriente, o la ridiculiza de algún otro modo, solicite una reunión en privado. Sea profesional y céntrese en los hechos al dar retroalimentación firme. Haga el comentario exacto y el efecto que tuvo en usted y cómo se sintió. Pregunte a su gerente qué quiso decir con el comentario. Si el comentario fue en realidad una crítica legítima sobre su rendimiento, dígale que aprecia la crítica constructiva que emite en ocasiones privadas como ésa.

6. Si su jefe actúa en forma condescendiente e ignora sus ideas o las ataca o minimiza, hágale recordatorios amables de sus logros y contribuciones a su éxito. Haga esto en forma regular.

7. Céntrese en su gran capacidad. Utilice la superioridad de su jefe como una motivación para hacer todo mejor, no como una pérdida de su confianza. Construya su red de poder de personas que la apoyan que la ayuden a superar las heridas que infligen los gerentes que la excluyen y a lograr metas más grandes y mejores.

Gerentes que la excluyen

La exclusión sutil es tal vez el juego más común que los hombres en el poder dirigen contra las mujeres, sin importar si son gerentes o colegas. Algunas de las formas que adoptan son las siguientes: En las reuniones, su gerente y colegas masculinos escuchan en forma diplomática sus contribuciones, y luego continúan la conversación como si no hubiera dicho nada. Más tarde, uno de ellos podría presentar una idea similar o idéntica expresada en una forma apenas diferente y el grupo la acepta y quizá la adopta. Usted no recibe ningún crédito. O sus gerentes no la incluyen en la planeación y toma de decisiones, reuniones, funciones sociales relacionadas con el negocio o viajes de negocios. He aquí algunas tácticas que puede usar:

1. Si su gerente la excluye de una reunión, viaje u otro evento al que piensa que debería asistir, hable con él en persona o escriba un memorándum. Dígale que sabe que habrá una reunión (o viaje) relacionado con (el tema) el (la fecha). Explíquele que tiene algunas ideas sobre la materia y que piensa que la experiencia ayudará a su rendimiento laboral.

2. Si la exclusión sigue su marcha, decida si se trata de una omisión; una prueba de su asertividad o el primer paso de una guerra abierta. Luego, imponga sus propias estrategias en forma correspondiente.

3. Si es una omisión o prueba de su asertividad, es probable que tenga que pasar por la experiencia desagradable de ser excluida. Es fácil que caiga en el papel de la arpía o la quejumbrosa a menos que confronte la exclusión en verdad sin rastros de emoción. Tenga en mente su meta (ser incluida *y* aceptada), vaya a los hechos y acepte que la exclusión es una omisión no intencional. Proyecte la imagen de una persona fría, racional y profesional y céntrese en las razones de negocios que hacen que sea importante incluirla.

4. Si al parecer se trata del comienzo de una guerra, considere fijar sus propias reuniones ignorando a su gerente o los colegas que la excluyen. Concéntrese en fortalecer su propio grupo de apoyo.

Gerente prepotente

Vamos a echar un vistazo al peor escenario. Tiene un gerente prepotente que quiere verla fracasar y en efecto intenta deshacerse de usted. Veamos primero los juegos en los que participan esos gerentes.

La designación es tal vez el juego más común entre los jefes que se resienten porque las mujeres ocupan puestos de liderazgo. Esta técnica incluye asignarle un encargo o proyecto para el que no está preparada y no darle el apoyo y los recursos que necesita para triunfar. Si fracasa, su gerente dirá a los demás: "*Tenemos que aceptarlo, una mujer no puede realizar este trabajo.*"

Eliminar el puesto es una forma de deshacerse de usted. En lugar de despedirla, su gerente hace que se elimine el puesto de trabajo y luego la deja ir ya que no hay más trabajo para usted.

La patada es un juego para sacarla de un trabajo importante hacia otro insignificante por medio de un ascenso, aumento salarial y título encantador, pero con poco o ningún poder o responsabilidad. Obtenga información sobre cualquier oferta de ascenso laboral, sospeche o no que su gerente está tratando de patearla.

La amenaza de malas referencias es un juego para forzarla a renunciar, de modo que su gerente no tenga que despedirla. Le promete dar referencias favorables sobre usted si renuncia y la amenaza con dar algunas referencias negativas si no lo hace.

Hacerle la vida pesada. Su jefe recurre a este juego cuando no tiene circunstancias propicias para despedirla, pero quiere hacerlo. Las tácticas van desde hablarle en un tono negativo hasta transferirla con frecuencia de un lugar a otro, en especial a lugares a los que usted no desea ir.

Prevenir las represalias es una estrategia de los gerentes para deshacerse de las personas a quienes han herido en batalla, de modo que no tengan que preocuparse porque las víctimas del pasado busquen venganza más tarde. Si su gerente la designa para que fracase o la despida, considere las siguientes recomendaciones:

1. Manténgase fuera de su camino y no se cruce como amenaza, ésa es su mejor protección contra los jefes y colegas prepotentes y agresivos.
2. Constituya una red de apoyo fuerte que incluya gente poderosa en la alta dirección.
3. Insista en metas y estándares específicos cuantificables para su trabajo y para cada asignación importante. Esté segura de que son razonables y que los alcanzará. Propóngalos, obtenga acuerdos y regístrelos en un memorándum de confirmación.
4. Confronte a su gerente con la situación y trate de encontrar las causas y posibles soluciones.
5. Saque el mejor partido de la situación durante un tiempo si piensa que su gerente será despedido pronto.
6. Si no puede resolverlo con su gerente, luche dentro de la empresa. Vaya con el jefe de su gerente para encontrar una solución o pedir una transferencia. Pero primero reconstruya el caso, obtenga testigos y regístrelo.
7. Cuando se reúna con el jefe de su gerente, sea clara sobre lo que solicita para la reunión y lo que desea que resulte de ella (la acción que quiere). Haga un repaso breve de la situación, el problema principal y la preocupación mayor. No se detenga en

los detalles. Deje que afloren solos, conforme se necesite una respuesta a las preguntas del jefe. Permanezca objetiva y limítese a los hechos. Evite hablar mal de su jefe, pero sea franca acerca de los hechos. Insista que es *por el bien de la compañía*.

8. Si pierde la batalla, puede darla fuera de la empresa presentando una queja por discriminación quizá ante un tribunal. Haga esto sólo si quiere ser una Juana de Arco, y esté segura de que probar algo acerca de los principios y la justicia es más importante que su carrera. Por lo regular, a la gente que toma acciones legales la ponen en la lista negra en forma verbal dentro del ramo, aun cuando esto sea ilegal. Muchas personas tienen que cambiar de giro y sufren un retraso de siete años en sus carreras.

Cuando su gerente está en un modo agresivo-pasivo.

Su jefe actúa en un modo agresivo-pasivo y es falso o manipulador, hasta un artista del engaño. El modo agresivo-pasivo es el más difícil de manejar, debido a que siempre hay situaciones ocultas. Recuerde, cuando la gente está en este modo, no es honesta con sus pensamientos, sentimientos, motivos y acciones. Deberá imaginarlos por sí misma o lograr que la persona le ayude a hacerlo. Céntrese en los beneficios finales de trabajar juntas en armonía y en forma productiva: éxito en el trabajo, éxito en el equipo y éxito de la compañía.

Gerente falso

La falsedad destruye la confianza, de modo que es de importancia crucial que resuelva el problema. Su gerente puede actuar en un modo agresivo-pasivo si es falso de muchas maneras, como no cumplir sus promesas, reclamarle en forma injusta y enviar dobles mensajes. He aquí algunas recomendaciones útiles:

1. Primero, trabaje con su ira, de modo que sea posible evitar juzgar y reclamar, para que se centre en sus metas. Recuerde, culpar del problema al sistema es mejor que reprocharle a su gerente. Ahora la pregunta es *¿cuáles son el problema y el mensaje reales, y cómo podemos comunicarnos con claridad en el futuro sobre esos asuntos?*
2. Busque algunas metas en los que ambos estén de acuerdo.
3. Haga preguntas que requieran respuestas directas. Su meta final es averiguar qué hace a su gerente actuar en lo que parece ser una manera falsa. Su meta inmediata es ver si puede lograr una respuesta directa, de modo que conozca su posición y cómo planear.
4. Protéjase en el futuro. No acepte lo que dice su gerente al pie de la letra, sino revíselo y vuélvalo a revisar, obténgalo por escrito y tome otras precauciones.

Su gerente no cumple una promesa o le reclama en forma injusta.

Hable como si el problema fuera del gerente, no suyo. En forma diplomática, plantee los hechos como los ve usted. Céntrese en alcanzar objetivos mutuos y los beneficios para su gerente y la compañía.

Facilite que su gerente cumpla sus promesas diciéndole lo que necesita hacer y ayudándole en todas las formas posibles.

Su gerente envía mensajes confusos o conflictivos.

Céntrese en analizar un mensaje claro tan pronto como sea posible. Intente establecer algunas reglas básicas para la comunicación clara en las que ambos estén de acuerdo.

Gerente artista del engaño

Los gerentes artistas del engaño actúan en un modo agresivo-pasivo explotándola con exceso de trabajo, evitando la responsabilidad por los fracasos, manejando situaciones ocultas y recurriendo a la adulación para manipularla. Considere los siguientes escenarios y la manera de superarlos.

Su gerente la explota haciéndola trabajar a morir.

1. ¿Su gerente exige demasiada cantidad de trabajo o usted es compulsiva al tratar de alcanzar lo que percibe como las expectativas de su gerente? Discútalo con él.
2. ¿Ha hablado de la sobrecarga? Hable de los hechos y con tranquilidad sobre lo que es posible y razonable.
3. Diga: *Sé que hay mucho por hacer, pero tengo demasiado trabajo en este momento. Vamos a analizar cuáles deben ser mis prioridades máximas y trabajaré en ellas primero.*
4. Diga: *Estaré feliz de ver que esto se haga, pero debo tener alguna ayuda con objeto de terminarlo a tiempo. ¿Quisieras asignar a alguien que trabaje conmigo?* Si obtiene ayuda, continúe a cargo, puede extender su área de responsabilidad de modo que tenga base para solicitar más tarde un aumento salarial y tal vez un ascenso.
5. ¿Alguna vez ha dicho *no*? Prepárese para dar una razón por la que no puede manejar la sobrecarga sin entrar en explicaciones. Sea profesional. Diga: *Me gustaría, pero tengo un compromiso prioritario.* Practique mentalmente su rechazo cuando esté calmada. Visualícese tranquila mientras lo dice.
6. Negocie un trato mejor. Pregunte por qué le asignan tanto trabajo. Averigüe cuáles son las prioridades de su gerente y llegue a un acuerdo para manejar primero las prioridades máximas.
7. Si otros también trabajan en exceso, reúnanse y acérquense al jefe con sugerencias para una carga de trabajo más razonable.

Su gerente se esconde cuando el plan de acción falla.

Cuando analizaron el plan en un principio, su gerente dejó implícita la aprobación. Pero ahora que el proyecto ha marchado mal le reprocha a usted. El gerente quiso evitar el riesgo de fracasar, de modo que la dejó ser la primera en aventurarse, y ahora la deja sola ahí. Aceptará tener una baja si lo juzga necesario.

Su primera meta es impedir sentirse como víctima y hacerse responsable. Su segunda meta es lograr el apoyo de su gerente en lugar de ser el conejillo de indias o el chivo expiatorio.

1. Si su gerente tiene algún sentido de la justicia, apele a éste.
2. Haga sugerencias sobre lo bien que vería a la dirección y los colegas de su gerente a pesar de esta situación.

3. Con suavidad, llévelo a aceptar los desafíos, y señale los beneficios de que lo reconozcan como una persona que sabe correr riesgos, alguien que asume la responsabilidad y acepta el crédito.

Su gerente maneja situaciones ocultas.

Su gerente le dice medias verdades y omite hechos importantes, esconde sus metas personales verdaderas para las situaciones específicas y pretende estar preocupado por las metas acordadas en conjunto. Con frecuencia, usted no sabe cuál es la verdad oculta.

1. Su meta es evitar acciones irracionales, ilegales o no éticas que su gerente quiera que emprenda y a pesar de ello conservar una relación decente.
2. Olvide las promesas y los tratos rotos del pasado, a menos que estén por escrito. Haga lo que pueda en forma razonable, porque desea que la consideren cooperativa, racional y confiable.
3. Sugiera opciones.
4. Permanezca tranquila, agradable y útil, aun cuando no participe en el juego.
5. Entre más poco profesional se vuelva su gerente, más profesional deberá ser usted.

Su jefe utiliza una estrategia de divide y vencerás.

Esto lo hace con objeto de mantener el control sobre usted y sus colegas. Su gerente los hace sospechar y pelear entre sí, de modo que es menos probable que formen una alianza en su contra.

1. Los buenos jefes fomentan el trabajo en equipo, de modo que esté en guardia si su jefe no lo hace.
2. Pregunte con tacto a sus colegas para descubrir este juego.
3. La solidaridad de los colegas puede terminar este juego, sin formar una alianza contra el jefe.
4. El desafío más importante es superar la sospecha, la competitividad y los deseos personales que la mente siembra entre los colegas a fin de trabajar juntos.

Su gerente la elogia en forma excesiva y poco sincera.

1. Trate de determinar por qué su gerente alaba a la gente. ¿Es porque siente temor de que su liderazgo o planes sean inadecuados o cree que debe halagar a fin de que lo acepten y necesita que así sea?
2. Su primera meta es salir adelante sin caer en la falsedad.
3. El halago persistente indica debilidad, un vacío de poder que usted puede ayudar a llenar.
4. Sea objetiva y que no la absorba el halago falso.
5. Trabaje en las metas establecidas que ambos acuerden con claridad.
6. Trabaje con el equipo completo tanto como sea posible para obtener información real.

Cuando su gerente está en un modo pasivo

Su gerente actúa en un modo pasivo si crea obstáculos para su trabajo, actúa en forma testaruda y rígida, o es difícil y poco comunicativo.

Gerente obstaculizador

Su gerente actúa con una conducta pasiva si retira el apoyo a su solicitud o proyecto, se compromete y luego no cumple o se esfuma.

Su gerente crea obstáculos a su solicitud o proyecto.

1. Su meta es lograr la acción que necesita por medio de seguir con tacto el camino y presionar, pero sin crear una reacción violenta.
2. Haga sentir a su gerente que forma parte de la ejecución del proyecto o propuesta de él. Solicite consejo. Comprométalo de modo que tenga algo que perder en el proyecto y quiera compartir su éxito potencial.
3. Haga su tarea y prepárese para defender su propuesta si ésta es objeto de algún ataque.
4. Si su gerente evita tomar una decisión sobre su propuesta, pregúntele para cuándo tendrá una respuesta y realice un seguimiento.

Su gerente retira el apoyo.

1. Determine si es verdad y por qué su jefe espera que el proyecto falle si retira el apoyo durante un tiempo. Investigue por qué el gerente regatea el apoyo.
2. Muestre de qué manera la acción beneficia a su gerente y su bloqueo le resta oportunidades de sobresalir o crea problemas para su jefe y para usted. Pregúntele qué puede hacer para ayudar.
3. Imagínese lo que puede hacer sin la participación de su gerente. Tome cualquier iniciativa que pueda, pero mantenga informado a su gerente. Comprometa a sus colegas en su causa sin hacer ver que su jefe está equivocado. Si a él no le gusta que usted tome la iniciativa, pida disculpas y no lo vuelva a hacer.

Su gerente habla sin decir nada.

1. Si el problema son las consecuencias desconocidas de dos o más alternativas, acepte la responsabilidad por la alternativa que usted le pide seleccionar. Haga de los resultados un problema suyo si esto ablanda a su gerente y elimina el obstáculo.
2. Hable con su gerente de modo que resuelva los problemas y trate de llegar a la raíz de la falta de acción. Quizás sea cuestión de metas y prioridades, o de cómo afectaría la acción a otras personas. Una vez que entienda el problema, puede buscar las soluciones.

Su gerente se esfuma.

1. Su meta es obtener una decisión que su gerente evita.

2. Ayude a su gerente a centrarse. Concéntrese en la información esencial de respaldo, analice la situación, sintetícela con la atención en el panorama general y en las metas específicas. Ofrezca acciones específicas que resolverán el problema o llevarán a los resultados deseados.

3. Si la actitud voluble de su superior es el problema, en especial con ciertos tipos de decisiones, vea si puede hacer que se las delegue, y acepte darle toda la responsabilidad por las consecuencias.

4. Tenga un sistema regular de seguimiento de las decisiones y acciones necesarias de su gerente. Dése tiempo suficiente para retrasos y cambios. Mantenga el seguimiento hasta que sepa lo que se necesita.

Gerentes rígidos y testarudos

Su gerente actúa en un modo pasivo o agresivo-pasivo si es testarudo, rígido e inflexible. Esto puede tomar la forma de fijarse en los detalles, negarse a escuchar la información que podría cambiar su pensamiento o hacer de usted el chivo expiatorio.

Su jefe se fija en los detalles de su propuesta o de su rendimiento.

1. Recuerde, tal vez su gerente no tenga imaginación, podría tener miedo de que el fracaso se le adjudique; podría no entender los aspectos prácticos de su trabajo.

2. Es necesario que si su jefe se concentra en los detalles, tenga la seguridad de que usted es confiable y competente, así como de que utiliza su energía de manera apropiada.

3. Su meta es ayudar a su gerente a ver el panorama, a entender lo que está de por medio, a abrirse a nuevas ideas, nuevas formas y a que renuncie a la microadministración.

4. Haga preguntas a su gerente sobre por qué está tan preocupado por el tema.

5. Explique los hechos relacionados y los beneficios, para permitirle a su gerente seguir adelante con su propuesta o trabajo con su propio estilo. Vea si puede encontrar documentación de que hay una demanda por la acción que propone, para ayudarlo a ver la necesidad y beneficios, y a sentirse más seguro del éxito.

6. Explique los costos y obstáculos para llevar adelante su propuesta y la forma en que los superará.

7. Si es necesario, cambie su propuesta y haga los cambios uno a la vez.

8. Vea si puede volver a expresar o replanear la propuesta y preséntela en una forma que no despierte los temores o preocupaciones de su gerente.

Su gerente se niega a escuchar los hechos.

1. Si esta falta de razones dificulta su trabajo, su meta es terminar con ella por medio de la resistencia.

2. Pregunte a su gerente por qué se niega a considerar alternativas. Vea si puede llegar a los problemas subyacentes, como la necesidad de reducir los costos, incrementar las ventas o evitar errores.

3. Siga con las alternativas que cubran las necesidades del negocio de su gerente y agregue atractivo emocional relacionando sus sugerencias con las necesidades de su gerente, más reconocimientos, seguridad, tiempo libre u otra necesidad.

4. Actúe como si esperara que su jefe esté de acuerdo y atribúyale las características por las que piense que le gustaría ser reconocida. Céntrese en apoyar a su gerente, hágalo quedar bien y produzca los resultados que logren las metas. Abra caminos para que el gerente salga airoso.

5. Si su gerente aún se rehúsa, no lo critique ni se queje, sino que siga con un memorándum de confirmación o, mejor aun, logre que él lo haga. Cumpla lo que le dice, pero registre sus acciones para demostrar que seguía órdenes.

Su gerente la convierte en el chivo expiatorio.

1. Primero maneje sus sentimientos generadores de tensión, luego, la hostilidad del gerente.

2. Utilice preguntas para manifestar sus objeciones y para demostrar que no representará el papel de víctima. *¿Que instrucción quiere que siga? ¿Se confundieron las señales?*

3. Utilice un modo de resolución de problemas y dé una alternativa a su gerente para que cambie y salga airoso.

Superiores apartados y poco comunicativos

Su gerente actúa en un modo pasivo si se aísla y permanece incomunicado. En este modo, su gerente parece reservado, no emocional, no responsable, misterioso o poco dispuesto a analizar los temas o tener enfrentamientos necesarios.

Su jefe permanece aislado y es poco comunicativo.

1. Su meta es lograr la atención de su gerente para asegurarse de que está en el camino correcto, para que una decisión se tome o para que los problemas se resuelvan.

2. No tome el aislamiento de su gerente en forma personal. Haga alguna investigación con tacto y es probable que encuentre que esta conducta es muy común en él.

3. Brinde retroalimentación positiva a su gerente y utilice la imaginación para mantener la moral alta, tanto la de usted como la de él.

4. Haga preguntas abiertas que puedan responderse con un *sí* o un *no*, a fin de obtener la información detallada y específica que necesita.

Obtiene un largo silencio.

1. Respire profundamente y tranquilícese. Evite ponerse muy nerviosa y sentir que necesita llenar el vacío con palabras, porque esto ocasionará que hable más de lo que en realidad desea.

2. Pregúntese cómo puede hacer que su gerente entienda con más facilidad la información importante y le dé las respuestas necesarias para tratar con las situaciones problemáticas, tomar decisiones y enfrentar situaciones conflictivas.

3. Pregúntese si puede tomar la decisión o el curso de acción necesario y luego informarle a su gerente, sin afectar la confianza.

No obtiene la información necesaria de su gerente.

1. Busque otras fuentes.
2. Sea paciente, apóyelo e inspírele confianza, de otro modo, es probable que un jefe aislado se aparte aún más.

Debe lograr que se resuelva una situación problemática.

1. Pida una reunión.
2. Diga que quiere que los dos alcancen metas mutuas.
3. Sea amigable, pero franca, al expresar lo que siente que realmente pasa, el problema que causa, el efecto que tiene, y pida una solución.
4. Dé a su gerente una oportunidad para ofrecer soluciones y si ninguna parece funcional, haga sus propias sugerencias y relaciónelas con las del gerente cuando sea posible.
5. Si siente hostilidad, vuélvase más tranquila y amigable.
6. Si siente temor a correr un riesgo, proporcione información sobre la probabilidad de éxito.

Otras situaciones difíciles con su gerente

Algunas situaciones difíciles con su gerente no pertenecen precisamente a los modos pasivo, agresivo-pasivo o agresivo. He aquí unos problemas comunes y sugerencias para superarlos.

Su gerente toma una decisión que usted considera desastrosa.

Contrapóngala con otra sugerencia o dé un sesgo diferente a la recomendación de su gerente. Presente su idea diciendo: *Eso va bien con algo que tengo en mente. ¿Qué pensaría si lo hacemos de esta forma?* o *Quizá la manera más profesional de manejarlo sería...*

Se siente incómoda al tutear a su gerente.

1. Si su gerente y colegas utilizan sus nombres de pila, usted también debe hacerlo. Trague saliva y hágalo. Cada vez será más fácil para usted.
2. Es importante para su posición firme que se considere igual a su gerente y a sus colegas en lo fundamental. Utilizar nombre de pila la ayudará a sentirse igual y a reducir la posibilidad de que la intimiden o la dominen.

Tiene miedo de no caerle bien a su gerente.

1. Pregúntese si está atrapada en la trampa de tratar de agradar. Muchas mujeres dependen de otros, en especial de figuras de autoridad que aprueben su conducta, decisiones o ideas.

2. Recuerde, es más probable que la gente la respete si usted es clara sobre lo que quiere en su vida y carrera. Si se agrada a sí misma, es probable que gane el respeto de su gerente.

3. Mantenga la cooperación y el logro en un nivel objetivo, en vez de hacerlo un asunto personal. Céntrese en las metas de su compañía, de su departamento o de su trabajo.

4. Encuentre un superior que al que admire con honestidad, respete lo suficiente para apoyarlo y al que sea razonablemente leal. Concéntrese en las metas, no en agradar a su gerente.

Le preocupa la relación con su nuevo superior.

Es verdad que cuando los nuevos gerentes asumen el cargo, con frecuencia tienen un equipo propio. Es posible que considere que su trabajo está en riesgo.

1. Considere una reunión con su nuevo jefe. Antes de la reunión, revise sus logros y actualice sus metas de trabajo.

2. Si ha escuchado acerca de posibles despidos, dígalo y mencione a su nuevo superior sus contribuciones a la empresa. En forma breve, explique lo que ha logrado en términos específicos y cuantificables y provea documentación.

3. Básese en los futuros planes para su trabajo y departamento, si usted es la jefa.

4. Evite estar a la defensiva o denigrar a alguien en la compañía.

Su jefe no le da autonomía adecuada.

Si su gerente no le da una autonomía o autoridad adecuada o le da consejos en forma constante y la advierte sobre los errores, no crecerá y alcanzará la excelencia.

1. Antes de aceptar cualquier trabajo o proyecto sea clara con su gerente acerca de cuáles son sus áreas de responsabilidad y autoridad.

2. Deje en claro que está preparada para usar la autoridad y para asumir la responsabilidad por las consecuencias de sus decisiones y acciones.

3. Comunique sus preocupaciones sobre la dependencia y la independencia.

Con frecuencia su gerente libra las batallas por usted o toma sus decisiones.

1. Solicítele que le permita "probar sus alas", que acuda con usted primero para tratar los asuntos.

2. Dígale que prefiere solicitar sus opiniones e información y luego tomar sus propias decisiones.

3. Diga que piensa que usted está en un punto de su superación profesional en el que necesita probar más sus alas, aun cuando esto signifique cometer algunos errores.

4. Explique cuánto aprecia el consejo y el apoyo, y que todavía les da la bienvenida, al mismo tiempo que desarrolla más autonomía.

5. Su meta es conservar el respeto por su autonomía de parte de su gerente, colegas y compañeros de equipo, y el aumento de la confianza en sí misma.

✓ Estrategia número 2:
Maneje situaciones difíciles con sus colegas

Sus compañeros o colegas la pueden conectar con nuevas oportunidades o ayudar a evitar desastres y abrir el camino para lograr que las cosas se hagan. También pueden hacer difícil o imposible que logre que ciertas cosas se lleven a cabo. Cooperar, negociar favores y pasarse información es el nombre del juego entre los colegas de su red de apoyo. Cuando maneja en forma firme y con tacto las situaciones difíciles con sus colegas, lubrica las ruedas del negocio y pavimenta el camino al éxito.

Cuando un colega actúa en un modo agresivo

Sus colegas adoptan un modo agresivo si actúan en una manera belicosa, dogmática y arrogante, o ruda y desconsiderada.

Colega belicoso

Las situaciones con un compañero belicoso ocurren cuando éste la ataca en forma personal, en especial enfrente de superiores, directivos y otros; siente envidia de usted y por tanto actúa con resentimiento y mezquindad; o la intimida en un intento por ganar poder.

Un colega la ataca en forma personal mientras están en una reunión.

1. Continúe su plan de juego. No acepte la pelea. Eleve la discusión y pase del énfasis en las personalidades hacia el asunto en cuestión.
2. Si eso sucede más de una vez sostenga una conversación privada. Diga que le gustaría llevar una mejor relación y pregunte cómo podrían los dos resolver sus diferencias.
3. Descubra quiénes son los que apoyan a su colega, de quién puede y no puede esperar apoyo y continúe la expansión de su propia red de apoyo.

Un colega está resentido y siente envidia de usted.

1. Sostenga la conversación en un nivel elevado y amistoso. No argumente.
2. Exprese la creencia de que el esfuerzo de cada persona se juzga con base en el mérito propio, y que no porque el rendimiento de alguien es bueno el de otro no lo es.
3. Exprese admiración por lo que su colega hace bien y hable acerca de sus intereses, quizá haga sugerencias positivas para destacar sus talentos.

Un colega la intimida, hiere o molesta.

Haga que su meta sea manejar sus emociones y acciones.

1. Ensaye sus respuestas en casa después de que haya procesado las emociones generadoras de tensión y entrado en contacto con sus peores temores acerca de la situación.
2. Parezca firme y tranquila.

3. Visualícese y pretenda que está encapsulada en un plástico transparente y protector, o en luz blanca, que no pueden penetrar los ataques verbales.
4. Utilice su intuición para imaginar cuándo tomar una acción hiriente y suavícela con un toque de buen humor.
5. Concéntrese en lo que quiere que resulte y manténgase positiva. Permítase ser amigable y sonreír.
6. Encuentre una buena ocasión para hablar sobre la razón por la que ese colega parece sentirse mal o enfadado con usted.

Un colega dogmático y arrogante

Sus colegas actúan en una forma dogmática o arrogante cuando la tratan de forzar a aceptar sus puntos de vista, haciéndola titubear o intimidándola con su opinión.

Su colega la obliga a aceptar sus puntos de vista y adopta un modo dogmático, partidista e intenso.

1. Si el colega intenta intimidarla, no lo permita. Mantenga sus emociones bajo control, respire profundamente y haga movimientos lentos en forma deliberada permaneciendo de pie frente a la persona.
2. Revise su posición sobre el tema, todos los pros y contras, y explique las razones claras y específicas de su posición.
3. Solicite al colega detalles sobre cómo se compara su posición con la de usted o la de otros. Sin atacar la posición logre que el colega la analice y defienda.
4. Analice los posibles resultados de las acciones que se basan en su posición y las que se basan en la posición del colega. ¿Como podrían afectar estas acciones a cada cual? ¿A los demás?
5. Si está convencida de que su posición es correcta sea tan firme al expresar su convicción como lo es su colega al expresar la de él.
6. Sugiera un enfoque que resuelva los problemas y sea profesional, y avance hacia una solución de "yo gano, tú ganas".
7. Muestre cómo puede ayudar a su colega a lograr lo que en realidad quiere.
8. Si no puede resolverlo y se involucra en problemas de territorio, considere solicitar a un directivo de nivel superior que los ayude a resolver la superposición de autoridades.

Colega grosero o desconsiderado

Sus colegas son rudos o desconsiderados si interrumpen lo que dice o su trabajo, la hacen menos o se entrometen. En las reuniones, los colegas pueden excluirla, interrumpirla o ignorarla.

Su colega es grosero o desconsiderado.

1. Si su colega la interrumpe cuando habla, sea diplomática pero firme al expresar su derecho a terminar lo que dice: *Discúlpeme, me gustaría terminar lo que estoy diciendo.*

2. Si su colega interrumpe con regularidad su trabajo para perder el tiempo en conversaciones, levántese y permanezca de pie de modo que su colega no tome asiento. Después de unos momentos, discúlpese. Diga: *Me gustaría platicar, pero tengo un plazo límite, gracias por dejarme trabajar.*

3. Si su colega ocupa gran cantidad de su tiempo de trabajo con conversaciones vagas, haga preguntas y comentarios centrados que mantengan la conversación en el tema y vayan al punto. Corte las divagaciones y pregunte: *¿Cuál es el límite inferior y como puedo ayudar?*

4. Si su colega la insulta o le hace un cumplido fuera de lugar, respire profundamente y permanezca tranquila. Considere estos tipos de acciones: Sortee el halago y extraiga partes del comentario. Pregunte qué significa el comentario. Pregunte por qué dice o piensa eso. Pregunte si hay algún problema y diga que le gustaría resolverlo.

5. Si un colega husmea en sus asuntos, primero concédale el beneficio de la duda y suponga que no sabe que se está pasando del límite. Recuerde que no tiene que dar ninguna información que no deba. Puede preguntar por qué desea saberlo. Si la presiona, podría responder con buen humor: *¡La persona que dijo eso, diría cualquier cosa!*

6. Si descubre que un colega lee su correspondencia o archivos personales dígale: *¿En qué te puedo ayudar?*

En las juntas, sus colegas la excluyen, interrumpen o ignoran.

1. Prepárese para las juntas revisando los hechos, luego sea positiva al referirse a usted. Utilice frases como: *Yo pienso..., yo creo...*

2. Si comienza una conversación negativa con usted misma: *(Ellos pensarán que esto es absurdo; no soy buena al expresarme en las reuniones),* detenga ese tren de pensamientos diciendo: *Alto*, luego: *Calma*, y respire profundamente. Permita que sus músculos se relajen. Use una conversación positiva con usted misma, tal vez: *Soy capaz de decir lo que pienso.*

3. Antes de hablar, céntrese por completo en el mensaje mínimo que quiere transmitir. Piense que es un vehículo para llevar el mensaje.

Sus colegas la evaden.

Si ciertos colegas en general la excluyen de la conversación, intente tener retroalimentación firme.

1. Describa la conducta sin juzgarla. Diga: *He escuchado esta discusión durante los últimos 20 minutos, y han hablado tres personas, sobre todo una con otra. Antes de eso, di mi opinión un par de ocasiones y recibí pocos o ningún comentario. En otras reuniones, he tenido la misma experiencia. Me gustaría contribuir con este grupo, pero siento que mis esfuerzos por lograrlo son vanos.*

2. Si no hacen caso a su idea y más tarde adoptan una posición casi idéntica que presenta uno de los hombres, aborde con tacto el asunto: *Roberto, me gusta la forma en que trabajamos juntos y nos damos ideas uno a otro. Tú adoptaste mi sugerencia de... y le diste un giro ligeramente diferente, de modo que terminamos con...*

3. Esté preparada para hacer sugerencias específicas para incrementar su nivel de participación. Por ejemplo, podría sugerir que el líder de la reunión termine la discusión antes de pasar a un nuevo tema y pregunte si alguien tiene algo que agregar. Si se queda esperando las sugerencias, por lo menos pregunte al grupo qué podría resolverse para incrementar la participación de todos los miembros.

Cuando un colega actúa en un modo agresivo-pasivo

Los colegas actúan en un modo agresivo-pasivo cuando son falsos, cuando se portan como artistas del engaño, cuando se quejan, critican en exceso o murmuran.

Colega falso

Los colegas ejercen su falsedad agresiva-pasiva cuando roban sus ideas, tienen dos caras y la sabotean a usted y a su trabajo.

Su colega roba sus ideas o se adjudica el crédito por su trabajo.
1. Sea amigable, pero ya no comparta más información con ese colega.
2. Si han estado trabajando como un equipo de dos y necesitan compartir sus ideas, amplíe el grupo e incluya a otros colegas.
3. En el futuro documente su trabajo; vea las sugerencias para cuando su superior se adjudique el crédito.

Su colega la apoya cuando está frente a usted y después la traiciona.
1. Debe decidir si el evento requiere que usted no le haga caso, lo minimice debido a que es una crítica legítima contra usted, enfrenta al que la acusa a sus espaldas, o prepare su ofensiva contra el asalto del acusador.
2. En general, es mejor enfrentar a un traidor manifestándole lo que ha escuchado en forma tranquila, sin reproche ni enojo. Solicite a este colega que le diga en específico cuál es el problema que discutía a sus espaldas.
3. Si comete un error, pida disculpas.
4. Establezca un método para tratar con los traidores, si ellos negaran sus acciones. En el futuro, es probable que se detengan si saben que los enfrentará.

Un colega la acusa en falso o da una versión falsa de los hechos.
1. Prepare una reseña de los hechos, incluso de las acciones del colega falso. Hágala objetiva, libre de juicios y reproches.
2. Si el impacto del colega falso es relativamente menor, sólo envíe el memorándum a su superior con copia para el colega y a los demás involucrados.
3. Si el impacto es serio, reúnase personalmente con la gente clave de su red de poder, en especial con sus superiores y mentores. Dé una copia a cada uno de la evidencia ofensiva y su reseña de los hechos. Solicite consejo y apoyo.

Ciertos colegas van más allá de la traición para debilitarla.

Los colegas podrían lanzar un ataque que corte el apoyo para su proyecto o reduzca de otro modo el efecto de sus esfuerzos, quizá retrasando la información necesaria, proporcionando información equivocada o dejando de entregarla. Quizá estén de acuerdo en presentar juntos una propuesta, pero cuando sienten poco apoyo para ella de parte de los otros, se retirarán y la dejarán sola con el paquete.

Otros colegas podrían crear archivos que afecten a la gente. Por ejemplo, esos colegas escriben con rapidez las fechas y circunstancias de cualquier acción sospechosa, así como de informes, cartas y otros documentos que contienen errores o posibles engaños. Estos creadores de archivos esperan construir un caso contra todos sus rivales, de modo que puedan amenazarlos o desacreditarlos, o por lo menos protegerse si alguien los ataca.

1. Para protegerse contra ese tipo de hostilidad y paranoia, vigile lo que dice y hace. Sea escrupulosa en su trabajo y en la documentación de sus acciones.
2. ¡Construya la red de poder de apoyadores! Luego, cambie la opinión favorable en dirección suya.
3. Mantenga sus propios archivos de logros y mantenga a su gerente actualizado al respecto.
4. No tome en forma personal las acciones de los colegas hostiles, es problema de ellos.

Colega que es artista del engaño, que intriga o culpa

Los colegas ejercen sus juegos agresivos-pasivos de artistas del engaño cuando culpan, señalan y manipulan. De alguna forma se separan de las emociones que están presentes cuando se explota y traiciona a otras personas. Esto les permite jugar sin problemas, cuando parecen sinceros y encantadores. Quizás sólo son grandes actores cuyos talentos podrían canalizarse en forma más constructiva.

Usted descubre una intriga.

No emprenda acción hasta que controle sus emociones; no muestre ansiedad, ira u otras emociones generadoras de tensión. Vea si hay algo que pueda aprovechar en la intriga y si es así, relaciónelo con sus propias metas.

La intriga comprende una petición desconsiderada.

1. Diga *no* sin entrar en explicaciones extensas sobre la razón.
2. No asuma la responsabilidad de la forma en que se resuelve el problema.
3. Piense por anticipado sobre lo que hará si un colega le pide prestado dinero, su carro u otra posesión que no quiere compartir. ¿Que hará si un colega le pide que haga su trabajo o que asuma alguna responsabilidad que no quiere? Tenga una respuesta lista: *Me gustaría prestarte el dinero, pero todo mi efectivo está invertido; me*

gustaría, pero mi seguro no cubre a otros conductores; me gustaría ayudar, pero apenas puedo alcanzar mis metas de máxima prioridad tal como estoy.

4. Si no está segura sobre la intriga o petición, haga algunas preguntas exploratorias antes de dar una respuesta. Sus preguntas podrían dirigirse a conducir al colega en una dirección diferente para resolver sus problemas, una que no la involucre. *¿Has intentado con la unión de crédito? ¿Alquilar un automóvil? ¿Pedirlo a tu gerente?*

Le hicieron un pequeño favor en el pasado.

Ahora solicitan un favor mayor de usted, uno que está fuera de toda proporción.

1. Responda que les debe un favor, pero que no puede pagarlo en este momento.
2. Recuerde rechazar favores futuros de artistas del engaño.
3. Sea cortés pero no tema herir sus sentimientos. La mayoría de los artistas del engaño maniobran para mantener sus intrigas y sentimientos separados.

Es una intriga para provocar ira o lágrimas.

Su meta inmediata es evitar una explosión de cólera. Discúlpese y vaya al baño, haga una llamada telefónica para recuperar la compostura.

Es una intriga para darle información incompleta o falsa.

1. Mantenga abiertas todas las líneas de comunicación y verifique dos veces la información hasta que conozca a los actores.
2. Asegúrese de que no la atrapen una segunda vez.

Es una intriga para darle consejos interesados.

Esos consejos influyen en usted para hacer lo que el colega quiere, pero en definitiva no beneficia sus intereses.

1. Sea precavida. Considere el origen de todos los consejos.
2. Obtenga consejo e información de varias fuentes.
3. Fórmese su propia opinión.

Colega que se queja, critica en exceso o murmura

Los colegas actúan en un modo agresivo-pasivo cuando se quejan de todo, la critican enfrente de otros y murmuran con mala intención.

Su colega la critica frente a otros, quizá por medio de bromas.

1. No deje pasar las bromas sólo como algo inofensivo. No acepte la respuesta: *¿No lo puedes tomar como una broma?*
2. Respire profundamente y pronúnciese en contra del comentario.
3. Haga una revisión mental de los hechos que condujeron a esta situación.

4. Enfrente las críticas preguntando su significado o por qué dijeron eso. Explique con brevedad, si es necesario.

5. Tenga una reunión en privado más tarde. Cuando se reúnan en privado, brinde retroalimentación firme repitiendo exactamente lo que dijo el colega, el efecto que tuvo, y cómo se sintió usted.

Sus colegas murmuran o tratan de incluirla en chismes.

1. Para ellos, su silencio significa consentimiento, de modo que debe hablar, haga preguntas exploratorias y diga por qué está en desacuerdo.

2. Si le piden guardar el secreto, no participe en su juego. Diga que no puede guardar el secreto y al mismo tiempo resolver el problema.

3. Si es blanco de los rumores, haga preguntas diseñadas para sacar a la luz todo el asunto.

4. Céntrese en resolver cualquier asunto subyacente, así como cualquier otro problema.

5. Determine qué puede hacer para prevenir problemas similares en el futuro.

6. Determine si necesita estar más al pendiente de este tipo de colegas para asegurarse y estar al tanto de lo que dicen.

Cuando un colega actúa en un modo pasivo

Sus colegas actúan en un modo pasivo cuando obstaculizan su trabajo o proyecto, son rígidos o testarudos o se muestran aislados y poco comunicativos.

Colegas obstaculizadores

Sus colegas muestran una conducta pasiva si causan retrasos en su trabajo. Hacen esto si socializan demasiado, se entrometen, son perfeccionistas o no organizan el trabajo ni administran el tiempo de manera adecuada.

Su colega obstaculiza su trabajo o proyecto.

Su meta es eliminar el obstáculo y lograr que el trabajo se haga, pero no tiene autoridad sobre su colega.

1. Comuníquele lo importante que es la tarea, así como el papel que él desempeña en lograr que se haga el trabajo.

2. Concéntrese en su preocupación inmediata, lograr que se haga esta tarea específica.

3. Actúe en forma amigable, segura de sí misma y centrada.

4. Haga preguntas exploratorias sobre lo que pasa y qué podría hacerse para agilizar el trabajo.

5. Si la conducta bloqueadora continúa, haga su trabajo, encuentre apoyo para su postura y lleve el problema a una junta ejecutiva o a una reunión con su gerente.

6. Mantenga los ojos en el premio, el logro de sus metas y no permita que los obstáculos la frenen. Permanezca positiva y orientada hacia la acción.

Su colega es un perfeccionista.

1. Tome en cuenta que este colega se preocupa demasiado.
2. Ayude a este colega a enfrentar la realidad del tiempo y dinero limitados.
3. Asegúrele que ni siquiera los estándares de clase mundial representan la *perfección*.

Su colega no organiza el trabajo ni administra el tiempo en forma adecuada.

1. Explíquele cómo resuelve usted esos problemas. No actúe con aire de superioridad. Dígale: *Yo tuve un problema similar, hasta que Ana me mostró una buena forma de manejarlo.*
2. Muestre como puede beneficiarse el colega al terminar la tarea puntualmente. Diga: *Expliqué a tu superior lo mucho que dependía yo de la calidad de tu trabajo. Tendremos una celebración cuando lo hayas terminado.*
3. Si está en marcha un problema serio, solicite a su gerente que revise las responsabilidades, plazos límite y patrones de flujo de trabajo con el equipo completo.

Colega rígido y testarudo

Sus colegas presentan una conducta pasiva-agresiva si son testarudos, rígidos e inflexibles. En general no disfrutan de su trabajo y arruinan el espíritu de equipo. Con frecuencia se centran en exceso en las reglas y los procedimientos. Desprecian el cambio y lo hacen más difícil para todos. Consiga que se relajen.

1. Si la gente los rechaza, tienden a volverse aún más rígidos. Esté dispuesta a ser su amiga, a escucharlos. Use el humor con tacto para hacer que se sientan más tranquilos.
2. Condúzcalos a ir más allá de lo que *pasaría* si adoptaran una nueva actitud.
3. Si quieren verse a sí mismos como organizados y eficientes (aquellos que manejan en forma efectiva todos los procedimientos y actividades), demuestre aprecio por sus contribuciones.
4. Permanezca en contacto con las metas del trabajo, del equipo y de la compañía.
5. No permita que la rigidez de sus colegas bloquee sus proyectos creativos. Prométales ponerlos a trabajar después de que haya resuelto los fundamentos de su idea.
6. Aborde los asuntos y no recurra a los ataques personales.
7. Permita que los colegas rígidos salgan airosos. Proporcióneles una manera de cambiar sus pensamientos sin admitir que estaban equivocados. Exprese sus objetivos en un marco positivo, como: *Pienso que no somos tan diferentes. Analicemos el punto en el que diferimos.*

Colega aislado y poco comunicativo

Sus colegas presentan una conducta pasiva al aislarse y ser poco comunicativos. Cuando lo hacen, actúan en forma sospechosa, retienen información o lanzan miradas significativas sin palabras.

Colegas aislados que actúan en forma sospechosa.

1. Su meta es convencerlos de su sinceridad y buenas intenciones.
2. Refiérase a la idea o proyecto como *nuestro* en lugar de *mío*. Reporte las noticias útiles que tal vez no hayan escuchado. Cuando pueda, ofrezca ayudarlos con sus problemas de trabajo.
3. Sea franca y explique los obstáculos, así como los beneficios, con una actitud confiada y segura.
4. Infunda confianza cumpliendo con sus compromisos y haciendo que sus acciones armonicen con sus palabras.
5. Exprese aprecio y admiración cuando lo pueda hacer con sinceridad.
6. No presione demasiado. Esté dispuesta a ir despacio mientras infunde confianza.

Los colegas actúan con dolo y retienen información.

Quizás no les ha dado un reconocimiento adecuado por su experiencia. Su meta es lograr que le den la información que retienen.

1. Ofrézcales el reconocimiento y aprecio que quieren y exprese su petición con tacto.
2. Pídales confirmar las conclusiones de los hechos limitados que usted ya tiene. Reconozca que necesita su ayuda y pídaselas. Pregúnteles como manejarían el proyecto o resolverían el asunto.
3. Si los colegas aislados la hacen blanco de su ira o la hieren, primero debe ganar suficiente confianza para lograr que hablen acerca de lo que va mal.
4. Solicite una reunión. Establezca lo mucho que significa para usted su buena voluntad, así como su deseo de mantener una buena relación. Haga preguntas exploratorias para llegar al origen del problema. Si no llega a ningún lado, sea paciente e inténtelo de nuevo. Aun cuando la conducta de ellos parezca infantil, ignórela y céntrese en su meta de mantener una buena relación de trabajo.
5. Una vez que resuelva el problema, analice cómo evitar situaciones similares en el futuro.

✓ Estrategia número 3:
Maneje situaciones difíciles con sus empleados

Si ocupa un puesto de liderazgo, el éxito de su trabajo depende de sus relaciones con los empleados que dirige. Debido a que está en la posición de modelo del papel con el grupo, tiene la oportunidad más poderosa para inspirar la conducta firme que refleje respeto por usted y por los demás. Pero primero quizá necesite manejar las suposiciones estereotipadas sobre las mujeres en los papeles del liderazgo. Luego, debe lograr su aceptación inspirando confianza y manejando las situaciones con gente difícil de una manera sensible y firme.

Cuando un empleado actúa en un modo agresivo

Sus empleados actúan en una manera rebelde, arrogante, ruda o egocéntrica.

Empleados rebeldes

Los empleados expresan un modo agresivo o rebelde cuando responden con enojo, muestran resentimientos y tratan de vengarse de usted por lo que perciben como un mal trato, o la atacan algunas veces en un modo agresivo-pasivo con bromas y chistes. Considere estas sugerencias para cambiar esas situaciones negativas.

1. Revise su estilo de liderazgo y acciones para estar segura que trata a cada cual en forma justa y que no tiene favoritismos.
2. Analice la situación en privado cuando el empleado no esté enojado.
3. Adopte un enfoque conjunto de resolución de problemas para llegar a la raíz del problema.
4. Busque malentendidos y aclárelos.
5. Si el resentimiento es contra un alto directivo del sistema o las acciones de otros empleados, rechace servir de árbitro. Céntrese en la responsabilidad del empleado de cooperar y resolver sus dificultades de personalidad con objeto de alcanzar las metas.
6. No se sienta intimidada si un empleado amenaza con renunciar si no accede a sus demandas. Dígale que hará lo que pueda para satisfacer sus necesidades, pero que más allá de eso, las decisiones profesionales son individuales y corresponden al empleado.
7. Exprese el aprecio sincero que sienta por el rendimiento del empleado, sus características que incrementan el rendimiento del equipo, etcétera.
8. Determine cómo podría prevenir circunstancias futuras de resentimiento y enojo.
9. Si un empleado habla por hablar enfrente de otros, no lo ignore, aun cuando lo diga en broma. Piense que se trata de hiedra venenosa, es pequeña, pero debe cortarse de raíz. Respire profundamente y haga lentos sus movimientos de modo que pueda decir con calma que le agradaría tener una reunión para analizar más tarde cualquier crítica legítima. Luego, prosiga con el tema central. Más tarde, hable con el empleado en privado.

Empleados arrogantes

Los empleados actúan en forma agresiva y arrogante cuando ignoran los procedimientos, tratan de obtener poder a expensas de usted, o simplemente actúan a su modo.

Su empleado ignora los procedimientos y antecedentes y trata de obtener poder por sí mismo o por medio de una pandilla.

Su meta es lograr que el empleado pida permiso antes de intentar acciones cuestionables, y si es posible, mantener el entusiasmo y la productividad.

1. Primero pregúntese: *¿Busca el empleado algo que no le doy? ¿Habla de lo que piensan los empleados que se contienen y no se atreven a decir? ¿Sólo quiere causar problemas?*
2. Sea consistente y justa cuando aplique las políticas, procedimientos y reglas; de otro modo, obtendrá resentimiento de los demás empleados y caos futuro.

3. Reúnase con el empleado que viola las reglas. Alabe su buen desempeño y cooperación y céntrese en la conducta problemática específica, la importancia de que todos los empleados marchen al mismo ritmo, lo que pretende el empleado hacer en el futuro y su aprecio por la cooperación futura.

4. Continúe con la retroalimerntación sobre lo que el empleado hace bien. Reconozca cualquier mejora. Si es apropiado, ofrezca sugerencias adicionales.

El empleado es líder de una pandilla.

1. Trate de ganárselo. Solicite ayuda en maneras específicas y exprese aprecio cuando obtenga cooperación.

2. Trate de establecer una situación en la que el empleado sienta su apoyo.

3. Establezca buenas relaciones con otros miembros de la pandilla por medio de asignaciones desafiantes, apoyo, supervisión, alabanzas, etcétera.

4. Considere recurrir a la fuerza de la pandilla para trabajar como equipo en formas que ganen apoyo y recompensas para usted y la compañía.

5. Si una pandilla continúa la ruptura, termine con eso sin fanfarrias por medio de asignaciones de trabajo y programaciones que les dejen poco o ningún tiempo juntos.

El empleado es un solitario y otros lo resienten.

1. Trate de canalizar su energía y entusiasmo en forma constructiva. Dé al empleado una oportunidad de sobresalir y el reconocimiento adecuado.

2. Asesore a este empleado para que actúe con asertividad en modos que respeten los derechos de los demás.

3. Conduzca una junta ejecutiva sobre el problema general y deje que otros expresen sus opiniones sin atacar directamente al empleado, quien *captará* el mensaje.

Empleados rudos o desconsiderados

Los empleados actúan de una manera agresiva cuando son rudos o desconsiderados. Pueden hablar en una manera presuntuosa, rebelde o exigente que adopta estas formas: Estar enojados y argumentar, mostrarse resentidos y tratar de vengarse de usted por lo que perciben como un mal trato o atacarla, algunas veces, en forma pasiva-agresiva con bromas y chistes.

Un empleado es grosero o desconsiderado.

1. Revise su estilo de administración. ¿Envía el mensaje de que los empleados son libres de hablar con usted sobre los problemas y preocupaciones, de modo que no necesiten quejarse en una forma resentida o defensiva? ¿Se muestra abierta y es justa con todos los empleados?

2. Facilite la vida a esos empleados y déjelos que digan lo que piensan.

3. Haga preguntas para llegar a la raíz del problema. Resuelvan el problema juntos y encuentren soluciones.

Una empleada la ataca.

1. Haga preguntas sin enojo pero certeras: *¿Qué quieres decir con ese comentario? ¿Por qué dices eso?*
2. Hable en privado con esas personas. Hágales saber que sus chistes no son el mejor modo para trasmitir preocupaciones o corregir problemas.
3. Trate de llegar a la crítica real, la raíz del problema, y resuélvala.

Empleados egocéntricos

Sus empleados actúan de manera agresiva cuando son egocéntricos o arrogantes. Quizá traten de construir sus pequeños y propios imperios, estar bajo los reflectores o exagerar su propia importancia.

Las acciones de su empleado egocéntrico son molestas.

Su meta es mantener el entusiasmo y la motivación del egocéntrico, al mismo tiempo que protege el compañerismo de los empleados y el espíritu de equipo.

1. Alabe la capacidad del egocéntrico para crear emoción y entusiasmo, al mismo tiempo que establece un límite para estas conductas. Insista en que ese empleado se apegue a las reglas del equipo.
2. No maneje la idea de que usted o el equipo no funcionan sin él. Ayude al empleado a convertirse en un mejor miembro del equipo. Sea amigable pero firme al insistir en que los procedimientos del equipo deben seguirse. Haga al equipo responsable por mantener a todos sus miembros alineados.
3. Cuando los empleados exageran sus contribuciones o problemas, recuérdeles el panorama general y la importancia relativa de las cosas. Guíelos en el uso de algunas técnicas de administración del tiempo para dar prioridad a las tareas y vigilar el tiempo que les dedican. Ayúdeles a formar autoestima y confianza por medio del reconocimiento amplio y recompensas cuando manejen las tareas de prioridad máxima primero.

Cuando un empleado actúa en un modo agresivo-pasivo

Los empleados actúan en un modo agresivo-pasivo cuando son falsos o manipuladores o adoptan el papel de víctima.

Empleados falsos

Los empleados actúan de manera pasivo-agresiva o falsa cuando son evasivos y volubles y alardean, en lugar de ser francos, y crean problemas.

Los empleados actúan en forma evasiva, voluble, furtiva o engañosa.

Trate de imaginar la razón por la que actúan de manera furtiva. ¿Se sienten intimidados por usted y por todas las figuras de autoridad? ¿Son tímidos y prefieren ser inteligentes en vez de presionar para tratar de satisfacer sus necesidades? ¿Se sienten ignorados o que no son parte del círculo interior?

Los empleados tratan de deshacerse de rivales competentes.

Se sabe que los compañeros de trabajo influyen en sus rivales ayudándolos a que los contraten otras empresas. Debido a que los miembros más competentes del equipo podrían ser desplazados de esta manera, es importante que esté al tanto de lo que pasa.

1. Trate de averiguar lo que sucede y corte de raíz la maniobra. Sus acciones y palabras deben enviar el mensaje claro de que ese tipo de conducta es contraproducente.
2. Los empleados que tratan de pasarse de listos con usted con frecuencia se sienten como extraños; hágalos sentir como de casa. Haga que su meta sea poner a trabajar a la astucia a su favor y no en su contra.
3. Ofrézcales una asignación adicional que los desafíe, como analizar el proceso de trabajo del departamento y encontrar modos de mejorarlo. Dígales que recompensará el rendimiento exitoso en esta asignación.
4. Encuentre maneras de darles a ellos y a los otros más crédito en las áreas adecuadas.
5. Si piensa que el problema es el aburrimiento, el resentimiento o la restricción, vea las sugerencias que se dan a continuación para quienes crean problemas.

Los empleados crean crisis con objeto de ser indispensables.

Los empleados pueden permitir o crear una crisis a fin de llegar al rescate, resolver el problema y ser vistos como indispensables. Es posible que esos empleados no registren todo lo que hacen, de modo que nadie más pueda llegar y reemplazarlos cuando no estén disponibles, y no permiten que otros hagan lo que ellos hacen.

1. Ofrézcales recompensas mayores y más atención por anticipar y prevenir los problemas que por resolverlos.
2. Solicite a cada uno que prepare procedimientos escritos para todas aquellas tareas de importancia y recurrentes de las que son responsables.
3. Comience un proceso de capacitación general.

Los empleados como creadores de problemas.

Los empleados podrían sentirse insatisfechos y hacer que la gente actúe en contra de usted o de la compañía, distorsionando o exagerando la verdad para ganar adeptos. Busque una de las siguientes tres causas principales: resentimiento, aburrimiento o falta de libertad. Reúnase con los que crean problemas para tratar de llegar a la raíz del problema y encontrar soluciones en conjunto.

Cuando piense que la creación de problemas la causa el resentimiento, busque respuestas para estas preguntas:

1. ¿Tratan de terminar con una pandilla haciéndose visibles?
2. ¿Tienen un buen punto, como combatir las señales rojas que coartan la iniciativa?

3. ¿Están desilusionados por las promesas rotas, la falsedad o el compromiso de los superiores?

Cuando piense que la creación de problemas la causa el aburrimiento, busque las respuestas a estas preguntas:

1. ¿Cómo podría agregar emoción a la vida en el trabajo?
2. ¿Podría encontrar otro puesto que se ajuste mejor a sus talentos e intereses?
3. ¿Podría brindar cursos de capacitación, nuevas asignaciones o proyectos, rotación laboral y formas parecidas para amenizar su vida?

Cuando piense que la creación de problemas la causa muy poca libertad intente los siguientes enfoques:

1. Ofrézcales más autonomía.
2. Comparta la responsabilidad y la información, delegue más y elimine la vigilancia innecesaria, así como los procedimientos y reglas innecesarios.
3. Déjeles diseñar planes y ponerlos en práctica (con su aprobación).

Los empleados alardean en lugar de ser francos.

Trate de determinar por qué alardean los empleados. Busque tres razones principales: 1) Se sienten amenazados 2) Se sienten inadecuados 3) No quieren aceptar responsabilidad y hacer lo que se espera de ellos. Intente las siguientes maneras de manejar este tipo de situaciones:

1. Hábleles en forma personal de manera que calme sus temores, demuestre apoyo y los lleve a aceptar la responsabilidad, de modo que no necesiten alardear como lo hacen.
2. Establezcan juntos metas que sean claras y específicas, de modo que sepan con exactitud lo que usted espera.
3. Busque una mejor forma de dar retroalimentación específica y frecuente que sea más útil y menos amenazadora.
4. Vincule su rendimiento al espíritu de equipo. Hable en términos del valor de su trabajo para el equipo o unidad como un todo.

Empleados manipuladores

Los empleados actúan de una forma pasiva-agresiva-manipuladora si la adulan y solicitan favores especiales, se quejan, dan lugar a chismes, murmuran con malicia o la culpan por sus errores.

Los empleados se muestran condescendientes y a todo dicen que sí.

Pregúntese *¿Sólo buscan atención porque les falta confianza en sí mismos?* Si es así, su meta es ayudarlos a ganar confianza y seguridad. Intente las siguientes tácticas:

1. Ofrézcales asignaciones entre cada capacitación, asesoría y retroalimentación que los guíe hacia obtener las recompensas que quieren.

2. Sea cortés, pero firme cuando trate con los aduladores. Céntrese en el desempeño cuantificable y en las metas alcanzadas.
3. Modele papeles apropiados ofreciendo retroalimentación específica sobre el desempeño.
4. Siempre haga críticas constructivas y céntrese en resolver un problema de desempeño.
5. En casos extremos, utilice retroalimentación firme y mensajes tipo "Yo": *Cuando tú... el efecto en mí es... me siento... qué tal si...*

Los empleados no dan retroalimentación.

Cuando los empleados no son francos acerca de sus errores, avances u otra información que usted necesita, intente estas acciones:

1. Enfrente el problema de inmediato.
2. Adopte un método que solucione problemas y solicite ayuda para llegar a la raíz del problema. Algunas veces, el problema surge debido a resentimientos; otras, son empleados que quieren que usted fracase; en ocasiones, son empleados que se muestran renuentes a proporcionar a los superiores información desagradable y que le dicen lo que ellos piensan que quiere escuchar.
3. Solicite y proponga soluciones, pero deje claro que obtendrá la información necesaria de una u otra forma.

Los empleados tratan de manipularla para obtener favores especiales.

1. Si la solicitud de favores le toma por sorpresa, diga que regresará con una respuesta. Decida si la solicitud es razonable o demuestra favoritismo.
2. Recuerde que sus empleados quieren una líder confiable, firme y justa. La gente admira un sentido de justicia que incluya igualdad de derechos para todos.
3. Si rechaza el favor, afirme sus derechos, los de la compañía y los de sus compañeros de trabajo para el tratamiento justo y equitativo de todos los empleados.
4. Señale que los demás empleados esperan justicia y que resentirían el favoritismo. Si alguien se sale del carril y rompe las reglas o las políticas, muchos tratarían de hacerlo y esto llevaría al caos.
5. La mayoría de los empleados estará de acuerdo con la idea de que no sería justo para sus compañeros que usted aprobara una solicitud no razonable.

Los empleados se quejan mucho.

Su meta es guiarlos para actuar de manera más madura y responsable.

1. Separe la preocupación exagerada del empleado que se queja de cualquier otra preocupación real. Si piensa que la queja refleja las preocupaciones de otros, pregunte a los demás empleados.
2. Premie a los empleados por asumir su responsabilidad, ofrezca retroalimentación frecuente y comparta información clave. Céntrese en alcanzar las metas del trabajo y del equipo.

Los empleados dan lugar a chismes o murmuran con malicia.

Su primera meta es depurar la información que obtiene de ellos. Su segunda meta es mantener la ruptura bajo control. El mensaje subyacente de sus palabras y acciones debe ser que *las habladurías y murmuraciones no tienen lugar aquí; sino todo lo contrario.*

1. Si el propósito de las quejas, habladurías o murmuraciones es que usted actúe de arbitro, rechace este papel. Sugiera un proceso que puedan utilizar para resolver el conflicto y deje claro que espera que ellos manejen el problema.
2. Si un empleado viene hacia usted con rumores mal intencionados, respóndale en forma indiferente, no comprometedora y cambie de tema.
3. Si el rumor tiene implicaciones serias sobre la compañía, haga preguntas exploratorias para llegar al origen y la veracidad de la información. Luego, verifíquela.
4. Si escucha que un empleado causa problemas con rumores maliciosos, reúnase con esa persona y sin revelar su fuente de información, pregúntele qué sabe sobre este problema.
5. Manténgase al tanto de la información, de manera que sepa lo que pasa y pueda decidir cuándo intervenir antes de que el rumor malicioso llegue demasiado lejos.

Los empleados la culpan por sus errores.

Su meta es lograr que esos empleados asuman la responsabilidad de sus propias acciones.

1. Déjelos expresar sus sentimientos, que con frecuencia, son de enojo o frustración. Demuestre empatía y escúchelos con atención sin responder a los reclamos y la crítica.
2. Sugiera reunirse en privado para analizar el tema cuando las cosas se hayan calmado.
3. Cuando se reúna, haláguelo con sinceridad por asuntos que el empleado haya manejado bien. Con la intención de resolver problemas, analice las áreas que necesitan mejorarse. Permanezca amigable y centrada en las acciones que lleven al logro de las metas.
4. Hágalos responsables de encontrar una solución y seguirla. Explíqueles las consecuencias de lograr las metas y de no lograrlas. Fije un plazo para recibir un informe.

Empleados víctima

Los empleados llevan a cabo sus manipulaciones pasivas-agresivas cuando desempeñan el papel de víctimas.

Los empleados se reprochan a sí mismos por todo aquello que va mal.

Es probable que estos empleados soliciten reafirmación y esperen que usted los releve de la responsabilidad. Su meta es ayudarlos a ir más allá del papel de víctima y de una necesidad de la reafirmación constante de su parte. Con suavidad, enséñeles cómo un papel de víctimas ocasiona pérdidas en su poder personal y proporcióneles alguna capacitación sobre la asertividad.

1. Cuando pidan reafirmación a través de un reproche, ofrézcales un trabajo que puedan manejar y el reconocimiento y el halago que merecen. No les cause daño haciéndoles un halago falso.
2. Logre que expresen sus preocupaciones subyacentes, por qué sienten la necesidad de aceptar el reproche por eventos que ellos no crearon.

Las víctimas se quejan de exceso de trabajo.

Los empleados hacen esto aun cuando no les pida su ayuda. Quizá trabaja con un adicto al trabajo que lo utiliza para evitar resolver problemas personales. Los mártires adictos al trabajo crean resentimiento hacia el equipo debido a que en general adoran quejarse acerca del exceso de trabajo, pero rechazan aceptar ayuda real. Por lo regular, quieren que los integrantes del equipo y la empresa dependan por completo de ellos. Su meta es aliviar la tensión innecesaria por medio de resolver las quejas legítimas acerca de un desequilibrio en la carga de trabajo.

1. Reúnase con las víctimas-mártires para ver si es posible sacar a la luz los problemas subyacentes.
2. Trabaje con un plan que redistribuya el trabajo y limite la cantidad de trabajo que se le permite hacer a la víctima-mártir.
3. Si se ofrecen como voluntarios para algunos proyectos, rechácelos en forma diplomática o señalando que su agenda está llena por ahora y que no desea sobrecargarlos de nuevo.
4. Dé todos los reconocimientos y alabanzas que se merezcan. ¿Podría darles un trabajo de mayor nivel, un trabajo más desafiante pero no demasiado?

Cuando un empleado actúa en un modo pasivo

Los empleados que operan en un modo pasivo crean obstáculos para lograr que el trabajo se haga. Son rígidos y tercos. Se aíslan y son poco comunicativos.

Empleados obstaculizantes

Los empleados muestran una conducta pasiva cuando provocan retrasos en su trabajo. Hacen esto, logrando lo menos posible, retrasando todo, llegando tarde con frecuencia, o ausentándose.

Los empleados crean obstáculos haciendo tan poco como sea posible y arruinando las cosas.

Su meta es lograr que los que arruinan y retrasan su labor asuman la responsabilidad de hacer suyo el trabajo y la compañía. Primero asegúrese de que hace todo lo que puede para apoyar a los empleados, para eliminar los problemas del ambiente y proveer los recursos, motivar, asesorar y dar retroalimentación útil.

1. Utilice un modo que solucione problemas y pregunte qué está mal. Trate de llegar a la raíz de los problemas. ¿Es el aburrimiento? ¿La incompetencia? ¿Los malos hábitos de trabajo? ¿El perfeccionismo? ¿El temor al fracaso? ¿La hostilidad y la venganza?
2. Trabajen juntos para encontrar una solución al problema del trabajo y al problema subyacente.
3. Para aumentar la motivación, considere la posibilidad de tener juntas regulares para intercambiar ideas, y haga todo lo posible por incrementar su sentido de pertenencia. Reconozca y premie la cooperación y el buen desempeño.
4. Asegúrese de que saben que usted siempre estará ahí para ayudarlos a resolver los problemas. Ayúdelos a sentirse libres de acercarse a usted antes de que se levante un obstáculo.
5. Continúe con la retroalimentación útil y el reconocimiento de las mejoras.
6. No moleste. Averigüe cuál es el problema. Si se puede resolver, encuentren juntos la solución. Si el empleado no puede o no quiere asumir la responsabilidad, encuentre un modo de apartarlo.
7. Desempeñe el papel de modelo de puntualidad, administración del tiempo, organización del trabajo y aspectos similares para cuidar el negocio y lograr que el trabajo se haga. No actúe con aires de superioridad. En lugar de ello, actúe como una persona de recursos y apoyo, alguien que aprendió estas estrategias y técnicas y que desea compartirlas.

Un empleado llega tarde o se ausenta con frecuencia.

1. **Describa la conducta específica en términos que no sean juicios de valor.** Diga: *Acordamos comenzar la junta a las 8:30, pero en las últimas tres reuniones usted llegó a las 8:40, 8:50 y 8:45. Eso significa que las otras diez personas perdemos entre 10 y 15 minutos para comenzar en cada ocasión.*
2. **Pregunte si hay un problema subyacente.** Si hay un problema legítimo, permita que los integrantes del equipo sepan que usted apreciará que le informen de esos problemas desde el momento en que los detectan, a fin de planear en forma correspondiente.
3. **Exprese sus sentimientos.** Mencione la clase de sentimientos que desencadenan la impuntualidad, como frustración e impaciencia.
4. **Describa el efecto.** Tal vez quiera señalar que es injusto para algunas personas violar un acuerdo y salirse de él, mientras que otros integrantes del equipo se sacrifican para cumplirlo.
5. **Pida una solución.** Deje claro que lo que el equipo espera es que en el futuro cada uno de sus miembros honre este acuerdo.

Empleados rígidos y obstinados

Los empleados presentan una conducta pasiva o pasiva-agresiva si son obstinados, rígidos, demasiado orgullosos para pedir ayuda, no están dispuestos a cooperar y reclaman con desesperación que se apliquen ideas o acciones no funcionales. Su meta es incrementar la confianza que tienen en sí mismos, de modo que se sientan seguros de pedir ayuda siempre que la necesiten.

1. Si esos empleados rechazan la ayuda, es posible que tengan miedo de que al revelar que la necesitan corran peligro en sus trabajos.
2. Cuando pidan ayuda, ofrézcales apoyo y también comience una técnica que les enseñe cómo obtenerlo por sí mismos. Por ejemplo, pídales que le den por lo menos una solución al problema. Luego, hable acerca de cómo funcionaría y qué otras soluciones son posibles. Pídales escoger una y luego hable sobre los resultados posibles.
3. Si esos empleados son fanáticos de los detalles, del tiempo o están estancados en el procedimiento, su meta es hacer que se relajen y liberen la tensión de la oficina.
4. Trate de averiguar por qué están tan apegados a los detalles. ¿Cuál es el problema subyacente? ¿Juntos podrían encontrar una solución?
5. Utilice el buen humor para poner las cosas en perspectiva y mostrar el lado amable.
6. Si están aferrados a un procedimiento o idea deficientes, su meta es lograr que vean los diferentes resultados de procedimientos o ideas alternas. Céntrese en cómo podrían ser más exitosos. Ofrezca su apoyo.
7. A veces los empleados que se aferran a su idea funcionará necesitan ayuda para aprender a analizar y evaluar una propuesta. Mantenga su entusiasmo, pero absténgase de permitir que entren en acción demasiado pronto.

Empleados aislados y poco comunicativos

Sus empleados muestran una conducta pasiva si se aíslan y son poco comunicativos. Quizá lo hagan sólo para pasar el rato mientras ponen una cara simpática. Es probable que estén preocupados. O tal vez tienen dificultades para hablar. Considere estas sugerencias.

Los empleados son aislados y poco comunicativos.

1. Verifique su estilo de dirección. Asegúrese de que es fácil acercarse a usted y de ofrecer su apoyo.
2. Haga preguntas de respuesta abierta que conduzcan a lo que piensan y sienten esos empleados. Con frecuencia, las señales de aislamiento no expresadas hieren o preocupan.
3. Sea paciente y espere su respuesta. No se deje llevar por la tentación de llenar el espacio vacío.
4. Lea entre líneas lo que no se dice, así como lo que sí se dice. Vigile las claves no verbales.

Los empleados están preocupados.

1. Proporcione información sobre lo que ayudará a aliviar sus preocupaciones.
2. ¿Podría compartir más información sobre los planes futuros?
3. ¿Podría ser más específica sobre la forma en que es probable que les afecten los cambios?

Los empleados carecen de confianza o habilidad verbal para expresarse.

Su meta es crear un espacio en el que se sientan cómodos para hablar con usted y con los demás.

1. Cree una relación de confianza en reuniones uno a uno. Proponga formas en que puedan hablar y expresarse con usted y en las reuniones con sus colegas.
2. Si es posible, provea capacitación específica para comunicarse, como un curso para hablar en público.
3. Hágales preguntas directas de su área de experiencia, preguntas que puedan responder con facilidad. Primero haga esto en juntas privadas y luego en reuniones abiertas con los colegas.
4. Asígnelos a trabajar con un equipo pequeño o una tarea en la que ganen confianza para hablar.

Otras situaciones difíciles con los empleados

Las situaciones difíciles con los empleados a veces no se ajustan con precisión a los modos agresivo, agresivo-pasivo o pasivo. También incluyen situaciones en las que los empleados suponen que usted los cubrirá o que hará críticas al desempeño de un empleado sensible.

Los empleados suponen que usted los cubrirá por ser mujer.

1. Conozca a los integrantes del equipo.
2. Piense en las personalidades y los requerimientos para un desempeño óptimo del equipo.
3. Anticipe los tipos generales de situaciones que es probable que encuentre (situaciones que requieren asertividad) y los diversos tipos de acción que podría tomar.
4. Decida si pintará su límite en cada tipo de situación. Traspáselo, a menos que descubra razones válidas para cambiar su forma de pensar. Antes de modificar su pensamiento, vea si el cambio se basa en la inseguridad y no en la flexibilidad.
5. Adquiera el grado correcto de asertividad.

Para ser firmes, las mujeres directivas en general deben desarrollar un poco de rudeza. Esta habilidad para pasar de una a otra actitud sin quejas se espera de los buenos líderes. Sólo usted puede decidir el mejor lugar en la escala cuando trate con los miembros particulares de su equipo.

1	2	3	4	5	6	7	8	9	10

Suave   Asertiva, Justa   Dura
                    Consistente

El desempeño de los empleados no es el debido y son muy sensibles a la crítica.

1. Si el desempeño necesita mejorar, dé la retroalimentación en privado, a menos que el equipo haya encontrado formas de manejar esto en grupo.
2. Dé retroalimentación tan pronto como sea posible después de que ocurra la acción fallida.
3. Céntrese en resolver el problema y en prevenir otros similares en el futuro.
4. Relacione la conducta deseable con el logro de las metas de trabajo o metas del equipo que el empleado haya fijado. No compare el desempeño de los diferentes integrantes del equipo.
5. Céntrese en las *acciones*, no en las actitudes o características de personalidad que lleven a las acciones.
6. Prepárese para hacer sugerencias o dar guía sobre cómo mejorar el desempeño.

✓ Estrategia número 4:
Trate con clientes enojados

Cuando trata con un cliente enojado, su mayor desafío es permanecer emocionalmente impasible y positiva, sin importar lo que suceda. No deberá ser objeto de ningún abuso y no lo experimentará si no toma los ataques en forma personal y permanece en lo emocional por encima de todo, la clave es mantenerse profesional. Utilice las siguientes técnicas:

1. Escuche con atención lo que se diga, incluida la información verbal, no verbal y entre líneas.
2. Nunca argumente. Esté de acuerdo en forma general con objeto de ayudar a disipar el enojo del cliente. *Si no puedo entender lo que siente... puedo imaginar lo molesto que es.*
3. Si exageran y distorsionan los hechos, simplemente repita lo que hayan dicho. *Siente que ellos trataban de destruir su casa.*
4. No juzgue sus sentimientos. Es frecuente que se den cuenta de cuan ridículos suenan e incluso que lo comiencen a tomar con buen humor. Si es así, con suavidad ría con ellos, no de ellos, y muestre empatía. *Todos nos sentimos mal por esas cosas algunas veces.*

Una vez que los clientes malhumorados han expresado su ira o frustración tienden a calmarse si sienten que se les escuchó y comprendió. Eso pasa cuando usted comienza a negociar una solución al problema debido a que ellos ahora la pueden escuchar.

✓ Estrategia número 5:
No olvide la fiesta de la oficina

¡Ah, sí! La fiesta de la oficina. Lo más importante que debe recordar sobre las fiestas de oficina (y otros eventos sociales con una connotación de negocios) es que están primero y sobre todas las cosas eventos de negocios. Eso significa que mantiene en su lugar la mayor parte de las estrategias que usa para manejar situaciones con la gente, construir credibilidad y obtener poder personal. Las actividades sociales de negocios son un poco más festivas e informales, pero no tan diferentes en el límite inferior de su propósito.

No son el lugar para soltarse el pelo, beber hasta ya no sentir dolor, patear un balón u otro modo de dejar que pase de todo, estas actividades deben estar limitadas a las fiestas con sus amigos cercanos u otros grupos. Al mismo tiempo que sus socios de trabajo disfrutan con su desempeño, puede estar segura de que los encargados de tomar decisiones y sus socios observan todo lo que hace. De modo que no importa que sea una salida casual después de trabajar, el día de campo de la empresa o la fiesta navideña, mantenga su imagen profesional intacta vigilando con cuidado su apariencia y conducta, así como la de su pareja o acompañante. Este enfoque le redituará a largo plazo.

Socializar con los socios de negocios de todos los niveles (dentro y fuera de la empresa) ayuda a obtener información útil, cimentar las relaciones y hacer transacciones más efectivas en el trabajo. Es esencial para algunos trabajos y carreras.

En funciones sociales de negocios

1. No actúe en forma demasiado personal o íntima.
2. No se comprometa de manera innecesaria en las batallas de otras personas.
3. Evite entrar en chismes maliciosos; con frecuencia encuentran su camino hacia la víctima.
4. Participe en rumores inofensivos o pláticas intrascendentes, que traen información importante a la empresa y su gente.

Con un socio de negocios masculino, ¿quién paga la cuenta y abre las puertas?

1. Concéntrese en el hecho de que los dos son amigos y socios, no una pareja en una cita romántica.
2. Maneje estos temas en la misma forma que los maneja con las mujeres que son sus amigas y del modo en que dos hombres de negocios lo harían.
3. La persona que invita paga la cuenta, o van por mitades, o usted acuerda tomar su turno.
4. La persona que llega primero a la puerta la abre para el otro.
5. Si uno de ustedes batalla para entrar o salir de un automóvil o ponerse o quitarse un abrigo, el otro lo ayuda.
6. En general, trate al otro como su igual, con respeto y consideración.

✓ Estrategia número 6:
Aplique 10 técnicas de "yo gano, tú ganas"

Además de muchas estrategias y técnicas específicas que la ayudan a manejar situaciones difíciles con la gente, recuerde estas 10 técnicas generales que tienden a producir resultados de "yo gano, tú ganas".

Esté alerta y sea receptiva en los juegos políticos. Observe las tácticas pasivas-agresivas sin mostrarse incrédula, suspicaz o cínica.

Lea los mensajes no verbales y los patrones de conducta. Los líderes más astutos captan y entienden los mensajes no verbales de la gente. En efecto, con sólo caminar por la oficina, obtienen montones de información. Esta habilidad es valiosa, en especial cuando maneja situaciones con gente difícil. Muy pocas personas son actores tan buenos como para controlar por completo su conducta no verbal a fin de ocultar sus emociones y verdades ocultas. El lenguaje corporal, la expresión facial y el tono de voz con frecuencia las descubrirán.

Busque la causa. El primer paso en el diseño de estrategias para las situaciones con gente difícil es buscar las razones detrás de las acciones de la persona. ¿Qué es lo que trata de lograr o evitar? ¿Lo hace en un nivel consciente o inconsciente? Los juegos subconscientes son más difíciles de contrarrestar debido a que es probable que el jugador no entienda un enfrentamiento directo y tal vez responda con la negación o la racionalización. ¿Es sólo un descuido o un malentendido? ¿Esa acción pone a prueba su valentía o sabiduría? ¿O es la primera batalla de una guerra abierta para desacreditarla o quitarla del camino?

Entre más tiempo puedan mantenerla ignorante de sus actividades ocultas, más posibilidades de triunfo tendrán. Esto significa que usted debe cortar de raíz cualquier esfuerzo de guerra sin reaccionar con exageración a las pruebas, malos entendidos o descuidos. Imaginar todo esto es difícil para los principiantes y es una parte imprescindible para ganar experiencia. Es frecuente que logre la cooperación si pide en forma directa a la persona problemática que la ayude a identificar los problemas subyacentes.

Céntrese en soluciones de "yo gano, tú ganas". Trabaja para obtener una solución con la que ambos puedan vivir; que respete los derechos de cada cual. Encuentren formas mutuamente satisfactorias para prevenir que problemas similares ocurran en el futuro. Haga suyo el lema: *Me respeto a mí misma y a los demás.*

Aproveche el conocimiento. Si es usted blanco de un juego político, ármese de conocimiento y documentación. Comience por aprender los fundamentos, todo lo que aparece en el manual de la compañía y en el folleto del empleado; las políticas de la compañía, estrategias, procedimientos, metas y reglas; los aspectos legales de las relaciones laborales y las actividades de la compañía. Puede limitar los movimientos potenciales de un jugador si sabe el resultado en esas áreas básicas. También aprenda lo más posible acerca de las reglas no escritas y manténgase en contacto con los eventos cotidianos. Mantenga abiertas las líneas de comunicación con tanta gente como sea posible y mantenga las antenas desplegadas en todo momento. Nunca cometa el error de pensar que no es necesario prestar atención a situaciones con la gente difícil y a la política del poder. Nunca será inmune.

Permanezca orientada hacia las metas. Permanezca centrada en las metas del trabajo, del equipo y de la compañía para evitar que las respuestas demasiado emocionales o protectoras del ego la anulen.

Registre las transacciones. Dé seguimiento a todas las transacciones importantes o cuestionables con memorándums escritos a las personas apropiadas y mande copias a la gente clave. Guarde sus copias en un archivo donde las encuentre con facilidad si las necesita, son valiosísimas al respaldar su caso cuando necesite enfrentar a un jugador. Registre también sus logros.

Utilice su red de apoyo. Para tener éxito al sabotearla, la gente que opera en modos difíciles, en general, debe tener su cooperación. Usted es más vulnerable si es una víctima aislada. Por tanto, una clave para cambiar la situación es usar su red de poder. Para mantener su red, solicite en forma selectiva acciones de apoyo donde hagan el máximo bien y luego busque oportunidades para devolver el favor.

No lo tome en forma personal. Ésta es quizá la clave más difícil e importante para manejar situaciones con gente difícil. Con experiencia e intuición se dará cuenta de que cuando la gente actúa en el modo difícil creará las mismas dificultades a cualquiera que esté en su posición. No tiene nada que ver con usted como persona; en efecto, cuando participa en juego, los jugadores normalmente no la conocen. Ellos no se molestan en conocer a la gente en forma auténtica y personal, sino en una de manipulación. Su principal motivo para aprender sobre usted es descubrir cómo obstaculizar su trabajo. De modo que no suponga que hay algo equivocado con usted, no se ponga a la defensiva ni llegue a morder el anzuelo. Mantenga su ideal y decida su propio plan de juego.

Permanezca al mando de sus recursos interiores. Esta habilidad va de la mano con no tomar en forma personal los ataques. Juntos, proporcionan el poder que necesita para trascender las situaciones con la gente difícil. Recuerde el proceso de mandar sobre sus propios recursos interiores: relajamiento, visualizar resultados positivos y dejar pasar. Este proceso le permite:

- Mantener un enfoque centrado en sus metas de modo que pueda recolectar claves verbales y no verbales de las intenciones de la gente.
- Poner los juegos en perspectiva y no tomar las amenazas de manera personal.
- Responder en una manera relajada pero efectiva.

Su estrategia clave por tanto, es mantener su posición y confianza en sí misma regulando esos recursos interiores.

Promotores de aptitudes

Promotor de aptitudes número 1: Practique ver al interior de las situaciones con gente difícil

Propósito: Ayudarla a convertir las situaciones con gente difícil en herramientas para su conciencia personal y crecimiento.

Instrucciones: Describa brevemente una situación con gente difícil en la que usted no se afirma en forma efectiva (se comunica en un modo pasivo, agresivo-pasivo o agresivo).

Fase 1. Para esta situación, complete los cinco enunciados siguientes usando las cinco preguntas relacionadas como lineamientos.

1. ¿Cuáles son todas las cosas que quiere que pasen en esta situación? *Quiero...*
2. ¿Cuáles son todos los sentimientos que experimenta sobre esta situación? *Siento...*
3. ¿Cuáles son todas las cosas que quiere que los demás hagan en esta situación? *Ella/él/ ellos deberían...*
4. ¿Qué necesita para sentirse bien? *A fin de sentirme bien en esta situación, necesito...*
5. ¿Qué no está dispuesta a hacer en esta situación? *No estoy dispuesta a...*

Fase 2: Complete por segunda vez los mismos cinco enunciados y use los lineamientos siguientes, esté abierta a las opciones.

1. Busque desde otra perspectiva lo que usted quiere. ¿Es posible? ¿Es *en realidad* lo que usted quiere? *Quiero...*
2. ¿Siempre siente de esta manera con este tipo de situación? ¿Cuáles son los sentimientos hacia usted en esta situación? *Siento...*
3. ¿Qué debería hacer en esta situación? *Debería...*
4. ¿Qué necesita hacer a fin de sentirse bien? *Necesito...*
5. ¿Qué está *dispuesta* a hacer por lo menos algunas veces? ¿Hay algo que siempre esté dispuesta a hacer? *Estoy dispuesta a...*

Seguimiento: Remítase a la clave de las respuestas en la página 324 para mayor información.

Basado en *The Work*, por Byron Katie, P.O. Box 2205, Barstow, CA 92312.

Promotor de aptitudes número 2: Minicasos, situaciones con gente difícil

Minicaso A: El jefe Benjamín y la colega Faye

Faye, que es colega suya, ha estado en la compañía más o menos cinco años. A usted la contrataron hace un año. Usted y Faye han tenido una buena relación de trabajo hasta hace poco. Benjamín, el jefe, le da cada vez más responsabilidades a últimas fechas, maneja muchas cuentas de clientes casi por sí sola y sólo solicita la aprobación de él para asuntos importantes. Siente que este hecho tiene algo que ver con la tensión que percibe entre usted y Faye. También siente que Faye se ha estado quejando de usted con Benjamín, aunque no tiene idea de cuáles pudieran ser esas quejas.

Ayer por la tarde, cuando Efrén, gerente auxiliar de Benjamín, entró a la oficina de éste, cerró la puerta. Más tarde, usted escuchó que Benjamín hablaba fuerte: *¡No le des más trabajo para hacer! ¡Ella trata de tomar el control!* Cuando Efrén salió, usted sintió su actitud extraña y distante. Un poco más tarde, Benjamín salió y le dio dos grandes archivos que representaban más trabajo de clientes para que lo hiciera. No dio ninguna instrucción específica, sólo los extendió y usted los tomó.

Esta mañana, despertó intranquila. Se preguntaba *¿Qué pasa aquí? ¿Por qué me Benjamín me dio todo este trabajo y responsabilidad adicional sin ningún comentario? ¿Me está probando para ver si trato de asumir el control?* Conteste las siguientes preguntas.

℞ ¿Qué modos de conducta están representados aquí?
℞ ¿Qué preguntas debería formular para saber más sobre lo que ocurre?
℞ ¿Qué acciones debe emprender a continuación?

Minicaso B: el colega Juan

En una reunión de equipo, expresa su preocupación acerca de adoptar un proceso justo para tomar decisiones de equipo. Juan, un miembro del equipo dice: *Pienso que el proceso que propuse es muy bueno.* Se vuelve hacia usted y dice: *¡Cuando tú fuiste jefa del comité de contrataciones hace tres años no pediste la opinión del equipo para nada!*

Usted está atónita. Siente que Juan ilustra mal y simplifica en exceso una situación muy compleja, que además es historia. Considere las siguientes preguntas.

♃ ¿Qué modos de conducta se representan aquí?
♃ ¿Qué acciones debe emprender a continuación?

Minicaso C: la empleada Isabel

En las juntas de equipo que usted modera, Isabel rara vez hace contribuciones. Sin embargo, con frecuencia tiene conversaciones casuales con uno u otro de los integrantes del equipo. Se ha vuelto muy hábil y adepta a esto. Una vez que usted captó una distracción y se lo dijo ella enmudeció. Después de una junta reciente, al final de un largo día, decidió que lo primero que debía hacer al día siguiente era hablar con Isabel acerca de esta situación recurrente. Sin embargo, al otro día ella no asistió y usted se ocupó con otros asuntos y aún no ha tenido la conversación. Además, en la siguiente junta del equipo, Isabel pone toda su atención al proceso pero no habla ni contribuye. Ahora usted está en una reunión de seguimiento del equipo y la conducta de Isabel se presenta de nuevo.

♃ ¿Qué modos de conducta se representan aquí?
♃ ¿Qué preguntas deben hacerse con objeto de saber lo que pasa?
♃ ¿Qué acciones debe emprender a continuación?

Seguimiento: Compare sus respuestas con las de la clave en la página 324.

Promotor de aptitudes número 3: Establecimiento de sus propias fronteras y conexiones

Propósito: Protegerse de la energía negativa y la influencia de otros; establecer relaciones a profundidades y niveles variables que mantengan su integridad personal e individualidad para evitar que otros la dominen, incluso alguno de los hombres presentes en su vida.

Crear una frontera. Cierre los ojos, respire profundamente y relájese. Visualícese dentro de los límites de un campo ovalado, un gran óvalo que sale radialmente de usted. Entre en contacto con el límite de ese campo ovalado. Cree una frontera imaginaria alrededor del límite exterior, quizá por medio de dar a la frontera un color, como azul profundo. Imagine una corriente de luz blanca brillante que llega a través de una abertura en la coronilla de su cabeza, llena su cuerpo, emana de éste y llena su campo de energía hasta la frontera azul. Piense en este campo como su espacio personal. Esta burbuja de luz blanca pura ofrece una protección de los pensamientos y sentimientos que contraen de otros. Usted puede elegir dejar dentro o irradiar los pensamientos y sentimientos expansivos, pero está protegida del dominio, la manipulación y los caprichos de otros, irreflexivos o calculados.

Sienta sus centros de energía. Imagine siete centros principales de energía dentro de su cuerpo y los temas conectados con cada uno de ellos.

1. *Base de la columna,* centro de los asuntos de supervivencia y seguridad física.
2. *Área abdominal*, asuntos sexuales y monetarios, poder y control en el mundo material.
3. *Área estomacal*, centro de los asuntos del poder personal y los miedos relacionados, intuición de supervivencia.
4. *Área del corazón,* centro del amor, crear con el corazón, seguir los dictados de su corazón.
5. *Área de la garganta*, expresión personal, comunicación, asuntos de la fuerza de voluntad.
6. *Área del tercer ojo,* aptitudes intuitivas/psíquicas, raciocinio superior, uso del conocimiento.
7. *Área de la coronilla sobre la cabeza*, propósito de vida y significado, conexión espiritual.

Establezca conexiones. Imagine una persona con la que establece una relación. Vea su campo de energía con una frontera similar al suyo y también siete centros de energía. ¡No fusionen sus campos de energía! Mantenga la individualidad e integridad de su espacio personal. Decida el nivel de conexión que necesita y desea con esa persona. ¿Se trata estrictamente de una conexión de supervivencia en el nivel uno? ¿O una conexión monetaria en el nivel dos? ¿Es la persona un compañero espiritual y usted quiere conectarse en todos los niveles? Imagine un resistente cordón de plata que corre de su centro de energía al encuentro del de la otra persona. Siéntase protegida y conectada con la otra persona en este nivel. Repita para los otros niveles según sea apropiado. Si consigue que otra persona, como un amigo íntimo, participe en este proceso, aumentará en gran medida la fuerza de la conexión.

Clave de respuestas

Promotor de aptitudes número 1: Practique ver hacia el interior de las situaciones con gente difícil

Perspectivas de la Fase 2. Pregunta 2: Por medio de la respuesta, ¿se dio cuenta de que en realidad proyectó hacia usted los sentimientos que se mencionan en la Fase 1? Por ejemplo, ¡usted en verdad está enojada consigo misma por haber llegado hasta esto! Si es así, ésta es la importancia de *asumir la responsabilidad* por crear situaciones en conjunto. **Pregunta 4:** Para estar bien, esa parte de usted que se refleja en los enunciados necesita hacer lo que estos dicen. Límite inferior: ¿Captó que estaba bien sin importar la situación en que se encontrara? Nada puede hacer que no esté bien. **Pregunta cinco:** ¿Su respuesta reveló que es rígida? ¿O que ve la situación desde una perspectiva estrecha? ¿Qué pasaría si fuera un poco más flexible? Cualquier situación que veamos como ocasionada por una *persona difícil* refleja nuestras propias creencias y actitudes, pensamientos y sentimientos, decisiones y elecciones. Siempre refleja algo de nuestra propia rigidez y estrechez para observar la situación. Esas situaciones son grandes oportunidades para que extienda su proceso de crecimiento personal.

Promotor de aptitudes número 2: Minicasos, situaciones con gente difícil

El jefe Benjamín y la colega Frida: Tanto Benjamín como Frida presentan una conducta pasivo-agresiva que es falsa, manipuladora, reprochadora y traicionera. Vea las sugerencias del capítulo para tratar con esos tipos de situaciones. Además, solicite una reunión con Benjamín y Frida. Utilice la retroalimentación positiva para describir lo que haya experimentado. Pregúnteles qué creen que ocurra, qué problemas perciben y sus posibles soluciones. **Juan:** Su modo de actuar parece agresivo, en forma específica: bélico, arrogante y grosero. Hable y exprese su opinión de que Juan trae a colación una situación antigua que es irrelevante para el asunto presente, que usted no desea verse envuelta en analizar eventos del pasado y que le gustaría centrarse en el proceso de toma de decisiones actual. **Isabel:** su acción está en el modo agresivo-pasivo o pasivo. Requiere más información para determinar si su meta es crear problemas, manipular o simplemente se guarda la retroalimentación y participación, y por qué. Reúnase con Isabel. Pregúntele que piensa y siente acerca las reuniones del equipo y el proceso en grupo. Considere usar retroalimentación firme para expresar qué experimenta usted en las juntas y pida una solución.

Índice

Oficinas del grupo
Pearson Educación Latinoamérica

AMÉRICA CENTRAL Y PANAMÁ
Barrio La Guaria, Moravia,
75 metros norte,
Del Portón Norte del Club La Guaria
San José, Costa Rica
Tel. (506) 235 7276
Fax (506) 280 6569
envwong@sol.racsa.co.cr

ARGENTINA
Av. Regimiento Patricios 1959
(1266) Buenos Aires, Argentina
Tel. (55-11) 4309 6100
Fax (55-11) 4309 6199
info@pearsoned.com.ar

BRASIL
Rua Emilio Goeldi, 747
CEP 05065-110-Sao Paulo-SP
Tels. (011) 861 0740, 861 0770
         y 861 0201

CARIBE
El Monte Mall 2o. piso, suite 21-B
Av. Muñoz Rivera 652
Hato Rey, Puerto Rico 00918-4261
Tel. (787) 751 4830
Fax (787) 751 1677
awlcarib@caribe.net

CHILE
Av. Manuel Montt 1452
Providencia, Santiago – Chile
Tel. (562) 236 2089
Fax (562) 274 6158
infopear@pearsoned.cl

COLOMBIA
Carrera 68 A, #22-55
Santafé de Bogotá, Colombia
Tel. (571) 405 9300
Fax (571) 405 9330

MÉXICO
Calle 4 No. 25, 2o. piso
Fracc. Industrial Alce Blanco
53370 Naucalpan de Juárez,
Estado de México.
Tel. (525) 387 07 00
Fax (525) 387 08 13

le ofrece:

- ✔ Administración
- ✔ Computación
- ✔ Contabilidad
- ✔ Divulgación Científica
- ✔ Economía

- ✔ Electrónica
- ✔ Ingeniería
- ✔ Mercadotecnia
- ✔ Negocios
- ✔ Nueva Tecnología
- ✔ Textos Universitarios

Gracias por su interés en este libro.

Quisiéramos conocer más a nuestros lectores. Por favor complete y envíe por correo o fax esta tarjeta.

Título del libro/autor: _____
Adquirido en: _____
Comentarios: _____

❑ Por favor envíenme su catálogo de libros de negocios, estoy interesado en libros de las áreas:

    ❑ Ventas/Mercadotecnia   ❑ Productividad/Calidad
    ❑ Finanzas/Contabilidad   ❑ Recursos Humanos
    ❑ Administración   ❑ Gerencia
    ❑ Economía   ❑ Interés General

Mi nombre: _____
Mi compañía: _____
Puesto: _____
Domicilio casa: _____ \Colonia: _____ \C.P.: _____
Domicilio compañía: _____ \Colonia: _____ \C.P.: _____
Teléfono: _____ \Fax: _____ \E-mail: _____

Tenemos descuentos especiales para compras corporativas e institucionales.

**Para mayor información de nuestros títulos llame al (525) 5387-0700
Por favor llene esta tarjeta y envíela por correo o fax: (525) 5387-0⬤
Visítenos en: http://www.pearso**